HEYNE <

FRANKA FREI

KRÖTENSEX

ROMAN

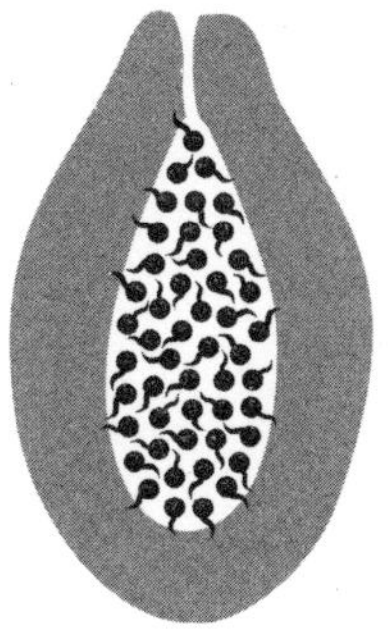

WILHELM HEYNE VERLAG
MÜNCHEN

MIX
Papier aus verantwortungsvollen Quellen
FSC® C083411

Penguin Random House Verlagsgruppe FSC® N001967

Originalausgabe 04/2021

Neumarkter Str. 28, 81673 München
Redaktion: Janine Malz
Printed in Germany
Umschlaggestaltung: Nele Schütz Design
unter Verwendung von Shutterstock Taiga_ya / Ramosh Artworks
Satz: Buch-Werkstatt GmbH, Bad Aibling
Druck und Bindung: CPI books GmbH, Leck
ISBN: 978-3-453-42332-9

www.heyne.de

Für Fritzi, Leoni und Laura. Ich liebe euch.

Vorwort

Krötensex ist ein Herzensprojekt, das mich seit Jahren begleitet. Kaum zu glauben, dass du es gerade in deinen Händen hältst. Puh.

Die Story von Frieda, ihren Gedanken, Ängsten und goals liegt nämlich schon seit 2016 auf meinem Schreibtisch und macht mich fertig. Phasenweise verschwand das Manuskript in Schubladen oder irgendwelchen Cloudordnern, faulte vor sich hin wie ein vergessener Joghurt und entwickelte irgendwann ein Eigenleben. Insbesondere die Figuren wirkten immer wieder so, als hätten sie ohne mich weitergemacht. Nach längeren Schreibpausen waren sie immer wieder aus ihrer Rolle herausgewachsen und mussten neu erfunden werden. So haben sich auch viele verschiedene Enden ergeben – aber keine Angst, so meta und innovativ bin ich dann doch wieder nicht. Es ist bei einem Ende geblieben (und sorry, no more spoiler an dieser Stelle).

Wenn wir ehrlich sind: Das Einzige, was sich an *Krötensex* nie verändert hat, ist … *Krötensex*. Der Titel beschreibt ein Gefühl, das ich nur zu gut kenne: zu viel sein. Körperlich wie gedanklich. Immer und ständig mit allem zu viel – und dabei paradoxerweise nie genug.

Krötensex erzählt eine Entwicklung. Die von Frieda, und wenn wir mal ganz ehrlich sind, auch ein Stück weit meine. In Wahrheit war es natürlich nicht nur der Text, der sich über die Zeit verändert hat, sondern auch ich, die ich mit jedem Tag daraus herausgewachsen bin. Rückblickend betrachtet ist das ziemlich beruhigend, aber im Entstehungsprozess stieß ich oft gegen Wände. Das Endergebnis ist der Versuch, allen alten und neuen Ichs eine Stimme zu geben, um entdecken zu können, dass das Alte das Neue braucht und umgekehrt. Aber natürlich ist die folgende Geschichte mit jedem Buchstaben vollkommen frei erfunden. Sollten Parallelen zu meinem Leben erkennbar scheinen, ist das nichts weiter als Zufall.

Zugegeben, die Idee, mit der Veröffentlichung einfach zu warten, bis ich tot bin und mich nicht mehr dafür verantworten muss, wirkte oft sehr verlockend, ist aber in Anbetracht des Textes dann doch zu sehr Kafka und zu wenig Frei (und wie sagen die Leute in den Meditations-Tutorials immer: »Lass. Los.«).

Das Buch nun wirklich schwarz auf weiß gedruckt in den Händen zu halten fühlt sich in seiner Endgültigkeit merkwürdig an. Denn *Krötensex* wird für mich wahrscheinlich nie zu Ende erzählt sein.

1.

Amerika also. In diesem Kaff waren wir nun für ein Semester zu Hause.

Keine Menschenseele auf den abendlichen Straßen.

Entlang der spärlich beleuchteten Herbstalleen nur vereinzelt Häuser, die einen bewohnten Eindruck machten.

Die Adresse führte uns zu einer alten Stadtvilla auf einem Hügel. Hinter einem Eisengitter das efeubewachsene Haus. Punkt 20 Uhr. Miro zog die Handbremse fest.

»Oh Scheiße, ich muss echt mal für kleine Königstiger!« In seinen fleckigen Jogginghosen und der Basecap mit der Aufschrift »Bronx« machte er ohnehin nicht den besten Eindruck. Jeden Moment würde Herr Zankzahn auftauchen und uns die Schlüssel überreichen. Also verbot ich meinem Mitbewohner, in den Vorgarten der Villa zu pinkeln.

»Das ist doch wie in einem schlechten Film.« Kenny schnaubte kleine Wölkchen aus Panik und Raucherlunge in die Luft. »Hier bleib ich kein Semester. Hier bleib ich keinen einzigen Tag.« Eilig fummelte er sich einen Filter aus seiner hippen Bauchtasche in den Mund. Seine Finger zitterten empört. Stimmt, dachte ich. Was ein schlechter Film. Drei Berliner Hipsterkids in der sächsischen Einöde. Von wegen große Freiheit. Amerika war ein kleines Provinzloch. Zweifelsfrei hatte sich die GmbH, die uns das Studium an der »International School Of Business« verkauft hatte, im Vertrag bewusst äußerst vage ausgedrückt, als es um das Pflichtsemester in »Amerika« ging. Die genauere Ortsbezeichnung »Landkreis Mittelsachsen« auf Seite sechs war mir erst aufgefallen, als das Geld schon unwiderruflich auf dem Konto der privaten Institution gelandet war. Ätschbätsch, reingefallen. Jetzt war es zu spät.

In der Ferne hörte man eine Eule. Oder war es eine Nachtigall? Ich hatte keine Ahnung. Unser Atem war in der dunklen Nacht nicht vom Zigarettenqualm zu unterscheiden. Einige unheimliche Momente vergingen. Miro seufzte.

»Wann kommt der Kerl denn? In der Zeit hätte ich ja zehnmal pissen gehen können! Außerdem frieren meine Klöten gleich ab.«

»Ich ruf mal an.« Mit eingefrorenen Fingern fischte ich in der Jackentasche nach meinem Handy, da vibrierte es bereits.

»Guten Tag, Herr Zankzahn, wie geht es Ihnen?« Pipifreundlich wie immer, ließ ich unsere akute Pinkelnot und das Klötenklirren erst mal unerwähnt.

»Fräulein Flieker? Ja, wärum gömm se denn nisch rein?«

Plötzlich bewegte sich im ersten Stock etwas am Fenster. Der alte Spion drückte sich bereits hinter der Gardine rum und beobachtete uns mit grimmiger Miene.

Miro wisperte ängstlich unter seiner Kappe hervor. »Würde mich nicht wundern, wenn der bei irgendeiner Stasi-Organisation im Vorstand war.« Im selben Moment öffnete der streng aussehende ältere Herr mit Strickjoppe und bedrohlich gezwirbeltem Schnurrbart die imposante Eingangstür. Ich entdeckte eine Überwachungskamera. Gut, dass Miro hier nicht hingepinkelt hatte.

Herr Zankzahn wirkte nicht gerade wie ein Mitglied des dörflichen Kuschelvereins.

»Na denn, fölgense mia.«

Die Altherren-Pantoffeln stapften bis in den obersten Stock. Im Treppenhaus lagen Deko-Kürbisse.

»Gömmse rauf. Hier is des Zimmöa vom Ivööh.« Schnaufend öffnete der übellaunige Onkel eine kleine Tür, auf der drei farbenfrohe Holzlettern vom ehemaligen Bewohner zeugten: *Ivo*. Dahinter verbarg sich eine steile Wendeltreppe. Miro und ich wechselten vielsagende Blicke. Der Dachboden war klein und staubig. Auf der Erde lagen zwei kleine und eine große Matratze.

»Zu dritt is eng. Öba das wissense ja selbor.«

Wie abgemacht überreichte ich dem grimmigen Hausherrn die Miete und Kaution in bar.

Die Summe, die auf der dubiosen Vermittlungsseite durch Begriffe wie »Loft«, »gemütlich« und »Erholung pur« legitimiert wurde, wirkte auf einmal viel zu hochgegriffen. Aber ein Zurück gab es nicht. Wir hatten uns die Kacke selbst eingebrockt. Wer war denn auch so blöd und las das Kleingedruckte nicht?

»Ach ja, und nüscht is mit Rauchen. Weil isch hab schon gesehen, dass mindestens einer von Ihnen Raucha is!«

Herr Zankzahn schien mit naiven Großstadtkids wie uns Erfahrung zu haben. Der alte Geheimagent zeigte noch einmal mit ausgestrecktem Oberlehrerfinger auf Miro, bevor er die kleine Treppe hinabstieg.

Kenny zündete sich bereits unbehelligt eine Kippe am kleinen Dachfenster an. »Das ist doch Betrug!«

Mit einer Mischung aus Unglauben und Verachtung schnaubte er Rauch in die Wohnung.

»Na ja.« Schulterzuckend zog ich auf meinem Smartphone eine Landkarte in die Größe. »Das Kaff heißt wirklich so. Guck, hier. Hat sogar einen Bahnhof.«

»Digga. Solange wir am Ende hier 'ne Bachelorurkunde bekommen, ist mir das scheißegal.« Miro ließ sich mit einem ironischen Grinsen auf eine der Matratzen plumpsen. »Und wer weiß, ob nicht doch irgendein Steve Jobs hier studiert hat!«

»Oder ein Karl Marx«, warf ich ein. Chemnitz war ja nicht weit. Leider fiel mir spontan keine weibliche Ökonomin ein, die gesellschaftskritische Abhandlungen verfasst hatte. Nicht, dass ich besonders viele kluge Bücher gelesen hatte – auf meiner imaginären Liste standen Werke wie »Das andere Geschlecht« von Simone de Beauvoir schon lange –, aber mit Feminismus und warum er wichtig war, hatte ich mich immerhin schon mal beschäftigt. Und um hin und wieder etwas von mir zu geben, was klug klang, reichte es meistens aus, einfach nur die Namen zu nennen.

Miro beeindruckte mein Name-Dropping nicht. »Simone de Beauvoir? War das nicht die Alte von Sartre?«

»War Satre nicht der Alte von ihr?«

»Hä?«

»Oh Gott ...« Kenny lugte beängstigt aus dem Fenster. »Meint ihr, die sprechen hier alle so fucking weirdes Deutsch?«

»Das wäre echt awkward!« Möglichst unironisch lehnte ich mich an die Küchenzeile aus weißem Allzwecklaminat. »Sollten alle mal anständiges Deutsch lernen.«

Miro grinste. »Vielleicht gibt es ja 'nen Laden, wo man Bier trinken kann!«

»No chance«, lästerte Kenny abfällig. Mit spitzen Fingern schnippte er sich einen glühenden Aschekrümel vom farbenfrohen Vintagehemd.

»Ich geb mir hier sicher keinen Stammtisch!« Hektisch fingerte er eine kleine Plastiktüte aus seiner Bauchtasche hervor. »Dann lieber 'nen Gemütlichen mit 'nem Tütelchen.«

Fragend richtete sich Miro an mich. »Und du? Erst mal was trinken auf den Schreck?«

»Mhh.« Nachdenklich kratzte ich mich am Kopf. »Also, eigentlich … wollte ich die Zeit hier nutzen, um mal 'n bisschen zu detoxen … Eigentlich.«

Wenig später streunten Miro und ich durch die verlassene Ortschaft. Tatsächlich vernahmen wir irgendwann in Uni-Nähe ganz leichte Basswellen. Eindeutig eine Party.

Am Rande eines Walds wurden wir fündig. »Studentenklub« stand auf dem kleinen Häuschen.

Bingo. Menschen. In unserem Alter. Und Bier. Für einen Euro. Neben der Dartscheibe lockten zwei Barhocker mit billigen Sitzpolstern.

Abwechselnd gaben wir eine Runde aus.

Als Miro nach wenigen Minuten Nachschub an der Bar holte, hockte ich keine zwanzig Sekunden alleine rum. Eine Gestalt näherte sich zögerlich.

»Naaar? So 'ne nedde Dame, ganz alläin?« Ich fühlte mich wie ein unabgeschlossenes Fahrrad.

»Na ja, eigentlich bekomme ich gerade neues Bier geliefert!« Warum war ein Mann, der alleine umherzog, ein einsamer Wolf und eine Frau einfach nur unbegleitet?

Höflich erwiderte ich das Grinsen des großen, bärtigen Menschen. Hoffentlich machte er sich jetzt keine Hoffnungen, in irgendeiner Form bei mir zu landen. Besetzt, wollte ich mir auf die Stirn schreiben. Als wäre ich eine Toilette.

»Mein Kumpel kommt gleich wieder.«

Fasziniert musterte ich die beachtlich buschigen Augenbrauen des Fremden. In ihnen hätte ein ganzer Ameisenschwarm Platz gehabt. Oder war ich doch nur zu voreingenommen? Vielleicht war er nett. Und mit ein paar Einheimischen zu connecten konnte doch nur von Vorteil sein.

Betont kumpelhaft klopfte ich ihm auf die Schulter. »Aber falls du willst, setz dich gern zu uns. Ich bin übrigens Frieda!«

Zwei Stunden später lagen wir uns alle total besoffen in den Armen. Alkohol verbündet eben. Ein Glück. Denn zwischenzeitlich hatte ich mir wirklich Sorgen um meinen Bronx-Gangster gemacht.

Zwar war der Nerd ihm gegenüber zunächst gar nicht so unfreundlich gewesen. Doch dann hatte Miro angefangen, mit ihm auf Sächsisch zu sprechen. Beziehungsweise hatte es versucht. Der angehende Master der angewandten Mathematik fand Miros Bemühungen, mit den Einheimischen auf Du und Du zu kommunizieren, ganz und gar nicht schmeichelhaft.

»Digga, nimm das nicht so persönlich. Ich find das megasympathisch, wie ihr sprecht. Wenn ich Bayerisch rede, klingt das auch so, als würde mein IQ schlagartig um 100 Punkte sinken.«

Nach einigen Beinaheeskalationsmomenten, in denen ich schon vor mir sah, wie der grummelige Riese uns beide mühelos einmal durch den Laden warf, nippte ich beruhigt an meinem Bier. Mittlerweile stießen die beiden Jungs lallend und wiederholt auf ihre neue Männerfreundschaft an. Es war zu laut, sie zu verstehen. Aber sicherlich waren sie in eine sehr feingeistige Konversation vertieft.

Währenddessen wurde ich umzingelt von noch mehr Nerds, die um meine Aufmerksamkeit buhlten.

»Isch bin dea Dömas! Isch bin Technigga am Institüd für Lääsarteschnig«, erzählte mir einer, während ein anderer sich bereits zwischen uns drängte. »Und isch bin döa Nigglas. Isch bin Infommatiggaaar!«

Mein Fanklub feierte mich, versorgte mich mit Getränken und ließ mich im Dart gewinnen.

Ich hatte den besten Abend meines Lebens. Es war ganz anders als in Berlin. Da wurde ich kaum eines Blickes gewürdigt. Geschweige denn so ikonenhaft verehrt!

»Sö 'ne nedde Dame hamwa nisch alle Dage hia im Studendeklubb.« – »Asö! Ja, da haste rescht! Und east rescht nüsch mid so 'nar Öbbaweide.«

Wie bitte? Unauffällig zupfte ich an meinem Dekolleté.

Das war wohl für sächsische Dorfverhältnisse etwas zu einladend. Hätte ich mir mal lieber den Rollkragen angezogen, wie man es mir beigebracht hatte, um »keine Signale zu senden«.

Die Menge von offensichtlich sexuell unteraktiven Langhaargenies um mich herum wirkte plötzlich leicht bedrohlich. In einer unauffälligen Halbumdrehung versuchte ich mich aus dem Kreis interessierter Dudes herauszuwinden. Ohne großen Erfolg.

Wo war denn Miro?

Der gruselige Pferdeschwanz und er waren verschwunden. Besorgt schielte ich in Richtung Ausgang.

»Wo willste denn hin, Frieda? Hamwa disch verschreggt?«

Dömas und Nigglas bildeten einen Wall auf dem Fluchtweg.

Plötzlich wurde ich von hinten angetippt. Ich fuhr herum – und hatte ein bekanntes Gesicht aus Berlin vor mir. Das war

Jens! Ein Kommilitone aus Berlin. Nie hatte ich mich so gefreut, ihn zu sehen.

»Alter, was machst du denn hier?« Spontan fiel ich ihm in die Arme.

»Na du?« Er setzte ein altkluges Lächeln auf. Seine nach hinten gekämmten Malfoy-Haare erinnerten mich an Aale. »Was ich hier mache? Wir sitzen doch alle im selben Boot!«

»Bachelor Of International Business ...« Ich malte Anführungszeichen in die Luft. »Damit haben uns die geldgierigen Schweine von der Privatuni gelockt wie Mephisto den Faust.« Irgendwie war es leichter, die Schuld auf die dubiose GmbH zu schieben, als mich selbst für meine missliche Lage verantwortlich zu machen. Wer war denn auch so blöd und unterschrieb vorschnell irgendwelche Sachen, die Glück, Anerkennung und eine rosige Zukunft versprachen?

Jens gönnte mir einen Blick auf seine kleinen Zähne. »Das heißt, wir haben unsere Seele verkauft?«

»Jap.« Angespannt nahm ich einen großen Schluck. »Und die fünfundzwanzig Riesen sehen wir auch nie wieder.«

Das Geld würde ich schon irgendwann wieder zurückzahlen können. War es eine richtige Entscheidung gewesen, meinen Minijob als Promo-Girl bei einem Boulevard-Blättchen mit dem Beginn des neuen Semesters zu kündigen?

Während Jens in seinem peinlich genau gebügelten Hemd dem Barkeeper mit einer besonders lockeren Bierzapf-Handbewegung zu verstehen gab, dass er erstens cool war und zweitens Nachschub wollte, fielen mir seine Bootsschuhe in den Blick. Vielleicht doch lieber mit den Locals anfreunden. Nachdenklich guckte ich mich um. Meine sächsischen Spontanverehrer hatten einen Kreis aus bebrillter Neugierde um uns gebildet. Die hatten alle irgendwas »Richtiges« studiert, dachte ich. Das waren Ingenieure und Lääsarteschnigga. Und nicht so private Businessfuzzis wie wir.

Jens drehte sich wieder zu mir. »Kann man dir denn eventuell dabei helfen, deinen achseneigenen Bewegungsfreiraum ein wenig auszuweiten?« Ein paar Spucketröpfchen landeten in meinem Gesicht, die ich möglichst unauffällig mit meinem Handrücken beseitigte. Ich zuckte mit den Schultern. Dass ich das Rampenlicht des örtlichen Computerklubs durchaus genoss, solange sie auf Sicherheitsabstand blieben, konnte ich wohl schlecht erklären.

Jens ließ es sich nicht nehmen, vor allen Eastpack-Schulranzen den großen Macker zu markieren und sich so aufzuspielen, als sei er mein Freund. Hatte er wohl in irgendeiner Dorfdisco so gelernt. Währenddessen drehte ich mir betont unbeeindruckt eine Zigarette.

Unweigerlich erinnerte ich mich an die Uni-Weihnachtsfeier vor zwei Jahren, bei der Jens nach dem achten Glühwein an mir geklebt hatte wie eine Nacktschnecke auf einer feuchten Waldwiese. Hatten wir geknutscht?

Nee.

Ganz klar.

Oder?

Meinem angedüdelten Vergangenheits-Ich traute ich einiges zu. Meiner Fähigkeit, Dinge zu verdrängen, erst recht. Jens nahm einen Schluck von seinem Bier und verlagerte das Gewicht ganz cool auf einen Fuß, während er den anderen auf meinem Barhocker abstellte.

»Und? Was tut sich so im Leben, Frieda? Wie läuft's mit deinem Mediendings? Willst du immer noch Journalistin werden?«

»Ach so, … ja läuft!« Obwohl ich doch eigentlich gar kein Interesse daran hatte, Jens zu beeindrucken, ertappte ich mich dabei, Jens beeindrucken zu wollen. »Ich arbeite im Moment bei einer Zeitung. Du weißt schon, tagesaktuelles Geschehen, Nachrichten, Politik …« Was sich anhörte, als hätte ich eine relevante Position bei der täglichen Verteidigung demokratischer Werte, war in Wirklichkeit schlecht bezahltes Rumstehen auf dem Kudamm, bei dem ich ahnungslosen Menschen gegen ihren Willen verhängnisvolle Abos aufschwatzte. Mein Chef nannte mich am liebsten »Püppchen« und »Mäuschen«, und auf Seite sechs rekelte sich immer eine nackte Frau. »Aber vielleicht bin ich bald an was Größerem dran. Dokus, Reportagen, Marietta Slomka, Dunja Hayali, Gundula Gause, so was in die Richtung.«

Neckisch hob Jens eine Augenbraue. »Ich mache Accounting für ein Sportmagazin.«

»Hört sich furchtbar an!«, brüllte ich durch den Lärm, was Jens glücklicherweise nicht allzu persönlich nahm. Die Musik – offenbar eine Classic Rock Playlist von Spotify – war plötzlich viel lauter geworden. »It's my life! It's now or never!«, dröhnte es aus den Boxen über uns und durch die Münder um uns herum. »I ain't gonna live forever!« Die Party lief mehr und mehr auf Hochtouren. »Und wo fristet ihr die nächsten Monate euer Dasein?!«

»Meine Jungs und ich sind in Elend!«

»In Elend?!«

Jens kam immer näher an mein Ohr.

»Ja! Morgen gibt es Kuttelflecksuppe!«

Vor Schreck verschluckte ich mich fast an meinem Ein-Euro-Bier. »Was ist das denn?! Typisch deutsch?!« Die letzten Jahre in Berlin hatte ich doch nur Falafel, Sushi und Pho gegessen. Ob mein empfindlicher Magen das vertragen würde? »Vielleicht wird Amerika ja doch noch unseren Horizont erweitern!« Jens verstand nicht.

Kurz darauf grölten wir »Take me down to the paradise city. Where the grass is green and the girls are pretty. Take me home! Oh won't you please take me home!«, was die Situation spürbar verbesserte.

Irgendwann stand Miro wieder auf der Matte. Seine Nase war noch ganz. Don't stop believing! »Bester Song!« Vor Freude schmiss ich die nächste Runde Ein-Euro-Bier. Miro legte drei Tequila drauf. Jens eine Runde Kräuterschnaps.

Irgendwann lallte er nur noch. So wie wir alle.

»Frieda.« Sein feuchtes Sprechorgan näherte sich meinem Ohr, das ich gerne zugehalten hätte. »Kann ich dich mal draußen sprechen?«

»Klar, was ist denn los?«

Vor der Tür machte Jens vor dem kleinen Holzhäuschen halt und bot mir eine Zigarette an. Ganz sicher rauchte er nur, um cool auszusehen. Wie alle, wenn wir mal ehrlich waren. Möglichst lässig stieß ich den Rauch zwischen den Zähnen hervor. »Was gibt's?«

»Ich wollte dich das eigentlich schon längst fragen. Jetzt bin ich besoffen und werde es wahrscheinlich morgen bereuen … aber …«

Fasziniert beobachtete ich sein innerliches Ringen, zwischen dem Versuch, möglichst schlagfertig rüberzukommen, und dem gleichzeitigen Unterdrücken seiner Unsicherheit. Durch den erhöhten Bierkonsum schienen beide Seiten in ein ungeplantes Ungleichgewicht geraten zu sein.

»Also, ich wollte dich fragen, ob wir uns mal treffen wollen. Also 'nen Kaffee trinken gehen oder 'n Bier. Also, wir haben ja heute Bier getrunken, aber ich meine so halt mal, wann anders und woanders und so.«

Sein Auge zuckte nervös. Nein, wir hatten nicht geknutscht, jetzt war ich mir ganz sicher.

»Woanders? Glaube, hier gibt es nicht so viele Alternativen.«

Gelassen zog ich an meiner Kippe. Plötzlich überkam mich ein bieriger Rülpser. Scheiße, ich hatte zu viel getrunken. In derselben Sekunde schwang die Tür des Studentenklubs auf, und jemand kotzte eine schaumige Biersuppe neben eine karge Topfpflanze auf der Terrasse.

Miro torkelte hinterher, klopfte dem würgenden Läasartesch-nigga kumpelhaft auf den Rücken und zückte den Gelbeutel. »Abartig! Den Zwanni hast du dir hart verdient, Bruder.«

Erinnerungen an meine Dorfjugend kamen hoch. »Miro!« Zielstrebig packte ich ihn am Jackenzipfel. »Wir müssen jetzt echt gehen. Ein Bier noch und du kannst mir die Haare halten.«

»Wäre ja nicht das erste Mal, Engelchen. Aber klar. Let's fetz. Ich bring dich nach Hause.«

Miro exte sein Bier.

Eiligen Schrittes schlängelte ich mich an den Nerds vorbei, um meine Jacke zu holen. Bye-bye, Miss American Pie. Das Ärmeleinlochen gelang mir – nicht ganz so cool – erst beim dritten Anlauf.

»Tschüss, ihr Lieben!«, rief ich unverbindlich sowohl ihnen als auch dem kotzenden Kerl als auch Jens zu, der immer noch wie angewurzelt vor einem Regenfass stand und auf seine Bootsschuhe glotzte. Meine Beine waren schwer wie Blei. Mein Kopf auch. Ich freute mich aufs Bett. Pardon, auf die dörfliche Matratze.

Es regnete leicht, als Miro und ich den Hügel hinabtorkelten.

Die herbstlich nassen Baumschatten schwankten auf mich zu wie unheimliche Riesen. »Aldaa, bin ich voll wie zehn Burschenschaffdler. Kannsd du mich nich trag'n?«

»Klar, Engelchen, spring auf.«

»Okay!« Keine Ahnung, was in mich fuhr. Aber plötzlich fühlte ich mich leicht wie Engelshaar und zart wie ein Dekoei.

Übermütig nahm ich Anlauf und besprang den kleinen Mann wie ein tollwütiger Oger einen schlafenden Esel.

Fernab von jeglicher damenhaften Zurückhaltung hängte ich mein ganzes Körpergewicht an Miros Rücken.

Angestoßen von dem wuchtigen Aufprall, trabte er mit mir los. Den Hang runter. Im Regen.

»Wuhuuuu, schneller!«, kreischte ich durch die Einöde.

Plötzlich schnetzelte es uns volle Kanne auf den Asphalt. Wie umgefallene Käfer lagen wir auf der nassen Straße. Nur wenige Meter von der Dorfkneipe entfernt. Übermütig gackernd zupfte ich mir ein Laubblatt aus den Haaren und klaubte meinen mir nicht mehr so ganz gehorchenden Körper von der Erde.

Miro blieb liegen. »Fuck, Alter, mein Bein!«

Ich streckte ihm meinen Arm hin.

Miro hüpfte auf einem Fuß, versuchte den anderen zu belasten. »Ey, mein Bein ist voll verdreht!«

»Ach was, papperlapapp!«

»Doch, Digga, tut unnormal weh.«

»Dann trag ich dich halt! Komm spring auf!«

Einbeinig hopste Miro auf mich zu und schaffte es nur halb auf die Höhe meines Rückens. Ein paar Meter galoppierten wir, dann warf er sich ab.

»Oh Scheiße, das ist echt nicht gut.« Auf allen vieren krabbelte Miro auf den leeren, laubbedeckten Bürgersteig. »Ich ruf ein Taxi.«

Im schwachen Licht der wenigen Straßenlaternen zeichnete sich Nieselregen ab. Ich kratzte mich am Kopf. »Hast du schon vergessen, wo wir sind? Es sind gerade mal fünf Minuten zu Ivöös Matratzenlager. Los jetzt, bespring mich.« Betrunken grobmotorisch klopfte ich mir auf den Rücken und scharrte mit den Füßen.

Tapfer biss Miro die Zähne zusammen und heftete sich nach einbeinigem Absprung an mich. Mit allen zehn Fingern krallte er sich in mein Hüftfleisch. Willig ritt ich los.

Aber nach nur drei Metern sah auch ich es ein: Wir schafften es nicht.

Wie eine weich gekochte Nudel glitt Miro von mir ab und ließ sich auf den Asphalt fallen.

»Ich rufe jetzt ein Taxi!«

»Nee! Lass mal, ich habe 'ne Idee!«

Meine Idee hieß Jens.

Glücklicherweise hatte er mir seine Nummer bei besagter Uni-Weihnachtsfeier ins Handy getippt.

Er ging sofort ran. Nach weniger als zwei Minuten stand er vor uns, drückte mir seine halb volle Bierflasche in die Hand und checkte Miros Bein fachmännisch – wie ein richtiger Sportarzt.

Miro musste das Knie anwinkeln, das Bein ausstrecken und versuchen, es zu belasten. Jens stellte sachkundig seine Diagnose – einen ganz ähnlichen Fall habe er beim letzten Spiel Ober-Erkenschwick gegen Ubbedissen miterlebt. Ganz klar, das Bein sei überdehnt.

Miro konnte sich gar nicht wehren, da hatte Jens ihn sich schon betont männlich über die Schulter geworfen und ihn den nächsten Hügel hinaufgetragen.

Unnütz trippelte ich hinterher. In mir kamen Schuldgefühle hoch.

»Stopp mal, Leute«, krächzte Miro.

Jens setzte den Patienten ab. Miro reiherte geräuschvoll gegen eine Zwergbirke.

»Abartig, ich hab solche Schmerzen.«

Besorgt friemelte ich an Jens' Bierflaschenettiket herum. »Meint ihr, hier fahren Krankenwägen?«Während Miro immer noch würgte, tippte Jens bereits pragmatisch auf seiner aufleuchtenden digitalen Uhr herum. »Du meinst Krankenwagen? Ich hab gerade einen per App bestellt. Cool, oder?« Schulterzuckend guckte ich auf mein Handy, das mir anbot, mich mit Jens zu verbinden. Lieber nicht, dachte ich. Mein Blick fiel auf die absurd hohe einstellige Zahl im oberen Bildschirmdrittel. Kurz nach sechs. Scheiße. In vier Stunden begann die Einführungsveranstaltung. Was ein super Start ins Semester.

Wenig später saßen wir auf dem Treppenabsatz der Villa und warteten auf den Notarzt. Miro rauchte schnell noch eine, dann wurde er mit Blaulicht abtransportiert.

Ein Krankenpfleger in Orange fragte mich, ob ich seine Freundin sei.

Jens schien das ebenfalls zu interessieren.

Als der Wagen weg war, standen wir zwei Zurückgebliebenen in der Morgendämmerung vor der Villa.

»Frieda«, hauchte Jens verlegen, »das ist mir jetzt wirklich etwas peinlich, aber mein Kumpel ist eben schon zurück nach Elend gefahren, als du angerufen hast. Ich weiß nicht, wie ich nach Hause kommen soll ... Meinst du, es würde dich stören, wenn ich eventuell bei dir auf dem Sofa penne?« Pff, Sofa, dachte ich.

Kurz drauf lag der lange Lulatsch mit seinen blassen Beinen, die er bis zu den Boxershorts entblößt hatte, wie in stabiler Seitenlage am Matratzenende. Im Halbdunkel sah man die Gänsehaut zwischen den Muttermalen sprießen. Seine weißblonden Haarsträhnen schimmerten im fahlen Morgenlicht. Obwohl ich mich körperlich wirklich nicht zu ihm hingezogen fühlte, empfand ich so etwas wie Zuneigung. Ach, Jens.

Ohne lange zu überlegen, warf ich ihm einen herumliegenden Schlafsack zu und legte mich neben ihn.

Damit hatte er wohl nicht gerechnet. Stille.

»Frieda«, flüsterte er in den dunklen Raum. »Darf ich meinen Arm um dich legen?«

»Stell nicht so Kackfragen, Jens!«

Im nächsten Moment hörte ich ein Luftanhalten, spürte ein Zögern und letztlich eine Hand auf meiner Schulter – nicht fester als warmer Atem. Was soll's, dachte ich und ließ es geschehen. Solange er keine Anstalten machte, mir in irgendeiner Form mit seinen grabbeligen Fingern unter die Kleidung zu packen, war ja alles im grünen Bereich. Oder?

Jens' kleines Herz klopfte mir in den Rücken. Mich überkam ein belustigtes Grunzen. War das alles bescheuert hier. Da wollte ich etwas aus mir machen, hatte alles in Bewegung gesetzt, um mit meinem schäbigen Abi an diese Businesshochschule zu kommen, einen Mörderkredit aufgenommen, um behaupten zu können, in Amerika studiert zu haben. Und jetzt lag ich mit einem Buchhaltungsmalfoy unter einer Decke. Irgendwo in der Pampa. Verdammt.

2.

Ich wachte auf und erschrak. Ach du Kacke.

Das war Jens, der da immer noch in Embryonalstellung neben mir lag.

Oh Gott, oh Gott, was war nur gestern passiert? Ein beiläufiger Blick ins Dachfenster spiegelte eine gruselige Gestalt. Mit leichtem Schwindel taperte ich in Richtung Bad, um mein zerknautschtes Gesicht von Mascara und verschmierten roten Flecken, die hoffentlich vor einigen Stunden noch als Lippenstift durchgegangen waren, zu befreien.

Schwungvoll platzte ich in das verwinkelte Badezimmer, wo Orangen- und Melissendüfte aus flackernden Kerzen strömten. Kunstvoll verteilte Rosenblätter verliehen dem Kämmerchen ein betörendes Ambiente. Kenny saß in der Badewanne und rauchte.

Bestimmt hatte er sich gerade einen runtergeholt.

»Oh sorry, mach fertig, ich komm gleich wieder!«

»Nein. Bleib hier! Setz dich! Ich war sowieso schon fertig.«

»Ach so.« Schwerfällig ließ ich mich auf den Klodeckel plumpsen und starrte stumm ins Leere.

Der Meerjungfraumann grinste neugierig. »Also. Was ist da los? Wo ist Miro, und warum siehst du aus wie ein nuttiger Geist?«

Oh. Darüber hatte ich noch gar nicht nachgedacht. Also über Miro.

Wie ein nuttiger Geist, oder das, was ich mir darunter vorstellte, sah ich leider des Öfteren mal aus. Bei dem Versuch, natürlich schön rüberzukommen, überschminkte ich mich jedes Mal aufs Neue hemmungslos.

»Miro ist … im Krankenhaus«, stotterte ich.

»What?! Warum?« Kenny fiel vor Schreck die Kosmetiktube samt Glimmstängel ins Badewasser. »Hat ihn jemand verletzt?«

»Kann man so sagen …«

Fassungslos über meine eigenen Worte, fixierte ich mein Spiegelbild. »Ich befürchte … ich hab ihm das Bein gebrochen.«

»Ach du Scheiße!« Kenny verdeckte sein Grunzen mit der Handfläche.

Währenddessen nahm ich mir vor, bei meiner Hochzeit auf keinen Fall das Ding mit der Türschwelle mitzumachen. Das Hals-und-Beinbruch-Risiko war eindeutig zu hoch.

»Und warum ist Jens hier?« Ohne eine Antwort abzuwarten, war Kenny bereits damit beschäftigt, mit den Fingern nach dem ersoffenen Kippenstummel zu fischen. Instinktiv guckte ich die weiße Fliesenwand an, um ihm nicht zu nahe zu treten. Obwohl wir seit Beginn unseres Studiums in Berlin zusammenwohnten, hatten wir nie ein gewisses Level an Vertrautheit erreicht. Ich konnte nichts mit Kennys ständigem Bedürfnis, im Mittelpunkt zu stehen, anfangen und fühlte mich neben ihm und seinen coolen Berliner Hipsterfreunden uncool.

Er hatte ein Problem mit meiner direkten, extrovertierten Art und der Ungeduld, immer so vieles auf einmal zu machen. Vielleicht waren wir uns auch einfach zu ähnlich.

»Wir haben ihn in der Kneipe getroffen, es gab Bier für einen Euro. Und dann führte eins zum anderen.«

»Hast du?! Neben mir? Einfach so?«

»Was? Nein!«

»Besser so. Das hätte den Kleenen wahrscheinlich für immer traumatisiert!«

Beunruhigt hob ich eine Augenbraue. »Wie meinst du das?«

»Du bist wohl … sagen wir … ein paar Nummern zu groß für den.« Mit einem schelmischen Grinsen rieb er sich den Schaum von den tätowierten Armen. »Oh shit.« Mit einem wasserfallartigen Geräusch stieg Kenny aus der milchigen Seifensuppe. »Das Wasser fließt nicht richtig ab … Die Bude ist ein einziger Ranz.«

Genau wie ich, dachte ich. Mit einem schweren Seufzen aus Bier- und Zigarettenpappfresse lehnte ich mich zurück, wobei ich aus Versehen die Klospülung betätigte.

Ein paar Nummern zu groß? War das ein Kompliment gewesen? Oder eine Anspielung auf meine Figur?

Mein Kopf pochte schmerzhaft, als ich mich aufrichtete, um mein Gesicht von den Spuren der letzten Nacht zu befreien. Das Make-up, das ich mir aus dem Gesicht waschen wollte, staute sich in einer braun-grauen Pfütze im Waschbecken. Als ich versuchte, den Matsch in kleinen, verdaulichen Schüben an den Abfluss zu verfüttern, machte das Rohr beängstigende Geräusche. Während Kenny in einem seidig weichen Bademantel mit einer frischen Fluppe im Mundwinkel aus dem Bad wieselte, vibrierte meine Hosentasche. Nachricht von Miro.

»Ich lieg immer noch in der Notaufnahme. Aber mach dir keine Sorgen, Engelchen. Ich schaukle das hier schon! Geh schön in die Vorlesung und schreib für mich mit!«

Als unsere Truppe, bestehend aus Kenny, Jens und mir, kurz vor Vorlesungsbeginn den Hörsaal endlich gefunden hatte, waren schon fast alle Plätze besetzt. Seufzend blickte ich in die überfüllten Reihen.

Das waren auch alles junge, unschuldige Leute, die auf die reißerischen Methoden von privatfinanzierten Medienhochschulen reingefallen waren und nun in diesem sächsischen Dorf ihr Dasein fristeten.

Wie viele wohl von denen auch »Global Business, Controlling, Finance and Management« studierten, weil es sich cool anhörte? Sicher hatten Dutzende von ihnen schon als Kind den *American Dream* geträumt. Nun blickten sie der schmerzlichen Realität ins Gesicht.

Vorne am Pult stand ein onkelhafter Mann in Hirschhornknopfweste und pustete lautstark in ein Mikrofon.

Aus den Lautsprechern hörte man Vibrieren, gespickt mit der Aerodynamik abgesonderter Speichelreste.

Aus Mangel an Alternativen ließ ich mich auf eine Treppenstufe fallen. Jens setzte sich neben mich.

Dachte er, das würde jetzt immer so laufen?

»Tja. Des kimmt davon!«, schnauzte es plötzlich hämisch bayerisch durch die Boxen. Als wäre Gott heute besonders zornig, donnerte ein Grollen durch den Saal. Was meinte der alte Chauvi, der hier offenbar Autorität hatte? Was kommt von was? Unsere missliche Lage? Weil wir wohl alle zu blöd gewesen waren, den Vertrag zu lesen? Oder meinte er Jens?

Alle Augen richteten sich auf mich. »Hamma uns zu lang fesch gmacht heit in der Frrrüh?« Hä? Meine Haare verbogen sich zu einer Stressfrisur. Sollte ich mich jetzt verteidigen? Ich schluckte. Lieber nicht. Der Dozent ließ von mir ab. Ein Glück.

Das Seminar begann. Was im Vorlesungsplan den hochtrabenden Titel »Global Economy« trug, stellte sich leider als prahlerisches Nähkästchengeplauder des Oktoberfestveteranen heraus. Stolz erzählte Prof. Horst, wie sich der Honorardozent vorstellte, von Münchner Stammtischen und seinen »Spezln«, die scheinbar irgendwelche ultraerfolgreichen Unternehmer waren und schon mal mit Bill Gates abgehangen hatten. Er selbst rühmte sich damit, Vorsitzender eines großen Konzerns zu sein. »Angfanga hat alles in der Garage! Man muss nur haarrrt genug drran bleim!«

Ich fixierte die Uhr. Wie sollte ich das die nächsten Stunden durchhalten? Wenn ich schon völlig verkatert in die Uni ging, wollte ich auch etwas Sinnvolles lernen, über Selbstreflexion in der Wirtschaftspsychologie, Konsumkritik, ökologische Dimensionen der Ökonomie, gendertheoretische Aspekte in der Erwerbsarbeit, den Beitrag der Care-Arbeit zum Erhalt der Leistungsgesellschaft oder zumindest eine praktische Methode zum schnellen Kopfrechnen. Unauffällig schielte ich auf mein Handy.

Nachricht von Miro. »Tibiakopffraktur. Ich werde morgen operiert. In den nächsten zwei Monaten darf ich das Bein nicht belasten.«

»Ach du Kacke!«, tippte ich sofort zurück. »Das ist alles meine Schuld! Ich komme heute direkt nach der Vorlesung vorbei, was soll ich dir mitbringen?«

»Engelchen, mach dir keinen Kopf. Wir waren besoffen und haben rumgeblödelt. Das kann doch passieren!« Woher hatte Miro nur diesen seltsamen Kosenamen? Ich identifizierte mich weder mit dem »Engel« noch mit dem »chen«. Aber jetzt konnte ich mich einfach nur glücklich schätzen, dass er nicht sauer war. Immerhin hatte ich ihm das Bein gebrochen! Ausgerechnet jetzt, hier in der sächsischen Einöde!

»Vielleicht 'ne frische Unterhose? Schokolade? Einen Burger?

Mit Pommes? Ein Happy Meal mit Spielzeug?« Wo auch immer ich das herkriegen würde. »Was ist dein Lieblingskuchen? Sag, was du brauchst, ich mach's möglich.«

»Kann nichts essen«, schrieb Miro. »Aber ein unangekotztes T-Shirt wäre nicht schlecht.«

Nachdem wir alle unfreiwillig gelernt hatten, wie viele Oldtimer, Kitzbüheler Villen und knackige, jüngere Geliebte der Wirtschaftsprof besaß, ließ ich die anderen – insbesondere Jens – stehen und lief zum Supermarkt.

Die vielfarbig kurzhaarige Kassiererin lugte mich düster durch ihre Brillengläser an, als sie meinen Einkauf begutachtete: ein Kakaogetränk mit Hasenohren, Schokolade mit einem Fußballnationalspieler drauf und ein Magazin mit nackten Frauen, die gemachte Brüste hatten.

Ich war mir sicher, genau Miros Geschmack getroffen zu haben.

Der arme Kerl lag in diesem grauklotzigen Kleinstadt-Krankenhaus. Bezeichnenderweise in Elend. Als ich im langen Gang über Linoleum schritt, roch ich etwas, von dem ich dachte, es sei Kuttelflecksuppe, und musste an Jens denken. War das jetzt Romantik?

Zimmer Nummer vier. Ich klopfte.

»Engelchen!« Miro grinste mich tapfer an. Sein Gesicht war von Schlaflosigkeit und Schmerzen gezeichnet. Im Bett neben ihm lag ein älterer Herr im Feinripphemd mit einer Armschlaufe.

»Guten Tag! Entschuldigen Sie die Störung«, grüßte ich höflich.

Der grimmige Alte beachtete mich nicht.

Mit einer Arschbacke hockte ich mich auf das Patientenbett zu Miro. »Oh Mann, wie geht's dir?«

»Beschissen. Ich dachte, die geben mir wenigstens Drogen und ich kann einfach chillen. Aber Bullshit. Alter, die meinen, ich hab noch zu viel Restalkohol!« Mit einem manisch anmutenden Lachen hob Miro seinen Arm, in dem eine Nadel steckte. »Nur so ’ne beschissene Kochsalzlösung geben die Penner mir!«

Der kauzige Krankenhausopa guckte misstrauisch zu uns rüber. Seine an einer Hand abzählbaren Haarsträhnen waren mitleiderregend über seine Platte gekämmt.

Seine Anwesenheit schien Miro in puncto Kraftausdrücke nicht weiter zu stören. »Ich hätte ja richtig Bock aus diesem scheiß Haus mal rauszukommen und eine zu schmökern. Aber ich kann mich überhaupt nicht bewegen. So ’ne verfickte Scheiße!«

Der Zimmergenosse guckte mittlerweile so dermaßen finster, dass ich mich dagegen entschied, mich für irgendetwas zu entschuldigen.

Plötzlich hallte es vom Gang: »Böönsalaad! Böönsalaad! Middagszeid!«

Rasselnd rollte ein Essenswagen ins Zimmer. Der freche Kurzhaarschnitt der Krankenpflegerin war asymmetrisch und mit pinken und lila Strähnen gespickt. Offenbar gingen hier alle zum selben Friseursalon.

»Böönsalaaad«, blökte sie auffordernd in den Raum.

Wir starrten sie entsetzt an. Bitte was wollte sie von uns? Stille.

»Böönsalaad. Wollnse jetz oder nüsch?!«

Der Alte mit der Armschlaufe meldete sich zu Wort: »Ja. Üsch.«

Daraufhin patschte ihm die Lilalaune-Schwester mit grober Routine eine Masse aus Hülsenfrüchten vor die Nase.

»Ledzde Schonxe! Böönsalaad?« Mit genervter Miene forderte sie Miro zur Entscheidung auf.

»Sieht sehr lecker aus«, improvisierte er betont wohlerzogen. »Aber ich habe keinen Hunger. Danke, Fräulein.«

»Frau Rönegga immer noch für Sie, der Herr Patient. Früher wurden wa wenigstens noch respegdierd!«

Das Bohnen-Mobil verschwand mit einem bedrohlichen Grummeln. Währenddessen zog Miro an seinem Versorgungsschlauch, als würde ihm die Kochsalzlösung aus den Fesseln seines Daseins helfen.

»Wie soll ich das denn hier überleben?«

»Na ja ... also, sie hat schon recht. Immerhin hat sie dich ja auch nicht Männlein genannt.« Dass sein aktueller Zustand eine Assoziation mit Fragilität nicht ausschloss, verkniff ich mir.

Aufmunternd zwinkerte ich Miro zu, der mehr als irritiert wirkte. »Guck Dokus, lies Buchanalysen und informier dich über fragwürdige Geschlechterrollen! Da lernst du mehr als in der Vorlesung!«

»Haha! Der war gut!« Miro grinste wie eine dieser Gestalten, die im Görlitzer Park nach Elfen suchen. »Weil's hier natürlich WLAN gibt.«

»Andere Leute bezahlen viel Geld für eine Auszeit von Smartphone und Computer!« Mein schweifender Blick blieb an dem Mindestmaß an Dekoration hängen, das Krankenhäuser wohl juristisch erfüllen müssen, um nicht auch noch für neu auftauchende Zwangsneurosen ihrer Patienten zur Verantwortung gezogen zu werden. Ein eingestaubter billiger Abzug abstrakter Kunst klebte an der blassgrünen Wand. »Mach Schweigekloster, lern Meditieren oder Stricken. Endlich mal Gelegenheit, abstinent zu leben! Wann hat man das schon?«

Aufgekratzt kramte ich in meinem Rucksack. »Außerdem hab ich dir was mitgebracht. Hier. Ein Kinderkakao und eine Kinderschokolade ...«

Miros Augen strahlten. »... Mit dem Kind mit Migrationshintergrund vorne drauf?! Dachte, so was wird in Sachsen sofort eingestampft!«

Ich legte eine Kunstpause ein, bevor ich den Playboy aus meiner Tasche zog.

»Und das Wichtigste, damit du dir hier die Zeit ein bisschen besser vertreiben kannst!«

»Nee!« In seinen Augen stand plötzlich ein gieriger Glanz, als hätte er endlich eine Elfe im Görli gefunden. »Du hast mir ein Tittenheft mitgebracht? Ich kann mir doch keinen schrubben vor dem alten Genossen da!«

Seelig blätterte er in dem Magazin, auf dem eine splitternackte Frau – pardon, sie trug High Heels – vor einem Düsenjet posierte. »Alles, was Männer lieben« stand auf einer Seite, auf der Uhren, Handys, Autos und nackte Brüste eine Reihe von erstrebenswerten Besitztümern darstellten. Unwirklich aussehende Bäuche, Taillen und Hintern zeigten realitätsferne Schönheitsideale. Ich war mir nicht sicher, ob ich diese Frauen ablehnen oder mir wünschen sollte, so auszusehen wie sie.

»Is das 'n Ausländar?«, mischte sich der Alte währenddessen unerwartet ein. Argwöhnisch fixierte er die Kinderschokolade. Wie ich feststellte, wirkte er mit der Armschleife vor seinem kugeligen Bauch permanent wie ein trotziges Kind.

»Das ist ein Kinderfoto von einem Nationalspieler!« Von welchem, wusste ich nicht. »Der is doch gar keen rüschtischa Deutscha!« Ich wollte etwas sagen. Aber ich wusste nicht, was. Der Alte schien jedoch ohnehin nicht an unserer Meinung interessiert.

Aufgebracht schimpfte er über die »Lügenbresse« und »die Gudmänschn«. Beim Wort »Willgömmskültühhrr« klang er selbst irgendwie türkisch. Ich musste kichern. Miro und ich wechselten belustigte Blicke. Durch belegte Bronchien röchelte der alte Wutbürger nach Luft.

»Wüssense, wir Sachsn wärn von den Medien immer so schlimm dargestelld. Ganz so schlimm sindwa nüsch. Nur midm reschden Auge zwingan wa schon 'n bisschen!«

Miro zuckte mit den Schultern. »Kein Stress, Diggi. Ich kenn das. In meinem Heimatdorf wählen alle CSU.«

3.

In den nächsten Tagen ging ich immer nach der Vorlesung zu Miro ins Krankenhaus und brachte Kakao und demonstrativ Kinderschokolade mit Migrationshintergrund mit. Der Armschlaufen-Opa redete nicht mehr mit uns. Miro war das ohnehin egal. Inzwischen konnte er mit Krücken durch den Gang humpeln. Ach je. Ich hatte ihm das ganze Elend ans Bein gehängt. Im wahrsten Sinne des Wortes.

Die Raucherecke bestand aus einer ungemütlichen Metallbank im postsozialistischen Industriestil und ihrem Blick auf eine Wand. Es war kalt. »Erzähl! Wie läuft's mit deinem Zimmernachbarn?«, versuchte ich die Stimmung zu heben.

Nachdem er sich umständlich auf das nasse Gitter hatte plumpsen lassen, setzte Miro einen entspannten Blick auf. »Ach, der alte Genosse und ich? Wir sind dicke Bros. Haben sogar schon ein Handtuch geteilt!«

»Wäh! Wie das denn?!«

»Zwei Schwestern kamen heute so an und ham mich angebrüllt: ›Sö! Waschen!‹« Miros Kopf schüttelte sich vor Panik. »Und ich meinte nur so: ›Neee, das mach ich selbst, Digga!‹ Dann bin ich so ins Bad getigert und hab versucht zu duschen und hab sicher 'ne Stunde gebraucht, weil ich keine Scheißbalance halten kann. Ja, und dann waren da zwei Handtücher, und ich dachte noch so ›Was 'n Service hier in Elend‹ und komm so raus und sag dem Kollegen so: ›Was 'n Service hier, Digga, die geben uns sogar Handtücher‹, und er meinte nur so: ›Nee, die hat meine Frau dahin gehängt. Das sind meine.‹«

»Iiiiiiih«, entfuhr es mir eine Spur zu schrill. Bei so vielen unerwünschten Informationen blieb mir kein Raum für Gegenargumente. Ach, Miro.

»Save, Digga«, bemerkte er. »Ich hab mir damit so richtig zwischen den Klöten gerieben. Save fünf Tage lang davor nicht geduscht!« Begeistert schlürfte er den Kakao, auf dem ein eiliger Hase mit langen Ohren wie auf Koks grinste.

»Ist denn heute sonst … nichts passiert?«

»Nur frustrierendes Zeug. Ich wollte mit dem Schmuddelheftchen, was du mir mitgebracht hast, ins Bad und mir einen schrubben. Und bin dabei umgefallen. Das war echt kacke, Mann! Aber dafür hatte die Physiotherapeutin dicke Titten. Danach ging's.«

»Ist doch schon mal was!« Innerlich nahm ich mir vor, mich mal damit auseinanderzusetzen, ob ich mir nicht mal Leute suchen sollte, die ich weder privat noch politisch fragwürdig fand. Oder war es einfach nur meine negative Einstellung, an der ich arbeiten musste? Ich mochte Miro. Wirklich.

»Und sonst so?«

»Zum Mittagsessen gab's heute Wurstsalat. Und ich hatte eine Untersuchung. Der Arzt meinte, die haben mir eine Eisenplatte ins Knie eingesetzt. Die kommt dann in einem Jahr wieder raus. Zum Glück nicht das Kreuzband.«

»Ach du Scheiße! Heißt das, du musst in einem Jahr … zurück nach Elend?«

»Engelchen, mach dir keinen Kopf.« Miro lächelte tapfer. »An die Aktion werden wir uns immer erinnern. Und wenn alles gut läuft, kann ich in acht Monaten wieder wie ein schwules Fohlen durch die Welt galoppieren.« Ich schluckte frustriert.

In mir wuchs das Bedürfnis, mich von meiner Schuld an Miros misslicher Lage irgendwie reinzuwaschen. Am liebsten hätte ich ihm Schmerzensgeld bezahlt. Aber ich konnte ihm wirklich nichts anbieten, das ihn interessierte. Außer … Freia!

Überrascht stieß Miro eine Krücke um. »Deine Schwester?«

Pragmatisch verzog ich die Lippen zu einer Schnute. »Klar. Ich hab dir das Bein gebrochen, dafür hast du entweder auch einmal Beinbrechen bei mir gut oder … du kriegst meine Schwester!«

»Geiler Deal, Alter!« Begeistert kratzte er sich am Sack und aschte auf den Asphalt. »Ist das schon mit ihr geklärt?«

»Sippenhaft. Funktioniert schon seit dem Mittelalter. Mindestens.« Ich war mir sicher, dass er den Scherz verstand. »Sie ist übrigens gerade in Athen.«

»Im Urlaub?«

»Nee …« Ich grunzte. »Freia macht nie Urlaub.«

Meine Schwester war die korrekteste linksgrün-versiffte Weltverbessererin der Welt. Als Veganerin lebte sie plastikfrei und kettete sich in ihrer Freizeit an Kohlebagger. Außerdem studierte sie von Anthropologie und Philosophie über Verfassungsschutz und European Studies so ziemlich alles, was klug klang und niemand verstand. Dabei war sie ungeschminkt und stets mühelos hübsch, hatte volles Haar, tausend Menschen, die sie liebten, und komischerweise immer noch Zeit, ständig geile neue Klamotten in irgendwelchen coolen Vintageläden zu kaufen.

»Was dann?« Miro zog sich den Reißverschluss seiner viel zu

dünnen Trainingsjacke unters Kinn und schenkte mir einen verwirrten Blick.

»Ach so, dies und das. Reisen. Projekte. Politik. Instagram.«

Ich musste grunzen, weil ich mir vorstellte, wie Miro unsere Eltern ganz wohlerzogen fragen würde, ob er sie duzen, siezen oder diggern darf. Ob er sich mit Freia auf Demos mit Bullen kloppen würde? Nun hatte er ja dazu passend eine Eisenplatte im Bein.

Gelangweilt kratzte Miro mit der Krücke auf dem Parkplatzboden rum. »Und bei dir? Was ist mit … wie hieß der Dude noch gleich … Hans?«

»Oh, Jens«, gluckste ich amüsiert. »Der hat mir letzte Nacht schon wieder total besoffen seine Liebe gestanden.« Leidend verdrehte ich die Augen, als wäre es eine unerträgliche Last, dass mich jemand mochte. Irgendwie kannte ich das von den amerikanischen Highschoolfilmen. Wann wohl endlich der gut aussehende Quarterback um die Ecke kam? Ach Shit, fiel es mir ein. Der war ja der zunächst unscheinbaren und fragilen Aschenputtelschönheit vorbehalten.

»Alter, du vögelst safe noch mit dem!«, freute sich Miro. »Der ist bestimmt noch Jungfrau! Aber starker Dude, hat mir das Leben gerettet. Richte ihm mal liebe Grüße aus!«

»Alles klar. Also Letzteres.« Ich räusperte mich. »Kommst du bald wieder zu uns in die Dachkammer?«

Das röchelnde Geräusch des Strohhalms im Tetrapack hallte von der gegenüberliegenden Häuserwand wider. Der Kakao war leer. »Puuh … Das ist maximal beschissen mit dem Bein da oben …«

Stimmt. Ein Dachboden mit Dachschrägen und einer unpraktischen Sitzbadewanne war sicherlich nicht die beste Reha-Klinik.

»Hmm …« Grübelnd betrachtete ich Miros Terminatorextremität. »Keine Sorge, wir biegen das schon wieder gerade.«

Nachdem ich den Patienten zurück ins Bett gebracht, ihn dabei unbeabsichtigt wie eine rührige Mami zugedeckt und spürbar seine Männlichkeit angekratzt hatte, entschloss ich mich dazu, Herrn Zankzahn zu kontaktieren. Vielleicht gab es die Möglichkeit, Miro im Erdgeschoss zwischen Stockenten und Porzellanpuppen auf einem Ausziehsofa einzuquartieren?

Gleich als ich das Krankenhaus verlassen hatte, rief ich ihn an. Noch bevor ich mein Anliegen äußern konnte, schnauzte er im gewohnt freundlichen Ton.

»Isch höb jetz keene Zeit. Rufense misch morschen zwischen neune und elfe noch mal an.« Dann legte er auf.

Ähnlich erfreulich lief es auch in der Vorlesung mit dem bierbäuchigen Wirtschaftsprof. Es stellte sich heraus, dass wir als Abschlussprojekt des Seminars eine Gruppenarbeit abgeben mussten. Einen Businessplan. Woher wir wissen sollten, wie so was geht, war mir ein Rätsel.

Wir hatten doch alle nur zwei Semester irgendwas mit Management studiert, ein paar Controlling-Workshops besucht und zweimal im Leben eine Powerpoint gehalten. Miro war vermutlich der Einzige, der noch ein bisschen Ahnung von dem Kram hatte. Vor der Zeit an der International School of Business hatte er sich ein paar Semester mit BWL in Passau gequält.

Existenzgründung, Bilanzierung, Rentabilitätsplan und Monetarisierung. Mit den Begriffen, mit denen Prof. Horst auf Bayerisch um sich warf, konnte ich schlichtweg gar nichts anfangen, außer sie unsortiert und sinnfrei aufzuzählen. Selbst wenn ich all meine Energie bündelte, um dem aktuellen Block über betriebliche Steuerlehre zu folgen, landete ich auf unerklärliche Weise immer wieder mit den Augen auf dem Bildschirm meines Smartphones. Wo das auch immer wieder einfach herkam. Schon gruselig. Wie ferngesteuert scrollte ich mich durch die geballten Informationen meines Instagram-Feeds.

Freia hatte ein Bild von uns gepostet. Es war bei ihrem letzten Berlinbesuch entstanden. Im Plastikfrei-Café in Neukölln, einem regelrechten Mekka für biovegane Ökohipster. Ganz umweltbewusst posierten wir beide mit einem Jutebeutel aus Hanf. Freias erste bezahlte Kooperation. Wow. Stolz fuhr ich mit den Fingern über den Post und klickte im Anschluss auf die Verlinkung zu meinem kümmerlichen Profil. Jetzt wussten mindestens 8000 Leute, dass ich existierte. Ob sie mich cool fanden? Hübsch? Interessant? Oder zumindest sympathisch? Kenny deutete wispernd auf meinen Bildschirm. »Weißt du, woher Freia so viele Follower hat? Ich hab erst 1300.«

»Keine Ahnung, wie sie das macht. Aber glaube nicht, dass die gekauft sind.« Währenddessen ploppte eine Nachricht auf meinem Handy auf. »Hey, Schummeln ist nicht!« Ach, Jens. Er dachte wohl, ich spiele gerade meinen Zug in Quizduell. Als hätte ich nichts Besseres zu tun. Ein bisschen fühlte es sich an wie damals mit zwölf, als Beziehungen ausschließlich über elektronische Endgeräte ausgetragen wurden. Irgendwie aufregend.

In den Pausen versammelten wir uns in einem Kreis und rauchten. Man lästerte über die Uni, über den Prof und über den Studiklub. Danach verebbte das Gespräch.

Jens ergriff das Wort.

»Frieda. Erzähl doch mal. Wie geht's eigentlich Miro?«

»Mh, ja, eher schlecht. Ich hab ihm das Bein gebrochen. Aber er kriegt dafür meine Schwester. Das haben wir schon geklärt.«

Aus der schweigsamen Runde rauchender Studis kamen irritierte Blicke. Niemand lachte. »Hallo! Witz!«, wollte ich rufen.

»Also, wenn das so ist …«, Jens schmiss seine Zigarette in einen Gullideckel und zwinkerte schelmisch, »muss ich mir wohl von deiner Schwester das Bein brechen lassen!«

Oh. Wow. Welch Mut zum Eingeständnis. Ganz ohne Alkoholeinfluss. Was sollte ich denn jetzt darauf antworten? Aus Mangel an Schlagfertigkeit zog ich an meiner Kippe.

Zum Glück wurde ich von hinten angetippt. Genau im richtigen Moment.

Es war ein Ziegenbart. Dömas aus dem Studentenklub.

»Friedaa!« Er gluckste erfreut. »Hasde heude Abend schon was vöa? Da isn Gönzeat in Chemnitz. Hase Lüsd?«

»Thomas!«, improvisierte ich schnell. »Ach, das ist ja nett. Aber ich kann leider nicht. Mein Mitbewohner wurde verletzt …«

Ein verdutztes Augenpaar blickte mich durch randlose Brillengläser an.

Ich hielt kurz inne. Jetzt noch mal zu erklären, dass mein Körpergewicht Knochen brach, war vielleicht too much. Niemand schien meine Witze à la »Seht! Ich bin so eine Wuchtbrumme« lustig zu finden.

Vielleicht, weil mein gewöhnungsbedürftiger Humor reale Ängste offenbarte? Vielleicht war ich aber auch einfach die Einzige hier, die noch nicht gerafft hatte, dass Bodyshaming nicht lustig war.

Ich musste an »Schwer verliebt« mit Gwyneth Paltrow und Jack Black denken, außerdem an »Fat Amy« aus »Pitch Perfect«, an »Norbit« und … Oh, ja. An Hugh Grant in »Tatsächlich …

Liebe«, der sich in seine total schlanke und bildhübsche Sekretärin verliebt, die kein Gramm Fett am Körper hat, jedoch als »Mollige« bezeichnet wird, mit ihrem »gewaltigen Hinterteil« und den »riesigen Schenkeln«.

Um begehrenswert zu sein, war es wichtig, die »schöne«, also die schlanke Gwyneth Paltrow zu sein und nicht die im Fatsuit. Ansonsten war man »Fat Amy«. Eine Witzfigur.

Wahrscheinlich machte ich mich lieber selbst lächerlich, bevor es andere taten.

Oh Gott. Ich war eine einzige Überforderung für alle Anwesenden. Allen voran für mich selbst.

Zum Glück bewegten sich die Rauchenden im Kollektiv Richtung Hörsaal, und ich ließ mich einfach wehrlos mit dem Strom mittreiben, bis ich aus Dömas Hör- und Sichtweite war. An der Eingangstür staute es sich. Jemand fragte: »Wer ist der Kerl? Und warum hat der so 'nen bescheuerten Bart?«

Jens hob den Zeigefinger. »Das ist Thomas. Er hat, sagen wir mal, eine recht starke Affinität zu Frieda.«

»Affinität zu Frieda? Hört sich nach dir an, Jens!«

Alle lachten. Auch ich. Vermutlich, weil es nicht zu tun noch viel unangenehmer gewesen wäre.

Währenddessen suchte Jens Blickkontakt zu mir. Bedeutungsschwanger legte er den Arm um meine Taille.

Dann saßen wir zum Glück recht schnell wieder in unseren Bankreihen im riesigen Hörsaal. Puh. Nervös versuchte ich die Geschehnisse zu verarbeiten.

Also, Jens stand wohl auf mich. War das jetzt offiziell? Immerhin hatte er es öffentlich verkündigt. Und zu wundern schien es auch niemanden. Waren wir schon als Paar bekannt? Moment, dachte ich. War ich willenlos, ja regelrecht alternativlos und ohne mein Zutun mit Jens zusammen? Hatte er sich mich ausgesucht wie im Tanzkurs bei Herrenwahl? Nach dem Motto: »Will die noch jemand? Sonst gebe ich mich damit zufrieden.«

Ich überlegte. Auf unerklärliche Weise fühlte ich mich geschmeichelt. Natürlich wollte ich absolut nichts von Jens. Zumindest solange er keine Anstalten machte, sich cooler zu kleiden, eloquent, kritisch und alternativ zu sein und mindestens acht Jahre älter zu werden. Und nicht zu grabbeln. Aber ehrlich, ich konnte mich wirklich daran gewöhnen, zwei Verehrer zu haben.

Auch wenn sie nicht Ryan Gosling und John Legend waren. Es war schon toll, ÜBERHAUPT mal jemanden den eigenen Verehrer nennen zu können. Jetzt mal im Ernst. Woher sollte ich denn auch sonst meinen Selbstwert nehmen, wenn nicht von männlicher Bestätigung? Von meinem überteuerten Studium, das mich auf einen laubigen Hügel namens Amerika und einen noch viel höheren Berg von Schulden gebracht hatte, wohl kaum. Meine Eltern verstanden nicht, was ich da tat, und meine Schwester fand Sachsen peinlich. Außer Leipzig natürlich, das war sehr cool, aber zunehmend teuer. Nicht an Geld denken. Lieber an unerfüllte Liebe.

Ganz ehrlich: Ich hatte ein tiefes Trauma, nicht Gwyneth, sondern Amy zu sein. Nicht nur, weil Freia und ich mal von einem Typen, den ich süß gefunden hatte, als Asterix und Obelix bezeichnet worden waren und dabei sehr deutlich wurde, wer von uns wen verkörpern sollte. Ich hatte außerdem recht frische, schmerzhaft reale Erfahrung darin, einen Korb zu kriegen.

Ein knappes Jahr lang hatte ich in einer naiven Utopie festgesteckt, in der mein Mitbewohner in Berlin, Igel, etwas für mich empfand. Spoiler: Tat er nicht.

Das letzte Mal hatten Igel und ich uns gesehen, nachdem er mir beim Umzug geholfen und ich seine Hilfsbereitschaft als Flirten fehlinterpretiert hatte. Kenny neben mir schrieb gerade mit ihm. Ob ich liebe Grüße ausrichten sollte?

»Alles okay bei uns in der Bude?«, flüsterte ich ihm zu.

»Ja, ich denke …«

»Ruhe in den Reihen!« Schnauzbärtig forderte Prof. Horst die Anerkennung seiner Autorität ein. Es ging um die Erfolgsstrategie von Nestlé, Tönnies, Bayer und H&M. Kein Wort darüber, dass Arbeitskräfte ausgebeutet, Menschen ihrer Lebensgrundlage beraubt, gesundheitliche und ökologische Schäden in Kauf genommen wurden oder wie man einen Businessplan schreibt.

Irgendwie hätte ich Lust gehabt, etwas aus diesem Projekt zu machen. Eigentlich war das doch eine super Chance, etwas auf die Beine zu stellen! Freia hätte bestimmt tausend Ideen, wie man den Prof mit seinen eigenen Methoden schlagen konnte. Das System von innen heraus ein wenig ins Bauchfell treten! Ja! Wie ein mutierter Fötus! Jens wäre bestimmt sofort dabei, unseren goldenen Käfig zu demolieren und ins eigene teuer erkaufte Nest zu scheißen.

Also. Wie war das noch mal? Du sollst Vater, Mutter, Gott und die Wirtschaft ehren? Innerlich bestieg ich mutig meinen Stuhl und rief antikapitalistische Parolen. In der Realität landete ich bei Tinder. Das hypnotische Swipen hatte eine betäubende Wirkung. Das Angebot reichte von Man-Bun-Hippies mit spirituell anmutenden Steinchen auf der Stirn mit eigener Yogaschule über androgyne Rollkragenmodels, die gerade aus Johannesburg angereist und für die Fashionweek gebucht worden waren. Wow! Alle hatten ein Start-up, machten elektronische Musik, trugen ausgefallene Kopfbedeckungen, gingen surfen und streichelten mit Zahnpastawerbung-Grinsen ein Raubkatzen-Baby – bis sich meine Ortungsdienste auf Amerika umstellten. »René, 44« und »Dieter, 48« waren nicht mein Fall. Bei »Rüdiger, 62« stockte mein Atem. War das etwa Herr Zankzahn?! Erschrocken legte ich das Handy weg.

4.

Es war der dritte Abend im Amerika. Aufgekratzt huschte Kenny die Treppen hoch. In seiner Hand eine mit allerlei Gemüse prall gefüllte Einkaufstüte von Penny.

»Ich mache ein dreiwöchiges Detox-Programm!« Geschäftig mixte er sich etwas, das grün und schleimig aussah. »Um zu entschlacken! Körper entgiften und so.«

Oh nein. Das letzte Mal, als er wochenlang grüne Smoothies zu sich genommen hatte, war, nachdem er mehrere Kilo Koks im Görlitzer Park vergraben hatte und den Standort nicht mehr fand. Etwas Furchtbares musste passiert sein.

»Um ein Haar hätte ich den Job gekriegt. Um ein fucking Haar.«

»Welchen Job?« Kenny war doch seit eh und je der Cerberus eines Fetischklubs. Mit zwei schwarz gekleideten Bulldoggen-Typen im Rücken entschied er mit einem kaum merkbaren Kräuseln seiner Lippen, wer cool genug war und wer nicht.

»Ich war doch beim Casting!« Vorwurfsvoll ließ er die Lippen flattern. »Du weißt schon, diese Serie.« Jetzt erinnerte ich mich. Kenny war beim Arbeiten, also in der Klubschlange, von einem Fernsehproduzenten angesprochen worden. Ob er nicht mal in dieser Endlos-Reality-Serie mitspielen wolle. »Berlin 24/7«. Früher lief die Trashsendung vor allem auf RTL Zwei. Heute war neben YouTube vor allem Instagram der Hotspot, um sich die volle Dröhnung zu geben. Sex, Drama, Drogen und Intrigen, minderjährige Schwangere, vorgestrige Tattoomode und komplizierte Verwandtschafts- und Verschwägerungsverhältnisse inklusive.

»Wen hättest du denn da gespielt?«

»Ben. Mein Alter Ego. Die Rolle hab ich selbst geschrieben.«

»Ah. Schade!«

Nachdem er sich die fadenziehende Spinatsuppe mit leidendem Blick einverleibt hatte, referierte Kenny noch ein wenig über die heilende Wirkung von Kurkuma gegen Krebs, Alzheimer und ungewollte Flatulenzen. Dann zockte er mit Bitcoins, ich aus Mangel an einer sinnvollen Freizeitbeschäftigung Tinder. Gelangweilt wischte ich alle Singles im Umkreis von fünfzig Kilometern durch. Glatzköpfige Hooligans. Bundeswehrklamotten. Bierbäuche.

Ich swipte links. Gefühlte zweihundert Mal.

Da plötzlich. Auf dem Mallorca-Urlaubsbild einer Gruppe Jungs mit Mottoshirts, in der letzten Reihe links. Mit dem Silberblick. Jens. Offensichtlich hielt er uns noch nicht für exclusive. Ein Glück. Aber: Scheiße. Wohin jetzt swipen?

Links? Bedeutete, dass ich nicht auf ihn stand.

Rechts? Dann war es offiziell.

Links, rechts, links, rechts, links, rechts. In meinem Kopf ratterte es.

Warum gab es nur diese beiden Möglichkeiten? Warum gab es kein »Vielleicht später« oder ein »Ich muss erst überlegen, wie verzweifelt ich bin« oder ein »Eigentlich suche ich nur Bestätigung und jemanden, der mir das Gefühl gibt, begehrenswert zu sein«? In seinem Profil stand: »Sei mutig und schreib mir zuerst!«

Es war wie eine toxische Substanz, die uns allen schon im Mutterleib verabreicht worden war. Immer diese Geschlechterrollen.

Komm schon, Frieda, dachte ich. Der Kerl scheint echt in Ordnung zu sein. Und nur weil man sich auf Tinder matcht, heißt das ja noch lange nicht, dass man sich vertraglich zu irgendwas verpflichtet.

Ich swipte rechts.

Du und Jens steht aufeinander, verkündete mir die App feierlich. Taten wir das?

Ich beschloss, heute nicht mehr darüber nachzudenken, und legte das Handy weg. Währenddessen machte Kenny eine Flasche Sekt auf. Wahrscheinlich um zu zelebrieren, dass er mal wieder ein neues Detox-Programm begonnen hatte.

Neugierig stützte ich die Ellbogen auf dem Kissen ab. »Gibt es was zu feiern?«

»Mann, ich hab so Bock auf die Rolle! Die waren sogar für den Deutschen Fernsehpreis nominiert … Und außerdem war letztens sogar Paul Kalkbrenner dabei.«

Ich war verwirrt. »Man kriegt 'nen Preis, wenn man sich selbst spielt?«

»Nicht er hat ihn gekriegt, sondern die Macher! Fürs Konzept! Was denkst denn du?« Kennys gereizte Stimme ließ darauf schließen, dass ich meine Meinung für mich behalten sollte. »Weißt du, ob es hier eine Bar gibt? Ich will mich noch mit jemandem auf einen Drink treffen.«

»Geht doch in den Studiklub!«, flötete ich froh. »Da gibt es Dart. Und einen Flipper. Und viele nette Locals, die einen auf Ein-Euro-Bier einladen!«

Kenny prustete los und verschwand daraufhin wortlos.

Den restlichen Abend verbrachte ich mit Kennys Sekt. Damit

ich mir nicht wie eine einsame Alkoholikerin vorkam, rief ich meine beste Freundin per Videocall an. Culita. Sie studierte seit Kurzem in Madrid. Bis zu ihrem achtzehnten Geburtstag war sie zusammen mit ihren superalternativen Ökoeltern auf einem Segelboot um die Welt geschippert und in einer kleinen Kajüte unterrichtet worden. Ohne Internet.

Culita war anders als die meisten jungen Frauen in ihrem Alter. Sie war anders als ich.

»Culita! Wie geht's? Wie ist das Leben im Süden?«

»Frieda!«, sang sie froh. »Kann mich nicht beklagen! Und wie gehts dir? Wie ist es auf dem schönen Land?«

Über meinen Handybildschirm beäugte ich anerkennend ihre erstaunlich dichte Haarpracht. Die buschigen, hennafarbenen Locken waren das genaue Gegenteil von meinen drei totgebleichten Härchen. Ich lachte. »Es ist furchtbar!«

»Wieso das denn?«

»Hallo? Sächsische Einöde? Hier will man doch nicht tot über'm Zaun hängen!«

»Aber in Berlin schon?«

»Wahrscheinlich hast du recht. Lieber hier irgendwann in Frieden einschlafen als in Berlin mit ner Überdosis Keta auf der Klubtoilette gefunden werden.«

»Keta?«

»Ketamin. So 'n Pferdebetäubungsmittel. Keine Ahnung, warum das alle nehmen.«

Culita war das Gegenteil von allen Menschen in Berlin. Ich sah in ihr einfach viel Unverdorbenes.

All die Filme, die ich als Kind gesehen hatte, kannte sie nicht. Ihre Spielzeuge waren keine blonden Plastikpuppen gewesen, sondern Bauklötze, Kompasse und Miniteleskope. Culita war einer dieser Menschen, die an einem langen Wochenende lieber aufs Land fuhren, als sich durch überfüllte Shoppingstraßen überhitzter Städte zu drängeln, sie hatte weder Instagram noch Facebook, besaß nur wenige, dafür hochwertige Kleidungsstücke und legte besonders großen Wert auf adäquate Mülltrennung. Die Pappe drum herum ab, den Joghurtbecher auswaschen, den Deckel zu Alu und zusammen mit dem Rest in die gelbe Tonne. Das hatte ich von ihr gelernt.

»Und … wie geht's *dir*?« Culitas einfühlsames Lächeln erreichte mich trotz Tausenden Kilometern Entfernung zwischen uns – und einer nicht ganz so highspeedmäßigen Internetverbindung auf dem Dachboden. Das Bild ruckelte. Liebevoll lehnte ich das Live-Bild meiner Freundin an den Blumentopf und öffnete das Dachfenster, um mir eine Zigarette anzuzünden. Nachdenklich schaute ich in den Nachthimmel. »Ganz ehrlich? So gut wie lange nicht mehr.«

Zum ersten Mal getroffen hatten Culita und ich uns während meiner Zeit als Au-pair in Galizien.

Von Anfang an hatte ich mir das Leben mit einer jungen, spanischen Familie mit Zwillingen irgendwie anders vorgestellt. Während die Mutter schleimige Oktopusarme grillte, spielte der Vater Dudelsack. Es regnete in Strömen.

Am Tag meiner Ankunft malten die beiden Dreijährigen erst die Wand, dann sich selbst und, weil ich versuchte, Ersteres zu verhindern, irgendwann auch mich mit Fingerfarben an. Von da an herrschte Krieg.

»No queremos Fieda!« – »Wir mögen Frieda nicht«, war ihre Kampfparole. Diese brüllten sie mir bereits beim Aufwachen entgegen.

»NO QUEREMOS FIEDA!!!«, revoltierten sie gegen mich, als ich sie fütterte, badete und sie in ihre Anoräkchen steckte. Unter wilden Beschimpfungen und erstaunlich harten Kindergummistiefeltrittchen brachte ich die beiden gelben Giftzwerge morgens in die Kita. Dann hechelte ich im Regen, mit Kackebeuteln bewaffnet, den drei kläffenden Möpsen hinterher.

Jeden Tag vor dem Mittagessenkochen sollte ich den Käfig des ebenfalls lauthals kreischenden und mich verhöhnenden Papageien reinigen. »No queremos Fieda!«, imitierte er das Plärren der Kinder und pfiff so laut, dass mir klar wurde: *No quiero tampoco*. Ich will das auch nicht.

Die Eltern waren sowieso nicht gerade begeistert von mir. Spätestens als ich fragte, ob ich wie alle anderen Au-pairs einen Sprachkurs machen durfte, war die gute Stimmung hops. »We are not an Erasmus house!«, giftete die Mutter empört und setzte mich schließlich mit meinem Koffer vor die Tür.

Nach Hause fliegen war keine Option. Die Blöße wollte ich mir nicht geben, nicht vor Freia, die zeitgleich einen Kindergarten in Tansania mitaufbaute. Also war ich von da an auf mich selbst gestellt. Alleine im verregneten Galizien, das sogar ganz charmant wirkte, wenn man sich auf windige Verhältnisse, Dudelsäcke und Kaffeeschnaps einstellte.

Zum Glück war unter all den Au-pair-Girls, von denen meiner Erinnerung nach fast alle Lisa hießen und von ihrem Travel-and-Work-Programm in Australien schwärmten, noch eine, die keine Lust auf lange Shoppingtouren bei Bershka hatte. Culita.

Ihren Spitznamen hatte sie übrigens unserem bald gemeinsamen Sprachlehrer Alberto zu verdanken, der sich ihren Namen nicht merken wollte und sie ganz unverblümt für ihren hübschen Culito, also ihr »Popöchen« lobte. Niemanden schien diese Übergriffigkeit zu stören. Nicht mal Culita selbst. Aber ihr eigentlicher Name, Lolita, war auch nicht viel besser.

»Ich weiß auch nicht, was sich meine Eltern dabei gedacht haben. Glaube, sie fanden das Buch romantisch.«

»Sie haben es bestimmt nicht böse gemeint.«

»Bestimmt nicht. Und ehrlich, es geht auch noch schlimmer. Hauptsache, ich heiß nicht Alexa. Dann wäre meine Karriere in der IT-Branche schlagartig vorbei.« Dass Culita nun wirklich Programmierin werden wollte, nachdem sie mit neunzehn zum ersten Mal ein mobiles Endgerät in der Hand gehalten hatte, wirkte überraschend. Aber irgendwie schien es zu funktionieren. Wie so vieles bei ihr einfach kein großes Ding war. Damals, als ich verloren mit meinem Koffer vor der spanischen Sprachschule aufgetaucht war, hatte sie mich direkt bei sich aufgenommen – und ich hatte mich sofort wohlgefühlt. Ihre Bude direkt unter'm Dach war voller Pflanzen gewesen, wir hatten nach unseren Regeln gelebt und die selbstgemachte Tortilla hatte besser geschmeckt als in jeder Bodega. Besonders liebte Culita ihre selbst gezüchteten Avocadopflänzlein, von denen sie mir zuletzt sogar eine für mein WG-Zimmer in Berlin geschenkt hatte. Seit ich mein Studium begonnen hatte, fehlte mir meine beste Freundin jeden Tag.

»Bist du dir denn sicher, dass du als Nächstes nach Frankreich willst?«

»Ja … Ehrlich gesagt … ist es mein größter Wunsch. Auch wenn ich Madrid liebe, hab ich doch das Gefühl, dass ich lieber in eine kleinere Stadt möchte. Zurück an den Atlantik …«

»Also, ich rate dir ja ganz klar zu Amerika …«, säuselte ich vielsagend. »Man kann hier Lääsarteschnig studieren!«

»Im Ernst! Das mittelsächsische Amerika hat keinen schlechten Ruf in der Szene.«

»Ja!«, rief ich begeistert. »Komm her! Dann wäre alles nur noch halb so schlimm!« Bereit, Culita auf der Stelle einen Flug zu buchen, klickte ich mich durch die werbeverstopften Seiten der Vergleichswebseiten. »Also von Madrid aus? Wohin am besten? Hat Dresden einen Flughafen?«

»Jetzt warte mal. Ich muss erst mal gucken, was die aus Frankreich antworten.«

Culita war so anders als ich. Geduldig. Lieblich. Bescheiden. Nüchtern. Zufrieden nippte sie an ihrem Tee. »Sag mal ehrlich, ist es wirklich so furchtbar in Amerika, wie du sagst?«

Kichernd schenkte ich mir Sekt nach.

»Nee. Eigentlich finde ich es gar nicht so schlimm hier. Aber sag's niemandem.«

Wir lachten.

Nachdenklich erinnerte ich mich an meine Anfangszeit in Berlin. Eigentlich hatte ich nach der tollen Zeit mit Culita in Galizien, den vielen durchfeierten Nächten, den kleinen Romanzen und den vielen Reisen durch die schöne Gegend ein gutes Gefühl gehabt. Jung und stark, unabhängig und frei! Doch mein Selbstbewusstsein war mit meiner Ankunft in der Hauptstadt von Tag zu Tag immer weiter geschrumpft. Damals auf WG-Suche. Das war wirklich schrecklich gewesen. Niemand hatte mich als neue Mitbewohnerin gewollt, nicht mal, als ich aus lauter Verzweiflung meine WG-gesucht-Anfragen in Gedichtform schrieb.

»Ich suche keine Zweck-WG, Tür zumachen auch okay, habt ihr noch ein Zimmer frei, ich mach euch dafür Frühstücksbrei.« Ein einziges Fiasko.

Egal wie sehr ich versucht hatte, es zu verbergen: Ich war zu plump, zu achtzehn, zu uncool, zu Kleinstadt, zu viel H&M

und zu wenig Antifa. Die ersten Wochen spielte ich mit dem zunehmend verlockenden Gedanken, die Stadt einfach wieder zu verlassen. Bis mir eines Tages mein damals kaum bekannter, neuer Kommilitone eine Handynummer gab. Kenny kannte da irgend so einen Österreicher. Igel. Er wollte eine WG gründen und suchte noch nach jemandem, der oder die sich mit dem kleinsten Zimmer zufriedengeben würde. Ohne es gesehen zu haben, sagte ich zu.

Die Wohnung lag in Neukölln zwischen Dönerbuden und Spielcasinos, vor denen sich düstere Typen rumdrückten. Ein wunderschöner Altbau im vierten Stock – einer der wenigen Orte, die noch nicht von Miethaien und Gentrifizierungshyänen erschnuppert worden waren.

Mein Zimmer war natürlich trotzdem nicht nur winzig, sondern auch im Vergleich zu meiner Kleinstadt schweineteuer, und außer einem sperrigen Pritschenbett an der Wand beinhaltete es nichts außer Trostlosigkeit. Und das war ein großes Problem. Denn ich hatte von klein auf gelernt, dass ich keinen Nagel in die Wand hauen konnte.

Meine Oma hatte sogar für jede Glühbirne, die gewechselt werden musste, »einen Mann« kommen lassen. Männer waren Handwerker, Frauen von Natur aus nicht zu solchen Dingen fähig.

Zum Glück war Igel nicht nur ein Kerl, sondern auch noch ein ehemaliger Waldorfschüler und hatte durch pädagogisch wertvolles Spielzeug schon früh gelernt, mit Holz umzugehen. Vermutlich war er deswegen so lieb und hilfsbereit, wusste, wie man Regale zusammenbaut, und hatte keine Angst vorm Berliner Großstadtverkehr. Wir mieteten einen Laster und tourten zwischen Baumärkten, Möbelhäusern und Privatadressen umher, bei denen man uns Tische, Stühle und Betten aus zweiter Hand verkaufte. Auf dem Beifahrersitz des Transporters mit blauem Babyrobbenlogo, den Igel, pfeifend und völlig unaufgeregt, über die viel befahrene Sonnenallee lenkte, fühlte ich mich selbst ein bisschen wie ein junges Seehundweibchen, dem der Bauch gekrault wird. Hach, dachte ich damals. Und irgendwie dachte ich das auch heute noch. Igel war mein Retter in der Not gewesen. Er hatte mir vegane Suppe eingeflößt, mich vor natürlichen Feinden beschützt und mir ein lebenswürdiges Habitat gebaut. Alleine war ich zu alldem nämlich ganz offenbar nicht fähig.

»Scheiße. Meinst du, das ist mein Schicksal als Frau, dass ich denke, immer gerettet werden zu müssen?«

Culita zuckte hörbar mit den Schultern. »Hast du schon mal was von Stereotype Threat gehört?«

Ratlos blickte ich mich im Dachboden um. »Nee?«

»Das ist ein sozialwissenschaftlich und neurologisch untersuchtes Phänomen. Wenn jemand gesagt bekommt, dass er oder sie etwas nicht kann, so leistet er oder sie in genau dieser Sache auch weniger. Das wurde vor allem bei Frauen in naturwissenschaftlichen Fächern getestet. Mathe, zum Beispiel.«

Wahnsinn, dachte ich. So etwas lernte man also, wenn man nicht zur Schule ging.

Wir wurden von Geräuschen am Türschloss unterbrochen. Das Raucherkeuchen ließ auf Kenny schließen. Bedröppelt wankte er die Treppe hoch, knöpfte sich seufzend die Jeansjacke auf und ließ sich auf den abgewetzten Ledersessel plumpsen.

Ich schloss das Dachfenster. »Und?«

»Ich will nicht drüber reden.« Gelangweilt fischte er sein Smartphone aus der Bauchtasche. »Telefonierst du?«

»Ja, mit Culita.«

Interessierte ihn wenig. »Oh Gott, guck mal hier, wieso kriegt die denn dreihundert Likes für so was?!« Entrüstet streckte Kenny mir sein Handy entgegen und verfiel übergangslos in ein langes Klagelied über die Uni, das Kaff und seine verpatzte Karriere. »Vielleicht brech ich das Studium doch einfach ab und mach mich selbstständig.«

Culita, die am Telefon über einige Minuten mitgehört hatte, konnte nicht viel mit Likes anfangen. Digital erreichbar war sie eigentlich nur unter ihrer Posteo-Mailadresse. Für Videocalls hatten wir uns auf Viber geeinigt. »Wir sprechen bald wieder, Frieda. Viel Spaß in Amerika! Genieß es!«

Gehässig kräuselte Kenny die Lippen. »Meint sie das ernst? Selbst in Wilmersdorf geht mehr als in diesem gottverlassenen Kaff.«

Mein Blick fiel auf seine beiden tätowierten Arme. Rechts Charlie Chaplin. Links Marilyn Monroe. Dazwischen Uhren, Kompasse, eine Weltkarte und ein Unendlichkeitszeichen mit Vögeln und Federn.

»Wenn du einen Wunsch frei hättest … was wäre es?«

Zynisch grinsend strich Kenny sich die gewellten Haare hinter die Ohren, in denen viele verschieden große Ringe baumelten.

»Kaktusfeigen. Die gibt's bei Penny nicht.«

Der Vorlesungssaal war bis auf den letzten Platz besetzt. Ich saß eingekeilt zwischen MacBook-Usern und modelnden Zahnarzttöchtern. Plötzlich spürte ich eine warme Schulter an meiner. Jens. Wie war der denn schon wieder neben mich geraten? Er wirkte irgendwie verändert. Älter. Er trug einen Bart. Einen mächtigen Ziegenbart. Locker hätte sich daraus ein kunstvoller Zopf flechten lassen. »Digga! Mein Bein!« Er fluchte.

Ich erschrak. Eine immens große Eisenplatte ragte aus seinem gummipuppenartig verdrehten Knie heraus. Überall waren Kameras. Ein Scheinwerfer blendete mich. Plötzlich fand ich mich am Rednerpult wieder. Der alte Bayer saß mit einem riesigen Koffer voller Geld auf meinem Platz. Der Scheinwerfer blendete. Der ganze Raum vibrierte. Es donnerte. Eine große Hand griff nach Jens' rapunzelartigem Ziegenbart und zog ihn an den Haaren hinauf in einen Strudel, der sich unter Donnergrollen an der Decke des Vorlesungssaals gebildet hatte. Der Boden bebte wie wild. Das Strudel-Ungetüm über mir spuckte einen enormen Dekokürbis aus. Er erschlug mich mit einem dumpfen Knall. Das war's dann wohl. Ich öffnete die Augen.

Kennys Handy vibrierte penetrant.

Scheiße, dachte ich. Ich sollte vor dem Schlafengehen echt nicht kiffen.

»Kenny!« Ich rüttelte ihn. »Dein Handy!«

Eilig riss er sich die Decke vom Leib. Mit einem lauten Poltern stieß er sich erst den Kopf an der Dachschräge, dann endlich setzte er dem grauenhaften Weckruf ein Ende in Stille.

Das grelle Licht des Handybildschirms durchflutete den dunklen Dachboden.

Dann brach Panik aus. »Ich muss zum Auto!«

»Was? Jetzt?«

»Ich hab den Job!«

»Was?!«

»Ja! Aber nur wenn ich bis Drehbeginn da antanze!« Manisch zwängte Kenny seine Beine in die bereitliegenden Jeans und kämpfte mit dem roten Pulli, der einfach kein Loch für seinen dunklen Lockenkopf offenbaren wollte. Dabei nuschelte er sein Mantra vor sich hin. »Muss. Zum. Auto. Muss. Zum. Auto.«

Schnell knipste ich die nackte Glühbirne an. Im fahlen Licht sah ich Miros leere, zerwühlte Matratze. »Aber du kannst doch gar nicht Auto fahren!«

»Das ist wie mit den Müttern, die plötzlich übernatürliche Kräfte entwickeln, wenn ihr Baby in Gefahr ist. Ich pack das!« Kenny war völlig durch den Wind.

Besorgt blickte ich auf den grellen Bildschirm meines Smartphones. Kurz nach sechs. Ruhe bewahren. »Ich bestell dir ein Taxi. Du fährst zum Bahnhof und nimmst den ersten Zug nach Berlin. Okay?«

Kenny schluckte. »Okay, aber schnell!«

Verdammt. Gleich drei Taxiunternehmen gingen nicht dran. Mehr gab es hier nicht. Keine Kosten scheuend rief ich noch eins in Dresden an, aber denen war Amerika zu weit in der Pampa.

»Sagen Sie, es ist ein Notfall!«, zischte ich entrüstet ins Handy.

»Da müssense jetz alläine durch, junge Dame«, sagte man mir bedauernd. »Aber sind noch alle Gindar öhne den Gindsvaddahr auf de Welt gegömm.«

Hä? Ich legte auf.

»Kenny, mach dir keine Sorgen, ich hab da 'ne Idee!«

Meine Idee hieß mal wieder Jens.

Zehn Minuten später fuhr er mit dem knallgelben Fiat 500 vor. Er war wie immer sofort rangegangen. Und er rettete uns schon wieder den Arsch. Kenny sprang zu ihm ins grelle Gefährt, und die beiden fuhren mit quietschenden Reifen davon.

Wie einem untergehenden Stern am Himmel sah ich dem kleinen Wagen in der Ferne nach. Hach. Jens.

Hoffentlich erwartete er sich keine Rückzahlung für all das, was er so für mich und meine Leute tat. Ich war ihm nichts schuldig. Oder?

Tinder erinnerte mich mal wieder daran, dass gerade Rushhour war, die Tagesschau-App daran, dass ich mich heute noch nicht über das politische Weltgeschehen informiert hatte. Die Deutsche Bahn wollte, dass ich durch Deutschland fahre, eine Billigflug-Airline, dass ich nach Mallorca fliege, und Kleinanzeigen bot mir katzenpisseverseuchte Schlafsofas im Umkreis von fünfzig Kilometern an. Um acht Uhr morgens.

Aber ich konnte sowieso nicht mehr schlafen. Erst die ganze Aufregung mit Kennys Job. Und jetzt wollte mich Freia plötzlich auch noch in ihren Livestream holen. Auf Instagram. Vor all ihren 8000 Followern!

»Das wird mega!«, schrieb sie.

»Aber was soll ich denn sagen?«

»Wir quatschen ganz normal. Sei einfach du selbst.«

»Okay!«

Ohne lange nachzudenken, kämmte ich meine drei Haare und klatschte mir ein wenig Selbstvertrauen ins Gesicht. Ich war voll ich selbst. Ich war die Schwester von Freia on Fliek. Kurz darauf eröffnete sich meine kleine virtuelle Bühne im zankzähnischen Dachkämmerchen. Mein Herz schlug wie wild.

»Hallo!«

Die Situation überforderte mich alleine schon in Sachen Koordination und Multitasking. Cool wirken, gut aussehen, sprechen, lesen, Kamera halten, lächeln, atmen. Woher nahm ich sonst die Luft zum sprechen? Bereits jetzt fühlte sich meine Lunge an, als hätte sie irgendwo ein Loch, aus dem die Luft wich wie aus einem kaputten Schlauchboot. Währenddessen beantwortete Freia ganz locker die Fragen, die zwischen flatternden Herzemojis und Daumen-nach-oben-Icons von unten über den Bildschirm flogen wie kleine Bienchen. »Also, vegan bin ich schon, seit ich zwölf bin. Wir waren zusammen auf einem Bauernhof für gerettete Tiere. Sven, das Hausschwein, war soooo süß. Kaum zu glauben, dass er geschlachtet werden sollte. Weißt du noch, Frieda?«

»Klar! Arme Tiere.« In meiner Erinnerung waren wir direkt im Anschluss auf ein großes Schnitzel gegangen. Besser, ich behielt das für mich. Wie paralysiert von Freias Charisma klebten meine Augen am Bildschirm, in dem wir zwei – sie oben, ich unten – uns entgegenguckten. Freia war so … frei. Frei von Selbstzweifeln, frei von Ängsten, frei von allem, was sie zurückhielt. Wenn jemand ein Problem mit ihr hatte, hielt sie einen Moment inne, zuckte mit den Schultern und raunte ungerührt: »Ist mir gerade am Arsch vorbeigegangen.« Doch die wenigsten hatten etwas an ihr auszusetzen. Freia hatte es immer schon geschafft, Klassensprecherin zu sein und gleichzeitig im Schulbus bei den coolen Kids ganz hinten zu sitzen. Sie hatte stets gute Noten mit revolutionärem Geist verbunden, Chucks getragen, bevor es cool war, und Alice Phoebe Lou gehört – schon viele Jahre, bevor sie und ihre hauchige Stimme zu Gitarrengezupfe im Mauerpark entdeckt worden waren. Freia war einfach geil. Vom Scheitel bis zur Sohle, mit jeder Pore ihres Seins: klug, witzig und politisch korrekt. Letzteres war ihr besonders wichtig auch nach außen zu tragen. Manchmal erfand sie sich dazu auch einfach eine eigene Wahrheit.

»Zur Aktivistin wurde ich dann schließlich, als mir klar wurde, wie schlimm die Fleischindustrie auch für die Umwelt ist. Das war damals so ein Schlüsselmoment. Ich war für einige Monate freiwillig auf einem Bauernhof …«

Na ja, dachte ich. Eigentlich war es gar nicht sie selbst gewesen, sondern Culita. Meine Schwester hatte noch nie eine Mistgabel in der Hand gehabt. Und ich auch nicht. Aber egal, ging ja hier um die Sache an sich. Nicht um solche Kleinigkeiten.

»In Umweltfragen geht es auch um rassistische Strukturen in der globalen Weltordnung«, erklärte sie. »Menschen in weniger wirtschaftsstarken Ländern sind viel eher Müll und Verschmutzung und auch den gesundheitlichen Risiken, die damit einhergehen, ausgesetzt.« Jemand klatschte mit gelben Emoticon-Händen. Gut so, Freia sprach wirklich wichtige Themen an.

»Frieda, vielleicht kannst du was dazu sagen?«

»Zu Umweltrassismus?« Ein Tropfen Angstschweiß bildete sich auf meiner Schläfe.

»Ja … oder zu Rassismus allgemein geht auch. Also …?«

Ich schluckte. Oh Gott. Inwiefern war ich denn auch nur in irgendeiner Form dazu berechtigt, über Rassismus zu sprechen? Ich hatte doch kaum Ahnung von dem Thema. Da fiel mir der Opa aus Elend wieder ein. »Ach, so schlimm wie die Sachsen in den Medien dargestellt werden, sind sie gar nicht. Aber mit dem reschdn Augge zwingan sie schon ein bisschen.«

Wer war noch mal der aktuelle Minister? Welche Partei? Ich hatte nicht den blassesten Schimmer.

Unter meinem Bild ploppten Tränen lachende Emoticons auf. Mist. Ich musste das Ganze dringend relativieren. »Also, selbstverständlich sind nicht alle hier rechts, ich meine …« Mein Mund war trockener als Lausitz nach dem dritten Dürrejahr. »Hier gibt es natürlich auch eine starke linke Szene … Außerdem muss man das ja auch im Kontext des Mauerfalls betrachten, Menschen, die sich im Stich gelassen fühlen … Und außerdem, wenn wir über Feminismus sprechen wollen, da war vieles in der DDR doch um einiges progressiver …« Oh nein. Ich faselte etwas von Dingen, von denen ich keine Ahnung hatte. Live, auf Instagram. Konnte Freia mir jetzt bitte helfen? Sie war doch so überkorrekt!

Meine Schwester prustete in die Kamera. »Mit dem reschden Augge? Oh Gott, das hört sich echt an, als wärst du in der Hölle gelandet.«

Ich musste schlucken. Amerika war vielleicht nicht die strahlendste Metropole. Aber wenn man nach der Hölle suchte, fand man sie sicher eher in Berlin.

Eilig trabte ich zur Vorlesung. Heute stand »Global Policies« auf dem Plan. Neues Fach, neues Glück. Das Seminar war auf Englisch. Wie aufregend! Ich freute mich auf Horizonterweiterung und nahm mir vor, in der ersten Reihe zu sitzen. Oder in der zweiten. Oder dritten. Oder zumindest nicht so viel aufs Handy zu gucken. Und auf jeden Fall pünktlich zu sein.

Ich war spät dran. Mist. An der verregneten Kreuzung bei Penny war die Fußgängerampel rot. Ich guckte mich um und entschied, schnell drüberzuhuschen.

Da hupte ein Auto. Der quietschgelbe Fiat 500.

Jens! Ohne lange zu labern, sprang ich zu ihm rein, und wir brausten los.

»Habt ihr es noch rechtzeitig geschafft?« Hektisch riss ich am Anschnallgurt, der sich störrisch weigerte, meinen Körper zu beschützen. Jens kippte den letzten Schluck von einem Energydrink und bretterte mit sechzig Sachen in einen Kreisverkehr, was mich unweigerlich gegen ihn prallen ließ. »Wir müssen hier rechts raus!«

»Dachte immer, Frauen hätten eine schlechte Orientierung.« Jens bog ruckartig in die Einfahrt zur Uni ein und kicherte verlegen. »Bist wohl nicht wie die anderen.«

Ich zuckte mit den Schultern. Keine Ahnung, wovon er sprach. Aber nachdem er seine schnuckelige Schüssel in eine Parklücke auf dem Campus gelenkt hatte, trippelten wir schnell zum Unigebäude und kamen sogar noch rechtzeitig im Hörsaal an. Was ich durchaus erfreulich fand.

In der naiven Erwartung eines Professors aus Cornell erblickte ich am Dozentenpult einen käsigen Onkel aus Nürnberg. Auf Fränkisch belehrte er uns über internationale Erfolgsstorys im Trash-TV. Topmodels, Drags, Dating-Shows. Alles Adaptionen. Aber »Ich bin ein Star – Holt mich hier raus« hatte mit fast vier Millionen Zuschauenden alle Rekorde geknackt. Und dabei weniger als ein Dutzend Menschenrechtsverletzungen begangen, dachte ich. Gute Bilanz. Währenddessen erzählte das Hemd des Dozenten die sinnlose Geschichte von »perfect beaches, relaxing breezes and calm waters. drift dive. C19. 63. scuba diving«. Frustriert ließ ich meine Stirn auf das ausklappbare Holztischchen vor mir fallen.

Da vibrierte meine Hosentasche.

Tinder.

Jens hat dir eine Nachricht geschickt. »Ich wusste gar nicht, dass man so emanzipierte Ladys auf einer Fick-App antrifft.« Na, toll.

Mit nur einem einzigen Satz hatte er alles zerstört. Diese kleine Sternschnuppe eben. Hätte er mich mal lieber zuerst schreiben lassen.

Eigentlich wollte ich sowohl ihn als auch die wandelnde Camp-David-Litfaßsäule am Beamer einfach stehen lassen. Aber leider brauchte ich meinen Bachelor. Und ein Auto.

5.

»Danke, dass du mit mir Miro abholst.«

Heldenhaft knallte Jens den vierten Gang rein. »Ist doch klar.«

Eilig brausten wir nach Elend.

Der gewohnte Geruch von Kuttelflecksuppe und Lebensrealität schlug mir auf die Schulter wie ein alter Freund.

»Engelchen!« Miro war bereits abfahrtbereit und wartete wie ein Kind am Ende des Sommers im verhassten Ferienlager auf Mama und Papa.

»Und Hans, der Held!«

»Also eigentlich heiße ich …« Jens krampfte unbehaglich neben der Tür und hatte offensichtlich Probleme mit der lässigen Unterbringung seiner Hände. Er wirkte wie ein zittriger Windhund.»Jens. Und mein zweiter Name ist Lutz.«

»Und ich dachte, ich hätte die Arschkarte gezogen!« Miro hopste, mittlerweile erstaunlich geübt, auf den versteiften Langhans zu und gab ihm einen männlichen Handschlag zur Begrüßung. »Jedenfalls, voll nett, Mann. Du rettest mir schon wieder das Leben!«

Im trostlosen Krankenzimmer war nun alles leer. Keine Kochsalzlösung, kein Böönsalaad.

Selbst der Armschlaufen-Opa war gerade nicht auf dem Zimmer.

Als kleine Aufmerksamkeit zum Abschied hinterließen wir ihm eine Packung Kinderschokolade mit Migrationshintergrund.

Gerade als wir das Zimmer verlassen wollten, kam Schwester Irmgard zum Tschüss-Sagen. Wie Miro mir berichtet hatte, verband die beiden inzwischen das Staffelfinale von »Rote Rosen«. Durch einen glücklichen Zufall hatte sich Zimmer vier als das einzige mit funktionierendem Kabelanschluss herausgestellt. »Reisd der junge Mann ab? Momend! Se ham da was im Schrang vergess'n!«

»Mit diesen fünf Dricks begömm se jede Frau rum«, las sie vor und schüttelte den Kopf. »Wer liesd'n sö 'n Quatsch?« Bevor ich mich wehren konnte, klemmte mir die Schwester Miros Tittenheft unter den Arm.

Jens schloss sein Auto auf, rückte den Sitz zurück.

Miro passte gerade so rein, ohne das Bein anzuwinkeln. Wieder bei Penny vorbei, weil Jens noch etwas mit Taurin brauchte, einmal durch den Kreisverkehr und den ganzen Weg den laubbedeckten Hügel an der einsamen Allee hoch, fuhren wir zur alten Villa. Draußen auf der Fußmatte hatte Herr Zankzahn mir eine Notiz hinterlassen.

»Liebe Frieda, hier ist der Schlüssel für ein extra Zimmer. Ich habe das Bett frisch bezogen. Ich hoffe, Ihr Freund Miro fühlt sich dort wohl. Wenn etwas sein sollte, zögern Sie nicht, mich zu kontaktieren!«

Nein, Spaß.

Auf dem Zettel neben dem Schlüssel stand: »*Zweiter Stock. Z.*« Daneben ein Eimer mit Putzutensilien.

Wir räumten den Kofferraum leer.

Miro brauchte für die zwei Stockwerke eine halbe Stunde. Immerhin blieb ihm die Wendeltreppe zur Dachkammer erspart.

Meine mehrfachen Angebote, ihn zu tragen oder Jens ihn tragen zu lassen, lehnte er ab. Der Schlüssel passte ins Schloss einer Holztür, die zu einem kleinen Kämmerchen führte.

Eine alte Schreibmaschine stand auf einer hölzernen Schülerbank aus den 40er-Jahren. Im Regal alte metallene Scheren und ein Kohlebügeleisen. Es schauderte mich.

Welchem Hobby frönte Zankzahn?

Die rostigen Federn quietschten leise, als sich der Patient mit schmerzverzerrtem Gesicht auf das kleine Bett fallen ließ.

»Stabil.«

Mittlerweile kannte ich Miro gut genug, um zwischen einem echten »stabil« und einem ironischen »stabil« zu unterscheiden.

Jens stellte Miros Sporttasche auf den Boden. »Na dann …«

»Ja, dann …« Ich räusperte mich.

Es vergingen einige Sekunden, in denen wir nutzlos rumstanden. Stille. Jens fühlte sich durch das peinliche Schweigen offensichtlich nicht dazu aufgefordert, einen taktvollen Abgang zu machen. Es war unerträglich.

»Miro, du willst bestimmt jetzt erst mal ankommen, oder? Dann lassen Jens und ich dich jetzt in Ruhe. Und später setzen wir uns zusammen und bequatschen den Stoff und den BUSINESSPLAN.«

Jens schien immer noch nicht zu verstehen. Kurz lachte er schief, dann rieb er sich den Hals. Und blieb im Zimmer stehen. In meinem Versuch, ihn mit Uni-Arbeit zu vergraulen, hatte ich offenbar genau das Gegenteil bewirkt. »Was macht ihr denn für ein Projekt?«

»Was Cooles. Mal gucken.«

»Wow! Braucht ihr noch Unterstützung?«

»Nee, du … Lass mal.«

»Ach so … Na dann …«

»Na dann …«

Jens räusperte sich. »Hast du dich schon fürs Praktikum beworben? Die Frist ist nächste Woche!«

»Praktikum?«, fragte ich noch, da fiel mir siedend heiß ein, dass das ja nach der Zeit in Amerika pflichtmäßig so vorgesehen war. Wahrscheinlich sollte so kompensiert werden, dass wir im fragwürdigen Studium sonst nichts lernten. Scheiße, ich hatte keine Ahnung. »Wie läuft das noch mal ab?«

Jens freut sich sichtbar. »Auf der Seite der Hochschule gibt es einen Ordner mit allen Infos. Wenn du magst, zeig ich's dir.«

Kurz darauf saß ich mit ihm zusammen über Formalitäten unter der Dachschräge. »Am besten du bewirbst dich bei vielen verschiedenen – normalerweise ist der Andrang recht groß. Praktikanten sind die neuen Leibeigenen der Unternehmen.« Jens kicherte klug in seine digitale Armbanduhr und erschrak kurz drauf beim Anblick meiner abgenutzten Computertastatur, von der ich eilig ein paar eingetrocknete Eigelbreste kratzte. Die Unordnung auf meinem Desktop offenbarte mein inneres Chaos. Ich fühlte mich nackt, dreckig, unselbstständig – und umsorgt. »Machst du auch regelmäßig Back-ups?«

Ich zuckte mit den Schultern.

»Solltest du!« Geschäftig pustete Jens Staub und Krümel aus meinem Laptopgehäuse. Ja, dachte ich. Dafür brauchte es Männer. Ordnung, Struktur und ein Auto.

»Es gibt auch so spezielle Reinigungsknete. Wenn du willst, kann ich mal gucken, ob ich noch was davon im Kofferraum hab.«

»Danke!«

»Und brauchst du noch 'ne Festplatte?«

Unsere Blicke trafen sich. Einen deutlichen Ticken zu lange. Ich schüttelte bestimmt den Kopf. Während mein PC irgendwelche Updates machte, setzte ich Kaffee auf. Alle Härchen auf meinem Rücken stellten sich senkrecht auf in geheimer Abwehrhaltung gegen die unbehagliche Anwesenheit des nicht weichen wollenden Windhundes. Wann und wie konnte ich ihn endlich rauswerfen?

Da polterte es im Flur. Miro kam auf dem Hintern die Dachbodentreppen hochgekrochen. »Ich will ja nur ungern unterbrechen, aber die Deadline für das erste Exposé ist in einer Woche!« Ach, Miro. Ich sandte ihm einen Blick, der sagte: Danke fürs Retten. Er war eben ein richtiger Bro.

»Ja … Wir müssen dringend mit der Konzeption anfangen!«, spielte ich mit. In Wahrheit waren es noch Monate, bis ich vorhatte, mich dieser leidigen Tätigkeit hinzugeben. Das Semester in Amerika hatte doch gerade erst angefangen.

»Oh, dann störe ich euch auch nicht mehr länger«, fiel Jens auf, nachdem er mich so lange gestört hatte.

Auf einmal sah er furchtbar traurig aus. Mit gesenktem Kopf hängte er sich seinen Jutebeutel um die schlaffe Schulter. »Soll ich die Konfiguration dann nächstes Mal abschließen? Oder schaffst du es alleine? Ruf mich jederzeit an, wenn du Hilfe brauchst!«

Oh nein! Er war doch nur ein lieber Windhund! Und ich eine aggressionsgebeutelte, oberflächliche, voreingenommene Kuh. Versöhnlich begleitete ich ihn die steile Wendeltreppe runter.

»Hey, Jens. Danke dir für deine Hilfe. Das hätte ich ohne dich nicht geschafft.« Plötzlich war mir danach, ihn zu entlohnen. Aber mit was? Ich hatte doch nur eine Schwester! Irgendwie fühlte ich mich in Zeiten zurückversetzt, in denen all das Kapital, das Frauen zustand, ihre Jugend und Schönheit war. »Wenn du willst, können wir auch voll gern mal ein Bier trinken.« Ich räusperte mich. »Also, ich lad dich ein, zum Dank.«

Verlegen rieb er sich den Hals. »Heute ist Ost-West-Party im Studentenklub.«

Offensichtlich gepackt von Vorfreude und Aufregung, verhaspelte er sich leicht beim Sprechen. »Das ist das Event des Jahres!« Seine Augen leuchteten.

»Äh … Ich muss mal gucken, wie ich das hier manage mit meinem Patienten.« Ich mied den direkten Blickkontakt mit ihm. »Aber vielleicht komme ich auf ein Bier vorbei.«

»Wirklich?!« Jens' Stimme klang flehentlich. Als er das selbst bemerkte, gab er den abgeklärten Businessmann. »Also, wenn du kommen willst, komm lieber direkt um zehn, wenn der Einlass beginnt!«

Wir umarmten uns, bevor er an den Dekokürbissen vorbei das Treppenhaus runterlief.

6.

Als Freia und ich klein waren, verbrachten wir die Osterferien oft bei unserer Großmutter im Rheinland. In der Nachbarschaft der Vorstadtsiedlung gab es einen Gemeinschaftsgarten mit einem kleinen, abgerockten Pool, an dem die blauen Plastikinnenwände bröckelten. Immer in den Osterfeiertagen wurde er für den Sommer frisch gefüllt. Und jedes Jahr dümpelten zwischen Laub und Schneematsch unzählige warzige, starr gefrorene Kröten. Über den Winter waren sie in naiver Erwartung eines natürlichen Laichgewässers ins Becken reingesprungen, nicht wieder rausgekommen und qualvoll verendet. Immer wieder ein einziges Spektakel, das die ganze Nachbarschaft zusammenbrachte.

Niemals werde ich vergessen, wie Oma mit ihren riesigen gelben Gummistiefeln durch das kniehohe, braune Wasser watete. »Dat kann doch nisch wahr sein. Jedes Jahr dat Gleische mit den Tieren! Lernen die denn nisch aus ihren Fehlern?« Alle Nachbarskinder standen mit ekelerfüllter Faszination im Kreis, beobachteten Oma, wie sie die toten Tiere an den Beinen aus dem Wasser fischte und in einen Eimer klatschte, als seien sie kleine Kohlrouladen. Alle ekelten sich bis zur Glückseligkeit. Die mutigen Kinder – insbesondere ein paar rüpelhafte ältere Jungen und natürlich auch Freia – durften mit Plastiktüten im Froschlaichmeer fischen.

»Die hier lebt aber noch!« Mit kindlicher Grausamkeit zog

meine Schwester zwei ineinander verkeilte Kröten aus dem Wasser. Beängstigt fixierte ich die fremden Schleimwesen. Das fette, aufgedunsene Tier, das noch qualvoll zuckte, trug eine kleine Kröte hinten auf dem Rücken. Fast wie einen Schulranzen. Starr, leblos und fest angeschnallt.

»Dat Kleine ist dat Männschen«, erklärte Oma fachmännisch. »Der is bestimmt nisch an der Kälte eingejangen, sondern am Jewischt seina Anjebeteten.« Sie gluckste mitleidslos. »Die war wohl ein paar Nummern zu groß für ihn.«

Heute wusste ich, was Oma gemeint hatte. Weibchen hatten klein zu sein. Sonst ging die Weltordnung den Bach runter.

Wie oft hatte ich schon das Gefühl gehabt, zu schwer, zu groß und zu viel zu sein, insbesondere für die Männer in meinem Leben und allen voran für Igel. Ob ich eines Tages einen Mann treffen würde, auf dessen Schoß ich mich mit meinem ganzen Gewicht setzen konnte? Also ganz ohne Schummeln und ohne die Angst, dass seine Beine unter meinem Po einschliefen, taub wurden oder wie Streichhölzer wegbrachen, um anschließend mit einer Eisenplatte wieder repariert werden zu müssen? Aus dem zankzähnischen Badezimmerspiegel blickte mir eine überschminkte Kugelstoßerin entgegen.

Schon seltsam, dachte ich. Es gab Tage, an denen kam ich mir eigentlich ganz nett vor. Nicht, dass ich mich besonders hübsch fand – mein Gesicht erinnerte an einen Pfannkuchen, meine Nase war von vorne zu knollig und von der Seite zu krumm, meine Augen so klein wie Belugalinsen, vielleicht das Einzige, was klein an mir war. Aber manchmal fühlte ich mich trotzdem ganz okay, besonders mithilfe von Mascara, Lippenstift, Puder und anderen Produkten, die ich mir von meinem geliehenen Geld kaufte, das ich später zurückbezahlen musste, sobald ich genug Geld hatte, um in dieser Welt Anerkennung zu bekommen. Oder genug Anerkennung, um Geld zu kriegen. Je nachdem, wie man es betrachten wollte.

Beängstigt blickte ich meinem ungeschminkten Ich entgegen. Malte ich mich jeden Tag mindestens zwanzig Minuten lang freiwillig an? Oder tat ich es aus der vermeintlichen Pflicht heraus, die Außenwelt vor meinem wahren, ungenügenden Ich verschonen zu müssen? Mit Schminke fühlte ich mich wie ein anderer Mensch. Stark und selbstbewusst. Ohne war ich nackt. Irgendwie schutzlos. Und ausgeliefert. Vor den abwertenden Blicken anderer. Oder war es der geschulte Ekel vor mir selbst?

Während ich mir die Haare kämmte, gingen auch meine Gedanken an ihre Wurzel. Was war ich überhaupt? Ein Mädchen? Eine junge Frau? Eine coole, hippe Studentin? Eine Revolutionärin? Eine angehende Wirtschaftsexpertin? Aber ich war doch zu nichts imstande!

Das Einzige, was ich konnte, war zu viel sein – mit meiner puren Anwesenheit.

Freia rief an.

»Und? Hast du schon eine Idee, wie es weitergehen soll?«

»Vielleicht nehme ich doch einfach den Windhund?«

»Ich meinte eigentlich nach dem Semester in Amerika.«

»Oh.« Na klar, die Uni. Siedend heiß fiel mir ein, dass mein Selbstwert nicht auf der Meinung irgendwelcher Typen beruhen sollte, sondern auf meinen eigenen Ambitionen und Errungenschaften. Scheiße. Ich suchte nach brauchbaren Strohhalmen. »Kennst du jemanden, der mir ein Praktikum verschaffen könnte?«

»Lass mich mal überlegen … Vielleicht hast du ja Lust, mir bei der Kampagne gegen Umweltverschmutzung zu helfen? Ich schreib dir 'nen Wisch, und dann geht das durch?«

Hm, dachte ich. Irgendwie fühlte sich das nicht richtig an. Freia als meine Chefin. Ich wollte doch mein eigenes Ding machen. »Hört sich voll cool an«, log ich mir schnell zusammen. »Aber ich befürchte, das wird mir nicht anerkannt …«

»Schade!« Während im Telefon grübelnde Laute ertönten, ließ ich meinen Blick durch das Dachfenster schweifen. Der zankzähnische Garten wirkte, als hätte sich dort seit dem Mauerfall niemand mehr durchgetraut. Berge von Laub zwischen kniehohem Gestrüpp, eine alte Scheune, eine blaue Regentonne, in der das Wasser nur einen Millimeter vorm Überschwappen die Äste eines kahlen Baumes spiegelte – welchen wusste ich nicht genau, vermutlich eine Eiche. Ich war noch nie jemand gewesen, die sich sonderlich für Naturkunde interessierte. Und warum ich Wirtschaft studierte, war mir auch nicht mehr so ganz klar. Eigentlich wollte ich doch immer schon Journalistin werden. Fernsehen machen. Vor der Kamera stehen. Berühmt sein.

Schon als Kind hatte ich mir den alten Camcorder von Oma genommen, um Reporterin zu spielen. Mein Mikro, ein auf einem Kochlöffel steckendes, zu einem Ball zusammengepresstes Stück Alufolie, hielt ich allen unter die Nase: Oma, Freia und der Nachbarin, die sich über die wuchernden Baumzweige eines nahe gelegenen Schrebergartens echauffierte. Es war mein größter Traum. Von Ereignissen, Menschen und ihren Geschichten berichten, andere und mich selbst weiterbilden, immer wieder Neues erleben. Als Journalistin konnte es NIE langweilig werden! Aber meine Eltern wollten, dass ich »etwas Richtiges« mache.

Und als ich den Studienplatz für Jura in Heidelberg abgelehnt hatte, gab es nur noch eine Hochschule, bei der meine Bewerbung noch in die Frist passte. Die »International School of Business in Berlin und Amerika«. Es hatte sich so gut angehört! Ich wollte in die große, weite Welt, und meine Eltern fanden, dass sich Wirtschaft fast so gut anhörte wie Jura. Wahrscheinlich hatten sie sich erhofft, dass dadurch etwas aus mir wurde, mit dem man über Kaffee und Kuchen gut angeben konnte. Stabiles Einkommen, soziale Anerkennung, ein Haus, drei Kinder, eine Kieseinfahrt und ein schwarzer Labrador namens Sina. Oh Gott. Das durfte auf keinen Fall passieren.

»Gerne auch was in Richtung Politik«, rief ich in den Hörer.

»Ich kenne jemanden, der beim Fernsehen arbeitet.«

»Ein Kollege?«

»Ehemaliges Tinderdate.«

»Ist doch Hammer!«

»Na ja. Etwas verschnarcht.«

»Der Typ?«

»Nee. Lineares Fernsehen.«

»Besser als ein Buchhaltungsbüro ... Und eine Kieseinfahrt.« Frustriert ließ ich mich auf den Rand der alten Sitzwanne plumpsen, in der schwarze Krusten vom verstopften Abfluss zeugten. Bald waren wir hier weg – auf Nimmerwiedersehen. »Wenn das Kapitel Amerika zu Ende ist, kann ich nur auf dem Weg zu einem besseren Leben sein.«

»Okay. Ich schreib ihm mal auf Telegram.«

»Danke! Und was geht bei dir so in Athen?«

Freia seufzte. »Ich glaube, ich starte eine Petition gegen Einmalplastik. Wusstest du, dass mehr als ein Viertel des Mülls in den Ozeanen Kunststoffabfälle sind?«

»Ich meinte eigentlich die Kerle ...«

»Ach so! Ich hab da jemanden kennengelernt, der aus altem Kaffeesatz Untertassen und wiederverwendbare Becher herstellt. Wir waren am Strand und haben dort die Schildkröten von Plastik befreit!«

»Wow! Hört sich wildromantisch an!«

»Na ja …« Sie stieß einen schweren Lustseufzer aus. »Irgendwie ist er mir zu anhänglich. Der klebt förmlich an mir. Warum denken denn alle sofort, dass ich ihnen gehöre, nur weil sie einmal in mir dringesteckt haben?«

Typisch Freia.

Während ich seit Jahren erfolglos versuchte, geliebt zu werden, hatte sie immer schon damit zu kämpfen, dass Menschen ihr ihre Liebe zuwarfen wie kleine, plüschige Katzenbabys, die sie ohne die geringste Spur von Mitleid wieder aussetzte. »Das ist doch anstrengend! Ich bin doch kein Baum, an den ein Hund pinkelt, um sein Revier zu markieren!«

»Apropos …«, mit einem Seitenblick durch die geöffnete Tür lugte ich ins Wohnzimmer, wo Miro mit Kopfhörern am Computer saß und einen Fruchtzwerg aß. »Ich hab dich übrigens mit einem ganz reizenden jungen Mann verkuppelt.«

»Schinken?«

Schinken war unser Codewort für einen scharfen Kerl.

Das war irgendwie passend, wie wir fanden.

Es gab richtig gute Schinken, italienischen Prosciutto zum Beispiel.

Oder Serrano mit einer feurig-würzigen Note, fleischigen Sehnen und hervortretenden Muskeln.

Freia stand auf feste, knackige Schinken, die unabhängig waren und einen Hang zur Kriminalität hatten – solche die wussten, wie man einen Automotor ohne Schlüssel zum Zünden brachte, nachts in verlassenen Ruinen politische Parolen sprayten und auf keinen Fall Gefühle zeigten. Zumindest Letzteres traf auf Miro zu. Der hatte gar nicht geweint, als ich ihm das Bein gebrochen hatte. Nur gekotzt.

»Könnte dein Typ sein.«

7.

Die Schlange war ein paar Hundert Meter lang. Missmutig trottete ich bis ans Ende.

Es ging nichts vorwärts.

Suchend schaute ich mich um. Eine flüchtige Bekanntschaft würde ausreichen, damit ich mich unbemerkt vordrängeln konnte. So viele Menschen, wie hier rumstanden, würden niemals in den Laden passen. Wohnten überhaupt *so* viele Leute in Amerika? Es schien wirklich die Party des Jahres zu sein. Plötzlich erkannte ich einen Streber aus der zweiten Reihe.

In den letzten Tagen hatte er mit seinem Federmäppchen schräg vor mir gesessen und gefühlt alle fünf Minuten einen Wortbeitrag loswerden müssen, der die Vorlesung unnötig in die Länge zog.

»Hi«, spielte ich kumpelhaft. Doch mein Gegenüber zeigte sich unkooperativ. Kacke, meine Drängelaktion fiel total auf, wenn er jetzt nicht augenblicklich ein angeregtes Gespräch mit mir führen wollte. Ich stand rum wie Falschgeld.

Doch dann. Eine Stimme in der Menge. Erzwungen tief in dem Versuch, abgeklärt zu wirken. Zwei Meter weiter in Richtung Eingang. Diese Stimme kannte ich doch! Jens!

Motiviert galoppierte ich auf ihn zu.

Freudige Spucketröpfchen flogen mir entgegen. »Frieda! Du bist hier! Was stehst du denn bei dem rum?« Entrüstetes Lippenflattern seinerseits. »Versteht irgendjemand seine nichtssagenden Fragen, mit denen er die Vorlesung aufhält?« Jens hatte offenbar schon ein bis fünf Bier im Blut. Ironisch grinsend hob er den Zeigefinger. »Nein. Aber wenn man fragt, ›Ist Mayonnaise auch ein Instrument‹, dann ist das ja auch kein Wunder!«

Ich lachte ungehemmt, woraufhin Jens' Augen augenblicklich vor Stolz glänzten. Schlagartig war er wieder der Windhund, der für ein richtig ausgeführtes »Sitz« gelobt wurde. »Naaa?«

Erwartete er darauf eigentlich eine Antwort? »Na?«

Ganz cool holte ich ein Bier aus meiner Tasche und hielt es ihm hin.

»Danke fürs Schlangestehen!«

»Äh … kein Ding.«

Zusammen mit ein paar anderen Jungs, die wohl alle Gaming, Controlling und Cybercrime studierten, hatte mein Kumpel eine Art Erdmännchenrudel gebildet. Mit erstaunlich gerader Rückenhaltung unterhielt man sich über Fußballvereine und Computerspiele.

Nach einer halben Stunde waren wenigstens schon die als DDR-Grenzsoldaten verkleideten Türsteher in Sichtweite. Neugierig reckte ich meinen Kopf Richtung Klubtür, um abzuchecken, ob wir wohl noch reinkämen. Die zähe Masse der Schlange bewegte sich langsam.

Allmählich wurden wir in Richtung Eingang geschoben. Ich erblickte einen langen Bart. Er gehörte zu Dömas. Wir winkten uns flüchtig zu, wurden aber getrennt. Es gab zwei Eingänge. Ost und West. Stand jeweils auf einem Pappschild.

Offenbar wurde die Schlange von Menschen nach Geburtsort geteilt. Dömas war aus Döbeln. Er musste zumindest bis zum Mauerfall um zwölf in den abgeriegelten Ostbereich des Klubs.

Jens war aus Bielefeld. Genauer gesagt aus Harsewinkel. Das passte zu ihm. Wenig später stand ich mit ihm an der Bar und lachte. »Bielefeld gibt es ja schon nicht. Aber wo liegt denn dann Harsewinkel?«

»Zwischen Pivitzheide und Ummeln!«

Gackernd haute ich mit der Hand auf den Tresen. »Ummeln? Hört sich unanständig an.«

Jens grinste frech. »Und du? Aus Busenberg? Luderbach? Oder Oberbillig?«

»Nee, aus Dissen!«, konterte ich.

»Gott erschuf in seinem Zorn Bielefeld und Paderborn!«.

»Hör jetzt mal auf mit deinem Bielefeld-Bashing hier!« Oder meinte er Jens-Bashing?

Beim Anstoßen trafen sich unsere Blicke.

Zweimal hatte er mir jetzt schon lallend seine Liebe gestanden. Das zweite Mal war übrigens im Regen unter einem kleinen, einsamen Dachvorsprung gewesen. Jens hatte windhundmäßig gezittert und mich durch gläserne Augen flehend angeguckt, als er gefragt hatte: »Aber warum denn nicht?« Worauf ich natürlich keine Antwort hatte. Vielmehr hätte es ja heißen sollen: »Warum denn überhaupt?« Auf der anderen Seite hätte ich Jens ja auch einfach klipp und klar sagen können, dass das zwischen uns wohl höchstwahrscheinlich nichts werden würde. Aber auch nur höchstwahrscheinlich eben.

Mein innerer Küchenpsychologe würde ganz klar eine Diagnose stellen: Angst davor, nicht geliebt zu werden. Kompensation von Selbstabwertung durch Bestätigung von außen. Ich benutzte Jens. Und das tat mir ja auch schrecklich leid. Aber was sollte ich auch sonst tun?

Ihn entjungfern?

Also mal ehrlich. Um Himmels willen, ich war doch nicht schwer zu beeindrucken, besonders nicht, wenn ich voll war. Aber so ein kleines bisschen musste man schon wissen, was man tat!

Jens pflegte mir seine Liebe zu gestehen und dann mit hängenden Schultern seine Schuhe zu fixieren. Statt dass der mal was unternahm! Meine Hand ergriff, mich an sich drückte, irgendwas Leidenschaftliches, Selbstsicheres! Wie in den Filmen!

Oh Gott, dachte ich. Ich hätte ihm eine geknallt, wenn er mich unter einem einsamen Dachvorsprung gegen die Wand gepresst und Anstalten gemacht hätte, mir mit seinem frechen Grinsen in irgendeiner Form näherzukommen.

»Frieda.« Halt suchend lehnte sich Jens an den Tresen. »Ich muss mit dir reden!«

»Nicht schon wieder, Jens.« Ich seufzte.

Jens räusperte sich. »Ich wollte dir eigentlich sagen, dass du mich nicht so ernst nehmen darfst, wenn ich betrunken bin. Also, was ich zu dir gesagt habe, meine ich.«

Kurz lehnte er sich zurück, als wäre er fertig, dann sprudelte eine hastige Ergänzung hinterher. »Also nicht, dass das nicht gestimmt hätte, was ich gesagt habe. Heißt ja nicht umsonst *in vino veritas*. Oder eigentlich *in biero veritas*. Aber es war vielleicht ein bisschen übertrieben, obwohl es im Kern ja schon stimmt.«

»Alles klar! Dann haben wir das ja geklärt.« Ich stieß nochmals feierlich mit ihm an. »Ich geh mal kurz wohin!«

»Ich komm mit!«

»Nee, Jens. Da wo ich hinwill, wird man nach Geschlechtsorganen getrennt.«

Eilig drängte ich mich in Richtung Grenzkontrolle. Ich war

schwer überrascht, als ich auf dem Weg zum Klo, das im Osten lag, tatsächlich streng kontrolliert wurde.

Die falschen Grenzpolizisten nahmen ihre Aufgabe sehr ernst und ließen mich nicht mein »Westbier« auf die andere Seite des Schuhkartons schmuggeln. »Im Osten sind deraardiggee Güdda nisch gestadded!«

»Echt jetzt?«

Mit heiligem Ernst nickten sie mir entgegen. Ich sah mich gezwungen, es zu exen.

An tausend Studierenden vorbei, dicht gedrängt an der aus Schuhkartons bestehenden Mauer, versuchte ich, Dömas nicht wieder direkt in die Arme zu laufen.

Zurück im Westen, schaffte ich es auch, Jens abzuhängen, und nutzte die Chance, mal unauffällig die Lage zu checken.

Also, ihr Schinken, wo versteckt ihr euch?

Suchend blickte ich mich um. Nichts.

An der Bar lagen Bananen rum – freier Westen und so.

Unauffällig steckte ich mir eine ein, für später.

»Hey, die sind aber nicht in den Studiengebühren inklusive.« Einer der Barkeeper hatte mich erwischt.

»Fünfundzwanzig Tacken und keine Banane?«

»Oh. Du bist einer dieser Privatstudenten …«

»Schuldig im Sinne der Anklage.« Ich hob die Hand und malte verträumte Anführungsstriche in die Luft. »Studieren in Amerika … Wenn mich die Nummer eins gelehrt hat, dann ist es, Verträge bis ins Kleinstgedruckte zu lesen.«

»Scheinst aber nicht zur schlimmsten Sorte zu gehören.«

»Nein?«

»Immerhin wolltest du bisher noch keinen Grey Goose mit Kreditkarte bezahlen.«

»Keine Sorge. Nach dem Studium bin ich erst mal pleite wie Nicholas Cage nach seiner sechsten goldenen Himbeere.«

Aufmunternd stellte mir der Barkeeper frisch gezapftes Westbier hin: »Geht auf's Haus!«

Im nächsten Moment quatschte er mit einem großen Typen mit Mütze neben mir. Soweit es mir gelang, bei Madonnas »Like A Virgin« aus den Boxen nicht zu sehr an Jens zu denken, lauschte ich interessiert der Bestellung meines Nebenmannes. »Habt ihr was da? Also Mary oder Jane oder so?«

Neugierig beobachtete ich das Geschehen. Ein vercheckter Typ mit crazy eyes kam aus dem dunklen Bereich zwischen Garderobe und Lagerraum hervor.

Unauffällig wanderte ein kleines Alufolienpäckchen über den Tresen.

Ein Zwanzig-Euro-Schein fand dafür den Weg auf die andere Seite.

Amerika, du bist ja doch für Überraschungen gut.

»Frieda, da bist du ja!« Jens packte mich euphorisch an den Schultern, und als ich mich erschrocken umdrehte, zog er beschämt seine Hände zurück. »Ich hab gerade jemanden aus Eiterfeld getroffen und musste an dich denken. Ähh … Gehst du mit mir eine rauchen?«

Als ich wenig später mit Jens draußen vorm Klub rumstand, fragte ich ein paar herumstehende Jungs nach Feuer, um nicht in grenzenlos unbehaglicher Zweisamkeit zu verharren. Alle waren gefühlt noch im Kindergarten, wie Freia geraunt hätte. Aber die Auswahl hielt sich nun mal in Grenzen.

Irgendwie entstand nach und nach so etwas wie eine Gruppenkonversation.

»Alter, Selina ist voll die Schlampe!«, lachte ein ganz besonders kleiner Fieser.

Ich guckte verdutzt. Keine Ahnung, wer Selina war. Aber so konnte und wollte ich das nicht stehen lassen.

»Warum ist sie denn so eine *Schlampe*?« Angriffslustig betonte ich seine Wortwahl. »Vielleicht weil du keine Chance bei ihr hast?«

Anerkennendes Grölen aus postpubertären Kehlen.

Die anderen Jungs bildeten einen schaulustigen Kreis und fingen an zu pfeifen, als befänden wir uns bei einem Hip-Hop-Battle. Also eins zu null für mich war das dann wohl.

Plötzlich sah ich, dass auch der Kerl von vorhin an der Bar in der Runde stand. Der mit dem Alufolienpäckchen. Irgendwie wirkte er größer, reifer, erwachsener als der Rest.

Betont desinteressiert an einem netten Kennenlern-Small-Talk zwischen allen rauchenden Medienstudis, paffte er aus seinem schnöselig verzogenen Mund. Sein Modeschal war bestimmt teurer als alles, was ich besaß. Durch das fahle Licht der Außenlampe erkannte ich ein paar vereinzelte Bartstoppeln an seinem Hals. Er würdigte keine Sau eines Blickes.

Währenddessen sah sich mein sexistischer Gegner in Erklärungsnot.

»Nee, Mann Alter, also die ist echt voll die Schlampe.« Der bartlose Kurzbeinige stampfte empört auf den Terrassenboden. »Dabei hat sie eigentlich 'nen Freund!«

Unbeeindruckt ließ ich meinen Blick an dem fiesen Männlein herunterperlen. »Und das stört dich?«

»Ja, ich finde, das gehört sich nicht!«

»Und inwiefern tangiert ihre vermeintliche Promiskuität genau deine Existenz?« Zum Glück hatte ich mich bei der Aussprache des Fremdwortes nur unmerklich versprochen. *Yes.*

Die Runde lauschte gespannt unserem Wortgefecht. Hier ein zustimmendes Kichern, da ein schaulustiges Grölen.

Auch Jens stand im Kreis dabei und nahm, am Westbier schlürfend, am Spektakel teil. Der kleine Kappenmann schien meine Frage nicht verstanden zu haben.

»Ich finde, das gehört sich nicht. Digga, sag doch auch mal was. Selina ist voll die Schlampe, oder?« Auffordernd nickte er in Richtung Alufolien-Kerl.

»Trink mal a bissl weniger, du blamierst dich ur, na?«

War er Wiener? Jedenfalls hielt er sich offenbar für unendlich cool und alternativ mit seiner Mütze, dem langen Mantel und dem geringelten Schal. Und Selina nicht für eine Schlampe. Immerhin.

Mit stechend grünen Augen, die von einem leicht rötlichen Film unterzogen waren, fixierte er mich und grinste leicht. Als wollte er sagen: »Cooles Mädchen.«

Selbstbewusst hielt ich dem Blick des Wieners stand. Doch die arrogante Note umhüllte seine teuren Pseudo-Alternativ-Klamotten wie ein fieses Parfum. Eau de Arschloch.

Die Runde von Schaulustigen löste sich langsam in alle Richtungen auf – die Wiener Worte hatten mich endgültig zur Siegerin der Battle gemacht. Nur noch Jens stand mit dem Alufolien-Kerl und mir draußen rum. Betont lässig schielte der Fremde auf die Flamme, mit der er sich seine Kippe neu anzündete. Es roch nach Gras.

Irgendetwas in mir meldete sich zu Wort. Mein Schinkenradar?

Oder war es nur ein Pups?

Konnte doch gar nicht sein, dass ich diesen kiffenden Wiener mit seinen drei Barthaaren in seinem blöden Mantel und seiner arroganten Fiesling-Art irgendwie attraktiv fand. War ich so ausgetrocknet? Von dem Nichtexistieren von Schinken in Amerika so gebeutelt, dass ich mich zum ersten Kerl, der kein Windhund war, wehrlos hingezogen fühlte? So wie Seeleute nach Monaten fernab der Zivilisation einen Stein im Wasser für Aphrodite herself halten? Oder war ich wegen Igel jedem Anflug von österreichischem Charme hilflos erlegen? Auf der Suche nach Antworten, die ich nicht ernsthaft erwartete, kramte ich nach einer Zigarette und steckte sie mir in den Mund.

Wie immer hatte ich kein Feuer.

Natürlich wusste ich, dass auch in meinen Taschen keins zu finden war, aber trotzdem tat ich so, als würde ich suchen.

Jens witterte seine Chance. Aufgeregt wanderten seine blassen Finger durch sämtliche Jeanstaschen. Aber dann, als er wie in Zeitlupe gerade das Feuerzeug in den Händen hielt und es mir mit aufgerissenen Augen, verzweifelt am Rädchen drehend, hinhielt, verglühten die Funken, ebenfalls in Zeitlupe, in der kalten Luft.

Vor meinen Augen loderte eine fremde – oder neue? – Flamme auf.

Der Alufolien-Typ.

Es war kein Pups.

Nein, mein Schinkenradar hatte sich gemeldet, tatsächlich.

Während ich willig meine Zigarette in seine glühende Röte hielt, musterte ich ihn noch mal unauffällig. Ging der klar? Er war recht groß und markant. Irgendwie hatte ich gelernt, dass das so musste. War ich petit genug? Wohl kaum. Spielten wir in einer »Liga«? Vielleicht.

Er war nicht so klassisch hübsch. Sondern eher so ein bisschen kantig. Freia würde mir zustimmen. Der ging klar. Also für Amerikaner Studentenklub-Verhältnisse.

Mit letzter Vehemenz schnauzte eine innere Stimme in mir: *Pfui! Aus!* Aber meine Neugierde schnupperte bereits interessiert.

Zurückhaltend lächelte der Wiener mir kurz zu. Seine große Nase war rot von der eisigen Kälte, in der er offenbar schon zu lange gestanden hatte. Irgendwie komisch, aber ich hatte immer schon etwas übrig für Männer mit großen Nasen. Igel hatte auch eine große Nase. Unweigerlich fühlte ich mich an die Binsenweisheit meiner Oma erinnert. Wie die Nase eines Mannes so auch sein …

»Degenhard.« Er streckte mir die Hand entgegen.

»Frieda!« Ich lächelte erfreut. Was ein interessanter Name.

Abgeklärt zog ich an meiner Kippe.

»Österreich?«

»Ich studier in München. Aber kommen tu ich aus Langenrohr bei Wien. Der schönsten Stadt der Welt.«

Langenrohr? Sein Ernst?

Pfui! Aus!, schnauzte es in mir mit letzter Kraft. Aus dem Augenwinkel beobachtete ich, wie sich währenddessen ein mittelalterlicher Mantel mit funkelnden Brillengläsern und einem DDR-Bier unserer Runde näherte. Im Außenbereich gab es offensichtlich keine Mauer.

»Ich bin Jens!! Und das hier ist Thomas!!!«, rief es in unsereaufkeimende Konversation. Jens zog Dömas am Jackenzipfel herbei, als wollte er sagen »Stell dich hinten an, du Lurch!«

»Schönste Stadt? Du meinst wöhl, nach dem wünderschönen Amerigaah!«, begrüßte Dömas Degenhard mit zitterndem Ziegenbärtchen.

Er meinte es ernst. Wie Dömas erklärte, gab es hier Kitaplätze und Jobs, und wenn die Politik sich ein wenig mehr anstrengen würde, den Osten nicht in jeder Hinsicht zu vernachlässigen, würden sich die Leute vielleicht auch nicht so vernachlässigt fühlen. Ein bisschen fachsimpelten wir noch über die Geschichte Deutschlands, Degenhard erklärte die germanische Herkunft seines Namens, auf die er nicht stolz war, und meinte, dass seine Brüder Gandolf und Adalwin hießen, seine Eltern aber ganz sicher keine Nazis seien. Wir quatschten lange über Ost und West und was amerikanischer Kulturimperialismus mit der Vorherrschaft des Kapitalismus zu tun hat. Ich kam mir unendlich belesen vor und sah in der Runde ein dankbares Publikum für meinen unerwarteten Vortrag über den Natur-Kultur-Dualismus. Was war nur in diesem Westbier drin? Als Thomas mir erzählte, dass er mal Texte von Donna Haraway gelesen hatte, musste ich mich wirklich bemühen, selbst noch klug zu klingen. Zum Glück wurden wir bald unterbrochen.

»Leute, die Mauer fällt gleich!«

»Joa! Dös wüll isch noch ma öalebn!!«

Der freudig wirre Ziegenbart wurde samt seinem Besitzer neben mir im Schwall der Menschenmasse in den Klub gedrängt. Im Eifer des Gefechts ließ ich mich mit den Feierwütigen in den Osten spülen.

»Frieda, wenn Dävid Häselhöff müd ›Äif bün lügging föa friedöm‹ gömmd, dann müssde anfang, die Mauooa einzüräißn!«

Ein betrunkener Mob umringte die Schuhkartonwand. »Die Mauer muss weg! Die Mauer muss weg!«

Man stellte sich schon in Position. Diejenigen, bei denen tatsächlich Erinnerungen geweckt wurden, direkt an vorderster Front. Also auch Dömas.

Mein Nebenmann trommelte sich auf die Brust, krempelte sich tatendurstig die Ärmel hoch und deutete mit besorgtem

Blick auf den diskokugellichterreflektierenden Tanzflächenboden unter mir.

»Da wüdd üsch an däinaahr Stelle nüsch stehn bläibn! Da wüad glaisch rüschtüsch die Böst abgehn!«

Artig machte ich einen Schritt zur Seite und ließ zunehmend gebannt die wahrhaftig beeindruckende Stimmung im Raum auf mich wirken.

»Die Mauer muss weg! Die Mauer muss weg!«

Jemand weiter hinten verstummte nach ein paar einsamen »Wir sind das Volk«-Rufen, in die niemand eingestimmt hatte.

Die Stimmung war zum Zerreißen gespannt.

Das waren wahre Emotionen! Mauerfall 2.0.

Und plötzlich. *I've been looking for freedom.*

Die aggressionsgeladenen Geschichtsbefürworter schlugen und rissen mit aller Kraft von beiden Seiten die Schuhkartons auseinander.

Dömas haute mit voller Wucht gegen die Pappwand.

»Scheiß Mauooaar!«, brüllte ein bebrillter Amerikaner, während er seine angestauten Aggressionen in die Trennwand prügelte. Die zerfledderten Überbleibsel ließ man über den Köpfen durch den Raum wandern.

»Die Mauer ist weg! Die Mauer ist weg!« Die Atmosphäre war postkoital.

Und dann waren Ost und West wieder vereint. Man umarmte sich überschwänglich, als hätte man sich seit dreißig Jahren nicht gesehen. Die aus dem Osten kamen direkt an die Westbar, holten sich Cola und Westbier und steckten alle Bananen ein.

Als Dävid Hässelhöff überstanden war, betrat ich die Tanzfläche wieder.

Mit mir kamen Jens, Thomas und – das überraschte mich

selbst – Degenhard. Wir waren mittlerweile eine nette Viererclique.

Wo ich mir sonst beim Tanzen vorkam wie ein unbeholfener Bär im Tütü auf einem Jahrmarkt, gaben mir die drei das Gefühl, begehrenswert zu sein. Ich fühlte mich wie eines dieser Mädchen in Filmen. Lustig, sexy, klug und kurzweilig. Nur dass ich im Gegensatz zu ihnen nicht nur eine Nebenrolle zugeschrieben bekam. Nein, ich war zweifelsfrei der Mittelpunkt meines eigenen Films. Passend zum Gefühl der inneren Vereinigung absoluter Flawlessness und Abgeklärtheit lief »American Woman« in der Lenny-Kravitz Version.

Alle machten mehr oder wenige coole Bewegungen. Dömas packte ein paar mittelalterliche Tanzschritte aus und belagerte mich von vorne. Rück, rück, vor, vor. Er hatte riesigen Spaß. Doch ich war überfordert und drehte mich lachend weg.

Dies verstand er jedoch seltsamerweise als Aufforderung, mich munter um die eigene Achse zu drehen. Das ging mir dann doch wirklich zu weit. »Ich geh kurz eine rauchen.«

»Ich komm mit!«

»Ich ahch!«

»Üsch auch!«

Im grellen Licht der Laterne auf der Raucherterrasse entstand kurz so etwas wie Romantik, als Degenhard und ich uns tief in die Augen guckten. Seine hingen leider auf halbmast. Er schwieg.

Irgendwie fühlte ich mich dazu verpflichtet, eine Konversation zu starten. »Wie ist das eigentlich hier in Amerika? Bekommt man was mit von rechten Strukturen …? Ich meine, Sachsen ist in den letzten Jahren ja schon immer wieder deswegen in die Presse geraten …«

Ich erinnerte mich an Freias Reaktion, als ich ihr mein bevorstehendes Schicksal gestehen musste. »Amerika?! Das Kaff ist bekannt als richtiges Naziloch!«

Dömas' randlose Brille beschlug in der Kälte. Etwas ängstlich hielt er sich die Hand vor den Mund, als würde er eine Gruselgeschichte erzählen. »In Amerigahr gibt es soggahr einen Nazi … öfgölööhr … der hat in seinem Studentenzimmooa die Raischsflagge ausm Fenster gehissd!«

»Öfgölööhr?«, flüsterte ich ebenso verschwörerisch.

»Of color«, stellte Degenhard klar.

Dömas nickte. »Der hat in seinem Studentenzimmooa die Raischsflagge ausm Fenster gehissd!« Unauffällig zeigte er auf ein paar alte ekelige Kerle, die auch schon so aussahen, als würden sie gerne mal rechte Parolen brüllen. »Gibt schön immahr mal wiedahr Ünannehmlischkeiden! Aber am schlimmsten is eiggendlisch die Polizei.«

Während ich mich nicht entscheiden konnte, ob ich Dömas richtig weird, richtig cool oder beides fand, meldete sich Degenhard zu Wort. »Ich hab mir da mal äänen Artikel dazu durchgelesen. Urintressant.«

Während Jens das Gespräch zu politisch wurde, wanderte Degenhard in meinen inneren Achtungs-Schubladen steil nach oben. Wow! Der Wiener hatte mal einen Artikel gelesen!

Aber wer hier wirklich beachtliches Wissen über Geschichte und Politik bewies, war Dömas. Wie wir erfuhren, gab es in Amerika auch eine bedeutende Antifa-Gruppe. »Nüsch alle ausm Osten sind so schlimm«, zwinkerte er mir zu.

Stimmt, dachte ich. Außerdem stellte ich mir es ziemlich scheiße vor, wenn man sowieso schon wirtschaftlich hängen gelassen wurde und sich dann auch noch ständig wegen der eigenen Mundart verarschen lassen musste. Dabei klang Schwäbisch mindestens genauso beknackt. Wie streng genommen alles, was außerhalb von Hannover gesprochen wurde. Wienerisch zum Beispiel.

»Aus määna Betrachtung heraas lässt sich diese Dynaamik, also die Rechtsbewegung in Europa, an fehlenden Perspektiven festmachn …« Mittlerweile waren Degenhard und ich alleine und lieferten uns einen Battle darum, wer klüger klang. »Weißt eh. Subtile Anfäändungen manifestieren Diskriminierung.«

Ich war wieder dran. Was war noch mal ein gutes Synonym für Vorurteile? Antipathie? Aversion?

Degenhard kam mir zuvor. »Ressentiments gegen Muslime und andere Minderhääten kotzn mich ur an. Da muss der Osten echt noch äääniges lernen.«

»Hä?« Ich baute mich vor ihm auf. »Hast du Thomas gerade zugehört? Du sprichst davon, dass Vorurteile kacke sind, bedienst im nächsten Atemzug aber selbst welche? Die Überheblichkeit des Westens ist eines der größten Probleme unserer Gesellschaft.«

Yes, ich war immer noch genau auf dem richtigen Pegel, um so zu klingen, wie ich sein wollte: klug, kritisch, krass. »Wusstest du, dass Frauen im Sozialismus besseren Sex hatten? Es gibt sogar ein Buch darüber.«

»Aber wir säähns doch urgenau«, meinte Degenhard, den Blick auf ein leer stehendes, eingefallenes Gebäude auf dem Campus geheftet. »Der Sozialismus is geschäätert.«

»Und der Kapitalismus funktioniert? Jedes Jahr sterben in Europa um die 500 000 Hektar Wald durch den menschengemachten Klimawandel. Wir müssen anfangen zu verstehen, dass uneingeschränkter Konsum in der Katastrophe enden wird.« Wow. Was war nur in diesem Westbier drin?

»Das is ur der Whataboutism.«

Ich musste seufzen. Plötzlich rasselte Degenhard in meine tiefste Sockenschublade. Wie er schon dastand.

Gerade noch war er ein cooler Intellektueller aus Langenrohr gewesen. Jetzt wirkte er plötzlich wie ein Zehnjähriger aus Arschlockwinkel, der im viel zu großen Mantel seines germanophilen Vaters Verkleiden spielte. Gelangweilt guckte ich auf mein Handy. Vielleicht war Miro noch wach, und ich konnte mit ihm meinen Frust in Rotwein ertränken.

Mit einem recht abrupten »Wie dem auch sei. Ich glaub ich mach mich mal auf die Socken«, wollte ich Degenhard stehen lassen, um an der Garderobe meine Jacke abzuholen. War ohnehin besser, diesem Kindergarten ein Ende zu bereiten. Oder nicht? In Degenhards Gesicht stand ein Anflug von Reue.

»Sorry, ich red manchmal bissl dummes Zeug, wenn ich angetrunken bin.«

»Ach, alles gut«, hörte ich mich sagen. »Passiert den Besten.« Scheiße, war ich leicht zu überreden. Kurz darauf stand ich mit ihm an der Bar und lästerte über die Uni. Degenhard machte was mit Medien. Regie, um genau zu sein. Von Klassikern, angefangen bei Fritz Lang bis Tarantino, hatte er sehr viel mehr Ahnung als ich. »Gibt es unter den Klassikern eigentlich auch frauengemachte Filme?«

»Hm.« Er zuckte mit den Schultern. »Fällt mir grad kääna än. Schlimm!«

Schnell sortierte ich den Wiener in eine spontan angelegte Amerika-Schublade, in der andere Schinken-Standards im Rahmen des momentan ausgerufenen Ausnahmezustands galten. Dann konnte ich mir selbst wieder in die Augen sehen. Oder Degenhard.

Das Rot in seinem glasigen Blick passte zum Farbton seines Degenhard-Zinkens darunter.

»Ich würd gern kurz draaßen mit dir allän reden. Kommst mit, äääanen rauchen?«

Das Alufolien-Päckchen war wohl nicht mit Fencheltee gefüllt gewesen.

»Okay!«, hörte ich mich rufen und folgte ihm in die eisige Einöde.

Leider war Kiffen bei mir ein heikles Thema. Prinzipiell hatte ich nichts dagegen, nur schien etwas in meinem Hirn anders auf Marihuana zu reagieren als bei anderen Leuten. Wie man nach einem Joint noch gerade stehen, geschweige denn eine Konversation führen konnte, war mir immer schon ein Rätsel gewesen. Ich war nach dreimal Ziehen völlig im Eimer.

Meine ersten Erfahrungen mit Gras machte ich nach dem Abi.

Damals waren Freia und ich mit einem Interrailpass ein paar Wochen durch Europa gereist. In Barcelona hatten wir zwei junge Franzosen am Strand kennengelernt. Irgendwann war ein Joint in der Runde rumgegangen. Alle – besonders Freia – hatten gelacht, angeregt auf Französisch geplaudert und barfuß im Sand um ein Lagerfeuer getanzt. Und das, während ich nicht mal mehr dazu imstande gewesen war zu verbalisieren, wie ich heiße. Geschweige denn in einer Fremdsprache. Eigentlich hatte ich kaum noch sprechen, nur noch Laute eines Neandertalers von mir geben können. Außerdem war ich total damit beschäftigt, meinem Kopf zu folgen, der im Sonnensystem meiner eigenen Gedanken um einen imaginären Magnetpunkt kreiste. Plötzlich waren mir ferne Universen, Aliens und Weltraumschrott durch die Gedanken geschwirrt. »Ist das die Milchstraße?«, hatte ich fragen wollen. Aber ich war mir nicht mehr sicher gewesen, ob das Ding wirklich Milchstraße hieß oder ob ich dieses Wissen aus der Werbung für amerikanische Schokoriegel hatte. Und ob man sie überhaupt sehen konnte, wenn wir doch ein Teil davon waren. Oder waren wir das überhaupt? Mein Gaumen hatte sich angefühlt, als hätte sich darin plötzlich eine Wüste gebildet. Wie ein verdurstender Steinzeitmensch gestikulierte ich Freia und den beiden Jungs entgegen. Doch sie verstanden mich nicht. Da war mir plötzlich das französische Wort für Wasser eingefallen. Zum Glück hatte es nur eine Silbe. Völlig ausgetrocknet keuchte ich »Eau! Eau!«.

Aber anstatt mir zu helfen, zogen sich die Jungs und Freia aus und stürzten sich nackt ins Meer. So hatte ich am Ende dieses lauen Sommerabends zwei Stunden lang im Sand gesessen, während sich mein Kopf um meine eigene Achse drehte, ich nach Wasser rief und mich fragte, ob ich nun der Mittelpunkt der Galaxie war.

Und nun – nur ein gutes Jahr später – saß ich mit Degenhard in einem Hauseingang und zog an einer Tüte. Weitaus mehr als dreimal. Scheiße, wann würde ich aus meinen Fehlern lernen?

Im Gegensatz zu mir machte mein Gegenüber den Eindruck, einen ziemlich routinierten Umgang mit Joints zu pflegen.

Während mein Kopf schon gen Weltall emporschwebte und ich mich kaum noch auf so etwas Ungreifbares wie Worte konzentrieren konnte, schien Degenhards Hirn noch einwandfrei zu funktionieren. Wo er noch unverändert intellektuell klingende Sätze mit gewohnt nasaler Stimme von sich gab, versuchte ich akribisch meine Gedanken zu strukturieren. Angestrengt kniff ich die Augen zusammen, um ihm zuzuhören. Doch die Gedankenstränge in meinem Kopf drifteten derweil ins Absurdeste ab.

Scheiße, gleich würde er bestimmt erwarten, dass ich auch etwas sagte. Am besten was Kluges.

Angestrengt versuchte ich, ein paar Wortfetzen aufzuschnappen.

»Eeeigentlich wollt ich Psychologie studier'n, aber ich hab mich imma scho ur für Filme interessiert und konnte nie still sitzen wegen meinem ADHS. Die Diagnose Savant-Syndrom hab ich dann mit sechs Jahrn bekommen …«

Hatte er Savant-Syndrom gesagt? Was war das noch mal? Eine Krankheit? War die ansteckend? Sollte ich ihn einfach fragen?

»Und meine Eltern ham gmeint, ich soll was Aktiveres machen … Deswegen wollt ich auch nach Amerika. Eigentlich sollte ich dir das gar nicht erzählen.«

Hä? Das mit dem Savant-Syndrom? Warum? War das … etwa … sexuell übertragbar? Und hieß das … er … ging davon aus, dass etwas … zwischen uns lief? War Savant-Syndrom auch übertragbar, wenn man ein Kondom nahm? Und wer war noch mal der aktuelle Verkehrsminister? Was war noch mal der Unterschied zwischen effektiv und effizient? Wurde das Licht der Straßenlaterne immer grüner, oder bildete ich mir das nur ein?

Savant, Savant, Savant. Komisches Wort, dachte ich. Vor meinem inneren Auge kämpften die drei Musketiere mit federnden Hüten.

Degenhard streckte mir die Tüte entgegen. Wie lange hielt er sie da schon so?

Leider war ich nicht dazu in der Lage zu verbalisieren, dass ich nun lieber verzichten würde. Ich nahm den Joint und zog daran.

Immerhin gab mir das noch mal ein paar Minuten, die passenden Worte zu finden, um beim nächsten Mal ausdrücken zu können, dass ich nicht mehr rauchen wollte. Also gut. Wie sollte ich diese Sache angehen? Mir vielleicht etwas Damenhaftes, Charmantes einfallen lassen? Süß kichern wie ein Bravo-Love-Story-Girl, das ein bisschen verloren und deshalb auf männliche Lenkung der Situation angewiesen ist? Oder doch lieber auf die starke junge Frau setzen, die sich nichts anmerken lässt? Während ich mir vorstellte, wie Freia wohl ganz lässig »Yo, danke, ich setz 'ne Runde aus« murmeln und sich dabei eine Zigarette drehen würde, hielt mir Degenhard den Joint wieder hin.

Wie fremdgesteuert konzentrierte ich mich darauf, den kleinen Glimmstängel optisch zu erfassen, und griff mit zugekniffenen Augen danach.

Stopp! Du wolltest doch aussetzen!

Verdammt, jetzt war es schon wieder zu spät.

Mit aller Kraft versuchte ich, möglichst wenig zu inhalieren.

Mist.

Ich war total high.

Und das war nicht gut.

Mein Kopf schwebte irgendwo zwischen Stratosphäre und Milchstraße. Oder wie hieß das Ding?

Halt suchend lehnte ich meinen zentnerschweren Kopf an die harte Mauer. Schlagartig klebte er fest. Degenhards Lippen bewegten sich währenddessen wie in einem Film, in dem sich die Tonspur verschoben hatte.

Wieso, dachte ich. Wieso nur hatte ich gekifft?

Bestimmt waren meine Gesichtszüge völlig außer Kontrolle geraten.

Hatte ich ein Doppelkinn? Und eine Stressfrisur?

Warum traute ich mich überhaupt auf die Straße mit meinen drei Haaren? Was waren Haare? Und warum sollten wir möglichst viele auf dem Kopf, aber möglichst gar keine sonst wo haben?

»Gehn wir wieder rein?«, hörte ich eine Männerstimme wie unter einer schwummerigen Taucherglocke.

»Jep!«, schnappte ich nach Luft.

Puh. Schwere Geburt.

Auf drei fliegenden Einhörnern schwebte ich zurück in den Studiklub.

Oh mein Gott. Jetzt ja niemanden anschauen.

Nicht, dass mich noch jemand anspricht. War ich auffällig still?

Degenhard und ich standen in Barnähe rum. Sagte er nichts, weil er mich kacke fand?

Oder sagte er nichts mehr, weil ich nichts sagte?

Aber ich konnte unmöglich etwas sagen. Mein lahmes Sprachzentrum war immer noch ein wirres Endlosrätsel, das ich auf keinen Fall durchblickte. Meine ineinander verschlungenen Gedankenwürste betrachtete ich genauso teilnahmslos wie ein Hund, der vor dem Bullauge der Waschmaschine nasse Bettlaken im Schongang beobachtet.

Mittlerweile lief eine deutsche Schlager-Playlist. Ein paar eingeborene Lääsarteschnigga grölten laut im Chor. Jemand tapte sich mit grobem Klebeband einen Trinkstiefel an die Hand. Völlig vertieft, lauschte ich dem Text, in dem es um Regenbögen, Feen und Prinzen ging.

»Frieda!«

Hilfe! Jemand wollte mich sprechen! Alarmstufe Rot mit grünen Punkten! Vor meinen Augen flimmerte es.

»Frieda!«

Oh Gott! Woher kam das? Wer auch immer mit mir sprechen wollte, ich war nicht verfügbar.

Bitte hinterlassen Sie eine Nachricht nach dem Piepton.

Bevor ich laut »Piiiep« machen konnte, stand Dömas vor mir. Neben ihm der Barkeeper.

Mir fiel die Banane wieder ein. Ich wollte sie augenblicklich essen. Noch nie in meinem Leben hatte ich so unbändige Lust auf Bananen gehabt.

Ich sah durch ihn hindurch. Zweifellos sah man mir an, dass ich der highste Mensch der Welt war.

»Spielst du mit 'ne Ründe Darrrd?«

Ich wolle laut »Banane!« brüllen, da merkte ich, dass man mich etwas gefragt hatte.

Hoffentlich war klar, dass ich eine ernst zu nehmende Bedrohung für alle Anwesenden war, wenn ich nun spitze Pfeile in der Hand halten würde. Bei einem beiläufigen Blick auf meine linke Hand bemerkte ich, dass ich bereits einen Pfeil in der Hand hielt.

»Du musst mir helfen!«, lallte ich unfreiwillig bewaffnet Degenhard zu, der unbeteiligt danebenstand.

»Oida ...« Seine Augen glühten, als er mir näher kam. »Bist du auch so ur neben der Spur?«

Ur neben der Spur! Das reimte sich ja! Plötzlich konnte ich mich vor Lachen nicht mehr halten. Degenhard grinste vernebelt. Halleluja! Wir waren Verbündete. Jetzt war alles nur noch halb so schlimm. Irgendwie machte es sogar Spaß.

»Alter«, ließ ich meinen Komplizen mit lahmer Artikulation wissen. »Ich bin so unfassbar high. Ich kann auf keinen Fall Dart spielen!«

»Des schaffst du schon. Ich glaab an dich.« Er legte seine

prankige Handfläche auf meinen Scheitel, als wäre es das Normalste der Welt, so was zu tun.

Und er behielt recht.

Ich schaffte es, niemanden umzubringen. Degenhard war ganz erstaunt.

»Wahnsinn!«, sagte er jedes Mal mit glasigen Augen, wenn ich die Scheibe knapp verfehlte. »Leiwand! Respekt!«

Der Mann war ein Mysterium. Warum er mit mir abhing, konnte ich nicht verstehen. Genauso rätselhaft war es, dass der Barkeeper mir schon wieder ein Bier ausgeben wollte. Dass ich total im Eimer war, sah man mir doch auf zwei Kilometer Entfernung an. Oder war das die Paranoia?

»Cola! Bitte!«, brachte ich hervor und merkte, dass ich mittlerweile wieder im Entwicklungsstadium einer Vierjährigen angekommen sein musste. Sprechen ging fast einwandfrei. »Hast du was zu essen? 'ne Banane? Oder Nüsse?«, brüllte ich in den Lärm.

Als er eine Banane in der Hand hielt, fiel mir das Wort »Danke« nicht mehr ein. Wohl aber, dass ich ja noch eine Banane in der Tasche hatte. Überfordert schnappte ich mir die zweite Banane und drehte mich einfach weg, als der Barkeeper in Chipstüten wühlte.

Die schlagartig geexte Cola und der Beat zogen mich und meine zwei Bananen auf die Tanzfläche. Warum ich die zweite aus dem Rucksack geholt hatte, wusste ich auch nicht genau. Die Musik – ganz grottiger Dubstep – war gar nicht meins. Aber ich MUSSTE einfach tanzen, während ich mir die Vitamine aus zwei Bananen abwechselnd einverleibte.

Mein Blut pulsierte im Takt. Die Lichter flimmerten.

Auf einmal sah ich mich selbst ungraziös zwischen den sächsischen Ravern rumhopsen, die so spät noch im Klub mit ihren riesigen Schlaghosen abtanzten.

Es musste mindestens acht Uhr morgens sein. Wann hatte ich noch mal Vorlesung? Um zehn?

Aber ich konnte jetzt unmöglich gehen. Die Einhörner kannten den Weg nach Hause doch gar nicht!

Auf der Tanzfläche blendeten die Scheinwerfer. Stand ich genau im Spotlight? Und das, während ich die gelbe Matsche zerkaute wie eine träge Giraffe? Machte man das so? Ich stellte alles infrage. Allen voran meinen Tanzstil. Unsicher wippte ich auf und ab. Verhielt ich mich unauffällig genug, um nicht negativ aufzufallen, aber auffällig genug, um das Cool Girl zu sein? Nee, oder? Ich wurde stutzig. Neben mir machte jemand ein Video. Um mich herum lachten ein paar Leute.

Peinlich berührt steuerte ich eine dunkle Ecke an und entsorgte die Bananenschalen in einen Regenschirmständer.

Ich musste dringend nach Hause.

»Ich muss dringend nach Hause«, schaffte ich unerwartet einwandfrei zu sagen.

Degenhard fackelte nicht lange. »Ich aaaach.«

8.

Die kalte Luft tat mir gut. Wir latschten los. Degenhard mir die laubigen Hügel nach.

Als wir vor der alten Stadtvilla angekommen waren, ging es mir schon viel besser. Mit schusseliger Lahmarschigkeit kramte ich nach meinem Schlüssel.

Ich kramte lange. Zu lange.

Degenhard schien es als Aufforderung zu verstehen. »Hast du Kaffeeeeh?«

Sagten die das in den amerikanischen Filmen nicht immer, wenn sie eigentlich Bumsen meinten?

Ich überlegte lange. Sehr lange.

Wie lange standen wir schon da? Nahm ich ihn jetzt mit hoch?

Weil ich mich der Beantwortung dieser Fragen schlichtweg nicht gewachsen fühlte, entschied ich kurzerhand, gar nicht zu antworten, sondern einfach zu lachen. Degenhard lachte unbehaglich mit. Was tat ich hier nur?

Als der Wiener Schnösel die Treppe hochtaumelte, stolperte er über die Dekokürbisse.

»Pschhht! Mein Vermieter ist bei der Stasi!«

Wie ein Geist schwebte ich die Wendeltreppe zur Dachkammer rauf.

Ups. Jetzt hatte ich ihn doch irgendwie mitgenommen.

Dabei wusste ich noch nicht mal, ob ich auf ihn stand. Mein Hirn war zu keinem brauchbaren Output fähig. Da fiel mir ein. Da war doch noch was!

Dieses Savant-Syndrom! Was war das denn jetzt um Himmels Willen? Konnte ich das unauffällig googeln, während er seinen Trenchcoat auszog?

Mist, falls wir wirklich miteinander schlafen sollten, hatte ich kein Kondom. Ich textete Miro. Der schlief ja in seiner Kinderfoltergruselkammer.

Leider beantwortete er mein mühevoll zusammengetipptes »Alter, sorry, aber hast du vielleicht irgendwo 'n Gummi?« nicht.

Degenhard ließ sich auf Kennys Matratze sinken.

»Willst du wirklich Kaffee?« Halt suchend klammerte ich mich gegen den immer noch leichten Nebelschwindel an die Küchenzeile.

»Wenn es keine Umstände beräätet, gern.« Degenhard parkte seinen langen Oberkörper zwischen den angewinkelten Beinen und pflückte den Modeschal vom Hals.

Mit klirrendem Schwung öffnete ich den kleinen Kühlschrank, aus dem eine labbrig gewordene Fertigpizza fiel. »Ich hab aber auch noch Bier.«

Müde wie ein Kleinkind nach Mitternacht rieb er sich die roten Augen. »Ach so, ja dann … Bier geht auch. Is eh urspät.«

Etwas plumper als geplant, ließ ich mich neben ihn auf die Matratze plumpsen und drückte ihm eine Dose in die Hand.

Stille. Es war awkward. Nach einigen in Schweigen gehüllten Schlucken bemühte sich mein Gast, eine Konversation zu starten. »Den Entsafter hat määne Mutta aach. Urcool.«

»Gehört meinem Mitbewohner.«

Es vergingen einige Minuten. Vielleicht auch Stunden. Zumindest gefühlt. Nicht nur Degenhard schien gehemmt. Auch mir blieben keine Restressourcen für pseudogeistreiche Gespräche. Kurz schaffte ich es, etwas von mir zu geben, was nicht nach »Ist Mayonnaise auch ein Instrument?« klang, aber Degenhard ging nicht darauf ein. Unser sinnloses Gespräch verebbte in unbehaglicher Stille. Im Zimmer verteilte sich unterdessen der beißende Geruch von etwas, was ich als Rexona Men identifizierte.

Zaghaft nippte ich an meinem Bier, da hörte ich wieder ein Einhorn wiehern.

Zu meinem Besten schob ich die Dose von mir weg und machte Musik an. Freias »Night with a Schinken«-Playlist auf Spotify beinhaltete vor allem Bonobo. Down Tempo ging immer. Komm schon, Degenhard, dachte ich. Mir ist gerade alles egal. Du hast sogar eine eigene Amerika-okay-Schublade! Also tu was! Küss mich, nimm meine Hand, rück näher an mich, schau mir in die Augen, Kleines. Aber nicht auf halbmast, wenn's geht. Hab eine Meinung, sag was Nettes! Oder sag irgendwas! Nur nicht still rumsitzen!

Er schaute mir in die Augen. Zwei Sekunden lang.

Dann stand Degenhard von der Matratze auf und steckte sich eine Zigarette am Dachfenster an.

Während ich mich in eine möglichst magenfreundliche stabile Seitenlage auf dem Berg von Decken, Schlafsäcken und Kissen verfrachtete, paffte Degenhard schweigend grauen Qualm in die schwarze Nacht. »Soll ich de Tschick rauswerfen?«

»Wen willst du rauswerfen?«

Er hielt mir den halb verglühten Glimmstängel hin. »De Tschick.«

»Ach so. Da steht mein Vermieter nicht so drauf. Tu sie einfach da in den Blumentopf.«

Degenhard entsorgte seinen erloschenen Stummel und kam auf mich zu. Grübelnd parkte er sich auf die Einzelmatratze, gut einen Meter von mir entfernt. Hm, dachte ich. Na, dann wird wohl das Gummi auch überflüssig sein.

»Glaubst du wirklich, dass jede Zigarette die Lebenszeit um fünf Minuten verringert?«, versuchte ich abermals so etwas wie ein inspirierendes Gespräch zu starten.

»Kann sein.«, meinte Degenhard knapp. »Live hard, die young.« Auffordernd zwinkerte ich ihm zu, als wollte ich ihm damit etwas sagen.

»Määnst du: Live fast, die young?«

»Was auch immer. Das Leben ist kurz, oder nicht?«

So, dachte ich. Jetzt aber wirklich. Letzte Schanxe!

Degenhard legte sich hin. Wie eine Raupe rollte er sich in eine Decke ein und schnarchte augenblicklich.

Ich wachte auf, weil mich eine Krücke anstupste.

»Ey!«, flüsterte Miro. »Brauchst du das Gummi noch?«

Verschlafen rieb ich mir den Pandalook aus den Augen.

»Weißt du, was Savant ist?«

»Sind das nicht Spülmaschinentabs?« Er kratzte sich am Kinn. »Oder nee! Das ist doch das, was krasse Brains haben. Rain Man und Greta Thunberg und so.«

Degenhard schnorchelte unbehelligt weiter.

Miro und ich frühstückten. Während ich begeistert von der Ost-West-Party berichtete, erklärte mir Miro, dass ihm die Alkoholpause richtig guttat. Außerdem konnte er jetzt das Alphabet rückwärts aufzählen. »Im Ernst. Ich hab echt das Gefühl, dass sich mein Gehirn regeneriert! Voll das Detox-Programm!«

Puh, dachte ich, während mich mein toxisch anmutendes Aufstoßen an die rauen Mengen Bier erinnerte, die ich mir gestern Nacht mal wieder einverleibt hatte. Detox hatte ich wohl auch mal dringend nötig. »Wenn Amerika vorbei ist«, kündigte ich mit feierlichem Ernst an, »hör ich auf zu trinken.«

»Ganz sicher.« Miro grinste ironisch. »Weil Berlin ja der beste Ort für so was ist.«

Auf einmal verspürte ich ein komisches Gefühl in mir. Wie Heimweh, nur irgendwie andersrum. Fast wie … Heimangst. Wie oft hatte ich mich in stilvoll abgefuckten Kneipen, wo ungeschminkte und trotzdem wunderschöne Individuen mit feingliedrigen Fingern ebenso filigrane Zigaretten drehten, fehl am Platz gefühlt. Wie oft wurde ich keines Blickes gewürdigt, versetzt, vergessen, stehen gelassen. Wie oft war ich vierzig Minuten mit der U-Bahn zu irgendwelchen Partys gefahren, die ich deprimiert und einsam morgens um sechs verlassen hatte. Und wie oft musste ich die Geschehnisse verdrängen, wenn ich dortgeblieben war. Berlin konnte so kalt und anonym sein, so laut, so fake, so fies. In dem Moment furzte Degenhard hörbar.

»Digga,« Miro biss in ein Fleischwurstbrötchen. »Ich bin so froh, wenn wir endlich wieder zurückkönnen.«

Ich nickte stumm. »Hast es bald geschafft.«

Stunden später war Degenhard immer noch nicht wieder unter den Lebenden. Wir saßen an unserer Aufgabe für den Wirtschaftskurs. Leider war die Abgabefrist für das erste Exposé doch viel knapper als gedacht. Mit ernster Miene klemmte sich

Miro ein Kühlpad in die Beinschiene. »Fuck, Alter. Wir sind am Arsch.«

»Ganz ruhig, Tiger. Wir kriegen das hin.« Bedeutungsschwanger schlürfte ich an meiner fünften Tasse Kaffee, auf der das Wort »Chefsache« wie eine grobe Lüge stand. »Lass uns überlegen. Was können wir?«

Einige Momente vergingen. Ich hätte Politikwissenschaften studieren sollen. Oder Ethnologie. Oder Skandinavistik. Oder doch Jura, wie es sich mein Vater gewünscht hätte. In Heidelberg. Oder Düsseldorf. Was dann aus mir geworden wäre? Bestimmt würde ich Perlenohrringe und viel zu enge Abercrombie-Jeans tragen. Ob das erstrebenswert war? Mein Vater wäre bestimmt stolz auf mich gewesen. Jetzt gab es jedenfalls keinen Weg mehr zurück.

Miro kratzte sich am Knie. »Was ist eigentlich mit Kenny? Wo steckt die Sau?«

»Der hat doch ’nen neuen Job. Wahrscheinlich voll im Drehstress.«

Seufzend hielt Miro mir sein Handy unter die Nase. »Also laut Instagram ist er im Zoo und macht Happy-Hippo-Freizeitkram.«

Schön für ihn, dachte ich und wollte ihm und dem Makakenäffchen auf dem Foto eine reinhauen. »Aber weißt du was? Projekte in kleinen Teams werden sowieso besser. Komm, wir machen was Geiles aus dieser Chance.« Konzentriert fixierte ich die Dachschräge. Ich musste an Dömas denken. »Was hältst du von Nazis?«

»Find ich super!«

Mit dem Aneinanderklirren unserer Kaffeetassen war unsere Idee geboren. Eine Dokumentation über den Rechtsruck in Ostdeutschland.

Wir legten los. Ich googelte nach Filmförderungen und recherchierte die ungefähren Kosten für Fahrten und Kameraequipment.

Miro übernahm die Kalkulation. Zum Glück hatte er ein bisschen Erfahrung mit Geschäften. Wie ich erfuhr, war er in seinem Heimatkaff irgendwo bei Walking in Bayern ein richtiger kleiner Gangster gewesen. Ganz cool zuckte er mit den Schultern. »Ich hab so 'n bisschen auf dem Schulhof gedealt. Bisschen Gras, bisschen Abi-Lösungen. Wurde nie gefilzt zum Glück, die Direktorin war auch echt nicht die Hellste. Blondine. Ne echte MILF.«

»Du kommst aus WALKING?«

»Ey, keine Witze über Gehbehinderte. Das geht zu weit.«

Während Miro sich haareraufend an elendig lange Excel-Tabellen mit Liquiditätsprognosen machte, versuchte ich mich an einem Logo. Ideenlos zog ich ein paar Ellipsen mit einem kostenlosen Grafik-Tool.

Aber woher sollte ich auch wissen, wie man einen verdammten Businessplan erstellte?

Als Miro meine dilettantischen Kreiskreationen sah, grunzte er belustigt. »Hat deine Schwester nicht Erfahrung mit solchen Formaten?«

»Ich frag sie mal.«

»Ich kann das auch machen!«

»Lieber nicht.«

Freia war gerade online. Aber Zeit hatte sie natürlich keine. »Heute Abend gehen wir in einen Mastbetrieb, um ein paar Aufnahmen von den halb verreckten Hühnern zu machen. Wusstest du, dass alle männlichen Küken direkt nach dem Schlüpfen geschreddert werden?«

Mein Blick fiel auf Miro, der gerade gedankenverloren Eiersalat aus der Plastikverpackung löffelte.

Inzwischen hatte ich schon fast vergessen, dass sich unter dem unbeweglichen Deckenfelsen auf der Matratze ein Mensch verbarg, da erwachte der Stein zum Leben.

»Gibt's Kaffeeeh?« Augenreibend begab er sich ans Dachfenster, um sich eine selbst gedrehte Kippe anzuzünden. Dabei erwiderte er mein freundlich verbündetes Lächeln nicht. »Oder habts ihr nur so äääne Ost-Plörre?«

Ich musste den Kopf schütteln. Weniger über ihn. Mehr darüber, dass ich mal wieder eine Wellenlänge gespürt hatte, wo offenbar keine war. Durch den Spalt am Dachfenster wehte mir ein eisiger Luftzug in den Nacken.

Wie ferngesteuert begab ich mich in die Küche. Natürlich hätte ich mir lieber jemanden gewünscht, der mir ein gutes Gefühl gab. Der Wärme und Herzlichkeit ausstrahlte. Und nicht nur offensichtlich nach Gras, Kippen und Kaffee aus war. Pardon, nach Kaffeeeeh, natürlich. Ich hätte mir aber auch gewünscht, Fotostrecken für PETA zu machen, mehr als siebenundvierzig Follower zu haben, investigativjournalistische Dokus zu drehen und Geschäftsmodelle erstellen zu können. Irgendwas lief schief in meinem Leben.

Als ich Degenhard eine kleine Blümchentasse reichte, gedachte ich all der viel zu jung unfreiwillig versklavten und ihres Lebens beraubten Hausfrauen dieser Welt. »Vorsicht. Heiß.«

Mit dem Kaffee in der Hand verschränkte er seine langen Beine wieder auf der Matratze.

Trotz Miros demonstrativer Arbeitshaltung verschonte Degenhard ihn nicht mit belanglosem Small-Talk. »Und? In welchem Kurs bist du?«

Miro leckte missmutig die letzten Reste Sahneei vom Löffel. »Digga, bist du Ösi?«

»Wiener. Aber ich studier in München.« Degenhard schlürfte hörbar an seiner Blümchentasse. »Und du? Auch Berlin?«

Miro wendete seinen Blick nicht von der Liquiditätsprognose ab.

»Yep.« Sein Tonfall hatte etwas von einer überreizten Nachhilfelehrerin.

»Berlin«, nörgelte es ungefragt. »Echt schirch.«

Das Wort kannte ich von Igel. Als er mein Pritschenbett abmontiert hatte, hatte er mir erklärt, wie Österreicher so was nennen.

»Berlin ist nicht direkt hässlich. Es hat aber auch nicht den Anspruch, hübsch zu sein«, hob ich den Ball auf, den Miro nicht fangen wollte.

»Berlin ist schirch«, beharrte Degenhard.

»Wie auch immer, Digga. Wir sitzen alle in Amerika fest. In diesem sächsischen ...« Miro rang nach den richtigen Worten, die seiner Frustration Ausdruck verleihen konnten.

»... Naziloch?«, bemühte ich mich, seinen Satz zu beenden, als wären wir schon ein altes Ehepaar.

Miro hob seine Augen über den Laptopbildschirm hinweg. »... Auffangbecken für versnobte Schnösel.«

Erstaunlicherweise schien sich Degenhard nicht angesprochen zu fühlen. »Ja, ich find des auch urnervig hier mit den ganzen verwöhnten Bobos. Uranstrengend. Die nehmen des Studium überhaapt nicht ernst.«

Zum Glück machte er sich bald auf den Weg.

Nachdem er sich noch einen Joint für den Weg gebaut hatte.

»Ciao! Babaaa!«, rief er durch den Dachboden, nachdem er mir die leere Blümchentasse als Andenken auf den Boden gestellt hatte. Unsere abrupt abgebrochene Umarmung inklusive zweier unbehaglicher Küsschen, die mich koordinativ überfordert hatten, stellte mit der sagenhaften Länge von zweieinhalb Sekunden einen neuen Rekord an Körperkontaktintensität zwischen uns auf.

»Diggi, war mir ein innerliches Blumenpflücken!«, rief ihm Miro noch die steile Treppe hinab nach.

Wir arbeiteten ein paar Stunden vor uns hin.

Hin und wieder humpelte Miro auf seinen Krücken zum Dachfenster, um eine Stresszigarette zu rauchen. »Wir sind völlig im Arsch. Das wird nie als Businessidee durchgehen.«

Die Kaffeemaschine lief auf Hochtouren. Währenddessen stürzte ich mich spontan in ein großes Loch aus Selbstzweifeln. Ich war null belesen, hatte weder Ahnung von Platon noch vom Periodensystem. Mein Spanisch war seit ich aus Galizien wieder da war total eingerostet. Und jetzt soff ich mir meine letzten Gehirnzellen mit Ein-Euro-Bier weg. Ich nahm mir fest vor, von jetzt an wirklich einen auf alkoholfrei zu machen, und scrollte mich frustriert durch meinen Instagram-Feed.

Smoothie-Bowls in Vogelperspektive, Bikinimodels, die Body Positivity anpreisen, Bananenbrot. Der nicht abreißen wollende Strom von Fotos erzählte außerdem, dass Kenny sich letzte Nacht das Serienlogo von »Berlin 24/7« auf eine Arschbacke hatte tätowieren lassen. #coolkidsneversleep. Jens saß laut seiner Story derweil in der Uni-Bib, guckte ein Billiard-Match und fühlte sich dabei offenbar classy genug, um dies mit der Öffentlichkeit zu teilen. Freia posierte vermummt vor einer Legehennenbatterie. Wow. Sie hatte in den letzten Stunden Hunderte männliche Küken vor dem Schredder gerettet. Wie kleine, fluffige Flaumfederknäuel flatterten sie mit ihren flapsigen Flügelchen in die Freiheit. Ach, Freia. Sie war so inspirierend. Was wohl aus ihrem Kaffeesatztypen geworden war? Hoffentlich engte er sie nicht ein wie alte Plastikreste eine vom Aussterben bedrohte Schildkröte.

Am Telefon klang sie genervt. »Ich will gerade doch nur jemanden, der mich vögelt, wenn ich es brauche, und mir ansonsten nicht auf die Nerven geht … Glaube, ich suche mir wieder einen Räucherschinken.«

»Bitte nicht wieder einen verheirateten Mann in der Midlife-Crisis.« *Du bist zu jung, um Stiefmutter von Kindern aus zerrütteten Familienverhältnissen zu werden!*, wollte ich rufen. Aber Freia hätte sich sowieso nie auf etwas eingelassen, das länger als drei Wochen lief. »Was ist mit deinem Mitbewohner in Athen?«

»Dimitrios? Der ist echt … viel zu jung. Höchstens eine Bärchenwurst.«

Hm, dachte ich. Jens war auch höchstens eine in Plastik eingeschweißte Fleischware, die mit stoischer Freundlichkeit aus dem Kühlregal lächelte, als wollte sie sagen: Nimm mich mit!

Degenhard war eindeutig ein Wiener Würstchen. Oder eine Äääätrige, wie die Wiener verstörenderweise Käsekrainer nannten. Und Dömas? Der war gemessen in Fleisch- und Wurstwaren wahrscheinlich am ehesten irgendein totes Tier, das auf einem Mittelalterfest über einer Feuerstelle briet. Alle drei fielen beim Schinkentest gnadenlos durch. Freia brüllte vor Lachen. »Wie so ein Wildschwein? Das ist ja der Hammer. Kannst du das beim nächsten Mal im Livestream erzählen? Oh Gott, die Leute werden sich den Arsch ablachen.«

Freudig zuckte ich mit den Schultern. »Klar … gerne!« Irgendetwas in mir fragte sich, ob das jetzt umgedrehter Sexismus war. Gab es so etwas überhaupt? War mein Humor nicht total menschenverachtend? Sollte ich mich damit nicht lieber heimlich begraben?

Freia meinte, nein. »Mach dich mal locker. Die paar Sticheleien gegen Männer kann unsere Gesellschaft nach all den Jahren rape culture echt gut vertragen.«

Miro seufzte. »Genug für heute. Junge, hab ich Kohldampf.« Von meiner Ankündigung, ihn von jetzt an vegan zu bekochen, war er sichtlich nicht begeistert.

Mit besorgtem Blick wippte er auf den vorderen Stuhlbeinen nach vorn und schielte ängstlich in die Küche. »Ich steh nicht so auf Tofu. Und Algen und so 'nen Kram.«

Überzeugt versicherte ich ihm, dass Veganer*innen nicht nur Sprossen essen und es ihm schmecken würde. Miro zog die Augenbrauen hoch. »Warum machst du 'ne Pause bei Veganer… innen?«

»Um niemanden auszuschließen oder zu kränken.«

»Okay. Mich kränkt Tofu.«

Damit war die Diskussion beendet. Also kein Tofu.

Hm, überlegte ich, das Brot von gestern war zwar nicht mehr das frischeste. Aber Wegwerfen entsprach nicht meiner neu gefassten Überzeugung einer nachhaltigen Gesellschaft. Nur weil es vielleicht zwei Tage alt war und damit älter als mein Beschluss, vegan zu leben. Als ich es Miro unter die Nase hielt, verzog er angewidert das Gesicht. Ich verteidigte mich empört, schwafelte etwas von Nachhaltigkeit und dass man das super in der Mikrowelle aufbacken konnte. Danach war es wirklich steinhart.

Miro warf es mir lachend nach. »Digga, willst du mir noch was brechen?«

»Okay. Ich google mal, ob's hier 'nen Falafelladen gibt.« Gab es nicht. Nur einen Bauernhof, wo man selbst Spargel ernten konnte. Im Mai dann wieder.

Aber nachdem ich mein Handy zwischen den Matratzen wieder hervorgekramt hatte, überschüttete mich eine digitale Wundertüte.

»Hey Frieda, ich bin, seitdem ich dich zum ersten Mal gesehen habe, neugierig auf dich. Aber man kommt ja nie dazu, sich mal in Ruhe mit dir zu unterhalten. Du wirst ja immer von einer Horde Männer umschwärmt!« Mir fiel die Kinnlade runter. Ich von Männern umschwärmt? Das gefiel mir. Solch einen forschen Annäherungsversuch hatte ich Dömas nicht zugetraut.

»Wenn du auch neugierig bist, dann lass uns heute Abend treffen. Im Café am Marktplatz haben die gerade Pizza Primavera!«

Eigentlich hätte ich mich wirklich gerne mit Dömas über Politik unterhalten. Aber die Angst, dass er das als Date verstehen könnte, war größer als das Interesse an Austausch.

Nächste Nachricht. Von Jens: »Na du? Heute Abend Studentenklub?«

Oh, Jens. Der Klub hat heute Abend zu. Das weiß doch jedes Kind, dachte ich. Der arme Kerl würde bestimmt in ein paar Stunden vor verschlossenen Türen stehen.

Nächste Nachricht. Auf Viber. »Liebe Grüße aus La Rochelle! Hier scheint die Sonne!« Culita. Wow!

Ich musste das Strandselfie direkt Miro zeigen. »Alter! Culita hat das Stipendium bekommen!«

»Stabil, Digga.Wer ist das?«

»Meine beste Freundin. Und übrigens auch Freias.«

Plötzlich gab mein Handy ein besonders aufdringliches »Pling« von sich. Wieder Jens.

»Deine Antwortrate liegt übrigens bei 46 Prozent«, schrieb er.

Und deine Nerv- und Aufdringlichkeitsrate bei 46 000, dachte ich. Tendenz steigend. Warum konnte er sich nicht einmal etwas Schlagfertiges, Lustiges oder Außergewöhnliches einfallen lassen? Mich fragen, ob wir das Wochenende wild campend in der Sächsischen Schweiz verbringen sollten? Oder wenigstens mit einer Falafel vor der Tür stehen?

Miro streckte mir unterdessen seine Spielkarten hin. Seine neue therapeutische Freizeitgestaltung war das Erlernen von Kartentricks durch YouTube-Tutorials. »Hier, zieh mal.« Es war die Pik-Dame. Ich sollte sie mir merken und dann zurück ins Deck schieben. Miro mischte es zu schnell, die Karten fielen ihm aus der Hand und segelten zu Boden. »Ach Fuck, Mann.«

»Soll das ein Zaubertrick sein?«

»Ey! Ich übe noch. Außerdem hab ich das aus dem Tittenheft, das du mir geschenkt hast. Megagut als Conversation Keeper. Beeindruckt die Weiber voll.«

»Gut zu wissen.« Nachdem ich die Karten zurück auf einen Haufen gefegt hatte, legte ich sie ihm wieder vor die Nase. »Na, dann üb mal schön weiter.«

Bevor ich anfing zu kochen, wollte ich Culita zu ihrem Stipendium gratulieren.

»GLÜCKWUNSCH! Du hast wahrscheinlich die Zeit deines Lebens vor dir!«

»Danke! Ja, die Uni ist krass!« Culitas Bild wackelte. Dann sah man nur noch die weiße Decke ihres WG-Zimmers. »Warte mal kurz. Mein Pillenwecker.«

»Dein Pillenwecker?«

Komisch, dachte ich. Culita hatte doch gar keinen Sex. Sie war, wenn man so wollte, noch »Jungfrau«. Was ein beschissener Begriff. Klang so nach Mittelalter, holder Maid, Schwert und Scheide. »Seit wann nimmst du das Zeug?«

»Seitdem meine Frauenärztin meinte, dass das gegen Krämpfe hilft. Und außerdem soll davon meine Haut besser werden. Und meine Haare. Und meine Brüste.« Aufgeregt lächelte sie mir zu. »Und endlich bekomme ich meine Tage dann regelmäßig.«

»Wow. Hört sich nach krassem Tuning an.« Waren wir jetzt alle Cyborgs? »Und? Wie ist die Uni?«

Culita war so bescheiden. Ich musste es ihr regelrecht aus der Nase ziehen, worauf der Schwerpunkt des Projekttutoriums lag. »Ach … Künstliche Intelligenz. Das wird gerade von allen gefördert.«

»Wie cool! Und du mischst ganz oben mit!« Ich putzte währenddessen die Küche. Der labbrige Schwamm auf der Küchenzeile sah aus, als hätten schon viele Generationen von Studis damit ihre Krümel beseitigt. Warum war ich nur hier gelandet?

Alle hatten die Zeit ihres Lebens. Culita in Frankreich, Freia in Griechenland. Und ich … ich nicht.

Als Culita sich verabschiedete – vermutlich, um mit der jungen Wissenschaftselite mit Sekt anzustoßen oder eine Lösung gegen Cyberkriminalität zu finden –, war ich bereits dazu übergegangen, mich mit meinem deprimierenden Schicksal im falschen Amerika abzufinden. Da sprang mein Handy vor lauter »Pling« fast vom Tisch.

»Soooo, es gibt mehrere Möglichkeiten heute Abend: 1.) Dr. Mücke legt in einem kleinen Kaff ca. 20 Minuten mit dem Auto entfernt auf; 2.) Ich kann uns trotz Privatparty in den Studierendenklub reinschleusen; 3.) Privatparty bei dir; 4.) Privatparty bei mir; 5.) Gruselspaziergang durch verlassene Häuser.«

Degenhard. Alter. Das war gar nicht mal so uncool. Er hatte sogar den Studiklub gegendert. Nach der Misere heute Morgen zeigte er also doch noch Initiative. Und der Freitagabend würde wohl doch nicht in der gähnenden Leere des zankzähnischen Dachbodens totgeschlagen werden müssen. Na gut. Eigentlich war klar gewesen, dass ich einfach wieder saufen gehen würde.

In meinem inneren Ohr ertönte eine liebliche Stimme. *So, liebe Frieda, nun musst du dich entscheiden. Nimmst du Kandidat 1, der dir neben Pizza Primavera auf dem mittelalterlichen Marktplatz von Amerika angeregte Gespräche zu zitterndem Ziegenbärtchen bietet? Oder wählst du Kandidat 2, der zwar latent übergriffiges Verhalten an den Tag legt, aber stets mit quietschenden Reifen zur Stelle ist, wenn mal wieder Not am Mann ist, und dabei auch noch sehr wahrscheinlich weiß, wie man seine Steuererklärung macht?*

Halt, stopp, brachte ich meine innere Stimme zum Verstummen.

Kandidat 3, kapitulierte ich, bevor man mir unweigerlich Wiener Kaffeeee mit Schnösel-Obers servieren würde. *Der ist Amerika-okay*, verdrängte ich all meine neu gefassten Vorsätze und stellte Miro einen Fruchtzwerg neben den Laptop.

Kurz hatte ich ein schlechtes Gewissen, dass ich ihm nicht nur das Bein gebrochen hatte, sondern den armen Jungen jetzt auch noch wie eine überfordert inszenierte RTL2-Mutti ernährte und ständig neue Notnagelmänner anschleppte, nach dem Motto: »Das ist jetzt dein neuer Papa, der da in die Blumen ascht.«

»Kann ich dich alleine lassen?« Mütterlich lugte ich ihm über die Schulter, als brütete er gerade über seinen Hausaufgaben.

»Klar, Engelchen.«

In aufgeregter Eile stylte ich meine drei Haare, so lässig

es ging – zwei Haare offen, eins als Hipsterbommel –, überschminkte mich bei dem Versuch, mühelos natürlich zu wirken, gnadenlos und warf mich anschließend vor Miro in Pose.

»Und? Geh ich klar?«

Miro ließ sein Kartendeck nun wirklich mit beeindruckender Geschwindigkeit durch die Finger rattern. »300 Prozent fickbar, Digge.«

9.

Treffpunkt mit Degenhard war vorm Studiklub.

Oh Mist! Ganz vergessen: Jens.

Bevor ich kehrtmachen konnte, kam er mir entgegen. »Frieda! Na? Dich hab ich schon erwartet!«

»Na?«, entgegnete ich überfordert.

»Voll kacke, im Studentenklub ist heute Privatparty. Keine Chance, da reinzukommen. Ich betrink mich zu Hause.« Er holte eine Rotweinflasche aus seinem Jutebeutel. »Kommst du mit?«

Tja, Jens, dachte ich. DU kommst da heute vielleicht nicht rein, aber ICH kenne die richtigen Leute! Schnell log ich etwas von einer kranken Freundin und Hühnersuppe herum.

»Vegane Hühnersuppe. Alles klar. Dann viel Spaß.« Jens winkte schlaff und trollte sich den Hügel hinab. Ich guckte ihm nach, bis ich das leise gluckernde Schwappen der Flasche im Beutel nicht mehr hörte.

Degenhard stand mit einem Modeschal und einem bärtigen Kumpel an der Tür, der mir zu Begrüßung ein flüchtiges Nicken schenkte. Der Türsteher musterte mich kurz, Degenhard nuschelte das Codewort »Geschüttelt, nicht gerührt«, schon waren wir drin.

Beim Gang an der leeren Garderobe vorbei bot sich ein ernüchterndes Bild. An der Bar nur ein paar betrunkene Provinzler. Die Party war total lame. Sollte ich doch wieder raus? Durch den Wind rufen: »Jens! Halt! Stopp! Du gehörst zu mir, wie mein Name an der Tür!«

Eine innere Stimme herrschte mich an, mich zusammenzureißen. Herrgott noch mal. Kindergartenkacke hier.

So. Ich war im Klub. Im coolsten Klub der Stadt. Na gut. Im einzigen Klub der Stadt. Aber immerhin. Privatparty! Konnte doch schlimmer sein?

Nach nur vier Wochen Amerika gehörte ich bereits zu den VIPs. Obwohl mich ja ein anderer »Scheißprivatstudent« hier reingebracht hatte.

Wie war Degenhard denn zu der Ehre gekommen?

Ach klar, fiel mir ein, als ich ihn, lässig mit dem Barkeeper schnackend, am Tresen lehnen sah.

Beiläufig nahm er ein silbernes Päckchen entgegen und ließ es in seine Hosentasche fallen.

Ich atmete durch. Kein Dömas, kein Jens. Puh. Die Luft war rein!

Leider auch von Menschen, die so wirkten, als könnte man mit ihnen über das Ende des Patriarchats diskutieren.

Nach geschlagenen zwei Minuten langweilte ich mich zu Tode.

Zunehmend verloren, stand ich auf der leeren Tanzfläche rum und entschied mich dann für das Mindestmaß einer Tanzbewegung, um nicht allzu verloren zu wirken. Step, step, step. Immer schön zum Beat und auf der Stelle. Dabei lauschte ich interessiert dem geistreichen Songtext. Wenn ich es richtig verstand, forderte uns jemand dazu auf, unsere *boyfriends* zu vergessen, unsere *girlfriends* einzupacken und ihn im *Holiday Inn* zu treffen. Heute Abend sei er der *plumber* und würde uns diverse Rohre durchpusten. Über dem DJ-Pult lief auf einem Bildschirm das dazu passende Musikvideo, in dem ein glatzköpfiger Typ mit verdunkelter Atzenbrille sich inmitten leicht bekleideter Randfiguren wahnsinnig geil vorkam.

Als mein Ösi mit seinen krummen Deals an der Bar fertig war, hampelte er bei dem Versuch, sich cool zum Beat zu bewegen, seltsam herum.

»Hey«, brüllte er aus einiger Entfernung durch die lieblos ineinandergefadete Chartliste von 2013. »Ich find die Party echt lame. Und die Musik ist voll der Schaas.«

Ich sah ihn erwartungsvoll an. Hatte er eine bessere Idee? Dabei stepte ich weiter von einem Bein auf das andere.

Degenhard schob seine steifen Extremitäten vor sich hin und her wie ein gelenkloser Lebkuchenmann auf dem mühsamen Weg zu seinem Lebkuchenhaus.

Vor meinem inneren Auge mampfte meine rustikale Großmutter ein Mettwurstbrötchen. »Kind!«, warnte sie mich. »Am Rhythmusjefühl eines Mannes zeigen sisch auch seine Qualitäten im Bett!«

Der Lebkuchenmann blieb vor mir stehen, als hätte er sein Ziel erreicht.

»Also, meine Leut woll'n zu Dr. Mücke fahr'n. Das soll besser zum Fortgeh'n sein. Bist du dabäääi?«

Kurz darauf stand ich mit Degenhard, seinem Kumpel, einer sichtlich Betrunkenen namens Kim und dem Dealer aus dem Klub auf dem laubbedeckten Parkplatz des Uni-Campus.

Alle »Don't Drink And Drive«-Horrorszenarien in meinem Kopf ausblendend quetschte ich mich auf die Rückbank. Was hätte ich auch sonst tun sollen? Selbst fahren kam nicht infrage.

Erstens hatte ich schon ein Bier intus und zweitens seit dem Tag meiner Führerscheinprüfung nicht mehr hinter dem Lenkrad gesessen. Mal abgesehen davon, dass die coolen Jungs mich sicherlich nicht so einfach ans Steuer ihres schicken Audis gelassen hätten.

Degenhard machte Techno an. Alle wippten cool mit den Köpfen. Wir preschten durch die Einöde.

Die verlassene Landstraße führte uns nach Dorfhain. Ob wir dort wohl lange Schlange stehen mussten? Mist, wann war ich zuletzt Pipi?

Das Kaff in den sächsischen Hügeln sah eigentlich haargenauso aus wie Amerika. Viele verlassen wirkende, halb verfallene Häuser, laubbedeckte Bürgersteige, keine Menschenseele auf den Straßen. Mit einem entscheidenden Unterschied.

Es gab einen Klub. Also einen richtigen Klub. Dorfhain, Baby!

Wäre er nicht voller lila-pinker Kurzhaarschnitte und angesoffener Dieters in Mottoshirts gewesen, hätte man fast denken können, man sei in Berlin.

Wir hampelten und stepten uns den Weg bis nach ganz vorne auf der Tanzfläche.

Dr. Mücke war ein alter Kokser mit großer Brille.

Im Flackern des Blitzlichts sah man seine Falten.

Der Bass dröhnte. Zum Glück war ich nicht so high wie gestern.

»Willst du äänen rauchen?« Degenhard hatte seine langen Beine neben mir abgestellt.

»Nee. Ich bleib heute mal bei Flüssigem.« Demonstrativ hob ich mein Bier. »Aber rauch du ruhig was, wenn du willst!«

»Nääin ... Wenn, dann nur zusammen.« Okay. Das war ja mal eine Ansage.

Degenhard und ich stepten auf der Stelle, dann gingen wir eine rauchen, dann stepten wir wieder auf der Stelle. Dann tranken wir einen Shot, dann stepten wir wieder auf der Stelle, dann gingen wir wieder eine rauchen.

Zwischendurch wurden wir von einem explosiven Euphoriebündel übermannt, das uns mit Küssen und Umarmungen überschüttete. Degenhards DJ-Kumpel hatte seinen Energiepegel ins Endlose gesteigert und war mittlerweile zusammen mit der betrunkenen Kim und dem Drogendealer auf MDMA.

»Des is ja wirklich fast wie in Berlin. Nur nich ganz so schirch«, witzelte Degenhard mit verlegenem Schmunzeln. »Sicher, dass du nichts nehmen willst?«

»Ja, danke.« Ich hatte echt keinen Bock, die Kontrolle zu verlieren. Immerhin war ich hier mit einem nicht zu hundert Prozent zuverlässigem Fremden und seinen druffen Leuten in einem gottverlassenen Kaff. Meiner wagemutigen Schwester hätte das bestimmt nichts ausgemacht. Aber in mir regte sich nicht die leiseste Freia-Abenteuerlust, sich jetzt hier auf der Stelle nach dem Motto »Spring Break!!!« vollzudröhnen. Wenn mich drei Züge vom Joint schon so ausknockten – mit wie vielen Regenbogen speienden Einhörnern würde ich dann wohl auf MDMA nach Hause fliegen? Diese Erfahrung war mir weder Dr. Mücke im Dorfhain noch meine schwindende Jugend wert.

»Ich will eh gar nichts ballern«, verkündete Degenhard.

»Nimm du ruhig was, wenn du willst.« Ich stupste ihn mit einem überlegenen Grinsen an. »Oder rauch einen, wirklich. Stört mich nicht.« Ich wusste doch, dass er es wollte.

»Ge, sicher nicht!« Degenhard schüttelte seltsam lachend den Kopf. »Ich war gestern eh auch schon viel zu stoned. Ziemlich deppat!« Spielte er auf den toten Stein an? Welch Anflug unverblümter Reue!

Wir stepten kontinuierlich auf der Stelle.

Eigentlich langweilte ich mich mittlerweile zu Tode. Ich war weder richtig betrunken noch auf einem geilen Trip, noch hielten mich Dr. Mücke oder die Dieters hier. Und die angeregten Gespräche zwischen Degenhard und mir blühten ähnlich üppig wie eine von Ziegen an den Wurzeln ausgerupfte Waldwiese.

Was für ein seltsamer Abend, grübelte ich gedankenverloren zwischen den auf der Stelle stependen Silhouetten im Flackerlicht. Was tat ich nur hier? Ich fühlte mich fehl am Platz. Als wir mal wieder eine rauchten, berichtete Degenhard von einer Reise mit seiner Familie nach Ägypten und davon, wie extrem interessiert er an Hochkulturen, Pyramiden und Hieroglyphen sei und wie URnervig er den ganzen Pauschaltourismus fände. Danach blähte er sich unendlich damit auf, dass er mal einen Vortrag von einem Krisenjournalisten besucht hatte, der die ganze Flüchtlingsroute mit der Kamera abgelaufen war. »Das war echt URinspirierend. Aber würd ich in Berlin wohnen, würd ich mich sofort beim Film bewerben. Fernsehen ist so URschirch. Und fad. Überhaapt kein ästhetischer Anspruch.«

Blabla. Mittlerweile konnte ich die nasale Quäkerei nicht mehr hören. Das Geschwafel über prähistorische Tongefäße und Qualitätsjournalismus konnte ich mir auch in der ARTE-Mediathek geben. Zu Hause, in Ruhe, wo es warm war und nicht nach Bierkotze roch. Desinteressiert nippte ich an meiner Flasche Feldschlösschen Pilsner und sah meine Lebenszeit zusammen mit den Gehirnzellen durch eine Sanduhr rinnen.

Eigentlich wollte ich ins Bett. Was hatte ich hier verloren?

Wir stepten wieder auf der Stelle. Im schummrigen Discolicht bemerkte ich, dass Degenhard immer wieder ein Stückchen näher auf mich zuschritt

Er hatte mich schon den ganzen Abend nicht aus den Augen gelassen.

Aber nun kam er immer noch ein Stückchen näher. Wenn ich seinen zögerlichen Blick richtig interpretierte, war er sich seines Vorhabens nicht sicher. Wie auf Lebkuchenmannwanderschaft schob er sich mühsam gegen den Takt drei Schritte vor, dann wieder drei Schritte zurück. Jedes Mal verharrte er eine Millisekunde länger direkt vor meinem Gesicht, als wäre er ein Unschlüssiger in Badehose auf dem Zehnmeterbrett.

Moment. Hatte er etwa vor, mich zu küssen? Etwas verwirrt stepte ich weiter auf der Stelle und beobachtete das Geschehen aus dem Augenwinkel. Auf einmal schritt der Wiener wagemutig über die Entfernung einer angemessenen Ellbogenlänge zwischen uns hinweg. Und dann wieder auf Sicherheitsabstand zurück. Mein Gott. Konnte der sich mal entscheiden? Erst wollte er mich treffen, dann wollte er bei mir pennen, dann machte er aber keine Anstalten, MIT mir zu pennen, und jetzt führte er schon wieder so einen Eiertanz auf.

Beim nächsten Vorarbeiten schrumpfte die Ellbogenlänge auf abenteuerlichen Daumenabstand. Stand nun der Zehnmetersprung bevor? Beim nächsten Mal könnte es ernst werden. Wollte ich ihn überhaupt küssen? Die Frage hallte in meinem Inneren nach wie ein müdes Echo in einer verlassenen Schlucht.

Eigentlich nicht. Aber was hatte ich denn sonst heute noch zu tun? Dann war es wohl Schicksal. Gedankenverloren hob ich meine Beine abwechselnd und setzte sie auf derselben Stelle wieder ab, um mir mein inneres Ringen nicht anmerken zu lassen.

Frieda, ertönte unterdessen eine euphorische Stimme in meinem Kopf, *das Leben ist kurz. Und in der Amerika-Schublade gelten andere Standards. Genieß deine Jugend! Du hast nur eine!* Mich in mein Schicksal fügend beobachtete ich, wie Degenhard Anlauf nahm. Beim nächsten Nachvornetrippeln spürte ich seinen Mundbereich auf meinem. Ruckartig. Wie ein Chamäleon, das nach einer Fliege schnappt. Im selben Moment drückte er mich mit einem kurzen kräftigen Ruck an sich. Mein Rücken knackte. Bevor ich das Geschehen überhaupt realisiert hatte, war es auch schon wieder vorbei.

War's das jetzt gewesen? Hatten wir uns jetzt geküsst? Ich hatte ja schon einiges erlebt, aber so was? Unauffällig wischte ich mir mit dem Handrücken den Sabber vom Mund.

Was mir gerade widerfahren war, konnte ich spontan keiner Kategorie zuordnen.

Degenhard hielt mich immer noch leicht am Rücken fest, als wäre er eine locker geschnürte Zwangsweste, die sich bei der minimalsten Regung schlagartig zuschnüren könnte.

Dann kam – fast genauso unerwartet wie der erste – der zweite Schub.

Blitzartig schnappte er mit seinem Mund nach meinem, seine Zunge durchwühlte mit Lichtgeschwindigkeit meinen Rachenraum.

Bevor ich »Geschüttelt, nicht gerührt« hätte sagen können, war es schon wieder vorbei.

Ich fühlte mich wie ein Erste-Hilfe-Wiederbeatmungs-Dummy.

Kam da jetzt gleich der dritte Schub?

Ich brauchte ein bisschen, um ein Muster hinter der Taktik zu erkennen. Ein bisschen ärgerte ich mich.

Wie stellte er sich das vor? In der kurzen Zeit hatte ich ja nicht mal die Möglichkeit, die Augen zu schließen.

Vor Schreck hatte ich sie wahrscheinlich ganz weit aufgerissen.

Bevor mich das Chamäleon noch einmal heimsuchen konnte, rettete ich mich an die Bar.

»Ich hol mir mal ein Bier.«

Degenhard folgte mir wie ferngesteuert. Es war Romantik pur.

Wenig später saßen wir auf einer weißen Ledercouch. Neben uns pennte ein glatziger Kerl. Sein haariger Bauchansatz lag frei unter dem weißen Fußballtrikot. Ich beneidete ihn um den Schönheitsschlaf. Schweigend nippte ich am Bier, damit Degenhard ja nicht auf die Idee kam, jetzt noch mal wie eine Ente mit dem Schnabel nach mir zu hapsen, als wäre ich ein toter Fisch.

Es vergingen einige unbehagliche Minuten, in denen wir still vor uns hin rauchten. Ich sollte gehen, dachte ich. Einfach abhauen. Wovor hatte ich Angst? Ablehnung? Einsamkeit? Der Taxirechnung?

»Frieda, irgendwie bist du anders«, qualmte es sonor zu mir rüber. »Du bist echt … was Besonderes.«

Was Besonderes. Oh nein. Die Worte des Wieners gingen runter wie warme Melange.

Wie oft hatte ich mir insgeheim gewünscht, dass Igel so etwas zu mir sagen würde, wenn wir beim Heimwerken gleichzeitig nach einer Schraube gegriffen und unsere Blicke sich getroffen hatten.

Errötet grinste ich Degenhard an. »Was meinst du?«

»Weißt du«, er zog die Lippen zu einer arroganten Schnute. »Ich steh nicht so auf die hübschen Mädels.«

»Wie?«

»Na ja …« Degenhard schien sich des nach unten hin erweiterbaren Schubladensystems nicht bewusst zu sein und faselte falcomäßig: »Es gibt diese hübschen Mädchen, die sind zwar hot. Aber wennst dich mal a bissl mit ihnen unterhältst, merkst wie deppat die eigentlich san. Du hast Persönlichkeit. Und für eine Frau bist du echt gscheit. Du bist eine richtige, ganze Person. Very big girl. Ich steh auf dich.«

Die Dichte an Beleidigungen und Komplimenten wussten meine Hirnsynapsen nicht schnell genug zu verarbeiten. Ich war nicht hübsch? Aber hatte Persönlichkeit? Er stand auf mich? Obwohl ich nicht scharf war? Ich war ganz klug … für eine Frau? War »a big girl« gut oder schlecht?

Die kleinen Männlein in meinem Hirn, die sonst Komplimente in Ordner abhefteten und ihre Produzenten sorgfältig in Schubladen mit Markierungen wie »schinkig«, »krötig« oder »vielleicht später« einsortierten, liefen ratlos durcheinander. Der in Amerika geltende Ausnahmezustand hatte sie schon verwirrt, die neue Schublade mit dem Label »Amerika-okay« wurde ständig nach unten aufgebrochen. Und wohin nun mit den beleidigenden Komplimenten? Oder waren es in Wahrheit nur als Komplimente verkleidete Beleidigungen? Welche Möglichkeiten blieben mir in dieser Situation? Sollte ich Degenhard voller Entrüstung das Bier ins Gesicht kippen? Oder die Sticheleien einfach runterschlucken. Ich entschied mich für Letzteres. Irgendwie war ich wie angezogen von der Vorstellung, einen Amerika-Fuckboy zu haben. Ich musste doch etwas aus meiner Jugend machen, sexuell unbeschwert und frei sein! Ich war doch Anfang zwanzig, ungezwungen und ungebunden. Ich musste an Omas viele Geschichten aus den 60er und 70er Jahren denken. Damals fing die Freiheit an! »Mit zwanzisch macht man die schönsten Erfahrungen!«, hatte sie Freia und mir immer unsere kommende Zeit als junge Erwachsene schmackhaft geredet. Ja, dachte ich. Mit zwanzig, da musste man sich einfach von charmanten Herren wie Degenhard in Provinzetablissements umgarnen lassen, um dann auf verrauchten Ledersofas befummelt zu werden. Wozu haben Generationen von Feministinnen denn gekämpft?

Degenhard machte es mir aber auch nicht leicht. Konnte er mir denn nicht mal kurz helfen und seine adoleszente Schnöselarroganz ein bisschen besser vertuschen?

Ach Kacke, dachte ich. Jetzt war es auch schon egal. Wenn ich heute Nacht keine fünfhundert Masthühner befreien, die Ozeane von Plastikmüll säubern oder zumindest die Statue eines ehemaligen Kolonialherren zu Fall bringen konnte, so würde ich den Abend zumindest dazu nutzen, Erfahrungen zu sammeln. Vielleicht sprang ja ein Orgasmus dabei raus. Mit ganz viel Glück. Etwas in mir wollte es wissen. Und mir lief die Zeit davon.

»Degenhard«, beschloss ich spontan, von jetzt an das Ruder selbst in die Hand zu nehmen, bevor er den kleinen, überraschend aufgetauchten Strohhalm wieder in den Fluten von Unsicherheit versenkte. »Meintest du nicht, du hättest Lust auf verlassene Häuser? Ich kenn da ein ganz besonders gruseliges.«

Wir nahmen ein Taxi zu Zankzahns Dachkammer. Um einer ähnlich peinlichen Situation wie der gestrigen vorzubeugen, machte ich direkt Musik an und zog Degenhard kurzerhand auf die große Matratze. Schnell, bevor er noch einen unreflektierten Wortbeitrag beisteuern konnte.

Ein letztes Mal zögerte ich, fasste mir aber dann mit aller Entschlossenheit innerlich ein schwarzes Tuch und stülpte es grobmotorisch über meine sonst geltenden Ansprüche. Schwupp und weg. Wenigstens bestand kein Krötensex-Risiko. Höchstens Toter-Stein-Gefahr.

Ich küsste Degenhard. Und zwar so, wie ich das wollte.

Nicht wie ein Chamäleon. Sondern ganz sanft. Mit Leidenschaft. Egal, mit wem man schlief. Ein bisschen Liebe musste doch dabei sein.

Der Lebkuchenmann war sichtlich aufgeregt. Merklich überfordert grabbelte er an mir rum. Ich zog Degenhard das Shirt aus und fühlte mich plötzlich wie die 31-Jährige, die den damals 16-jährigen Peter Maffay im Sommerurlaub entjungfert haben musste.

»Entspann dich«, flüsterte ich. »Du musst hier niemandem was beweisen. Und das läuft auch nicht unter Zeitdruck.«

»Keine Sorge. Ich hab Erfahrung«, verteidigte er sich.

»Hm?«

»Schon bei meinem ersten Mal hatte das Mädel multiple Orgasmen.« Degenhard guckte so, als meinte er das ernst.

Mir entfuhr ein Lippenflattern. »Multiple Orgasmen? Bist du dir sicher?«

Irritiertes Nicken. »Ja, ganz sicher.«

»Und woher wusstest du … wie das geht?«

»Ich hab mit YouPorn angefangen, als ich zwölf war.«

Bevor wir uns weiter Hand in Hand dem Abgrund meiner Würde näherten, drückte ich Degenhard möglichst sexy den Zeigefinger auf den Mund. »Schschsch …«

Die Dinge liefen überraschend gut. Bis es dazu kam, dass seine Finger mit grober Entschlossenheit unter meinen Rock wanderten. Einen deutlichen Ticken zu wild, bewegte er seine Hand zwischen meinen Beinen auf und ab. Der Stoff meiner Unterwäsche rieb unangenehm an meinen Schleimhäuten. Ich fühlte mich wie eine Ölbohrinsel.

Sollte ich jetzt so tun, als würde mir das gefallen, um ihn nicht zu kränken? Nee. Ich entschied mich dazu, das Steuer herumzureißen.

»Degenhard? Weißt du, was eine Klitoris ist?«

Degenhard zuckte bei dem Wort »Klitoris« erschrocken zusammen und geriet offensichtlich in Erklärungsnot. »Ähh ... Na, ge, sicher ...?«, stammelte er in die Dunkelheit.

Offenbar ja nicht. Aber woher sollte er denn auch wissen, wie schöner Sex geht, wenn die Frauen in den Pornos von den schrägsten Einverleibungen multiple Orgasmen vortäuschten? Ich entschied mich, Licht ins Dunkle zu bringen.

»Ein bisschen weiter oben«, flüsterte ich erregt und begradigte seine Finger ganz sanft, als würde ich beim Autofahren ganz sachte einen Gang höherschalten.

Degenhard fegte stolz meine Hand weg. »Ich weiß eh!« Er klang wie ein kleines Kind, das keine Hilfe beim Schuheanziehen will. Kann alleine!

Oh nein, mein Lieber. So nicht, dachte ich. Zu meinem innerlichen Seufzer gesellte sich der moralische Mehrwertgedanke, wenigstens einen Hetero-Cis-Dude für die Nachwelt zu schulen. Im Gedenken an all die Schwestern, die sich das hier sonst antun mussten, befolgte ich mein Motto: »Bitte hinterlassen Sie einen Kerl so, wie Sie ihn gerne vorfinden würden.«

Nun blieb es wohl an mir hängen, diese gesellschaftlich manifeste Bildungslücke zu füllen. »Ich kenne meinen Körper sehr gut.« Mein Blick war streng. »Ich weiß, wie weit oben gut ist.« Und nicht du, du Dödel. Zum Glück lernte Degenhard schnell.

Während er seine Finger nun mit sehr viel mehr Treffsicherheit einsetzte, erklärte er mir, dass das mit seinem Savant-Syndrom in Verbindung stand.

Savant-Syndrom – da fiel mir etwas ein.

»Hast du ein Gummi?«, fragte ich Degenhard, der, wie sich herausstellte, sowohl seinem Namen als auch seinem Heimatort gerecht wurde. Sein langes Rohr zuckte unternehmungslustig.

»Oh, nääin! Anfängerfehler!« Er zwinkerte. Hatte Degenhard etwa Humor? Oder war er doch noch … Jungfrau? Komisches Wort, dachte ich. Als wäre das Noch-nie-Sex-gehabt-Haben reserviert für weibliche Menschen. Gab es ein männliches Pendant? Jüngling? Junggeselle? Bachelor? Nee, das implizierte doch irgendwie das Gegenteil, zumindest bei RTL.

»Nimmst du nicht die Pille?«

»Nein, mein Lieber. Die Verantwortung müssen wir wohl beide tragen.«

Wenige Minuten später liefen wir spärlich bekleidet auf der Suche nach einem Kondom durchs nächtliche Amerika. Blauäugig waren wir in Erwartung eines Spätis oder einer Tanke losgezogen.

»Mist! Es ist arschkalt! Hier muss es doch irgendeinen Laden geben!« Fröstelnd blickte ich mich auf den nächtlichen Straßen des sogenannten Stadtzentrums um.

Keine Sau verlief sich um die Uhrzeit hierhin.

Hier gab es nicht mal ortskundige Obdachlose, die uns hätten sagen können, wo in der Nähe eine Tanke war. Doch wie aus dem Nichts: »Da, da geht jemand!« Erwartungsvoll liefen wir auf den alten Mann mit Dackel zu. »Guten Abend!«, ergriff ich die Initiative. »Wissen Sie zufällig, wo hier in der Nähe noch eine Tankstelle geöffnet hat?«

»Äröal!« Der Brunftschrei, den der Passant von sich gab, erinnerte an eine Möwe, die ihr Zugtier gen Süden verloren hatte.

Bitte was?

Degenhard und ich tauschten einen verdutzten Blick.

»Jöa, jünge Dame. Sö wööln döch 'ne Dangstelläh, rüschtisch? Äröal hädd noch öffn! Dahindn, üngefäääar drääihündaart Meddahr!«

Nach wenigen Metern brachen wir in schallendes Gelächter aus.

»Bei Äröal ham die höffendlich ooch Göndöhme!«, witzelte Degenhard.

Lachend klopfte ich an das kleine Tankstellenfensterchen und legte das Geld auf den Tresen. Irgendwie war es mir lieber, selbst für die Kondome zu bezahlen. Hätte Degenhard es gemacht, hätte sich das angefühlt, als würde er sich den Eintritt in meine Vagina erkaufen.

Wir hatten Sex. Ohne Ringelsocken. Es war wirklich nicht schlecht. Und gar nicht krötig!

»Urgeil. Urgeil. Urgeil«, murmelte Degenhard.

Er hielt Stunden durch. Das hatte ich so noch nie erlebt.

Es vergingen zwanzig, dann dreißig Minuten. »Urgeil!« Unauffällig fixierte ich die Uhr an der Wand. Langsam brannten meine Schleimhäute.

Auch Degenhard konnte seine Ratlosigkeit nach der siebten Stellung nicht mehr verbergen. Jetzt mussten wir entweder akrobatisch werden oder von vorne anfangen.

Aber er machte ja alles richtig. Oder zumindest nichts falsch.

Also gut. Wie brachte ich ihn jetzt dazu zu kommen? Entgegen meiner ehrlichen Aufklärungsmoral bediente ich mich eines altbekannten Tricks. Lauter stöhnen. Das war ein bombensicherer Trick.

Immer.

Außer bei Degenhard.

Ich gab alles.

Degenhard auch.

Wir verausgabten uns beide bis an den Rand unserer Kräfte.

Mein Fake-Stöhnen, das leider sein Rekord-Bumsen nicht beendete, war mittlerweile fast ein schmerzerfülltes Schreien. Im schlimmsten Fall hatte ich morgen einen Beschwerdebrief von Herrn Zankzahn auf der Kommode liegen.

Hoffentlich pochte er nicht gleich an die Tür.

Oder rief die Polizei, weil er dachte, dass hier oben ein armes Schwein abgeschlachtet wurde.

Nein, keine Sorge, Herr Zankzahn, es ist nur meine Vagina, die Opfer jugendlicher Experimentierfreudigkeit wird.

Und was war mit Miro? Der Arme lag bestimmt völlig verstört in seiner Gruselfolterkammer.

Halte durch Miro, dachte ich. Es ist bestimmt gleich vorbei!

Irgendwie schien es einfacher, die Dinge so zu beenden, als mit einem komplizierten Gespräch, das die nächsten unbehaglichen Treffen im Hörsaal noch viel unbehaglicher machen würde.

Hauptsache Degenhard fand es gut. Oder tat er auch nur so?

»Urgeil!«

Während ich – abgesehen vom Klatschen seiner Leisten an meinen Hintern – zwischen Bauchnabel und Knien nichts mehr spürte, kam mir ein Gedanke. Das hier war kein Krötensex.

Dafür fühlte ich mich wie eine sezierte Amphibie im Biologieunterricht. Aber das zu sagen? Hätte doch alles zerstört! Den armen Degenhard gekränkt und das kleine Pflänzlein Hoffnung im Keim erstickt. Besser, ich bewahrte die Fassade. Innerlich war ich mit einer Reihe von existenziellen Gedanken beschäftigt. Warum fühlte es sich beim Sex oft so an, als wäre plötzlich ein roter Vorhang aufgegangen? Als müssten wir alle performen? Für wen tat ich mir diese Fake-Nummer denn an? Sicher nicht für mich selbst. Für Degenhard?

Bevor ich mir ernsthaft Sorgen um das Absterben meines Nervensystems im unteren Beckenbereich machen musste, schritt ich ein.

»Degenhard? Alles okay?«

»Urgeil!«

»Findest du wirklich?«

Das statische Stochern stoppte sofort. »Du nicht?«

Röchelnd lag er auf mir. Ein Tropfen Schweiß sonderte sich von seiner Nase auf meine Stirn ab.

»Doch, doch. Wäre aber nett, wenn du bald kommen könntest.«

»Okay!« Während er den Befehl entgegennahm wie ein junger Hilfsmatrose auf einem Segelboot, tauchte ich wieder in gesellschaftskritische Überlegungen ab.

In irgendeinem Instagrampost hatte ich mal gelesen, dass die meisten Menschen mit Vulva ausschließlich durch direkte Stimulation der Klitorisperle zum Orgasmus kommen. Und woanders, dass die Klitoris genau wie ein Penis ein Schwellkörper von variierender Größe ist, der jedoch zum Großteil im Inneren des Körpers liegt. Eine Frau, die durch Penetration zum Höhepunkt kommt, tut es also nur deswegen, weil ihre gesamte Klitoris so groß ist, dass sie die Vagina von innen umschließt. Die Vagina ist ja nichts weiter als ein Schlauch, der selbst wenig Nerven hat. Was eigentlich alle meinten, wenn sie von den äußeren Geschlechtsteilen sprachen, war die Vulva. Dementsprechend gab es sowieso keine vaginalen Orgasmen – so oder so. Mich überkam ein schräger Gedanke. Weil ich nicht von Penetration kam … Hieß das, ich hatte einen Kleinen? Also eigentlich eine Kleine? Oder war ich einfach nie angetörnt genug, dass meine Klitoris zu vollem Volumen heranwuchs? Wahrscheinlich musste ich einfach lernen, mich fallen zu lassen, wie mein Exfreund mir nahegelegt hatte, nachdem ich von seinem Gerammel einfach keinen Orgasmus bekommen wollte.

Während ich mich schon darauf freute, gleich zu pennen, arbeitete sich Degenhard auf die Zielgerade zu.

Seine Miene erinnerte an den Gesichtsausdruck von Gewichthebern bei Olympia. Angestrengt. An der Grenze zu schmerzerfüllt.

Moment. Tat ihm etwas weh?

Er sah komisch aus, machte einen ganz konzentrierten, fast leidenden Eindruck.

Auf einmal hörte er auf. Wie bei einer Raketenfehlzündung. Mission abort.

War's das?

»Bist du gekommen?«

Degenhard zögerte und rollte sich kurz darauf umständlich weg. »Ähm, was?«

Eilig huschte er mit dem benutzten Kondom ins Bad. Ich hörte die Klospülung.

Mit ratloser Miene glotzte ich ihm nach.

Hatte Degenhard gerade wirklich … nee, oder?

Neeee. Oder?

Ich wusste nicht, was trauriger war. Dass wir uns beide gerade offensichtlich eine gute Stunde gegenseitig etwas vorgemacht hatten. Oder dass er Kondome einfach im KLO runterspülte. Freia würde ihn lynchen.

Mit angeschwollenen Muskeln und hervortretenden Adern an diversen Körperstellen schritt Degenhard aus dem Bad, kramte in seiner Hosentasche nach Tabak und drehte sich eine Kippe.

Wenn jetzt schon die Zigarette danach kam, rechnete ich mir meine Chancen, auf meine Kosten zu kommen, als äußerst unbefriedigend aus. In erschöpfter Post-Erektion stand der gut trainierte Jüngling am Fenster. »Soll ich dir a Tschick dreh'n?«

»Nee, danke.«

Ich warf ihm ein herumliegendes Feuerzeug zu.

Er aschte in den Blumentopf. Es vergingen einige Momente der Stille.

»Degenhard?«

Während er sich die verschwitzten Haare aus der Stirn strich, schaute er über die Schulter zu mir zurück.

»Ich sag's dir ehrlich«, verkündete ich unumwunden. »Ich steh echt auf Kuscheln. Du musst mich heute Nacht in den Arm nehmen.«

Degenhard nickte mutig, drückte brav seine Kippe im Blumentopf aus und schritt mit seiner nackten Überpotenz auf die Matratze zu. »Ich steh auch auf Kuscheln.« Er hob meine Decke an, schmiegte sich dicht an mich und legte den Bizeps um mich.

»Und urcool, dass du so direkt bist.« Ich schwieg und genoss die Körperwärme. Degenhard legte sein Gesicht in meinen Nacken. Kurz kam ein Gefühl von Geborgenheit auf. Ganz kurz.

»Kann's sein, dass du nach Zwiebeln riechst?«

»Ach, Degenhard, halt einfach die Klappe.«

10.

»Weißt du, wie schlecht das für den Abfluss ist?!« Freia war total schockiert. Unter uns flogen Emoticons mit aufgerissenen Augen und Tränen lachenden Smileys durcheinander. »Aber die Story ist echt der Hammer. Was ein Lappen.«

»Ja, oh mein Gott. Wiener Würstchen«, schrieb jemand. Mittlerweile war ich geübt darin, frei in mein mobiles Endgerät zu plaudern, lustig und eloquent zu sein und mich nicht vor Worten wie Vulva und Hodensack zu sträuben. Ernsthaft, es war gar nicht so leicht, dabei nicht in prustendes Gelächter zu verfallen. Hodensack. Was ein unsexy Wort. Fast so schlimm wie Schamlippen. Was gab es denn auch schon zu schämen? Gar nichts, oder?

Mindestens achtzig Leute hatten sich unsere Livestory auf Instagram angesehen. Kurz musste ich schlucken. Jetzt wussten alle um meine tiefsten Gefühle, Ängste und Schleimhäute. Aber nun war es zu spät. Und außerdem: Das Private ist politisch. Meinte auch Freia. Am Ende waren wir doch auch nur zwei von vielen, die mal aussprachen, was allen so peinlich war. »Also, mal ehrlich. So schwer ist das mit der Klitoris doch nicht!«

Plötzlich bekam ich Panik. Wer war ich, so etwas zu sagen? Wie genau das alles da unten funktionierte, wusste auch ich nicht.

Freia und ich ließen die Öffentlichkeit an unserem Privatgespräch teilhaben, als sei es unsere Aufgabe, die Welt eines Besseren zu belehren. Aber sollten wir es lassen? Während wir uns fragten, ob es emanzipiert war, für Pille und Spirale alleine aufzukommen und immer selbst Kondome zu haben, kamen beängstigende Gedanken in mir auf. Verhütung war immer noch ein »Frauenthema«. Denn wir waren es, die im Falle einer Schwangerschaft auf einem großen Bauch, einem lückenhaften CV und einem Riesenhaufen Windeln, Schulden und sozialer Ächtung sitzen bleiben würden. Nach dem Motto: Wozu gibt es denn auch die Pille? Alternativ ließ es sich aber auch bestimmt ganz einfach managen, neben dem Kinderkriegen noch voll berufstätig und allseits beliebt, schlank, schön, sportlich und strahlend zu sein – einhundert Prozent fickbar eben. Wir lebten doch im Zeitalter der Powerfrauen! Nichts ist unmöglich, Just do it. Weil ich es mir wert bin. Zumindest wenn man das Geld für all den Kram hatte und sich eine Nanny aus Osteuropa leisten konnte, als wäre sie ebenfalls ein Produkt, das den eigenen Lifestyle ermöglicht. Konnten ja nicht alle ein Stück von der Torte des liberalen Feminismus abhaben.

Freia las eine Frage aus unserer Community vor. »Schlechter Sex oder gar kein Sex?«

»Dann lieber kein Sex.« Ich lachte leidend. »Wobei der am Anfang ja meistens eher schlecht ist.« Mein Hirn ratterte. Konnte ich überhaupt noch ein Praktikum bei einem renommierten Sender machen, wenn ich ganz offen und unverblümt in der Öffentlichkeit zugab, dass ich schlecht im Bett war? Und war ich das überhaupt? Erlaubte es diese Gesellschaft, so etwas öffentlich infrage zu stellen? Ich war doch gerade mal zwanzig. Und plötzlich stand ich sozusagen im Scheinwerferlicht und sollte etwas von mir geben, das politisch reflektiert, progressiv, ermutigend und nachhaltig klang. Würde ich mir meine Zukunftschancen verbauen? In mir kroch die Angst hoch.

Während Freia mittlerweile in einem ewigen Monolog die Vor- und Nachteile verschiedener Venushügelfrisuren analysierte, versuchte ich mich zu beruhigen. Sie wusste, was sie da tat. Oder was wir da taten. »Früher hatte ich da einfach immer alles abrasiert. Aber dann seh ich doch aus …«, Freia prustete vor Lachen, »wie ein Embryo. Alle Haare wegmachen ist so 2001. Jetzt bin ich eher so der Typ Landebahn … Was ist mit dir, Frieda?«

Ich räusperte mich. »Ja, Landebahn!« In Wahrheit war ich wohl im vergangenen Jahrzehnt stecken geblieben. Waren Haare jetzt wieder in?

Seit meinem zwölften Geburtstag und einer traumatischen Erfahrung im Schulbus, bei der ein Mädchen aus meiner Klasse angeekelt meine »Männerbeine« kommentiert hatte, hatte ich mir vor lauter Panik alle Haare unterhalb der Wimpern wegrasiert und rausgerupft. Und zwar jeden Tag. Damit sich ja niemand vor mir ekeln würde. Auch nicht ich selbst. »Aber egal, wie man die Haare da unten trägt«, erklärte ich möglichst reflektiert klingend, »Hauptsache, man fühlt sich wohl mit sich selbst.«

Die Zahl rechts oben in meinem Bildschirm wuchs kontinuierlich. Immer mehr Leute klickten sich in unseren Dialog rein, stellten Fragen und applaudierten uns mit gelben Emoticon-Händen.

Eine Frau schrieb: »Mein Freund sagt, er findet Haare voll ekelhaft. Ich hab total Angst, dass ich ihn abtörne!«

»Grund genug, IHN abtörnend zu finden!«, antwortete Freia. »Was ein Honk! Such dir ’nen neuen Kerl!«

Eine andere Nutzerin fragte, ob etwas an ihr falsch war, weil sie beim Vaginalsex nicht zum Orgasmus kam. »Sexualität ist etwas sehr Individuelles«, hörte ich mich fachsimpeln. »Es ist gut, wenn du dich beim Sex fallen lassen kannst, aber manchmal braucht das Zeit. Vielleicht nimmst du dir Ruhe und Raum für dich, um deinen eigenen Körper zu erkunden.«

Was für eine Doppelmoral. Irgendwann würde ich bestimmt aufhören zu labern und selbst aktiv werden. Nachdem Freia über Minuten unter Zuhilfenahme einer aufgeschnittenen Papaya demonstriert hatte, wie man eine Vulva stimuliert, sich entspannt und selbst liebt, war die Zeit für das Livegespräch fast rum.

Jemand wollte noch wissen, ob sie sich denn Feministin nennen und trotzdem Männer lieben dürfe. Freia und ich riefen begeistert: »Ja, aber selbstverständlich doch! Wir lieben Männer, besonders wenn sie sich mit ihrer eigenen Männlichkeit auseinandersetzen!«, und dann war Freia on Fliek in Schwestern-Edition vorbei. »Tschüss, ihr Lieben, danke fürs Zusehen!«

Ich drücke auf das große X. Klappe zu, Affe tot.

Es wurde still.

Mich überkam ein mulmiges Gefühl. Ein bisschen kam ich mir vor wie eine glatt rasierte Vulva. Irgendwie schutzlos. Und nackt.

Ich starrte auf das Gesicht, das mir vom schwarz gewordenen Handybildschirm entgegenblickte. Wann ich wohl selbst anfangen würde, das zu leben, was ich propagierte? Selbstliebe?

Der Screen leuchtete auf und riss mich aus meinen Gedanken. Eine Push-Nachricht. Meine Finger slideten darüber, der Bildschirm wurde blau und weiß. Facebook? Wer war denn noch in diesem totgesagten Netzwerk unterwegs? Eine neue Freundschaftsanfrage. Thomas Matzer. Auf seinem Profilbild ein Typ mit Bart, der in einer Mittelalterkutte vor einem alten Schloss stand. Dömas! Ich nahm an. Auf den vielen Fotos trug der Lääsarteschnigga farbenfrohe Banner mit linken Parolen, hob pathetisch die Faust und brüllte in Megafone. War er etwa in der Antifa? Eine Nachricht ploppte auf. »Frieda! Wie geht's dir? Am Wochenende ist eine Riesendemo in Halle. Hast du Lust?«

Irgendjemand hatte mir mal gesagt, dass Leipzig das neue Berlin sei. Und Halle das neue Leipzig. Jetzt machte alles Sinn. Ich saß mit Dömas und sieben weiteren Leuten im Schneidersitz im Schatten des Bahnhofs in Amerika. Alle drehten sich Kippen, trugen politische Botschaften auf dem Shirt und trommelten auf selbst gebastelten Instrumenten herum. Eine junge Frau mit Undercut und Vulva-Tattoo im Nacken drückte mir einen Flyer in die Hand. Wir demonstrierten gegen eine Chemiefirma, die in der Nähe Putzmittel für halb Deutschland herstellte.

Meine Augen flogen über den Text. Umweltschäden. Verpestetes Grundwasser. Endokrine Disruptoren. Verminderte Fruchtbarkeit bei Frauen. Verminderte Libido bei Männern. Gerade den letzten Punkt fand ein empörter älterer Herr in Karohemd so schlimm, dass sein Kopf vor Wut ganz rot wurde. »Das gönn die doch nüsch verandwoordden!«

Dömas erklärte mir, dass in der Fabrik vor allem Menschen aus Osteuropa arbeiteten. »In Kurzarbeit. Voll die Ausbeutung«, ergänzte die hippe Frau, die hier eine Anführerinnenrolle zu haben schien. »Das sind richtige Knebelverträge …«

Nicht so wie mein First-World-Problem-Knebelvertrag, dachte ich.

Schon beim Anblick der heranströmenden Massen mit Flaggen, bunten Haaren und Bierflaschen kündigte sich eine zum Zerbersten volle Regionalbahn an. Aufgrund des erwarteten

Menschenauflaufs auf der Demo in Halle fuhr der Sonderzug über alle kleinen Dörfer. Also auch über Amerika.

In der Traube fremder Aktivist*innen fühlte ich mich etwas verloren. Zum Glück hatte Dömas als selbst ernannter Marxist kein Problem damit, seinen Sitzplatz mit mir zu teilen. Genauso wenig wie seine feministische Freundin, die sich auch noch zwischen beziehungsweise auf uns quetschte. Wie ich erfuhr, war Rosa angehende Anwältin, identifizierte sich als pazifistisch und lebte in einer polyamoren Beziehung mit Dömas. Irgendwie hatte ich ihn von Anfang an in die falsche Schublade gesteckt.

Es wurde hitzig über Cancel-Culture, Climate-Justice und kulturelle Aneignung debattiert und sich über Braunkohle, Greenwashing und den Black Friday echauffiert.

Um auch etwas Sinnstiftendes beizutragen, beschloss ich, einen anwesenden Informatigga zum Veganismus zu bekehren. Aber der lebte schon längst als Frutarier und aß nur Fallobst. Empört faselte er etwas von Treibhausgasen, getöteten Kälbern, kapitalistisch motivierter Überproduktion und Umweltschäden durch abgeholzte Wälder. Ich nickte überwältigt.

Halle glich einer Festival-Location. Alles war abgesperrt, überall Menschen.

Vor der korpulenten Statue eines Barockkomponisten mit lässiger Hüfthaltung sammelten sich dunkel gekleidete Bauchtaschenträger*innen mit seltsam asymmetrischen Haarschnitten. So ein überkrasser Underground-Klub aus Berlin, für den man sonst schon mal gut drei Stunden Schlange stand, hatte ein DJ-Pult aufgebaut. Eine coole koreanische DJ mixte monotone Beats unter Händels Gehrock. Von einem romantisch verschnörkelten Kirchturm hing ein buntes Banner. »Der Schöpfung zuliebe.«

Plötzlich erkannte ich ein vertrautes Gesicht.

»Kenny?! Was machst du denn hier? Ich dachte, du bist in Berlin?!«

»Hello du!« Entspannt tänzelte er auf mich zu. »Das ist die Party des Jahres! Lass ich mir doch nicht entgehen!« Freudig zog er an einem Joint und bot ihn mir an.

Ich lehnte ab. »Danke, ich bin aus politischen Gründen hier.«

»Ey! Sind wir doch alle! Aber man darf doch wohl noch Spaß haben!« Kennys gereizter Tonfall ließ darauf schließen, dass ich jetzt besser nichts mehr sagen sollte. Schnell improvisierte ich ein paar tanzschrittartige Bewegungen und ein Alles-easy-Lächeln, um die Situation zu entschärfen.

Mein Blick schweifte über die Masse schwarz gekleideter Menschen mit gigantischen Nasenringen. Protestierten die echt alle gegen giftige Chemikalien? Jemand bot mir Koks an.

Ich musste pinkeln.

Vor der Plastikbox eines Dixiklos am Rande des Platzes mischten sich Eltern mit Kindern und glatzige Punks mit der druffen Berghaincrowd. Eine gigantische Schlange. Aus mangelnder Blasenkapazität setzte ich mich weiter hinten in den Schatten einer Fressbude. Ein paar Meter weiter verrichteten mehrere Männer stehend ihr Geschäft. Beim Versuch, mich nicht anzupinkeln, fiel ich fast in den Busch. Und pinkelte mich an. Verdammt. Deswegen hatte Freia auf coolen Festivals immer einen Trichter dabei.

Als ich mich aus meiner umständlichen Hocke wieder hochkämpfte, um mir die Hose über den Hintern zu ziehen, blickte ich in ein strenges Augenpaar. Eine Frau in gelber Warnweste. Ordnungsamt. Oh shit.

Die Beamtin schmatzte unbeeindruckt mit den Lippen. »Ich hätte gerne mal Ihren Ausweis.«

Mein »Äh, vergessen?« ließ die erfahrene Uniformträgerin nicht durchgehen.

Noch zwischen Ästen und Pinkelgeruch drückte sie mir eine Rechnung von siebzig Euro in die Hand. »Wegen Erregung öffentlichen Ärgernisses.«

»Wohl eher, weil ich eine Vulva habe.«

Mit einer verständnislosen Geste deutete ich in Richtung all der pinkelnden Kerle ein paar Meter weiter. Wo war die Solidarität? Wie ich schmerzlich erfahren musste, nicht beim Ordnungsamt.

»Wollen Sie, dass ich die Strafe erhöhe wegen Beamtenbeleidigung?«

Seit wann war Vulva eine Beleidigung? Da hätte ich schon Fotze sagen müssen. Ich verkniff mir das Klugscheißen und nahm meine ungerechte Strafe zähneknirschend entgegen.

Weiter hinten war das Konzert. Hinter Tausenden Köpfen erspähte ich eine Bühne. Menschen hingen in allen Baumwipfeln, kauerten auf Ampeln, kletterten auf Bushaltestellenhäuschen und hatten Dächer erklommen. Die Stadt war im Ausnahmezustand. In der Masse fand ich Rosa und Dömas wieder. Sie diskutierten. Dömas fand, dass alle Cops Bastards seien. Rosa nicht.

»Das kannst du doch nicht einfach so pauschalisieren. Wir müssen alle nur mehr miteinander reden!«

Das wiederum löste eine lange Diskussion darüber aus, ob Che Guevara seine Waffen hätte niederlegen sollen oder ob Gandhi eher damit geholfen gewesen wäre, wenn er ein Militär hinter sich gehabt hätte. Ich faselte etwas von Solidarität, wusste aber nicht, mit wem.

Die grölende Menge stimmte unterdessen einen Song von KIZ an. »Hurra, diese Welt geht unter!«

Plötzlich spürte ich ein Kneifen. In der rechten Pobacke. Moment. Hatte mich gerade jemand begrapscht? Als ich mich empört umdrehte, war da niemand, nach dem ich hätte hauen können. Nur ein süßes Rentnerpaar, das sich gerade Tee aus einer Thermoskanne reichte. Sie wirkten unschuldig.

Was sollte ich jetzt tun? Mich dreckig und benutzt fühlen und in Tränen ausbrechen hätte die Sache nicht besser gemacht, vermutlich wären Dömas und seine Kumpels dann auf jemanden losgegangen, und das wollte ich nicht.

Die Sekunden verstrichen. Man sollte doch immer was sagen! Ich tat das zwar nie. Aber man sollte.

Innerlich verfiel ich in eine Art Schockstarre. »Kind«, hörte ich meine Großmutter sagen. »Stell dich nicht so an!« Wo war das Ordnungsamt, wenn man es wirklich brauchte?

Dömas schenkte mir ein fragendes Nicken. Als wollte er sagen: »Alles okay?«

Lächelnd wippte ich mit dem Kopf. »Megasong!«

11.

Miro hatte seit ein paar Wochen ein neues Hobby. Aus ein paar alten Brettern, die hinter der verklebten Küchenzeile zum Vorschein gekommen waren, hatte er eine Holzkiste gebaut. Darin züchtete er Würmer, die unseren Biomüll fraßen. Als ich an seine Zimmertüre klopfte lockerte er die Wurmerde gerade mit Kaffeesatz. Dabei hörte er Eulensounds auf YouTube. »Voll spannend die Tiere!« Vielleicht war der Bronxgangster doch gar nicht so abwegig für einen Verkupplungsversuch mit Freia. »Hast du Bock, oben zu chillen?« »Save! Ich komm gleich hochgerobbt!«

Aus meinen Boxen erscholl kurz darauf verträumte Indie-Musik aus der Spotify-Playlist »Home«. Der verkalkte Wasserkocher röchelte. Die Heizung lief auf Hochtouren. An den Fensterscheiben perlten kleine Tropfen.

Mich überkam ein wohliges Kribbeln. Irgendwie war der alte Dachboden zu einem richtig gemütlichen Nest geworden. Alles war gut. Mehr als gut. Ich fühlte mich geborgen. Klar, ich war zwar nicht wie Freia. Nicht so groß. Nicht so stark. Nicht so weltverändernd. Aber das konnte ja noch werden. Tagsüber ließ ich Miro den Platz zwischen den Matratzen für seine physiotherapeutischen Übungen. So ähnlich wie ich nicht wollte, dass man mir dabei zusah, wenn ich mich selten und ungekonnt im YouTube-Yoga übte, weigerte er sich, sein wiederbelebendes Beinworkout unter meinen Blicken durchzuziehen.

Nach einer Lernsession in der Bib holte ich mir einen veganen Latte mit Zimtaroma vom kleinen Café am Marktplatz. Mittlerweile kannte ich die nette Besitzerin, eine Freundin von Dömas, die nach vielen Jahren in Berlin zurück in die Heimat gezogen war. Der nette Opi, der jeden Tag um dieselbe Uhrzeit in der Ecke saß und Zeitung las, grüßte mich. Man drückte mir eine Tasse aus irgendeinem hippen, blechartigen Material in die Hand.

Hinter dem Kreisverkehr machte ich halt im Supermarkt, wo ich die Kassiererin mittlerweile namentlich kannte – sie hieß Anädde – und kaufte eine große Ration vegane Kekse, Saft, Obst und Gemüse aus der Region. Über den superleckeren, veganen Wirsing-Weißkohl-Eintopf würde sich Miro bestimmt total freuen.

Auf dem Weg über die laubigen Hügel atmete ich die frische Luft. Jeder Atemzug war wie ein eigenes Detox-Programm. Als hätte ein weißer Riese die Luft mit Perwoll gewaschen.

An den kargen Bäumen der kleinen Allee entdeckte ich ein paar winzige Knospen. In der Ferne hörte man eine Amsel. Oder war es ein Rotkehlchen? Ich hatte ja keine Ahnung von so was, aber: Wurde nun etwa Frühling in Sachsen?

Nach der wochenlangen Kälte war seit heute Morgen etwas anders. Vor der alten Villa stand ein alter VW-Bus mit spanischem Kennzeichen.

»CULITA? Was machst du denn HIER?«

»Mein Semester geht erst nächste Woche los!« Sie strahlte mir entgegen. Auf dem Kopf trug sie eine Bommelmütze. In der

Hand einen Sixpack mit Wernesgrüner Dosenbier. »Tadaaa! Verarscht!«

Es war nicht das erste Mal, dass Culita irgendwo unerwartet auf der Matte stand. Seit wir uns kannten, waren Überraschungen voll unser Ding. Zu ihrem »Bachillerato«, wie das Abitur in Spanien hieß, war ich mit einer großen Flasche Sekt aufgekreuzt, und als Freia und ich zwanzig geworden waren, hatte sie plötzlich mit einem kerzenbestückten Kuchen vor Freias Tür in Athen gestanden. Aber diesmal war ich wirklich erstaunt.

»Und das Foto aus La Rochelle?«

»Bisschen Photoshop.« Grinsend zuckte sie mit den Schultern. »Deep-Fake-News sind erschreckend einfach herzustellen.«

»Und die Adresse?«

»Hat Kenny mir verraten!«

»Und du bist von Madrid bis hierher … und hattest … keine Angst? So ganz alleine?«

»Nein, wovor denn? Ich kann doch auf mich selbst aufpassen!«

Ich fiel ihr in die Arme. Ihre buschigen Haare bauschten mich von allen Seiten ein.

Danach musste ich sie noch mal ungläubig anstarren. »Und gefroren hast du auch nicht?«

Der alte Bus ihrer Eltern hatte natürlich keine Heizung. Dafür fuhr er wahrscheinlich mit Rapsöl.

»Es gibt kein schlechtes Wetter. Nur schlechte Kleidung.« Culita öffnete den Reißverschluss ihrer wasserabweisenden Outdoor-Jacke.

Glücklich und stolz schmunzelte ich meine Freundin an. Sie war wohl der coolste Mensch, den ich kannte. Und der mutigste.

Zusammen mit Freia natürlich. Irgendetwas an ihr hatte sich verändert. Aber ich kam nicht drauf.

Nachmittags kam die Sonne so richtig raus. Ich zeigte Culita den Uni-Campus, die Fassaden des Studiklubs und das kleine Dorfzentrum. Im Café am Marktplatz plauderte ich über Degenhard – in letzter Zeit hatten wir vor allem viele Abende mit Netflix verbracht. Und zugegebenermaßen auch mit Chill. Es war erstaunlich angenehm, vielleicht weil alles unter dem Zeichen der Vergänglichkeit stand. Irgendwie hatte ich das Gefühl, das immer dazusagen zu müssen.

»Er ist zwar peinlich, aber Amerika-okay. Und irgendwie hat er auch was. Auf den zweiten oder dritten Blick …«

»Hauptsache, es geht dir gut, Frieda. Ganz egal, was das bedeutet.«

Culita berichtete mit strahlenden Augen von ihrem aktuellen Projekt, einer Webseite, auf der sich Menschen aus der Nachbarschaft miteinander vernetzen konnten, um sich gegenseitig Stabmixer, Wurfzelte und Yogamatten zu leihen. Ganz im Zeichen der Solidarität und Nachhaltigkeit.

Zufrieden kuschelten wir uns zu zweit unter eine Decke und fühlten uns wie zwei nette, alte Tanten, die das jeden Mittwochnachmittag taten.

»Ja, hör mal, Ursel, du verwöhnst mich ja heute!«, scherzte Culita mit rheinischem Akzent, als ich ihr eine große Portion Schlagsahne auf den Teller drapierte.

Im einzigen, aber dafür sehr schönen Café des Dorfes tranken wir Kaffee und aßen ein Stück Schokoladenkuchen. Hausgemacht, vegan – und noch warm.

»Ist doch total nett hier, in deiner sächsischen Provinz!«

»Ach, Grete! Komm doch öfter ma vorbei auf ein Stück Kuchen!« Herzhaft stupste ich sie mit dem Ellbogen. »Und abends trinken wa zusammen vorm Schlafengehen ’ne Apotheke!« Vor uns wurden gerade die drei Stände des Wochenmarktes abgebaut. Es roch nach frischer Milch, gebrannten Mandeln und Mettwurst.

Verträumt schlürfte ich an meiner Tasse. Auch wenn La Rochelle etwas nördlicher lag als Madrid. Scheißweit war es immer noch. Ich vermisste Culita jetzt schon. »Willst du nicht doch einfach nach Amerika ziehen? Oder gleich nach Berlin?«

Meine Freundin verstaute eine wilde Haarsträhne unter der warmen Wolle ihrer Mütze und setzte ein fröhliches Schmunzeln auf. »Das packst du schon alleine, Frieda. Dir geht’s doch total gut hier!«

Melancholisch lehnte ich mich auf dem gepolsterten Stuhl zurück. Ja. Amerika war wirklich nicht das, was man sich als Anfang Zwanzigjährige unter der großen Freiheit vorstellte. Aber es war trotzdem irgendwie … nett. Sehr nett! Niemand machte Stress, man kannte sich, bekam an jeder Ecke Tassen geliehen, und zum Studiklub waren es gerade mal fünf Minuten zu Fuß. Es gab zwei Supermärkte und eine Tankstelle, und für den Fall der Fälle war das Krankenhaus in Elend nicht weit. Mir fehlte Berlin nicht. Ich fühlte mich wohl mit meiner Umgebung. Und vor allem wohl mit mir selbst. Mein Körper fühlte sich gesund an und stark. Und zum ersten Mal seit Langem hatte ich nicht das Gefühl, dass ich nicht genügte. Oder zu viel war. Sondern genau richtig. Mein Gaumen kribbelte erfreut, als die Schokolade in meinem Mund zerschmolz. Scheiß drauf, wie viel Kalorien das jetzt hatte, rief eine kluge Stimme in mir. Das Lebensgefühl war wichtiger. Und außerdem musste ich hier nicht so tun, als wäre ich total vogue und plant based, um mit meinen engen Radlerhosen in irgendeinen coolen Club zu kommen.

Genüsslich mummelte ich mich bis zu den Wangen in den Kragen meiner dicken Jacke ein. Mein Körper war wie ein Heizstrahler, der genug Energie hatte, um mein Inneres warm zu halten.

Zu den Abschlussprüfungen ein paar Wochen später fand sich eine ungewohnt große Menschenansammlung rauchend im Regen vor dem Unigebäude ein. So viele Audis mit akuter Parknot hatte ich die ganzen Monate über hier nicht gesehen. Miro und Kenny waren also nicht die Einzigen, die diesen Ort erst zum zweiten Mal sahen. Über dem gläsernen Eingang der Aula hing ein großes Banner. »International School of Business. Studieren in Amerika und Berlin.« Ich musste schmunzeln. Von mir aus hätte das Semester gut und gerne noch ein wenig länger dauern können. Aber das durfte ich hier auf keinen Fall jemandem sagen.

»Endlich geschafft!« Hastig streckte Miro dem einzigen Taxifahrer von ganz Amerika einen Fünf-Euro-Schein nach vorne. »Noch ein allerletztes Mal in diesen grauenhaften Klotz von Uni.«

»Als wärst du mehr als zweimal hier gewesen«, stichelte ich.

»Schnauze, Engelchen!« Als wir aus dem Auto stiegen, half ich Miro, sein Roboterbein auf den Gehweg zu hieven.

»Meinst du, du könntest mich auch einfach Frieda nennen?«

»Oh! Dachte, das wollen Frauen hören. Sorry!«

»Keine Ahnung, wie es anderen geht. Ich kann ja nur von mir sprechen. Und mir wäre mein Name lieber. Ich fühle mich sonst ständig so … verniedlicht.«

»Okay, Friedachen. Point taken.«

Im Vorlesungssaal war – anders als sonst – die Hölle los. Die Sitze am hinteren Ende des Raumes erfreuten sich besonderer Beliebtheit. Kein Wunder. So wie es aussah, gab es nur eine Aufseherin. Und die stand ganz vorne. Zaghaft wanderte ich die Reihen entlang.

In der Masse entdeckte ich Degenhard. Gestern noch hatte ich ihn abends in der Bibliothek getroffen. Während ich dort seit einigen Stunden gelernt und fleißig an meiner Bewerbung fürs Praktikum geschrieben hatte, war er mit rot unterlaufenen Augen und der Bitte um Nachhilfe dort aufgetaucht. Die Klausur war nämlich aus unerklärlichen Gründen für alle Privatstudierenden, ganz egal, aus welchem Fach sie kamen, einheitlich. Allerdings hatte er sich nach fünf Minuten nicht mehr auf Wirtschaftsgeschichte konzentrieren können – lag ihm zufolge an seinem Inselsyndrom –, und wir hatten in den Gängen geknutscht.

Miro ergatterte eine krückenfreundliche Sitzgelegenheit am Rand. Im Mittelfeld war nur noch ein Platz frei, den sich Kenny unter den Nagel riss. In der Reihe davor erblickte ich Jens. Artig schrieb er sich einen Spicker.

Was soll's, dachte ich. Ich fühlte mich top vorbereitet. Unter den Blicken all meiner bekannten und unbekannten Kommiliton*innen setzte ich mich – All in – direkt vor die Aufseherin.

Alle schnöseligen V-Ausschnitte, die lieber Playstation gezockt hatten, als in der Bib zu büffeln, sollten sehen, was sie nun davon hatten. Und meinetwegen auch Kenny und Miro, die mich immer als Streberin bezeichneten. Die Türen gingen zu. In ehrfürchtiger Stille stellte man letzte Wasserflaschen und Red-Bull-Dosen auf die ausklappbaren Tische. Die Aufseherin kniff streng die Augen zusammen, während die Papierbögen durch die Reihen gereicht wurden. Jetzt war mein Moment des Triumphes gekommen!

Als ich das Klausurblatt vor mir umdrehte, stockte mir der Atem. Wann bitteschön hatten wir denn durchgenommen, welche Rolle die Homöostase in der Kybernetik spielt? Und was war noch mal ein Two-Step-Flow-Modell? Wie um Himmels willen sollte ich das aufzeichnen können? Ein dafür vorgesehener karierter Kasten verschwamm vor meinen Augen.

Während alle in den hinteren Reihen die Antworten ganz einfach googelten, saß ich mit dem Mayonnaise-Streber alleine in der ersten Reihe und wurde für meinen Hochmut bestraft.

Nach drei Stunden sollten wir die ausgefüllten Papierbögen in eine Art Katzenklo am Ausgang werfen. Meine verpatzte Prüfung verschwand im wilden Zettelmeer. Und damit die Hoffnung, dass jemals etwas aus mir werden würde.

Draußen hockte Kenny auf einem Müllcontainer. »Die lesen sich das sowieso nie durch!« Freudestrahlend zog er an seiner selbst gedrehten Kippe.

Auch Miro, der herbeigehumpelt war, stand die Erleichterung ins Gesicht geschrieben. »Digga, die wollen gar nicht, dass jemand durchfällt und nächstes Semester wiederkommt. Die haben schon genug Nachfrage.« Wie zwei präpubertierende Jungs auf dem Schulhof klatschten sie sich ab. »Google, bester Mann, Digga!«

Innerlich platzte ich vor Wut.

Direkt im Anschluss hatten wir den Termin zur Vorstellung des Businessplans. Vielleicht konnte ich es in der mündlichen Prüfung noch rausreißen. Die große, hölzerne Tür des Prüfungsraumes war geöffnet. Durch den kleinen Spalt hörte man Professor Horst etwas brummen. Anschließend tröpfelte eine Studierendengruppe mit hängenden Schultern aus dem lichtdurchfluteten Hörsaal. »Was ein Arsch«, zischte jemand. »Wusstest du, dass der in der braunen Partei ist?«

Miro ließ sich auf eine Treppenstufe sinken.

»Digga. Deren Ernst?« Nervös scharrte er mit seiner Krücke auf den Fliesen. In seinem Gesicht fand ich wieder die manische Panik des Geisteskranken aus dem Görlitzer Park. »Da ist ja vorprogrammiert, dass wir durchfallen.«

Kenny strahlte motiviert: »Worum geht's noch mal in unserem Businessplan? Irgendwas mit Nazis?«

»Äh … ja. Wir müssen es nur noch gut verkaufen.«

»Cool! Ich kann das machen!« Offensichtlich war Kenny sich des Ernstes der Lage nicht bewusst.

Hilflos sah ich zu, wie Miro ihm unser Portfolio in die Hand drückte.

»Das Logo gefällt mir!«

»Das ist ein Tortendiagramm!«, zischte ich beunruhigt.

Miro warf mir einen besorgten Blick zu. »Im Ernst jetzt, Frieda. Wir brauchen ganz schnell einen Plan B.«

Scheiße. Scheiße. Scheiße.

Eilig tippte ich auf meinem Handy herum. Was sollte ich tun? Freia anrufen? Jens' Streberrat einholen? Den Prüfer bestechen? Wegrennen? Mich vergraben? Die Wände hochlaufen? Eine Flagge hissen? Alles in Brand setzen? Da fiel mir ein: Auch Nazis wollten ihre Libido nicht verlieren. In Windeseile drehte ich auf der Toilette ein Video, in dem ich ganz instagramlike etwas über Hanfsamen von mir gab und erklärte, wie man Olivenöl zu Seife verarbeitete. Gefühlt tausendmal hatte ich Culita in unserer Zeit in Spanien dabei zugesehen, wie sie unsere Bioäbfalle zu Hausmitteln weiterverarbeitet hatte: Shampoo, Zahnpasta, Küchenreiniger. Was hatte sie noch mal in die Reinigungsessenz alles reingemischt? Zitrone, Essig, Kaffeesatz?

Gestresst pustete ich die Luft aus meinen Backen, bevor ich Miro und Kenny über unser neues Projekt unterrichtete. »Eine DIY-App für natürliche Reinigungsmittel!«

Miro zwang sich zur Begeisterung. »Wird dem Prüfer bestimmt gut gefallen. Nazis lieben Umweltschutz!« Stimmt, dachte ich. Zumindest wenn es um die Wahrung der eigenen schönen Heimat ging.

Nachdem wir mit dem Pitch für unseren imaginären Businessplan unter den strengen Augen des Prüfers fertig waren – Miro mit zitternder Stimme etwas von gepressten Chiasamen, Leinöl und Kaffeesatz gefaselt und Kenny von der positiven Wirkung auf Haut und Haare geschwärmt hatte –, wurde es brenzlig. Ich analysierte die Zahlen, die auf eine Veränderung des Trinkwassers hindeuteten, und gab wieder, was Dömas und Rosa mir erklärt hatten. »Dabei ist die Lösung so einfach. Anstatt gesundheitsschädliche Chemikalien zu nutzen, können wir ganz einfach selbst Putzmittel herstellen. Aus Hausmitteln! Und Bioabfällen!«

Der Prof grunzte belustigt in seine Hirschhornknopfweste. »Putzmittel-App ... Des is ja wirrklich eine ganz rreizende Idee für die Hausfrrrauen. Woher soll denn Prrroffitt entstehen?«

»Die Menschen wollen das. Es gibt Nachfrage!« Ich untermauerte meine Aussage mit einer Statistik, die auf ein steigendes Interesse an Bio- und veganen Konsumgütern hinwies. »Und personifizierte Daten sind das neue Gold!«

Scheiße. Was tat ich hier nur?

Wir waren doch nur eine Handvoll versnobter Hipsterkids, die hier im Sinne des Kapitalismus einen auf Nachhaltigkeit machten. Um einem neoliberalen Nazi zu gefallen. War ich im Begriff, meine frisch gewonnenen Ideale zu verraten? Aber egal was ich war. Der Prof war derjenige, der am Ende über meine Zukunft entscheiden würde. Nachdenklich setzte Herr Horst seine Brille ab und kaute auf dem Hornbügel herum. Er schien unschlüssig. Jetzt war nicht die Zeit, um meine Moral abzuwägen. Wild entschlossen zückte ich das letzte Ass aus dem Ärmel. »Ganz zu schweigen von der potenzeinschränkenden Wirkung der Chemikalien!«

Schrill unterbrach ein Wecker meinen Redefluss. Fünfzehn Minuten waren vorbei. Die Prüfung überstanden. Professor Horst schien überzeugt. Erleichtert verließen wir den Hörsaal. Meine Würde jedoch klebte nach wie vor an der Horst'schen Hirschhornknopfweste.

Nachdem Miro und Kenny schon wieder nach Berlin abgerauscht waren, hielt ich den Kopf für alle hin und unterzog mich der strengen Zimmerkontrolle des alten Zankzahn. Penibel drehte er jedes Kissen um wie ein Hundebesitzer auf der Suche nach dem Häufchen.

»Na güd. Hiaahr die Kaution.« Er überreichte mir einen Umschlag.

Zum Glück hatte er nicht bemerkt, dass der Blumentopf bis zum obersten Rand mit Kippenstummeln gefüllt war. Und Miros von mir kurzerhand im Garten entsorgte Wurmkiste fiel in dem ganzen Gerümpel, der dort rumstand, auch nicht weiter auf. Das war's, Genosse Zankzahn. Man sieht sich in der Hölle wieder.

Die letzte Nacht in Amerika verbrachte ich in Degenhards Jungs-WG.

Im Schlafzimmer der Ostplatte, die sich die beiden teilten, quoll die Schmutzwäsche aus Koffern und Sporttaschen. Neugierig beäugte ich Degenhards Habseligkeiten, während er erregt an mir herumleckte. Seine Ringelstrumpf-Kollektion erinnerte an ein Museum. Neben einfachen Streifen- und Karo-mustern gab es auch Modelle mit »Der Schrei« von Edvard Munch und einem Gemälde, das nach Klimt aussah. Auf dem Fensterbrett stand neben Nietzsches »Ecce homo« ein knallrotes Fläschchen mit dunklem Verschluss und goldgeschwungener Schrift. »Hypnotic Poison« von Dior. Eau de Schnösel eben.

Gegen frühen Abend hörte man dann das Zischen von geöffneten Wernesgrüner-Bierdosen. Die Jungs zockten GTA. Ich durfte auch kurz mal spielen und kam mir bei der Flucht vor der Polizei in einem geklauten Wagen am Strand von Miami kurz vor wie ein cooles Kumpel-Girl, aber als ich mich weigerte, mit meiner aufgepumpten Gangster-Spielfigur eine Prostituierte abzuknallen, nahm man mir den Controller wieder ab. Zum Glück ging es dann später noch mal in den Studiklub – ein letztes Mal. Es lief Rammstein. »We're all living in Amerika.« Ungewohnt leer war es ohne die anderen Privatstudierenden, die alle das Weite gesucht hatten. Nur Dömas war noch da, ließ mich im Dart gewinnen und verabschiedete mich mit aufmunterndem Blick durch große, randlose Brillengläser. »Nüsch den Göpf häng' lassen.«

Wie unter alten Freunden fragte er, ob ich ihn besuchen käme, und umarmte mich aufrichtig zum Dank für die schöne Zeit. Während ich mir gähnend das letzte Bier aufs Haus vom netten Barkeeper spendieren ließ, schmiss sich Degenhard alleine auf dem Klo irgendein Teil. Als der Klub schloss, Degenhards Freund mit dem Audi abgehauen war und keine Chance bestand, ein

Taxi nach Dorfhain zu bestellen, torkelten wir Arm in Arm zurück zur Plattensiedlung.

Degenhard baute sich einen Joint. »Willst auch einen Zug?« Großzügig streckte er mir den Glimmstängel entgegen.

Ich verzichtete. Gleichzeitig versuchte ich alles, um mein Amerika-Date nicht zu verurteilen. Es war mir zwar ein Rätsel, warum um Himmels willen man sich in einer verlassenen Provinzkneipe allein ein Teil schmeißt, nur um dann mit Gras wieder runterkommen zu müssen. Aber wahrscheinlich war ich einfach nur zu spießig dafür. Jetzt nicht den letzten Abend versauen. Nicht den letzten Abend, bevor alles vorbei war. Die Zeit schwand wie ein glühender Glimmstängel. Gnadenlos.

Wir vögelten. Es war nicht lustig. Munchs Schrei blickte mich erschrocken an, als wollte er mir etwas mitteilen. Lauter stöhnen? Du Verräterin?

Degenhard war immer noch auf Ecstasy. »Urgeil!«

Während ihm die Schweißperlen die angeschwollenen Schläfen herunterrannen, fühlte ich die Anspannung in meinem ganzen Körper. Als wäre ich gefangen in einem Schutzfilm aus Latex, Erdbeerfruchtaroma und zu engen Jeans, die man trug, um sich daran zu erinnern, nicht zu viel zu essen. Mit aller Kraft zog ich den Bauch ein, um die Anzahl der Rollen zu minimieren. Besiegt geglaubte Gedanken kamen in mir hoch wie unverdautes Essen. Hatte ich Cellulite am Oberschenkel? Bestimmt. Oh Gott. Hoffentlich bemerkte Degenhard nicht, dass ich mir die Beine seit Tagen nicht mehr rasiert hatte. Eigentlich gefiel mir nicht, was er tat. Aber irgendwie hatte ich diesmal auch nicht das Gefühl, dass sich die Situation verbessern würde, wenn ich mich da einmischte. Am Ende kam mal wieder niemand. Auf E wurde nicht mal der Degen hart.

In Erinnerung an all die Frauenzeitschriften, die mir jahrelang ihre Weisheit mit auf den Weg gegeben hatten, klopfte ich Degenhard auf die Schulter. »Mach dir keinen Kopf. Das passiert. Und Sex muss auch nicht immer mit einem Orgasmus enden.«

Am nächsten Tag war es so weit. Goodbye Amerika. Berlin Calling. Als meine Mitfahrgelegenheit die Pforten der Hauptstadt erreichte, war es schon dunkel. Im gewohnt versifften Norden Berlins wurde ich rausgeworfen, verschwand im U-Bahn-Schacht und damit in der Masse von Menschen. Ich wurde keines Blickes gewürdigt. Nicht mal der Obdachlose, der seine Genitalien auspackte, um auf die Gleise am Gesundbrunnen zu pinkeln, wollte mein Verehrer sein. Der übliche Gestank von Urin und Kotze. Eau de Berlin.

Scheiße. Meine U-Bahn fiel aus. »Scheiß BVG!« rief jemand. Scheiß Berlin, dachte ich.

Nein, ich hatte die Stadt nicht vermisst. Alles grau, alles anonym. Alles kalt. Amerika mit all seinen grünen Alleen, linken Nerds und steifen Stockenten war irgendwie fast so was wie ein zweites Zuhause geworden. Bereits jetzt fehlten mir die reine Luft und das Gefühl, nur fünf Minuten unterwegs zu sein – egal wohin. Google Maps berechnete 42 Minuten Fahrtzeit, mit drei Mal umsteigen.

Mit einem Anflug von Vermissensschmerz und Heimweh quetschte ich mich mit meinen Taschen auf einen Vierersitz im Schienenersatzverkehr zwischen einen Businesstypen und eine aufwendig geschminkte Gestalt mit pinkfarbener Perücke, die offensichtlich auf dem Weg ins KitKat war. Der schlauchförmige Bus machte in der Kurve ein ächzendes Geräusch. Was 'ne

Scheiße, dachte ich, als ich bemerkte, dass ich meinen Koffer in eine halb verdaute Portion Asia-Nudeln gestellt hatte.

Am U-Bahnhof Heinrich-Heine-Straße stiegen gleich mehrere Feierwütige mit interessanten Outfits aus. Sonntag achtzehn Uhr war bekanntlich die perfekte Zeit, um lange Schlangen vorm Kitty zu vermeiden.

Hach, Berlin. Wahrscheinlich musste ich mich einfach nur wieder neu eingewöhnen. Was wollte man auch mehr, als die Jugend hier zu verbringen? Ich atmete den Geruch von Döner, Kippen und Elend ein, als ich endlich am Hermannplatz war.

Es nieselte leicht. Ich lief die Sonnenallee entlang, vorbei an den offenen Ausgabefenstern der Falafelbuden, Spielcasinos und den vielen bunten Luftballons eines neu eröffneten Ladens, der mit Döner für zwei Euro fünfzig lockte.

Das Schloss der mintgrünen, angeschmierten Eingangstür war immer noch kaputt. Das Treppenhaus roch immer noch nach Urin. Unser Briefkasten war immer noch zerbeult, der Hinterhof immer noch mit Gerümpel zugestellt. Als ich all mein Gepäck mühsam in den vierten Stock schleppte, sah ich ein paar neue Kritzeleien zwischen den alten Graffitis im Treppenhaus. Darunter auch eins, das Igel, Kenny und ich mal als kleine Erinnerung an unsere WG an die Wand gesprüht hatten, um ein krakeliges Hakenkreuz unkenntlich zu machen.

Aufgeregt schloss ich die Tür auf.

12.

»Hey! Frieda!« Igel schob gerade sein Fahrrad aus dem Wohnzimmer in den Flur. Wie immer trug er dieses rote Karohemd und große schwarze Kopfhörer um den Hals.

Die Freude, ihn zu sehen, ließ sich schlecht verbergen. Bei dem Versuch, möglichst locker zu wirken, klang meine Stimme unweigerlich piepsig. »Yo! Was geht ab?«

Für die Umarmung musste ich mich ein kleines bisschen bücken. War er in meiner Erinnerung mal wieder über seine Einskleinundsiebzig hinausgewachsen? Schon komisch, dass ich immer glaubte, einen Mann an meiner Seite haben zu müssen, der größer war als ich. Überhaupt komisch, dass ich immer einen Mann an meiner Seite brauchte.

Wir berührten uns in knapper Freundlichkeit. Nach nicht mehr als zwei Sekunden schob Igel mich ganz leicht, aber spürbar von sich.

»Bist scho wieda do?«

»Ja, hör mal!«, platzte ich kumpelhaft hervor. »Hast du denn nicht die Tage gezählt, bis ich wiederkomme?«

Etwas überdreht gackernd, schleuderte ich meine Taschen in den Gang und ließ meine Schuhe zwischen das Meer an Sneakern purzeln.

Igel schenkte mir ein leicht überfordertes Lächeln. Im Kern

mochte er mich, da war ich mir einfach sicher. Verliebt blinzelte ich ihn an. Hatte sein Gesicht schon immer zum Großteil aus einer Nase bestanden? Schnell pflückte Igel eine Jacke vom überfüllten Kleiderständer und setzte sich den Fahrradhelm auf. »Wir hom heid a Veranstaltung im Restaurant.«

»Alles klar! Ja dann, wir sehen uns später!« Tapfer zwang ich mir ein Lächeln auf, als wäre es mir egal, dass Igel genau jetzt ging, als ich gerade ankam.

Die Tür fiel krachend ins Schloss. Wäre Igel so lange weg gewesen, hätte ich wahrscheinlich alle meine Termine sausen lassen, um Stunden damit zu verbringen, meinen Körper zu enthaaren und den Rest des Tages in seine Augen zu gucken. Was war nur los mit mir? Es war, als wäre ich in meiner eigenen Entwicklung drei Jahre zurückgerutscht.

Gedankenverloren starrte ich die geschlossene Türe an und schnauzte mich kurz darauf innerlich für mein geschlechterrollenkonformes Verhalten an. Frieda! Herrgott, jetzt REIß dich doch mal am Riemen! Du bist doch eine starke, unabhängige Frau!

Aus dem Wohnzimmer drang unterdessen ein klägliches Gitarrenzupfen.

»Frieda-Maus-ist-wieder-da«, sang es mit einer dunklen Bärenstimme aus dem mit allerhand Zeug vollgestellten Raum. Mein Mitbewohner Jerome lümmelte mit seiner Gitarre auf dem Schoß auf dem alten Sofa. »Lass dich ma feste drücken!« Als ich mich in der halb nackten Muskelumarmung wiederfand, umwehte mich ein tabakgetränkter Testosteronschwall. An Jeromes langen Haaren haftete der altbekannte Geruch, der mir auch immer entgegenquoll, wenn ich auf dem Gang an seinem winzigen Zimmer vorbeilief. Gras, gepaart mit Hundehaaren und getrocknetem Junggesellendasein auf alten Boxershorts.

Mein Blick schweifte durch den verqualmten Raum mit den hohen Decken und den vollgeklebten Wänden. Viel hatte sich auch hier nicht verändert. Der angeschmierte Tisch, das selbst gebaute Regal. Die Brösel auf dem Teppich. Das Fahrrad an der Wand über dem Sofa. Das alte Radio, das Kenny auf einem Flohmarkt gekauft hatte und das nicht funktionierte. Jeromes dunkles Leinenhemd, das er stets nur bis zur Hälfte zuknöpfte. Man konnte den Anhänger seiner Halskette, irgendein Tierzahn, auf halbem Weg bis zu seinem Bauchnabel verfolgen, an der behaarten Brust entlang, die braun gebrannt zum Vorschein kam. Nein, ich hatte niemals in Gedanken an Jerome masturbiert. Von Anfang an hatte er eine ganz eigene Schublade, auf der ein großes, rotes »X« angebracht war. Unser Verhältnis war eher geschwisterlich.

»Hab gehört, dass du Spaß hattest da in diesem Kaff. Bist ordentlich rumgereicht worden? HAHAHA!«

»Ey! Ein bisschen mehr Respekt, bitte!« Kumpelhaft klopfte ich Jerome auf die Schulter.

Die Hand zur Checkerfaust geballt, spendierte er mir drei knallende Böllerschüsse aus seiner bärtigen Lachkanone. Wäre ich Freia, hätte ich ihm eine geknallt. Aber ich war nicht Freia.

Jerome war immer so positiv. Und hilfsbereit. Und er hatte immer Kippen. Und abgesehen vom allgemeinen Verdacht, dass unser Madenproblem unter der Spüle etwas mit seinem Einzug zu tun haben könnte, hatte ich absolut nichts gegen ihn einzuwenden.

Von der Zigarettenmarke, für die er arbeitete, wurde er dafür bezahlt, an der Warschauer Straße rauchend Gitarre zu spielen. Für Jerome keine große Anstrengung, weil er zu Hause im Prinzip dasselbe tat. Eine klassische Win-win-Situation. Mit einem vernebelten Grinsen aschte er in eine herumstehende Tasse. »Die wollen mich vielleicht bald befördern. Projektmanager oder so. Aber ich find den Job eigentlich so auch ganz entspannt.«

»Läuft bei dir!«

»Nee, liegt eher! HAHAHAHA!« Unter vielsagendem Augenbrauenwackeln raunte Jerome mir zu: »Ich hab Besuch.«

»Auch gut!« Ich rappelte mich mühsam vom tiefen, graugrünen Sofa auf, wobei sich ein Staubwölkchen absonderte. »Ich geh mal meine Sachen auspacken.«

Jerome schenkte mir einen irritierten Blick. »Krass Alter! Ich hab grad verstanden, du gehst kacken! HAHA!! Komm ich helf dir mal, ist ja bestimmt schwer dein Zeug!«

Bevor ich etwas sagen konnte, wuchtete Jerome mein Gepäck zum Durchgang in den hinteren Teil der Wohnung.

Mein Blick zog Kreise durch den engen, schlauchigen Flur. Auch hier war alles wie immer. Kaputte Koffer, Klamottenkisten und anderer Kram. Nur lehnte nun neben der seit eh und je herrenlosen, ausgehobenen Tür auch ein riesiges Straßenschild, das auf eine Baustellenumleitung hinwies.

Home, sweet home, dachte ich. Irgendwie war es ja doch ganz schön, wieder hier zu sein.

Mein Zimmer, das, den vielen unterschiedlichen Haartypen auf dem Kissen nach zu urteilen – gekringelt bis glatt, kurz bis lang, blond bis schwarz –, in meiner Abwesenheit nicht nur von einer Zwischenmieterin genutzt worden war, sah aus wie Scheiße. Zum Glück hatte ich meine Avocadopflanze bei Igel untergebracht. Sonst wäre die hier wohl elendiglich verreckt. In seinem gemütlichen, aufgeräumten Reich, in dem es nach Holz und frischen Kräutern roch fand ich das Bäumchen auf der Fensterbank neben einer Reihe von prachtvollen Gewächsen. Überrascht stellte ich fest, dass es noch nie so grün und gesund gewirkt hatte wie jetzt. Die Blätter glänzten regelrecht. Ach Igel.

Betont genervt von allen, die nicht waren wie er, holte ich mir das Putzzeug aus dem Bad.

Nach einer tsunamiartigen Reinigungsaktion ging es mir schon viel besser. Auch wenn unser alter, roter Staubsauger gefühlt mehr Dreck verursachte als beseitigte.

Aus der Küche strömte mir inzwischen ein verführerischer Duft entgegen. Kenny war nach Hause gekommen und schwang euphorisch den Kochlöffel. »Essen ist fertig!«

Erschöpft ließ ich mich auf die Küchenbank plumpsen. »Weißt du, warum das WLAN nicht funktioniert?«

»Keine Ahnung, Jerome wollte sich darum kümmern. Aber wir nehmen jetzt immer das von denen oben. Nuttenpreller. Passwort ist Arschfick123. A großgeschrieben. Hast du Hunger?«

»Immer.« Freudig stellte ich fest, dass Kenny vegan gekocht hatte. Durch die Küche zog ein betörender Geruch nach Oregano, Knoblauch und salzigem Öl.

»Die Pilze hat Igel gesammelt!«

Während mich mein Gegenüber begeistert über die Heilwirkung von getrockneten Spitzmorcheln gegen Krebs, Alzheimer und Kater aufklärte, stellte ich mir vor, wie Igel im Wald voller Hingabe und Naturverbundenheit auf moosigem Boden nach Essbarem suchte. Er war so anders als all die Checker und Macker da draußen. Weder ein prolliger Atze im Holiday Inn noch ein selbstverliebter Hipster mit Reclamheft und einem Nietzsche-Zitat auf den Lippen.

»Soll ich mal Jerome und seine Eroberung fragen, ob sie mitessen wollen?«

»Ich frag ihn!« Während Kenny noch seine Zigarette im Waschbecken ausdrückte, stand Jerome bereits mit ratlosem Blick im Türrahmen.

»Jo … Ham wir vielleicht noch irgendwo 'nen Eimer?«

Der Zahn an seiner Kette baumelte frei zwischen den nun ganz aufgeknöpften Hemdseiten herum.

»Wieso 'nen Eimer?« Er würde doch nicht etwa putzen wollen?

Jerome räusperte sich verlegen. »Ich glaub, der Tina geht's nich so gut. Hat wohl was Falsches gegessen.«

Wahrscheinlich hatte er ihr einmal zu oft »Hallelujah« in krummen Tönen auf der Gitarre vorgespielt.

Hilfsbereit stellte ich mein Bier zur Seite. »Der Putzkübel steht noch in meinem Zimmer. Soll ich ihn dir holen?«

Hach. Putzkübel. Das hatte ich von Igel. Hach. Igel.

Jerome schien meine spontane Putzeimer-Melancholie nicht zu bemerken.

»Kein Stress, Friedamäuschen, ich hol ihn mir!«

Kenny kicherte. »Hauptsache, du nimmst nicht die Schüssel von der Fensterbank im Wohnzimmer! Ich setze einen Hefepilz an. Brotbacken ist das neue Yoga.«

»Okidoki!« Jerome verschwand fröhlich aus dem Raum.

Ein bisschen zaghaft fingen Kenny und ich an zu essen. Während er mich über die Herstellung und Wirkung von Kombucha-Sauerteig aufklärte und erzählte, dass er nach dem Staffelende von »Berlin 24/7« unbedingt mal nach Nepal oder Indien oder Sri Lanka oder Thailand wollte, stocherte ich auf dem Teller rum. Wann Igel wohl nach Hause kam? Wie gerne hätte ich den Abend mit ihm verbracht. Ganz entspannt. Mit einem Glas Wein. Netflix. Oder auch nur Chill.

Klirrend schnappte sich Kenny zwei ungleiche Gläser aus dem Schrank. Er sprudelte vor Aufregung fast über. »Heute ist ein illegaler Rave in Marzahn! Aber ich will, glaub ich, lieber in die Wilde Renate und auf ein Konzert in Friedrichshain oder ins Kater Blau und auf eine Hausparty in Kreuzberg oder in die Else ... Obwohl. Da ist so ein Open Air in der Hasenheide ... vielleicht schaffe ich es da auch noch kurz hin. Hast du Pläne?«

Nein, dachte ich und vermisste den Studiklub. All diese Möglichkeiten und das ständige Entscheidungen-Treffen machten mich wahnsinnig. Bevor ich eine Auswahl treffen konnte, um nur ja nichts zu verpassen, musste ich vor lauter Erschöpfung schon wieder ins Bett.

»Ach ja, und ich hab jemanden kennengelernt, der ab morgen ein paar Nächte bei uns auf der Couch pennt. Oh mein Gott, der ist einfach nur meeegacool! Legt im About Blank auf! Megageil, oder?« Ohne eine Antwort abzuwarten, schenkte Kenny mir ein Glas Sekt ein. »Ich liebe Berlin! Auf die Freiheit!«

Zurück in meinem Zimmer eröffnete mir Arschfick123 endlich einen Blick in mein virtuelles Postfach. Die Uni-Koordination von Amerika erinnerte in einer automatisierten Nachricht alle Privatstudierenden daran, dass man in den nächsten Wochen das Praktikum anmelden musste. »Einige der Unternehmen organisieren Assessment-Center, um Ihre kognitiven Fähigkeiten zu testen.« Voll der sozialdarwinistische Leistungsgesellschaftsscheiß, hätte Freia geraunt. Heute lief die Frist ab. Angesichts der Brechgeräusche von nebenan hatte ich Schwierigkeiten, mich auf die vielen Formen, Punkte, Linien und Strichkonstellationen zu konzentrieren. Genervt klappte ich meinen Laptop zu.

Im Wohnzimmer saß Jerome und spielte Gitarre. Dazu brummte er in schiefen Tönen: »Love is not a victory march … Hallelujah, Hallelujah, Halleluuuuhuuuujaaa.«

Also machte ich mich auf ins Sankt Oberholz, in der Hoffnung, mich dort konzentrieren zu können. War Berlin immer Sonntag nachmittags schon so laut gewesen? Im überfüllten Café auf zwei Stockwerken knechtete sich die digitale Bohème. Zu jeder Tages- und Nachtzeit gab es an endlos langen Tischplatten zwischen MacBooks vegane Hummus-Dips, schwärmte jemand, der aussah, als würde er hier wohnen. Unbezahlte Arbeit war die neue Selbstverwirklichung. Berlin vierundzwanzig sieben eben. Ganz in echt. Neben mir schrieb jemand einen Blogeintrag über Kurkuma. Ein hipper Kellner mit abrasierten Haaren brüllte irgendwas von Soja-Latte. Mein Handy vibrierte. Freia. Culita und sie luden mich zu einer Whatsapp-Video-Konferenz ein. Hmm. Culita hatte sich also der globalen Datenkrake geschlagen gegeben. Aber nicht nur das.

»Leute, ich hab's getan.«

»Wie? Echt jetzt?« Freia klatschte in die Hände. »Bist du jetzt offiziell eine Frau?«

»Jap.«

»Und wie war's?«

»Kein Blut auf den Laken, falls ihr das meint.« Sie seufzte. »War unspektakulär. Und irgendwie ein bisschen eklig. Ehrlich gesagt versteh ich nicht, warum da alle so ein Riesending draus machen. Warum ist eine Person erst dann erwachsen, wenn sie mal einen Pimmel in sich hatte?«

»Riesending?« Freia saß inzwischen auf dem Klo und pinkelte hörbar. »Jungfräulichkeit ist so was von Geburt Christi. Voll die Propaganda. Wusstet ihr, dass im alten Babylon Tempelpriesterinnen sogar noch dann als Jungfrau galten, wenn sie schon neun Kinder hatten?«

Eine spontan sehr aufdringlich läutende Kirchenglocke, die durch das Badezimmer hallte, übertönte Großteile ihres kleinen Vortrags über die Kulturgeschichte der Vulva. Aber die Message kam rüber, auch durch die Wortfetzen, die ich verstand. »Dämonisierung von Weiblichkeit, Unterdrückung, Pimmelzentralismus, Werbeindustrie.«

Dann schwärmte Culita davon, dass ihre Menstruationsschmerzen, seitdem sie die Pille nahm, nur noch halb so schlimm waren. »Dafür kann ich seit geschlagenen acht Tagen nicht mehr aufs Klo.«

Mein Handy vibrierte. »Du hast einen neuen Superlike!« Es war von einem Kerl namens Jesus. »*You got me with the passport thing … I think I'm gonna steal it from you.*«

In meiner Profilbeschreibung stand »I'd rather have a passport full of stamps than a house full of stuff.« Das sollte allen Typen in Berlin zeigen, wie antimaterialistisch und weltoffen ich war. Natürlich hatte ich auch die Hoffnung, damit ein paar Jungs anzuziehen, die statt *9GAG* vielleicht auch mal *Die Zeit* lasen. Oder die *taz*. Oder wenigstens hin und wieder was auf *Spiegel Online*.

Auf seinem Tinderprofil chillte Jesus lässig auf einem Sitzsack, trug eine coole Mütze und hielt eine Kippe in der Hand. Sein Grinsen war das eines Typen, mit dem man sich bei einer Party unterhalten will. Sympathisch. Amüsiert nippte ich an meinem Hafermilchkaffee.

»*I thought Jesus would not do things like stealing … At least he said something about not doing it.*« Leider fiel mir nichts Schlagfertigeres ein. Aber das Eis war gebrochen.

In unserem virtuellen Dialog aus immer länger werdenden Textnachrichten unterhielten wir uns über spanisch-deutsche Klischees. Immerhin konnte ich mit meinen spärlichen Sprachkenntnissen aus meiner Zeit als Au-pair unter heimlicher Hinzuziehung eines Online-Wörterbuchs beeindrucken.

Recht schnell hatte er mich so weit, dass ich ihm verriet, wo ich mich befand. Was hatte ich schon zu verlieren, dachte ich noch. Kurz darauf stand ein schmächtiger Typ mit Ohrringen und Augenbrauenpiercing im Eingang.

So hatte ich mir Jesus nicht vorgestellt. Weder das Original noch die Version aus Andalusien.

Zielstrebig schritt er in abgewetzten Jeans auf mich zu. »Hey, you're Frieda, right?«

Nein sagen und weiter auf meinen schwarzen Laptop gucken ging schlecht. »Yeah, and you are Jesus?«

»Chhhesus«, korrigierte er mich. »You know. It's Spanish.«

»Of course.«

Bei der verdrucksten Begrüßung fühlte ich mich mal wieder zu grob. Den unübersehbaren Fakt, dass ich gefühlt doppelt so groß war wie er, ließen wir beide unkommentiert. Chhhesus setzte sich zu mir an den Tisch. Aber es war kaum möglich, sich zu unterhalten. Der Lärm von drei Kaffeemaschinen war unerträglich. Aber um den awkwarden Smalltalk aufzulockern, musste ich ohnehin auf Bier umsteigen. Also wechselten wir in eine kleine Kneipe, in der eine Jazzplatte lief.

Ich trank und rauchte. Währenddessen lümmelte mein Aus-Versehen-Date in einem roten Ledersessel und plauderte selbstbewusst über sein Leben und seine Ansichten.

»So, there was this girl I was really into, but she wouldn't fuck with me until I was a real asshole to her. Then she fucking asked me why I had changed to an asshole, but then I asked her: Who did you just fuck? My nice me or my asshole me??«

Und das von Jesus!

Sein Augenbrauenpiercing blitzte, als er sich seine Kippe anzündete.

»Women are into assholes. It's nature.« Gönnerhaft schmunzelnd zog er an der Zigarette, die er wie einen Joint zwischen Daumen und Zeigefinger hielt.

»Mhh.« Eilig trank ich mein Bier. Nie wieder Tinder.

Unbehagliche Stille kam auf. Sollte ich jetzt was sagen? Oder konnte ich einfach gehen?

Jesus grinste schelmisch. »You know I can read minds?«

»Oh, really?«

»Think of a cube.«

Der rasante Themenwechsel kam gelegen. Ich spielte mit.

Zum Würfel kamen noch Blumen, ein Sturm und ein Pferd dazu. Die Stimmung lockerte sich. Als ich alle Fragen beantwortet hatte, grinste Jesus auffordernd. »Well, that's very interesting.«

»I don't believe in stuff like that.«

»Are you sure?«

»Pretty much.«

Okay. Ich las manchmal heimlich Horoskope. Sie gaben mir das Gefühl, geheimnisvoll und begehrenswert zu sein. Aber das behielt ich besser für mich.

Mein Gegenüber bildete sich nämlich offenbar schon genug auf seine Show ein. Triumphierend fläzte er sich in den Sessel.

»So, do you wanna hear about your personality?«

»Can't wait.« Ironisch zog ich eine Augenbraue hoch, bevor Jesus mir Beifall heischend das Ergebnis präsentierte.

Weil ich mir einen Würfel aus Glas vorgestellt hatte, schätzte er mich als einen sehr transparenten Menschen ein. Und weil meine imaginierte Leiter in den Himmel zeigte, interpretierte er mich als eine sehr strebsame Person. Was ein aufgewecktes Kerlchen.

»Well done, Sherlock.«

Jesus grinste. »I said I can read minds. And … by the way. The horse stands for the man of your dreams … Short, lazy and everybody likes it? Sounds like we're a good match!«

13.

»Und der heißt WIRKLICH Jesus?« Freias aufgeregtem Tippen zufolge schrieb sie ihre Nachricht, während sie sich noch meine brühwarme Sprachnotiz anhörte. »Können wir das bitte drinlassen?«

Ich antwortete direkt. »Ich weiß nicht ... Widerspricht das nicht seinen Persönlichkeitsrechten?«

»Ach was, wir machen da so einen Disclaimer vorne rein, dass alle Geschichten völlig frei ausgedacht sind, und dann kann sich niemand beschweren.«

»Wenn du meinst. Ich vertrau dir.« Ich schickte einen lachenden Smiley hinterher, dem ein Schweißtropfen auf der Stirn stand. Tatsächlich traf der am häufigsten meine Emotionen.

»Kannst du.« Freia schickte ein Herz. »Also, dann morgen wieder um achtzehn Uhr? Live?«

Hinter mein »Okay« setzte ich eine gelbe Hand, die ein Okay-Zeichen machte.

Schnell verdunkelte ich den Bildschirm meines Smartphones. Gerade kam Igel die Straße entlang. Komischerweise trafen wir uns ständig vor der Haustür. Fest davon überzeugt, dass das ein Zeichen des Schicksals war, unterdrückte ich meinen Übermut, Igel genau darauf hinzuweisen. Coole Frauen machten so etwas nicht.

Der dicke Schlüsselbund an seinem Karabinerhaken rasselte, als Igel die knarzige Wohnungstür aufschloss. Im Wohnzimmer war es dunkel. Niemand zu Hause. Irgendwie schön. Wir verbrachten den Abend auf dem siffigen Sofa.

Igel hatte vorgeschlagen, einen Film zu gucken, was ich natürlich wieder mal als Andeutung seiner Zuneigung interpretierte. Dieses ewige innerliche Hin und Her aber auch.

»Den muast unbedingt sehn, Frieda. Des spüd an am Filmset.«

Es ging darum, dass der Regisseur und die Hauptdarstellerin sich gegenseitig heimlich liebten. Aber niemand von ihnen unternahm etwas, weil sie ihr Arbeitsverhältnis nicht belasten wollten.

Fast so ähnlich wie bei Igel und mir, dachte ich.

Heimlich guckte ich ihn von der Seite an.

Er war kein Schönling. Und ja, er war kleiner und schmächtiger als ich. Aber er war einfach nicht wie die anderen. Kein schnöseliger Degenhard-Lebkuchenmann. Und kein aufgesetzter, selbstverliebter Arschlochtyp. Sondern einfach ein kerniger, unarroganter, lieber, witziger, angenehmer, intelligenter Kerl. Igel eben.

Was er brauchte, war eine liebe, süße, anständige, mühelos hübsche, ungeschminkte Wollpulloverfrau mit Hornbrille.

Keine überschminkte Zynikerin wie mich.

Nachdem der Film vorbei war und ich Igel wie immer heimlich von der Seite angestarrt hatte, knipste er das Licht an. »Wüst nu an schaun?«

Die Uhr zeigte halb vier. »Ja, warum nicht?«

»Oda wia rauchn nu an klan Ofen.«

Ein Ofen, das war bei Igel ein Joint.

Ich sollte nicht kiffen, das wusste ich. Aber die Zeit mit Igel war kostbarer als alles andere.

Das Zeug knallte wieder total rein. Aber dieses Mal wahnsinnig angenehm. Jetzt waren es keine Einhörner und paranoide Anwandlungen. Sondern ein wohlig warmes Gefühl.

Igel stand auf und kam mit zwei Tassen frisch aufgegossenem Jasmintee aus der Küche wieder. Behutsam setzte er sich wieder neben mich. Zwar mit Abstand, aber gemeinsam unter derselben kratzigen Wolldecke von Kennys verstorbener Tante. Wir schwiegen. Es war keine merkwürdige Stille, sondern ein angenehmes Schweigen.

Das, was ich nüchtern zwar bemerkt, aber tunlichst zu unterdrücken versucht hatte, war durch das Gras zu einer nicht zu ignorierenden Kraft mutiert.

Ich spürte die Anziehung zu dem Menschen neben mir, als wären es grobe Schiffsseile, die mich mit voller Wucht zu ihm hinzogen. Natürlich blieb ich starr liegen. Oder pendelte ich leicht in seine Richtung? Nach dem Vorfall damals würde ich mich nie wieder trauen, ihm einfach ganz ehrlich zu sagen, was ich fühlte …

An jenem alles verändernden Abend – es war der letzte vor Amerika gewesen – hatte die WG in einer kleinen Abschiedsrunde zusammengesessen. Eigentlich war kein großes Gesaufe geplant gewesen, zumindest bis Kenny eine ganze Kiste Chardonnay auspackte. »Zur Feier des Tages!« Nach dem fünften Glas, zwei Joints und ein paar krummen Tönen auf der Gitarre war Jerome ins Bett verschwunden. Kenny hatte angekündigt, noch in die Else oder die Renate oder ins Kater Blau weiterzuziehen. Igel hatte recht nüchtern gewirkt. Im Gegensatz zu mir. Als alle anderen weg gewesen waren, hatte ich ihn geradezu genötigt, noch ein Glas mit mir zu trinken.

»Frieda, i muas morgn oarbeiten.«

»Komm schon, es isss doch der letzde Abend! Danach bin ich ersss ma wochenlang in der sächsischen Provinz.«

Mein Lallen war übermütig gewesen. Innerlich hatte ich die Pobacken zusammengezwickt. Das war DER Moment.

Monatelang hatte ich gerätselt, wie ich es am besten anstellen sollte. Und nun fühlte ich mich in meinem Schwips bereit dazu, es einfach zu tun.

Ich würde all meinen Mut zusammennehmen und ihm meine Gefühle gestehen. Zeit für Butter bei die Fische.

Wir saßen auf dem ranzigen Sofa. Ich schaute ihm ganz tief in die Augen. Und fühlte mich dabei absolut unwiderstehlich. Frei von Berührungsängsten, auf einer süßlichen Weinwolke über all meinen Selbstzweifeln schwebend, rieb ich meinen großen Zeh an seinem Unterschenkel.

»Alles okay, Frieda?« Die Verunsicherung stand Igel ins Gesicht geschrieben.

Mein Blick schrie förmlich: »Küss mich, du Trottel!« Ich schwieg.

»Äh, Frieda. Wüst du mir wos sogn?«

Oh shit. Mein Mund wurde trocken. Wie war noch mal der Text, wenn Frauen Männern ihre Liebe gestanden? Vor meinem inneren Auge tauchte Julia Roberts auf. »I'm also just a girl standing in front of a boy asking him to love her?« Passte irgendwie nicht so. Plötzlich zerbröckelte das Paralleluniversum, in dem ich eine verführerische Femme fatale war. Stattdessen sah ich mir wie gelähmt dabei zu, wie ich nur stumm nickte.

»Okay … Was wüst du ma leicht sogn?«

»Ich …« In mir brüllten alle Stimmen durcheinander. Oh mein Gott! Was willst du ihm leicht sagen, Frieda?! Los jetzt! Sag es!

Nein, sag es nicht! Der Abgrund der Ablehnung war doch viel zu tief! »Ich … Ich …«

Er musste doch längst wissen, was hier los war.

»Ich … Ich … Ich kann nicht.« Puh. Auch wenn ich nicht stolz auf mich selbst war. Immerhin. Ich konnte wieder atmen.

Igel bewegte sich nicht. Weder mit einer Antwort noch mit einem lang ersehnten Kuss lockerte er die grenzenlos peinliche Stimmung auf.

Scheiß drauf, dachte ich. Wenn es keine Worte gab, dann mussten eben Taten sprechen. Jetzt war ich sowieso schon auf halber Strecke. Also los.

Ich rückte näher an ihn heran. Er bewegte sich nicht. Ich kam mit meinem Gesicht ganz langsam immer näher an seins. Er blieb immer noch wie versteinert. Ich gab bereits 90 %! Warum kam er mir nicht mit den fehlenden 10 % entgegen?

»Äh, Frieda, wos is los?«

»Ich äh …«

»Ois okay?«

Vor lauter Schreck und Überforderung war ich vom siffigen Sofa gefallen. Genau an jenem Ort also, wo wir jetzt saßen und bekifft schwiegen. Nur wenige Monate später. Und so taten, als wäre nie etwas passiert. Scheiße, dachte ich. Konnte er es bitte einfach vergessen haben?

Besonders dass, als ich bereits am Boden lag, er mir anständig die Hand gereicht hatte, um mich wieder hochzuhieven, ich einen auf übertrieben betrunken machte, um meine Aktion zu relativieren, ihn mit meinem Körpergewicht an mich zog und er schlussendlich auf mich drauffiel.

Das war das Schlimmste, was mir je widerfahren war. Ganz sicher.

Igel zog nachdenklich am Joint. Wo er wohl gerade in Gedanken war?

Er schaute zur Seite. Mir direkt ins Gesicht. Mit breitem Grinsen und roten Augen. Völlig stoned. Ich blieb an seinen strahlend weißen Zähnen hängen. An seinen Grübchen und den Wangen mit dem unregelmäßig sprießenden Dreitagebart.

Er sagte nichts. Ich ausnahmsweise auch nicht.

Dann mussten wir beide lachen. Was sollte das bedeuten? Lachte er mich aus? Oder lachte er mit mir? Waren wir high? Oder verknallt? Lag es am Gras? Oder war da doch was?

Ich würde es wohl nie erfahren.

Am nächsten Morgen war mir kotzübel.

Igel lag halb tot auf dem siffigen Sofa. Neben ihm der Biomülleimer. Oder wie er sagte: Biomistkübel. Ich hatte keine Zeit, ihn süß zu finden. Ich musste kotzen. Das Bad war seit Stunden blockiert. Jemand schiss sich die Seele aus dem Leib.

Verdammt. Mein Magen grummelte wie wild. Wohin mit dem, was rauswollte? Der Eimer war noch bei Jeromes Chica. Also griff ich zur Salatschüssel und entledigte mich der Lasagne.

Unterdessen preschte Jerome wie ein tollwütiger Waschbär aus seinem Kleiderschrankzimmer und hämmerte energisch gegen die Klotür. »Alter, aufmachen! Ich muss kotzen.«

Das unverwechselbare Geräusch eines feuchten Furzes war die Antwort. »Sorry. Occupied!« Die Stimme aus dem Badezimmer hatte einen britischen Akzent.

Jerome blickte wie ein gejagter Straßenhund in der Wohnung umher. Oh nein, wo würde er jetzt hinreihern?

»Oida, Jerome, bitte spei ned ins Waschbecken!« Igel röchelte kraftlos in den von Fruchtfliegen umschwirrten Müll.

Und bitte nicht in den Topf, wo noch die Gemüsesoße von gestern schwimmt, wollte ich hinzufügen. Oh nein. Nicht an Essen denken. Mich überkam erneut der Geschmack von Knoblauch, Pilzen und Oregano. Diesmal sehr sauer.

Mit Schweißperlen auf der Stirn durchsuchte Jerome die Küchenschränke. Erfolglos. In der Not lief das leidende Tier zum Fenster und kotzte geräuschvoll vier Stockwerke runter in den Innenhof.

Hoffentlich lief nicht gerade ein Pizzalieferant unten entlang. Ich stellte mir vor, wie er nach seinem heutigen ersten Arbeitstag frustriert kündigen und die Stadt für immer verlassen würde. »Geh nach Berlin, haben sie gesagt. Das wird lustig, haben sie gesagt.«

In dem Moment drehte sich ein Schlüssel in der Wohnungstür. Kenny kam gerade von der letzten Partynacht zurück. Er starrte uns fassungslos an. Ich hockte auf allen vieren vorm Badezimmer über der farbenfrohen Salatschüssel. Vom Fenster ergoss sich ein Schwall Bröckchenregen. Hinter verschlossener Tür ein fieses Knattern. Unbeeindruckt machte er auf der Stelle kehrt. Kommentarlos zog er die Türe hinter sich zu.

Aber ein einziger Griff an die Türklinke hatte gereicht.

Vier Stunden später – ich war jetzt zweifelsfrei restlos leer – war das Bad immer noch besetzt. Kenny hämmerte schwitzend dagegen, während er sich verzweifelt vornüberbeugte.

»Open the door! I need to puke!«

Ich wusste nicht, wer da im Bad seine Eingeweide verteilte. Wohl aber, dass ein Unterbrechen dessen wohl allen Beteiligten nichts gebracht hätte. Nüchtern hielt ich Kenny den Mülleimer hin. »Komm. Lass laufen. Da müssen wir jetzt alle durch.«

»Euch hat's alle erwischt?! So richtig mit aus dem Arsch pissen und so?!«

Ein paar Tage später saß ich mit zurückgekehrter Gesichtsfarbe bei Miro auf dem Balkon.

»Digga, I feel you. Ich hatte auch mal so 'nen richtig üblen Norovirus …« Nachdem mir kein noch so unschönes Detail von Miros Job als Sanitäter erspart geblieben war, beschloss ich, das Thema zu wechseln.

»Übrigens, ich hab ein Praktikum!«, verkündete ich stolz.

Gestern war die Bestätigung in mein Postfach geflattert. Die Zusage war weniger meinen ernüchternden Testergebnissen beim Intelligenztest geschuldet als der Connection über Freias Langweiler-Ex.

Miro freute sich für mich. »Digga! Fernsehen? Das ist ja voll dein Ding! Voll die seriöse Berichterstattung und so.« Mit leuchtenden Augen zwinkerte er mir zu. »Vielleicht wird's ja eines Tages doch noch was mit der Nazi-Doku.«

Mit einem Blick über die Berliner Krankulisse ließ ich meiner Sehnsucht freien Lauf. »Können wir dann zurück nach Amerika?«

Miro fummelte schmatzend nach einem neuen Zigarettenpäckchen. »Wenn man dort als absoluter Loser 'ne solide Sieben abschleppt … ey, dann muss ich unbedingt zurück in dieses Kaff!«

»Eine solide Sieben?!«

»Dieser Wiener war 'ne Drei!«

»Ich fand Degenhard echt vorzeigbar«, verteidigte ich den langen Schnösel. »Und seinen Degen übrigens auch.«

»Digga! Wäh!« Miro starrte mich entrüstet an. »Ich will keine Infos über Schwänze! Oder willst du etwa wissen, wie die Muschi von 'ner anderen Tante geschmeckt hat?«

»Okay, okay, bin schon ruhig.«

»Die letzte war Lachs mit Dill. Davor war Kaviar!«

»Okay! Kein Wort mehr über Genitalien!«

Wir hielten einen Moment inne. Ich hätte Miro am liebsten gefragt, wie er auf Dill kam. Und warum ich eine Sieben war. Stattdessen lenkte ich das Gespräch wieder auf Degenhard.

»Ach, das war alles nur vorübergehend«, grummelte ich.

»Stehst du auf 'nen anderen Dude?«

Nachdenklich blickte ich in die graue Ferne, als befände sich dort anstatt von Plattenbauten und Kränen eine romantische Berglandschaft. »Ich bin mir nicht sicher. Aber wenn ich jemals so etwas wie Verliebtsein empfunden habe, dann bei Igel.«

Miro musterte mich besorgt. »Digga, du hast voll den Ösi-Fetisch.«

»Kann sein.«

»Hast du's Igel denn mal gesagt?«

»Na ja. Fast.«

»Und?«

Ich schüttelte den Kopf.

»Warst du betrunken?« Ich nickte. »Zum Glück. Dann kann ich einfach so tun, als könnte ich mich nicht mehr dran erinnern.«

Miro riss die Augen auf. »Diggi! Wo sind denn deine Eier?«

»Du meinst Eierstöcke? Keine Ahnung!« Weder im pyhsischen noch metaphorischen Sinne, dachte ich etwas befremdet.

»Du musst es noch mal machen! Aber nicht betrunken! Wie ich den Dude so einschätze, wird er nichts unternehmen.«

»Er ist halt nicht so der Womanizer-Typ …«, geriet ich ins Schwärmen. »Seitdem ich ihn kenne, hat er keine einzige Frau mit nach Hause genommen …«

»Dann ist er schwul.«

»Meinst du?«

»Safe.«

»Glaub ich nicht.«

»Find's raus.«

»Wie denn?«

»Setz dich nackt auf ihn drauf! Wenn er nicht auf dich steht, wirft er dich runter.«

»Oder er landet im Krankenhaus.«

»Alter Frieda, ich dachte, du wärst Feministin. Hör mal auf, dich selbst so zu shamen die ganze Zeit. Hält ja kein Mensch aus. Und jetz nimm deine Eierstöcke in die Hand und sag ihm, dass du was von ihm willst.«

14.

»Miro hat recht, Frieda«, bestätigte Freia am Telefon. Diesmal saß ich auf dem Klo. Sie hockte mit einer Kippe im Mund in ihrer Badewanne. Kunstvoll drapiert, verdeckte der Schaum ihre Brüste. »Du warst besoffen, Igel war besoffen. Da passieren Unfälle.«

»Apropos Unfälle.«

»Mhh?«

»Hier ist keiner passiert. Ich hab gerade meine Tage bekommen.« Seit dem letzten mal in Amerika waren ja auch schon wieder einige Wochen vorbei.

»Juhu!« Freia hob ihre Bierdose. »Glückwunsch! Gott sei Dank musst du keinen Mini-Falco aus deinem Uterus pressen!«

Währenddessen kramte ich im Regal zwischen alten Rasierklingen und Männerdeos auf der Suche nach Tampons eine einzelne, eingerollte Sportsocke hervor und wollte es gar nicht näher wissen. Als ich Kennys Koks-Nasendusche in die Kamera hielt, war Freia ganz empört. Allerdings nicht darüber.

»Du benutzt IMMER NOCH Tampons? Ich hab dir doch 'ne Tasse geschenkt! Weißt du, wie viel MÜLL durch Tampons entsteht?« Die letzten Worte klangen wie unter einer dumpfigen Käseglocke.

»Hast du dein Handy gerade zufällig ins Wasser gehalten?«

»Scheiße. Irgendwie ist das Rohr hier kaputt. Tropft ständig.

Ich glaub, ich brauch so 'ne Wasserpumpenzange … aber wenn das Kupferrohre sind, muss ich mir 'ne Lötlampe organisieren.«

Ich konnte Freia in ihrem grenzenlosen Unabhängig-, Progressiv- und Aufgeklärtsein nicht folgen. Vielleicht auch, weil ich in Gedanken immer noch bei meinem ganz persönlichen, akuten Tropfproblem war. So praktisch Menstruationstassen auch sein mochten. Die ganze Sache mit dem Vakuum, dem tentakelmäßigen Schmatzgeräusch beim Wechseln und besonders das Auswaschen waren mir unheimlich. Sollte ich zum Abkochen etwa Igels kleinen Schmorkochtopf verwenden? Würde es ihn stören? Konnte ich das fragen?

Nein.

Frustriert polterte ich von der Küche in mein Zimmer. Hinter Jeromes Tür lag, der Geräuschkulisse nach zu schlussfolgern, der Zugang zu einer Galaxie, in der vermutlich wenige menstruierten. »Digga, jetzt links, links, links! Da ist einer! Los, komm drauf! Rache! Bähm! Nein, Diggi! Entwaffnen, entwaffnen, den Zauberer entwaffnen!«

Ich klopfte an die Tür. »Sorry, dass ich störe. Ich hab gerade meine Tage bekommen und nichts da.«

Jerome sprang auf und wühlte ängstlich in einer Schublade. »Oh Gott! Soll ich 'nen Eimer holen?«

»Hast du vielleicht irgendwo 'nen Tampon oder 'ne Binde gesehen?«

»Puuuh.« Gestresst flatterte er mit den Lippen. Mit einem Blick in eine überfüllte Schublade raufte er sich die Haare. »Ich glaub nicht! Oh Gott. Aber kann ich dir die hier anbieten? Für den Notfall?« Besorgt drückte er mir rote Boxershorts in die Hand. »Kannst du vollbluten. Die trag ich eh nicht mehr!«

»Vielleicht besser so.«

Über der Ausbeulung prangte die Weisheit: *Das ehrlichste Kompliment eines Mannes ist sein Ständer.*

Hoffentlich gab es bei Ali Tampons. Auf dem Weg zum Späti nahm ich Freia am Telefon mit.

Sie gähnte. Alles, worüber sie sich zu beklagen hatte, war, dass ihr kleinkrimineller – »Wir-vögeln-nur« – Schinken von der griechischen Students-for-Future-Bewegung ihr offensichtlich verfallen war. Ganz zu schweigen von ihrem Tinderdate in den Bergen.

»Er hat mir Blumen geschickt. Was soll der Kack?«

»Ihh. Blumen. Ist das jetzt Liebe?«

»Liebe? Das ist mir suspekt.«

Während ich alles in mir zusammenzog, um nicht mitten auf der Sonnenallee zwischen prall gefüllten Obst- und Gemüseständen, Urberliner Kneipen und veganen Öko-Shops auszulaufen, tänzelte mir Kenny auf der Straße entgegen. »Huhu! Gleich kommt Alex vorbei, und wir gucken Game Of Thrones oder Haus des Geldes oder den neuen Tarantino!«

Keine Ahnung, wer Alex war. Unweigerlich erinnerte ich mich an meine ersten Versuche mit der Menstruationstasse. Uma Thurman hatte die ganze Armee von Lucy Liu in unserem WG-Bad niedergemetzelt.

Währenddessen seufzte Freia in den Hörer. »Sei froh, dass du deine Tage hast. Ich bekomm sie seit Wochen nicht.«

Im Späti griff ich nach einer blau verschnörkelten Mini-Packung Tampons für vier Euro neunundneunzig Cent. »Nimmst du nicht die Pille?«

»Nicht mehr. Seitdem ich erfahren habe, dass sie basically meinen ganzen Körper zerstört und meine Libido mindert. Ich meine HALLO, take everything, aber nicht meine Libido!«

»Im Ernst jetzt?«

»Ja, wusstest du das nicht?«

»Und wieso bekommst du deine Tage nicht?«

»Ich glaub, mein Körper muss sich erst mal wieder daran gewöhnen, ohne die synthetischen Östrogene klarzukommen.« Sie schmatzte zynisch in den Hörer. »Drück ihm die Daumen. Einer Freundin von mir sind nach dem Absetzen der Pille die Haare büschelweise ausgefallen.«

Plötzlich stand Igel vor mir. »Yo, Frieda!«

»Igel!« Mit einem überforderten Grinsen hielt ich die Tamponpackung hoch und senkte sie kurz darauf erschrocken wieder. »Ich … äh … telefoniere gerade mit Freia.«

»Liebe Grüße!« Zwischen uns tat sich eine gläserne Kühlschranktür auf. Igel griff zwischen vielen bunten Biolimonaden nach einer Mio Mio Mate und stellte sie auf den Kassentisch. »Geht mit Karte?«

»Leider erst ab zehn Euro.« Der Spätiverkäufer telefonierte ebenfalls.

Schnell legte ich erst einen Zwanziger und dann etwas zögerlich meine Tamponpackung auf den Tresen und kam mir dabei sehr selbstbestimmt vor. »Passt scho.«

»Danke, Frieda.« Igel lächelte. Ich lächelte zurück.

»Oiso … I muas jetzt …« Er verabschiedete sich knapp.

Miros Worte kamen mir wieder in den Sinn. Die Vorstellung von Igel, vorm Traualtar im weißen Anzug auf einer grünen Wiese mit einem anderen Mann. Irgendwie konnte ich mich damit anfreunden. Ich sah mich schon mit Tränen in den Augen in der ersten Reihe sitzen, überwältigt klatschen und den beiden alles Liebe, alles Gute wünschen.

Es war, als könnte Freia meine Gedanken hören. »Nur weil

ein Typ kein Interesse hat, ist er nicht gleich schwul. Kann doch auch sein, dass es einfach nicht passt! Ich meine, im Ernst jetzt. Was willst du denn überhaupt von dem? Der ist dir doch drei Nummern zu klein!«

»Keine Ahnung. Er gibt mir ein gutes Gefühl. Sicherheit. Und Geborgenheit.«

Verdammt, dachte ich. War das der einzige Grund?

»Hast recht. Vielleicht bin ich gar nicht wirklich verknallt. Sondern mag ihn einfach nur wie einen wirklich guten Freund.«

Oh Gott. War ich emotional so verkorkst, dass ich seit mehr als einem Jahr annahm, dass das zwischen uns mehr sein musste? Oder war die Gesellschaft schuld? Hatten mir die Wendy, Celine Dion, Carrie und Mister Big eingeredet, dass eine monogame heterosexuelle Form von »Liebe« das einzig wahre Ziel war?

Freia meinte, ja. »Vögel jemanden, der dir nicht auf die Nerven geht.«

»Und du vögel niemanden, bis du wieder sicher verhütest!«

Ich kam mir aufgedunsen und ungeliebt vor. Vermutlich PMS. Vielleicht aber auch Weltschmerz.

»Sie verlassen den amerikanischen Sektor«, stand auf einem Schild am Checkpoint Charlie. »Für optimale, reine Haut«, versprach ein anderes Werbeschild. Ich radelte durch Kreuzberg, um frische Luft zu tanken. Nachdem mich die ganzen Gedanken über Igel leider schon wieder in ein tiefes Loch aus Selbstzweifeln gestürzt hatten – war er zu klein oder ich zu groß? Warum konnte mir das alles nicht einfach egal sein? –, trat ich gehetzt in die Pedale. Dabei beobachtete ich meine Oberschenkel. Jeden Moment würde meine viel zu enge Jeans reißen. Ich fühlte mich eingezwängt, in jeder Pore meines Seins.

An einer Bushaltestelle warb eine Datingplattform mit einem ehemaligen Bachelorkandidaten. Den wollte ich nicht geschenkt.

Oder?

Woher wusste ich, was ich wollte und wer ich war, wenn mir immer alles in Form einer Norm vorgegeben worden war?

Schon im Kindergarten war mir gesagt worden, dass ich Männer mochte. Meine Barbie vögelte einen durchtrainierten Dude namens Ken, der größer war als sie. Und meine Heldinnen – Schneewittchen, Dornröschen und Aschenputtel – wurden alle irgendwann von einem weißen Prinzen auf einem ebenfalls weißen Ross gerettet. In fast jedem Film, den ich gesehen hatte, allen voran Bridget Jones, waren Frauen nur dazu da, am Ende gerettet zu werden. Und so dachte vermutlich auch ich, dass ich jemanden brauchte, der mich beschützte. War immerhin eine gefährliche Welt da draußen. Langsam wurde es dunkel. Die Straßen schienen leer. Ich sollte hier nicht alleine rumradeln, dachte ich. Meine Oma hatte mich immer davor gewarnt, nachts das Haus alleine zu verlassen. Alleine, das hieß, nicht ohne männliche Begleitung.

Als ich schweißgebadet vom Fahrrad abstieg, hatte ich eine Nachricht auf dem Handy. Jesus. »*Got tickets for Metropolis tonight. Wanna go?*«

Eigentlich fühlte ich mich nicht wirklich zu ihm hingezogen. Aber das war irgendwie zweitrangig.

Zu Hause googelte ich Metropolis. Ein Stummfilm aus dem Jahr 1927. Drei Stunden lang. Ein Klassiker.

Auf den Film hatte ich total Bock. Nur auf das Date nicht. Also gut. Ehrlichkeit währt am Längsten.

»*Would you still take me there, if I friendzoned you?*«, antwortete ich Jesus schließlich ohne Angst vor Verlusten. Im Chatfenster tauchten links unten drei Punkte auf.

Ich sah, er schrieb, dann wieder nicht, und dann schrieb er wieder.

»Oh … wow … that was very direct. But sure, why not. I think you are cool.«

Jesus fragte, ob wir jetzt, wo wir ganz offiziell kein Date waren, vielleicht auch einfach die Sache mit Tinder nicht mehr erwähnen mussten. *»Maybe we just tell people that we met at the supermarket. Or that we are doing Tandem. I teach you Spanish and you teach me German!«*

War okay für mich. Aber irgendwie klang mir das immer noch zu sexy. Vielleicht wegen des Zwinkersmileys, das er dahintergesetzt hatte.

Ja, dachte ich. Ich sollte dringend jemanden mitnehmen, damit daraus auch wirklich kein Date wurde. Jerome entwaffnete in seinem Zimmer den Geräuschen zufolge immer noch Zauberer, Igel war nicht da, und Kenny wollte ich in seinem postnovoviralen Glück hinter Flügeltüren auch nicht stören. Zusammen mit seiner Klubbekanntschaft hatte er sich seit Tagen in seinem Zimmer verschanzt. Also fragte ich Miro. Zu meiner Überraschung sagte er zu. Hatte wohl keine Ahnung, was das für ein Film war.

»Das ist WELTKULTURERBE! Den zu sehen gehört zu den Dingen, die man einmal im Leben getan haben muss«, machte ich ihm unseren Abend schmackhaft, als wir in der U2 saßen. Ich hatte ihn aus seiner Wohnung am Gleisdreieck abgeholt, damit er keinen Rückzieher mehr machen konnte. Schräg gegenüber von uns erkannte ich das mir von Instagram vertraute Gesicht einer jungen, intellektuellen Autorin. Tanja Ahrnheim oder so. Ich folgte ihr auf Instagram, weil ich ihre kühle, analytische

Art bewunderte. Sie war das absolute Gegenteil von mir. In ihren Storys lief sie fast immer top gestylt durch den Decathlon-Store. Ich mochte ihre Badmintonschuhe. Dass die überhaupt U-Bahn fuhr. Ich hätte sie eher in einem Uber vermutet.

Miro lachte. »Gibt's Popcorn?«

»Klar.« Ich hatte Zweifel.

Im U-Bahnhof am Rosa-Luxemburg-Platz gab es keinen Aufzug. Die Treppe in Richtung Kino hinaufzukommen kostete Miro die Dauer von drei U2s in Richtung Pankow. Noch nicht ganz Herr über seine neue, futuristisch anmutende Klotzschiene, stieß er bei dem Versuch, die nächste Stufe zu erreichen, ein paar herumstehende Bierflaschen von der Treppe. »Fuck.« Mit rotem Kopf schnaufte er nur einzelne Worte hervor. »Hoffentlich. Wird das. In München. Besser.« Miro hatte dort irgendein klotzbeinfreundliches Praktikum ergattert. Redaktionsjob. Tierdokus. Irgendwas mit Eulen. Ich freute mich für ihn. Eigentlich hätte ich auch Lust gehabt, in eine andere Stadt zu ziehen. Aber irgendwie machte es mich auch stolz, in Berlin zu leben. War doch *the place to be*!

Gerade wuchtete Miro seine Schiene die vierzehnte Stufe hoch, da bekam ich es mit der Panik zu tun. Mit den Mini-Tampons kam ich höchstens zwanzig Minuten weit. »Es läuft gleich los! Also der Film!«

Kurzerhand packte ich Miro an den Hüften und hob ihn die letzte Treppenstufe hoch. »Hopp!«

»Ey!« Miro machte kurz Anstalten, sich zu wehren, aber da war es schon zu spät.

Hinter uns wuchtete jemand sein Fahrrad die Stufen hinauf. Es war Igel. Mein Brustkorb kribbelte. »Schon wieder! Was eine Überraschung!« Es WAR Schicksal.

»Wos mochts ihr denn do? Ois okay?« Er flatterte mit den Lippen. »Überall san Scherben. Jetz hob i an Patschen.«

Er meinte einen Platten. Und ich schmolz dahin.

Mein Leben war mal wieder eine bescheuerte Romcom.

Kurz darauf schleppte ich den Typen, der mich friendzonte, mit zu meinem Tinderdate, das ich wiederum friendzonte. Und das zusammen mit meinem obligatorisch schrägen besten Freund, dem ich das Bein gebrochen und dafür meine Schwester versprochen hatte. Meine beiden Jungs begrüßten Jesus mit einem brüderlichen Handschlag. Der hatte wohl den gleichen Trick angewendet wie ich. Seine beiden Begleiterinnen waren aus Frankreich. Die eine war eine kleine, ungeschminkte, schmallippige Graue mit Hornbrille und die andere eine große, grobe, lila Überschminkte mit blond gefärbtem Pony und riesigen Creolen. Mit ihr konnte ich mich eindeutig eher identifizieren.

Als wir den Saal betraten, bimmelte bereits die Glocke zum Beginn der Vorstellung. Das ehemalige DDR-Kino war proppenvoll. Natürlich gab es kein Popcorn. Der Ort stand unter Denkmalschutz.

Eine naturbelassene Organistin mit Dutt und Brille würde die komplette Filmmusik auf einer Orgel Baujahr 1911 zum Besten geben, wie ein aufgeregter Redner mit Schweißflecken unter den Achseln betonte. Alle rotsamtigen Sitze waren restlos besetzt. Die Leute, die es sonst noch an diesen seltsamen Ort verschlagen hatte, waren entweder behornbrillte, kulturtrunkene Hipster oder selbst von 1927.

Der Film war super. Fasziniert begutachtete ich die Fluten, mit denen man die aufwendig errichtete Filmstadt tatsächlich bis zum letzten Papphaus unter Wasser gesetzt hatte, und hoffte, dass sich meine inneren Fluten nun beruhigen würden.

Miro pennte. Dabei war er nicht der Einzige. Hinter uns schnarchte ein Opa ganz laut in die von weniger lautem Orgel-Gedudel besetzten Stellen hinein.

Nach drei Stunden folgte noch ein langer, verdienter Applaus für die musikalische Untermalung. Die adrette Organistin verbeugte sich, nun verschwitzt und mit zerrupftem Dutt sowie schief sitzender Brille.

Nach dem Film traf man sich mit den zuvor gedrehten Kippen draußen.

Jesus hatte den ganzen Twist mit dem Klonen und dem wahnsinnigen Wissenschaftler, der durch deutsche Texttafeln erklärt wurde, nicht verstanden. Also bot ich an, ihm die rätselhafte Handlung bei einem Bierchen zu erklären. Die graue Brillenfrau und Igel entschlossen sich dazu, sich uns anzuschließen.

Wir gingen ins Schmittz, eine nette Kneipe, in der junge Männer betrunken um eine Tischtennisplatte rannten, sich mit Bier vollkippten und laut johlend kickerten. Ich unterhielt mich mit Jesus' Freundin. Sie war Pornodarstellerin.

»It is not exactly porn«, verbesserte sie mich mit starkem französischem Akzent. »I just masturbate in fron of se camerá. It is like fetish, because I am all airy.«

»Airy?«

»HHH Airy.« Sie hob den Arm.

»Oh!«

»But now I want to get a second job. Like, you know. More normal job. I'm tired of being objectified just because I am French and airy.«

»I understand.« Ich nickte betroffen.

Jesus erklärte Igel unterdessen seine Persönlichkeit. »And the horse stands for the woman of your dreams!«

Mein Gott, aus welchem Playboy hatte er diese bescheuerte Nummer denn nur?

»Guys!«, klinkte ich mich ein. »Does somebody maybe know a cool café where they are searching for a cute French worker?« Mist. Ich sollte gehen. Innerlich biss ich mir auf die Zunge.

Zum Glück rief Igel schnell in entzückendem Englisch mit österreichischer Note: »I work in a very nice place. They are always looking for help!« Lachend tippte er seine Nummer ins Handy der haarigen Französin, trank sein Bier aus und verabschiedete sich. Sie verließ daraufhin ebenfalls die Bar.

Ich nahm mir vor, dringend reflektierter zu werden, weniger an Männer und mehr an fragliche Stereotype und ihre Wirkung zu denken. Gleich nachdem ich mir einen neuen Drink besorgt hatte. »So, Jesus. How about you make this water taste like beer?«

Der Abend wurde zu drei Uhr morgens. Jesus und ich waren mittlerweile die Letzten in der Bar.

»You know that I can read minds? Think of a number between one and ten.«

»Do you really think I am that naive?«

Verdammt. Wir flirteten. Oder?

»To Tinder«, prostete er mir zu. »I am glad I've met you.«

Ich stimmte ihm zu, wir verstanden uns schon echt gut. Solange ich ihm nicht erklären musste, warum ich ihn gefriendzont hatte und er meine Entscheidung respektierte, war doch alles in Butter. Etwas beunruhigt rutschte ich auf dem Barhocker herum. War meine Haltung zu »flirty«? Ließ mein knallroter Lippenstift Raum für Interpretationen? War das jetzt doch irgendwie … ein Date?

Kurz überlegte ich, Jesus zu fragen, ob er denke, dass Frauen und Männer wirklich einfach nur befreundet sein konnten. Wahrscheinlich würde er mich schelmisch angrinsen und irgendwas sagen, was ich doof fände. Lieber nicht.

Jesus wirkte auf einmal überraschend zaghaft. »Damn. I didn't want to ask you that. But …«

»Mhh?«

»Just tell me one thing. Why did you friendzone me so quickly?«

Verdammt. Es wäre auch zu schön gewesen.

»I know I am small and skinny and don't have much hair. Not the most handsome guy on earth. You can just tell me, was that your problem?«

Irgendwie berührte mich seine Offenheit. Gleichzeitig ärgerte ich mich. War ich ihm jetzt eine Erklärung schuldig? Warum konnten wir nicht einfach befreundet sein wie abgemacht? Weil das so nicht vorgesehen war in unserer Welt, in der man eher auf Tinder nach einem neuen Gelegenheitstechtelmechtel suchte, anstatt sich mal ernsthaft nach stabilen Freundschaften umzusehen? Oder … weil da doch irgendwie etwas zwischen uns war? Mein Zögern schien ihn zu verunsichern.

»I thought we had a really good evening together … So maybe it was the fact, that I was too nice to you!« Sein neckisches Schmunzeln veranlasste mich dazu, das verbrannte Papier vom oberen Ende meiner Zigarette mit arrogantem Blick abzuaschen. »Oh yeah. Right. I would have fucked you in the first two minutes, but you were too nice to me …«

»You would've?« Oh Gott. Jesus kam sich wahnsinnig klug vor. Ich wollte etwas Schlagfertiges zurückpfeffern, wusste aber nicht was. Sah man mir wohl an.

Jesus schmunzelte. »You know, I'm just joking. I honestly

think you are a great woman – I'm happy to exchange life stories with you.«

War ich jetzt die »Verkrampfte«?

Der Urberliner Kellner mischte sich ein. »Macht ma hinne, ihr zwee. Ick hab nisch die janze Nacht Zeit.« Ungeduldig deutete er auf unsere Flaschen. »Könnta mitneehm. Hauptsache, ick mach den Laden dicht.«

»Sorry.« Verunsichert hielt Jesus ihm sein Tannenzäpfle unter die Nase. »Do we have time to finish this?«

Ich musste grinsen.

Keine Ahnung wieso. Vielleicht weil sich der Spieß ständig umdrehte. Vielleicht weil ich einsam war. Vielleicht aber auch, weil ich ihn einfach doch irgendwie mochte. Aber ich wollte nicht, dass der Abend schon vorbei war.

Auf dem Weg aus der Bar zur U-Bahn kam ein abgestelltes Sofa in einem angesprayten Hauseingang durchaus gelegen, um Bier und Konversation zu einem Ende zu bringen.

Jesus hatte es sich bereits auf dem zerrissenen Leder gemütlich gemacht und klaubte raschelnd in seinen abgewetzten Jeanstaschen nach Tabak.

Ich beäugte die Sitzgelegenheit eingehend. Keine Kakerlaken, keine Wanzen, keine sichtbaren Körperflüssigkeiten. »This sofa would fit perfectly into my room!«

Wenige Minuten später schleppten Jesus und ich das sperrige Ungetüm die U-Bahntreppen runter durch die Scherben, die niemand weggeräumt hatte. Er voran und ich angestrengt hinterher. Als wir am Hermannplatz ankamen, regnete es in Strömen. Die Kanten des gefundenen Möbelstücks drückten sich schmerzhaft in meine Handflächen.

»Oh shit, that thing is heavy. Let's take a break.«

Die Couch passte perfekt unter das Dach einer Bushaltestelle. Wir fielen erschöpft auf das braune, knarzende Leder. Vor uns lag ein alter Kühlschrank auf dem Bordstein, daneben ein Haufen Holz, das von einem zerschlagenen Bücherregal zeugte. Die vorbeifahrenden Autos rauschten im Regen. Völlig selbstverständlich zündete Jesus sich eine Zigarette an und hielt sie mir hin. »Wow. Have you ever experienced anything more … romantic?«

»What?«

»The rain, the sofa, the conversations. And this building is really beautiful.«

Nachdenklich blickte ich auf das für Neuköllner Verhältnisse extrem noble, fast schon schlossartige, kunstvoll beleuchtete Gerichtsgebäude. War das jetzt wieder Ironie?

Nee, oder? Es war nämlich wirklich ein wenig romantisch. Alternativ. Spontan. Abgefuckt. Berlin-romantisch eben. Zwei junge Leute, die große verlassene Stadt, die Nacht, der Regen und ein altes Sofa. Wie in einem Indiefilm. Wäre Jesus jetzt groß, stark, zehn Jahre jünger und hätte eine reflektierte Meinung, wäre ich ihm wahrscheinlich für immer verfallen. Aber leider war er ein unheiliges Hähnchen mit Hang zur Besserwisserei. Ich ärgerte mich über meine festgefahrenen Ansichten. Aber ich konnte nicht aus meiner Haut.

»Should we go on?«

Wie immer roch es nach Urin, als ich die große, angeschmierte Tür aufdrückte. Zusammen rangierten Jesus und ich das Sofa durch das enge Altbautreppenhaus bis in den fünften Stock.

Oben angekommen, schmissen wir bei dem Versuch, meine Mitbewohner auf keinen Fall zu wecken, gleich mehrere Tüten mit leeren Bierflaschen um und rissen einen vollen Kleiderständer mit.

Mein kleines Zimmer sah aus, als hätte eine Bombe eingeschlagen. Jesus kickte beiläufig ein paar auf dem Boden verteilte Klamotten, Taschen und Tüten zur Seite. Peinlicherweise war auch ein verwaschener BH dabei, den ich Oma geklaut hatte. Irgendwie wirkte er im fahlstaubigen Licht doch nicht mehr so vintage.

Das alte Sofa passte perfekt unter die schräge Holzleiter meines Hochbettes, das mir Igel gebaut hatte. Erschöpft sanken wir wieder auf das zerschlissene Leder, das sich nun doch leider etwas verdreckter zeigte als noch auf der Straße.

Jesus drehte seinen Kopf zu mir. Im Augenwinkel sah ich sein herausforderndes Grinsen. Scheiße, da war was. Ich mochte ihn. Und er mich. Kurz dachte ich darüber nach, es einfach geschehen zu lassen. Scheiß drauf. Warum nicht? Irgendwie hatte ich plötzlich Bock, etwas Unheiliges zu tun. Oder war da ganz tief in mir einfach nur das Bedürfnis, von jemandem gemocht zu werden? Konzentriert horchte ich in mich hinein. Lag wahrscheinlich am Bier. Oder daran, dass ich total horny war, wenn ich meine Tage hatte. Oh shit. Ich hatte meine Tage. Ob Jesus das stören würde? Vermutlich nicht. Ich schätzte ihn eher als einen Vertreter der Rotes-Meer-Fraktion ein.

Außerdem war die Erde keine Scheide, äh, Scheibe. Es gab ja noch mehr auf der Karte der südlichen Gewässer und Gefilde.

Aber was war mit Igel, der nebenan pennte? Der würde alles mitkriegen.

Nein. So etwas tat ich nicht. Etwas peinlich berührt, komplimentierte ich Jesus vor die Tür. »Thanks for your help! See you!«

15.

Vier Uhr morgens. Ich wälzte mich schlaftrunken aus dem Bett. Im Wohnzimmer lief der Fernseher. Kenny und Jerome lagen auf dem siffigen Sofa und waren trotz ohrenbetäubendem Animationsfilm eingeschlafen. Der Joint steckte halb aufgeraucht im Aschenbecher. Ich beeilte mich, meine Klamotten in den kleinen Koffer zu stopfen, und rannte zur U-Bahn.

Die meisten U8-fahrenden Gestalten um diese Uhrzeit waren offensichtlich Überbleibsel einer langen Nacht. Einige grölten noch partydurstig, die meisten wollten nach Hause. Aufgeregt trollte ich mich mit meinem Rollkoffer über den ungewohnt leeren Alexanderplatz. *Ich* wollte nicht nach Hause. *Ich* wollte nach Bordeaux. Und von dort aus nach La Rochelle. Gestern Nacht hatten Freia und ich den spontanen Entschluss gefasst, Culita einen Überraschungsbesuch abzustatten. Es war mein letztes Wochenende in Freiheit, bevor mein Praktikum begann.

Endlich in der kleinen Herberge in Bordeaux angelangt, empfing mich eine bebrillte Französin mit riesigem, grob gemustertem Strickpulli an der Rezeption. Die hätte bestimmt gut zu Igel gepasst. Ich wartete eine Weile auf Freia, die einfach nicht auftauchen wollte.

Als ich mich unerlaubterweise in den abgedunkelten Schlafsaal mogelte, entdeckte ich sie auf einer der unteren Stockbettpritschen. Zusammen mit einem dunkel gelockten Kerl. Kurz überlegte ich, sie anzustupsen, entschied mich dann aber doch dagegen.

In der abgenutzten Gemeinschaftsküche hockten einige verschlafene Gestalten über Instant-Kaffee auf tiefen Sofas. Niemand der Anwesenden wollte die vor Regen triefenden Sportsocken von der Wäscheleine im Garten nehmen. Ich blätterte ein wenig in meinem Tagebuch. Die alte Dachkammer in Amerika fehlte mir irgendwie. Warum merkte man immer erst, wie schön eine Zeit gewesen war, wenn sie bereits in der Vergangenheit lag?

Irgendwann kam Freia zerrupft und blass aus dem Zimmerchen. »Moin.« Sie trug einen großen, grauen Kapuzenpulli. Und sonst nichts. Wie immer zeigte sie wenig Gefühle. Freia war cool.

Ich umarmte sie froh. »Was geht ab, Schwesterherz?«

»Alter, ich hab echt einen Flieger genommen.« Kopfschüttelnd steckte sie sich eine Zahnbürste aus Holz in den Mund. »Das darf ich den Leuten von Ende Gelände niemals erzählen.«

Nach La Rochelle fuhr zum Glück ein Bus.

Die nette Strickpulli-Rezeptionistin half uns, Tickets zu reservieren. Aus ihrem gestenreichen Halbenglisch mit starkem französischem Akzent ging hervor, dass die Zeit knapp war.

Hastig stopften wir Freias im Hostelzimmer wild verstreutes Zeug in ihren Rucksack, während sie uns ein Taxi bestellte.

Freia schämte sich zu Tode. »Ich bin die schlechteste Öko-Influencerin der Welt. Hoffentlich sieht mich niemand.«

Ungeduldig warteten wir in der kleinen Gasse vorm Hostel, doch nach über zehn Minuten war der Wagen immer noch nicht da. Während ich nervös auf einem Baguette herumkaute – Freia hatte es abgelehnt, weil sie offenbar mal wieder auf Kohlenhydrate verzichtete –, trippelten nur Omas an Rollatoren und kackende Hunde, die auf Französisch zurechtgewiesen wurden, über das verregnete Kopfsteinpflaster.

Irgendwann fuhr eine schwarz glänzende Limousine mit verdunkelten Scheiben vor. Sahen so französische Taxis aus? Oder war es doch ein Uber?

Freia wollte bereits beherzt die Hintertür des schwarzen Wagens öffnen. Da stieg ein aufgepumpter Glatzkopf im engen Hemd mit Schlägersonnenbrille aus.

Die übliche Sprachbarriere kam auf. Der Fahrer fragte uns irgendwas. Unsere Antwort war: »Uber?«

Er musterte uns zaghaft. Wir waren offensichtlich zwei deutsche Touristinnen, verkatert, verpeilt und im Schlabberlook.

Ich versicherte ihm – irgendwie mit Händen und Füßen –, dass wir ihn gerufen hatten und außerdem in Eile waren. In GROSSER Eile! Er schien schon einzulenken, da kam ein gegelter Anzugtyp um die Ecke, deutete auf den glänzenden Wagen und gab uns zu verstehen, dass das SEINE Mitfahrgelegenheit war. Entschlossen drückte er dem stiernackigen Fahrer einen Aktenkoffer in die Hand.

Flehend erklärte ich die Situation. »We need to go to the bus station, it's very urgent! Our bus is leaving in around ten minutes and our taxi is not appearing. Please, can you take us with you?«

Der geleckte Geschäftsmann musterte uns abschätzig.

»S'il vous plaît!«, versuchte es Freia.

Sogar die Strickpullifrau, die ihre Hornbrille bereits neugierig aus dem Fensterchen der kleinen Herberge gestreckt hatte, rief etwas, was nach Erbarmen und Nächstenliebe klang.

Der Aktentaschenkerl schaute desinteressiert auf seine Rolex. Dann schüttelte er langsam den Kopf. »No, sorri! I aaf no time!«

Wir rannten los. Wir wussten zwar nicht, wohin. Aber alleine um den Glanzkarren fahrenden Arschlöchern zu zeigen, dass sie verdammt unhilfreiche, glanzkarrenfahrende Arschlöcher waren, rannten wir mit Sack und Pack die Straße entlang. Der Wagen fuhr in Schrittgeschwindigkeit neben uns her. Das war doch wie in einem schlechten Zeichentrickfilm. Am Ende der Kreuzung musste die Limo anhalten, weil ein winzig kleiner Renault ihr die Vorfahrt nahm.

Freia hielt blitzschnell den Daumen raus.

Die Reifen der Schüssel quietschten. Wir sprangen in das enge Gefährt. Mein Fuß hing noch zur Tür raus, Freia streckte von der Beifahrerseite ihren Mittelfinger aus dem Fenster.

Wir waren einfach eingestiegen!

Am Lenkrad fläzte ein Goldkettchen – so wie er aussah, vermutlich gerade auf dem Weg zum Solarium. Jedenfalls interpretierte er unser hektisches Geplapper richtig und preschte los.

Während ich damit beschäftigt war, meine Gliedmaßen auf dem kleinen Rücksitz zu verstauen, rasten wir über rote Ampeln, aber wohin?

»Freia«, rief ich durch den Fahrtwind. »Du hattest doch Französisch-Leistungskurs! Sag ihm, wir müssen dringend zum Busbahnhof, weil wir sonst den Bus verpassen!«

Meine Schwester überlegte offensichtlich fieberhaft nach einer passenden Formulierung, die das Goldkettchen dazu veranlassen würde, uns in letzter Sekunde am richtigen Busterminal rauszuwerfen. Nach einigen Sekunden formte sie die Lippen mühevoll zu einer spitzen Schnute: »Le Büs!«

Mehr schien leider nicht aus dem Französisch-LK hängen geblieben zu sein. Der nette Fahrer fragte uns halb auf Französisch, halb auf Englisch, wo wir denn so dringend hinmüssten.

Freia brüllte adrenalingeladen: »We are on vacation!«

»Ja«, rief ich nach vorne. »Wir müssen ganz dringend in den Urlaub! Very important vacation!«

Das Goldkettchen wunderte sich ein bisschen, lachte und brachte uns zu einem Ort, von dem er annahm, dass dort wohl am ehesten *le bus* zu finden war. Er zog die Handbremse im Halteverbot.

Mit tausend »Merci« pellten wir uns aus dem winzigen Gefährt, warfen dem Fahrer zum Dank das angebissene Baguette in den Schoß und rannten los. Gerade als er um die Ecke verschwunden war, stellte Freia fest, dass wir hier falsch waren. »Nur Züge.«

An einer anderen Ecke versuchten wir noch mal unser Glück, landeten aber im Parkhaus, und als wir am allerhintersten Eingang eine Toilette fanden, fiel mir ein, dass ich immer noch meine Tage hatte.

»Dafür haben wir jetzt keine Zeit!«, fauchte Freia.

»Sag das mal meinem Uterus«, fauchte ich zurück. Immerhin musste man hier fürs Tamponwechseln nicht auch noch siebzig Cent bezahlen. Jetzt war der Bus nach La Rochelle sowieso weg.

Frustriert und weinerlich ließ sich Freia auf dem Bürgersteig neben einen Mülleimer fallen. »Wir hätten es bestimmt noch geschafft. Warum hast du deinen verfluchten Tampon nicht in der Herberge gewechselt?«

»Da war kein Mülleimer!«

Sie fluchte.

»Kein Grund, so aggressiv zu werden!«, verteidigte ich mich.

»Sorry. Ich hab Hunger.«

»Gib's zu. Du bist auf Diät.«

»Was? Neeein. Ich esse intuitiv.«

»Nur Gurken?«

»Und Bier.«

Einige Minuten der angespannten Stimmung vergingen. Wir stritten. Meine Schwester wollte ihr Shirt zurück, ich meine Hose, wir gingen abwechselnd auf die öffentliche Toilette, um wütend Klamotten zu tauschen. Ich stellte fest, dass mir meine Hose nicht mehr passte, und überlegte, ob ich vielleicht auch mal eine Gurken-Bier-Diät ausprobieren sollte. Dann saßen wir schweigend auf dem Bürgersteig vor dem Bahnhof.

Ungeduldig tippte ich auf meinem Handy rum. »Züge sind arschteuer, Busse arschvoll. Wir sind am Arsch.«

Freia stand auf und ging ein Stück. Wahrscheinlich musste sie erst mal tief durchatmen, ein bisschen Abstand gewinnen und frische Luft tanken. Neben einem Papiercontainer zündete sie sich eine Zigarette an.

Auf der gegenüberliegenden Straßenseite erschien eine Frau mit zwei jungen Mädchen, so zwischen zehn und zwölf. Die eine trug die langen Haare offen, die andere zu einem Pferdeschwanz gebunden. Fröhlich hopsten sie nebeneinander her, tippten sich gegenseitig an, rannten los bis zur Kreuzung und blieben dort ganz brav stehen, bis die Mutter zusammen mit ihnen an der Hand, eine rechts, eine links, die Straße überquerte. Mich überkam eine Mischung aus Melancholie und Schaudern. Ein Sommer noch, und das Ganze würde anders aussehen, dachte ich. Pubertät. Du grauenhaftes Monster. Um keinen Preis wollte ich da noch mal durch.

Ich wusste noch, damals mit zehn oder elf Jahren. Freia und ich hatten immer laut gesungen und getanzt, ganze Shows in unserem Kinderzimmer aufgeführt, vor Familie und Nachbarschaft, ohne uns darum zu scheren, was andere von uns hielten.

Wir hatten Shakira, die No Angels und Jeanette Biedermann nachgeahmt, aus voller Inbrunst gesungen und den Kleiderschrank unserer Oma auseinandergenommen, um selbst erdachte Theaterstücke aufzuführen. Und ganz ehrlich, die waren gar nicht mal schlecht gewesen! Alles, was wir damals brauchten, war Spaß und Mut. Temperamentvoll hatte man uns genannt. Selbstbewusst. »Bei den zweien muss man sich warm anziehen!«, hatte damals der neue Freund unserer Großmutter gemeint, und sie hatte uns stolz auf den Rücken geklopft. »Aus den zwee wird ma wat, dat sach isch dir!«

Wann hatte das aufgehört? Wann waren diese ganzen Zweifel dazugekommen, vielleicht doch zu groß, zu klein, zu dick oder zu dünn zu sein, um auf der Bühne zu stehen?

Vermutlich als wir anfingen, allmählich neue Formen anzunehmen. Plötzlich wuchsen mir Haare an Stellen, die mir peinlich waren, ich produzierte Ausdünstungen, die ich nicht zuordnen konnte, und mein Körper ging auseinander wie Hefeteig. Gefühlt alle zwei Wochen passten meine Klamotten nicht mehr, ich musste BHs kaufen und schämte mich zu Tode, wenn Oma reinplatzte, wenn ich gerade duschte.

Auf einmal wurde ich nicht mehr als Kind, sondern als junge Frau wahrgenommen.

Als ich eines Tages »Hit Me Baby One More Time« tanzte und die Choreografie stolz den Nachbarn präsentierte, hielt Oma mich dazu an, mich in Acht zu nehmen. Denn Männer haben »zwischen den Beinen einen harten Knüppel. Und der tut weh.«

Es war traumatisierend. Plötzlich hatten alle etwas zu sagen. Ein Junge in meiner Klasse nannte mich »Spitzbergen« und meinte, ich solle mir mal einen Push-up zulegen. Sein Kumpel beschimpfte Freia als »fette Hure«, als sie mich verteidigte.

Auf einer Klassenfahrt machte meine Lehrerin mich auf meine Schweißflecken aufmerksam und riet mir, Deo zu benutzen – dabei verbrachte ich sowieso schon jeden Tag vor der Schule mindestens eine Stunde damit, mir Hautunreinheiten mit verschiedenen Abdeckstiften, moussigem bis öligem Make-up und viel zu hellem Puder zu verdecken und mich mit süßlichen Billigdeos und -parfums einzudünsten! Es half nichts. Alles an mir fühlte sich falsch an. Ich kam mir vor wie ein hässlicher, stinkender Oger. Die ganzen Typen, die ich später in Dorfdiskos, auf Interrailreisen und später auch auf Berliner Hauspartys abgeschleppt hatte, waren nichts weiter als der Versuch gewesen, mir das Gegenteil zu beweisen.

Viel zu schnell war ich erwachsen geworden, was auch immer das bedeuten sollte. Und viel zu wenig Zeit war mir vergönnt gewesen, mir eine eigene Form zu suchen. Deshalb hatte ich mich an Freia orientiert. Und die war seit dem »fette Hure« damit beschäftigt gewesen, Kalorien zu zählen.

Mittlerweise hatte sie ihre Zigarette in einer Mülltonne entsorgt und stand mit einem Stück Pappe vor mir.

»Ich weiß was!« Ihre Augen leuchteten. »Wir trampen.«

»Bist du wahnsinnig? Keine zehn Pferde bringen mich dazu! Das ist viel zu gefährlich!«

Kurz darauf hockten wir auf dem Rücksitz eines Twingo. Das nette Rentnerpärchen, das uns aufgegabelt hatte, wirkte zu meinem Erstaunen vollkommen unbedrohlich. In der Windschutzscheibe wackelte eine kleine Dackelfigur mit dem Kopf. Während wir aus der Stadt raustuckerten, unterhielten wir uns mit Händen und Füßen. Die beiden waren gerade auf dem Weg in die Flitterwochen. Dritte Ehe, wahre Liebe. Und wir so? »Vacació!«, raunte Freia. »Very important vacation.« Als wir auf einer sonnigen Landstraße durch Weizenfelder brausten, machte die nette Omi mit dem grauen Kurzhaarschnitt ein Hörbuch an. »C'est en français. Pour que vous puissiez apprendre quelque chose!«

»Oui! Ça va! Baguette!«, rief Freia höflich und drückte sich unauffällig die weißen Kopfhörer in die Ohren.

»Voulez-vous quelque chose de sucre?« Die nette Omi hielt uns Bonbons hin.

Das ruckartige Passieren eines gigantischen Schlagloches weckte Freia aus dem bereits eingetretenen Halbschlaf. Schnell riss sie sich die Kabel aus den Ohren. »No sucre! Merci! Moi diabète.«

»Oh! Diabète? Pardon!«

Freia? Diabetes? Das erinnerte mich an die Story mit Sven, dem Hausschwein, und seinem Leidensgenossen, dem Schnitzel.

Dankend nahm ich das Bonbon an.

Der nette Rentner auf dem Fahrersitz fuhr von der Autobahn ab.

»Pipi?«, gab uns seine Frau zu verstehen.

Ah, ja. Pinkelpause. Die bemühten Großeltern ließen uns noch mit ihren echten Enkeln auf Englisch telefonieren, und wir machten ein Selfie zusammen. Dann waren wir in La Rochelle.

Mit hundert »Merci« winkten wir dem Wagen nach, der uns genau vor Culitas IT-Gebäude abgeliefert hatte.

16.

Als Culita mit ihrem Culito aus dem für französische Verhältnisse erstaunlich hässlichen Neubau kam, stolperte sie vor Freude fast über den Bordstein. »Das ist nicht euer Ernst!«

Sofort zogen wir in ein nahe gelegenes Straßencafé mit Aluminiumstühlen um. Eine Markise schützte uns vor dem leichten Regen. Culita war immer noch ganz fertig. Vor Aufregung riss sie sich ihre Mütze herunter und packte sich an den Kopf. Verdutzt starrte ich sie an. Ihre Haare waren glatt. Aalglatt.

Wie sie selbst ganz erstaunt meinte, hatte sich ihre sonst so wilde Mähne von ganz allein dazu entschieden, nun einen auf »straight« zu machen. »Seitdem ich die Pille nehme, hat sich total viel an mir verändert … Es ist echt seltsam. Ich hab sogar das Gefühl …« Sie stockte kurz. »Ich rieche anders.«

»Du riechst anders?« Verwirrt rückte ich meinen Stuhl näher an sie heran, um an ihr zu schnuppern.

»Nein … Ich *rieche* anders.« Culitas Zeigefinger tippte an ihre Stupsnase. »Mein Geruchssinn ist gestört oder so.«

Ich ließ vom Beschnuppern ab, um erst Culita und dann Freia einen besorgten Blick zuzuwerfen. Ich war immer noch nicht über die Sache mit den Haaren hinweg. Der neue Look passte irgendwie nicht zu ihr. »Deine Haare sind so … rot.«

»Ja, ich weiß. Als ich sie mir letztens nachtönen wollte, ist mir erst im Nachhinein aufgefallen, dass in der Farbe total viel Ammoniak drin war. So was habe ich sonst immer sofort gemerkt!« Als sie den Reißverschluss ihres Pullis zuzog, fiel mir auf, dass die Knöpfe ihres Hemds auf der Brust spannten. »Unheimlich …«

»Ja. Ich hab das Gefühl, dass sich mein ganzer Körper und mein Denken verändert … Ich rede nicht nur von Instagram, sondern steh auch auf diesen Typen, der sich verhält, als sei er mein Vater.«

»Iiiih …«, entfuhr es mir. »Was macht er denn?«

»Wenn wir im Restaurant sind, bestellt er für mich. Und er will mir neue Klamotten kaufen. Meine findet er zu grau.«

»Willst du das denn?«

»Keine Ahnung, irgendwie weiß ich nicht mehr, was ich will.«

Freia wusste wie immer am besten Bescheid. »Das sind die synthetischen Hormone.« Während sie eine rauchte, blähten sich ihre Nasenflügel immer mehr auf. »Dadurch verändert sich deine Gehirnstruktur, dein Geruchssinn und damit auch die Partnerwahl.« Seitdem sie selbst »clean« war, hatte sich meine Schwester zur glühenden Pillengegnerin entwickelt. »Ist das nicht total next level sick shit?«

»Dieser Typ …« Immer noch besorgt, suchte ich Culitas Blick. »Das ist aber nicht der, mit dem du …?« *Deine Jungfräulichkeit verloren hast*, verkniff ich mir und entschied mich für eine weniger patriarchale Ausdrucksweise. »Dich zum ersten Mal genitaltechnisch ineinander … verstülpt hast?«

»Nein. Das war Pierre …« Culita seufzte, während ein Windstoß veranlasste, dass wir angeregnet wurden. »Den kann ich buchstäblich nicht mehr riechen. Aber dafür stalke ich ihn jetzt immer auf TikTok.«

Meine Freundin befremdete mich.

Geräuschvoll rückte Freia ihren metallenen Stuhl weiter unter die Markise. »Wieso hast du überhaupt angefangen mit dem Scheiß?« Sie meinte offenbar die Pille, nicht die sozialen Medien.

Culita stockte. »Der eigentliche Grund war, dass ... meine Frauenärztin gesagt hat, dass wir damit ... die Haare an meinen Brustwarzen in den Griff bekommen.« Die letzten vier Worte klangen so, als stünden sie in Anführungszeichen.

»Wie bitte?«, empörte ich mich unerwartet laut. »Die Gynäkologin hat dich gehairnippelshamed?!«

Culita schluckte verlegen. »Mir waren die Härchen an den Brustwarzen vorher nie negativ aufgefallen. Aber seitdem die Ärztin das gesagt hat, hab ich angefangen, mich dafür zu schämen.«

Freia leckte grunzend das Blättchen ab. »Ich zupfe meine immer aus.«

»Wie bitte?!« Zornig umklammerte ich mein Bier. »Deine Gynäkologin soll dich von Ängsten befreien. Und nicht dir welche einpflanzen.« Hoffentlich verstand Freia das jetzt nicht als Angriff.

Mit dem Filter im Mund taxierte sie mich erst irritiert, dann überrascht. »Stimmt. Frieda hat voll recht. Shaming ist voll das Riesengeschäft! Wir fressen die Pille ja nicht nur, sondern bezahlen dafür auch noch Milliarden, ohne etwas zu hinterfragen! Ich mein ... Wie blöd sind wir eigentlich, uns so verarschen zu lassen?« Schnaubend vor Wut berichtete sie von steigenden Suizidzahlen bei Pillenanwender*innen und erklärte, dass sich die Manipulation des körpereigenen Hormonhaushalts sogar auf Merk- und Konzentrationsfähigkeit auswirken kann. »Gesundheit, Libido und Intelligenz sind wohl nur wichtig, wenn's um Männer geht. Scheiß Androzentrismus. Also, ich verlass mich nicht mehr auf die Pharmaindustrie. Der Markt regelt 'nen Scheiß von alleine.«

Verängstigt strich Culita sich eine glatte Haarsträhne hinters Ohr. Weiter oben auf ihrer Stirn entdeckte ich ein einzelnes lockiges Haar. Es bahnte sich den Weg in die Freiheit und landete durch eine Windböe einige Meter weiter auf dem Kopfsteinpflaster. Freia war unterdessen immer noch nicht fertig mit ihrer Wutparole. Die Pille für den Mann gab es längst, und wir mussten ihrer Meinung nach nur anfangen zu fordern, dass sie zugelassen wurde. »Aufstehen! Dinge nicht mehr als gegeben hinnehmen!« Etwas in Freia schien immer heftiger zu brodeln. »Tss … Und dann wird uns auch noch gesagt, dass wir davon schön und schlank werden, größere, haarlose Brüste, reine Haut und glänzende Haare bekommen. Also echt. In Sachen Pille geben sich Patriarchat und Kapitalismus ein kumpelhaftes High Five!«

Ich wollte laut »Amen« rufen.

»Können wir über etwas anderes reden? Das zieht mich total runter.« Culita machte ein trauriges Gesicht. Stimmt, dachte ich. Wie unsensibel. Wir machten ihr Angst. Ich überlegte. Was würde Culita sagen, wenn ich in ihrer Rolle wäre? Bestimmt etwas total Einfühlsames. Zaghaft leckte ich mir die Lippen. »Ähm … Wie fühlst du dich denn, also … so tief drin?«

»Puh … Ehrlich gesagt träge, aufgebläht und einsam …«

»Wegen der Haare auf den Brüsten?« Freias emotionale Intelligenz war nicht größer als meine. »Ach was. Wird schon wieder. Ich glaube, du brauchst einfach ganz dringend einen Kerl, der dich …«

»Versteht? Respektiert? Und aufrichtig liebt, so wie du bist?«, unterbrach ich meine Schwester mit hochgezogener Augenbraue.

»Mal so richtig durchbumst«, antwortete sie bestimmt. »Nachdem er sich ein Gel in die Samenleiter hat injizieren lassen, das ihn unfruchtbar macht, oder die Dreimonatsspritze für den Mann nimmt. Gibt es nämlich alles. Oder eben ein Kondom. Kann doch nicht so schwer sein.«

»Hey, wie wär's mit dem?« Ich deutete auf den Kellner.

»Neee, der is mir zu schmierig.«

»Pardon?« Der Franzose mit dem Tablett guckte uns verdutzt an.

Als wir bezahlten, klatschte uns eine besonders kühle Böe eine Portion Nieselregen ins Gesicht. Freia wollte trotzdem unbedingt ans Meer. Wegen ihrer Gurken-Bier-Diät kauften wir fünfzehn Bierdosen und drei Gurkengläser im nahe gelegenen Supermarkt. Der Jüngling von Kassierer gaffte uns mit offenem Mund an. Wahrscheinlich hatte er eine ziemlich blühende Vorstellung davon, was drei junge Frauen mit viel Alkohol und Gurken vorhatten. Eine, sagen wir, spezielle Party. Entgeisterten Blickes überreichte er uns viel zu viel Wechselgeld.

Kurz darauf hatten wir idyllisch weißen Sand unter den Füßen.

Freia packte das Dosenbier aus und beschloss direkt, die Nacht am Strand zu verbringen. »Ey, wir pennen einfach auf unseren Jacken und Rucksäcken!« Es war bewölkt und kalt.

Während ich noch versuchte etwas zu sagen, was Freia nicht total spießig gefunden hätte – wie zum Beispiel »Aber wer passt dann auf unsere Sachen auf?« oder »Vielleicht erkälten wir uns!« –, zogen sich meine Schwester und Culita splitternackt aus.

Anerkennend begutachtete ich Freias Figur, während sie selbst Culitas dichten Busch beäugte. »Ich beneide dich. Hab mir das da unten fast alles weglasern lassen. Jetzt sind Haare wieder in.

Kacke.« Sie warf den BH in den Sand, machte ein Ganzkörperselfie mit den Händen vor den Brustwarzen und lief ins Wasser. War eine von uns nach der Geburt vertauscht worden?

Der kalte Wind wehte mir um die nackten blassen Beine, als ich mich aus der warmen Jeans pellte.

Das Wasser war wärmer als die Luft. Eigentlich wunderschön.

»Prost, Leute!« Ich öffnete meine schäumende blaurote Dose, während wir in den seichten Wellen trieben. »Auf uns. Wenn es weibliche Schinken gäbe, dann wären das wir.«

Freias nackte Brüste dümpelten im Freigang. »Dann sind wir Gurken.«

»Richtig gute Gurken.«

»Wieso denn Gurken?«, fragte ich ins Schwappen des Wassers hinein. »Ist das nicht schon wieder voll indoktrinierte Phalluskultur?«

»Ach Schwesterherz, mach dich mal locker. Ist ja furchtbar, man kann gar keinen Spaß mehr haben.«

Da schwammen wir also. Drei nackte Gurken in der grenzenlosen Weite des Ozeans. Jede eine Bierdose in der Hand.

Verblüfft schaute ich in die Ferne. Der Himmel war grau. Ein paar Meter von uns entfernt regnete es. Eigentlich regnete es überall. Nur über unseren Köpfen nicht. Sommer war da, wo wir waren. Ich fühlte mich wie in der Endszene von »Die wilden Hühner.«

»Wow!«, Culita starrte entgeistert in den Himmel. »Ich fass es nicht. Guckt euch das an.«

Als ich mich umdrehte, konnte ich meinen Augen kaum trauen. Es war unbeschreiblich. In grellen, leuchtenden Farben hatte sich ein überdimensionaler Regenbogen über die graue Himmelsdecke gespannt. Fast fiel mir die Bierdose ins Wasser.

Alles wirkte absolut unwirklich, so stark leuchteten die Farben. Mit offenen Mündern gafften wir das einmalige Schauspiel an und hielten uns vor Glück in den Armen. Ein paar Regentropfen streiften meine Haare, während gleichzeitig die Sonne mein Gesicht wärmte. Selbst Freia ließ ihrem Freudestrahlen freien Lauf. So glücklich hatte ich sie nicht mehr gesehen, seit wir Kinder gewesen waren.

»Leute«, quietschte Culita. »Jetzt darf sich jede von uns was wünschen.«

Freia verdrehte lachend die Augen. »Bitte sag jetzt nichts über deinen paternalistischen Dude.«

»Nee, ich denk doch nicht an 'nem geilen Gurkentag an einen Kerl!« Culita biss sich verheißungsvoll auf die Unterlippe. »Irgendwie … Ich weiß nicht, wie ich das sagen soll, ohne dass es voll komisch klingt. Aber ich will irgendwas Krasses machen.«

»Den Mount Everest besteigen?«

»Heroin nehmen?«

»Eine Partei gründen?«

»Nackt auf einem Pferd die Champs-Élysées herunterreiten?«

»Nee … ich meine, so von Gefühlen her und so.«

»Meinst du Sex?« Die Wellen schwappten sanft um meine Brüste herum.

»Mhh … Ja und nein. Ich meine, ich will mich … spüren.«

Freia und ich wechselten einen irritierten Blick. »Okaaaaay.«

»Ihr seid doof. Jetzt du, Freia.«

»Ich wünsche mir …« Grübelnd ließ Freia das weiche Wasser durch ihre Finger gleiten. »Weltfrieden. Climate-Justice. Die Aufforstung der Wälder. Geschlechtergerechtigkeit. Männer, die Care-Arbeit machen.«

»Nee, im Ernst jetzt.«

»Ich hätte Bock, mal einen Roman zu schreiben. Was Lustiges mit Happy End, was nicht damit endet, dass am Ende der heiß ersehnte Kerl vor der Tür steht.«

»Voll Coming-of-Age!« Oder war alternativ das richtige Wort? Ich musste wieder an »Tatsächlich ... Liebe« und Keira Knightley denken. »Das ist doch aber das, was alle sehen wollen! Ich meine ... Was soll denn sonst passieren? Frauenfreundschaft?«

»Ja! Zusammenhalt! Oder Weltfrieden! Climate-Justice! Die Aufforstung der Wälder! Kann doch nicht so schwer sein.«

»Und du, Frieda?« In Culitas katzengrauen Augen stand ehrliches Interesse.

Schlagartig kam mir ein Gedanke. Ich wollte so sein wie Freia. Aber das konnte ich ja wohl schlecht sagen.

»Ich glaube, ich will mich weiterentwickeln. Unabhängig werden, stark und bewundernswert. Und ... raus aus meiner kleinen, engen Form.« Irgendwie passte ich nämlich in die Alte nicht mehr rein. Als ich den Satz zu Ende gesprochen hatte, machte sich in mir ein aufgeregtes Kribbeln breit. Als wäre tief in mir etwas, was an die Oberfläche wollte. Es war ein Rülpser.

»Schulz!«, rief Freia unbekümmert.

17.

Ein paar Tage später war es so weit. Der erste Tag meines Praktikums.

Vor Aufregung zitternd stand ich im imposanten graumarmornen Foyer des renommierten Senders und fühlte mich wie ein winzig kleiner Fisch in einem Wasserpark, in dem Delfine Salti durch Ringe machen und Robben begeistert in die Flossen klatschen. Auf mehreren Monitoren lief das Programm des TV-Magazins.

Am langen, weißen Empfangstresen schluckte ich meine Nervosität herunter.

»Guten Tag! Ich habe mich beworben in der Redaktion von …«

»Frau Flieker! Herzlich willkommen! Sie werden schon erwartet!«

Wenig später führte mich die sanftmütige Sekretärin mit akkurater Föhnwelle durch die lichtdurchfluteten Redaktionsräume. An langen Tischen tippten emsige Redakteurinnen konzentriert in ihre Computertastaturen. Einige winkten mir flüchtig über die Bildschirme zu. »Frau Flieker wird uns in nächster Zeit in der Redaktion unterstützen.«

Wow, dachte ich. Solch eine Ehre hatte ich nie erwartet. Ehrfürchtig staunend bekam ich einen Einblick in die Büros der vielen Redaktionen, konnte durch die gläsernen Türen in die

Schnitträume blicken und folgte der Sekretärin strahlend durch endlos lange Gänge vorbei an rot blinkenden Schildern. »Achtung Aufnahme. Ruhe bitte.«

Mit eiligem Stöckelschuhgeklacker huschten puppenartig geschminkte Frauen in Bleistiftrock und Blazer mit Moderationskarten an der aufgedruckten Kulisse der New Yorker Börse vorbei. Hinter einer zufallenden Tür erkannte ich Maske, Regie und Studio. Das war meine Welt! Dafür hatte ich in Amerika studiert!

Schließlich folgte ich Lisbeth, wie sich die ältere Sekretärin vorgestellt hatte, in ein Gemeinschaftsbüro. Milde lächelnd drehte sie den Verschluss ihrer Perlenkette nach hinten. »Wir haben uns ja darauf geeinigt, dass du erst mal ein bisschen Kultur machst ... ich weiß, das ist nicht ganz dein ... Niveau. Aber vielleicht zum Wiederwarmwerden ganz gut.«

Was meinte sie denn damit?

Ich lachte überwältigt. »Kultur ist super!«

Sie lächelte freundlich. »Gut. Das ist der Autorenraum. Du kannst dich wie alle Reporter an einen der Schreibtische setzen. Hier stehen alle Nummern, die du brauchst. Archiv, VJ-Lounge, Technikausleihe.«

Ich nickte noch mal stumm. Währenddessen war mein Hirn damit beschäftigt zu realisieren, was gerade passierte.

»Für weitere Aufgaben kommt Susie aus der Redaktion auf dich zu. Viel Spaß!«

»Danke!«, brachte ich hervor. Da verschwand Lisbeth geräuschlos aus dem Raum. Ich platzierte meinen Praktikantinnenhintern vorsichtig auf einem der Drehsessel.

Ein bisschen fühlte ich mich wie ein Kind an Silvester, das zum ersten Mal mit den Erwachsenen Bleigießen durfte. Meine

Füße reichten nicht bis zum Boden. Was um Himmels willen war eine VJ-Lounge, und warum brauchte ich all die Nummern?

Es vergingen einige Momente der Ratlosigkeit, die sich unter Ausschüttung von Stresshormonen immer mehr in eine Panikattacke zu verwandeln drohten. Dann kam die Erlösung.

»Sobald du dick eingericktet hast, können wir starten, Darlin'.« Die ältere Vorgesetzte, die mich an Jane Fonda erinnerte, schob sich einen Drehsessel zurecht. Mit einer dezenten amerikanischen Färbung stellte sich Susie als Boss der englischen und deutschen Redaktion vor. »Wir erwarten viel von dir. Aber wir wissen ja auck, dass du schon viel geleistet hast.«

Schon geleistet? War das ein Witz? Offenbar meinte sie das ernst. Ich fühlte mich gewertschätzt.

Die freundliche Redakteurin tippselte mit den Zeigefingern auf der Tastatur des Arbeitscomputers herum, um mir die Handhabung des Intranets näherzubringen. »So sind wir immer im Haus connected!«

Es klopfte an die Tür. Ein zerzaust aussehender Mann mit runder Brille, den ich als rasenden Reporter identifizierte, grabbelte nervös an einem kleinen Papierstapel herum. »Susie, entschuldige die Störung. Der Beitrag über die Zero Waste Mall wäre jetzt zur Abnahme bereit.«

»Okay, Hans, Darlin', ick komme sofort in die Vier.« Mir schenkte sie ein knappes Lächeln. »Geh dock gleick in die EV für deine Dienstausweis!«

Ich nickte eifrig. Keine Ahnung, was das zu bedeuten hatte.

Als Susie im langen Gang verschwunden war, schlich auch ich aus dem Gemeinschaftsbüro. Was hätte Freia getan? Sich auf keinen Fall etwas anmerken lassen. Ob ich einen Raum namens EV auf dem Plan im Treppenhaus finden würde? Ziellos umherlaufend fand ich mich vor einem Fluchtplan an der Wand wieder.

Plötzlich wurde ich angetippt. »Frieda?« Ein bebrilltes Gesicht mit spitzen Zähnen grinste mir entgegen. Die weißblonden Malfoyhaare schlängelten sich an seinem Hinterkopf herab.

»Jens! Was machst du denn hier?«

»Ich bin im Accounting! Hab ich dir doch erzählt, am ersten Abend in Amerika, weißt du noch?« Er guckte tadelnd bis spöttisch, fast schon vorwurfsvoll.

»Hier?« Ich fühlte mich wie ein dummes Kind und versuchte mir mein Unbehagen, das durch die Begegnung mit Jens nicht wusste, ob es sich verschlimmern oder in Luft auflösen sollte, nicht anmerken zu lassen. »Das hab ich dann wohl akustisch nicht verstanden.«

Klugscheißernd hob er die Augenbraue. »Und du? Was machst du hier?«

»Keine Ahnung, ehrlich gesagt!« Ich flüsterte. »Weißt du, wo die EV ist?«

»Du meinst DEN EV?« Jens gluckste froh und stemmte klug die Hände in die Hüften. »Wo DER EV ist?«

Kurz darauf saß ich auf einem Hocker vor einer weißen Leinwand und wurde fotografiert. In einem abgelegenen Raum im Keller, wo Jens mich wie ein rühriger Vati abgeladen hatte. Ein rustikaler Herbert mit Bauarbeiterdekolleté fertigte mir eine elektronische Karte an, mit der ich mir Zutritt zu allen Räumen verschaffen konnte. Alles war so aufregend! Bereit, mich von jetzt an für die nächsten drei Monate in der Redaktionsküche nützlich zu machen, wartete ich auf Anweisungen meiner Mentorin. Aber Susie wollte keinen Kaffee von mir. Und auch keine Kopien. Sie wollte einen Fernsehbeitrag. Und der Dreh war in zwei Tagen.

»Yo, Friedamaus.« Jerome machte mir verpennt die Tür auf. Es war später Nachmittag. Als ich den Flur durchquert hatte und über alles, was da so im Wohnzimmer auf dem Boden lag – Klamotten, Bierflaschen, die dazugehörigen Kästen, Aschenbecher, ein Twister-Spiel, eine herrenlose Unterhose –, hinweggestiegen war, kämpfte ich mich durch den vollgeräumten Gang. Aus meinem Zimmer drang lautes Schnarchen.

Auf dem Jesus-Sofa lag etwas, von dem ich nichts erkennen konnte, außer verzottelte Haare.

Durch ein mühevolles Winden bekam die in Decken eingewickelte Gestalt ein Gesicht. Es war Mandy. Freias ehemalige beste Freundin. Und seit Freias Berlinbesuch letztes Jahr und einem feuchtfröhlichen Get-together mit viel Sterni, Gras und Koks auch Kennys Dealerin. Freia hatte mir erzählt, Mandy hätte sie einmal als »famegeile bitch« beschimpft. War sie immer noch in diesem feministischen Künstlerinnenkollektiv, das sich weigerte, den Genderstern zu benutzen? Freia hatte nach dem Zuwürfnis gemeint, sie könne sowieso nicht mit einer »TERF« befreundet sein. »Voll white Feminism, zweite Welle. Mega transfeindlich.«

Auf dem Boden quoll ein Aschenbecher über, darin Reste eines Joints.

Das letzte Mal hatte ich Mandy bei ihrer eigenen Abschiedsparty vor der Selbstfindungsreise nach Marokko gesehen. Da war ich ziemlich betrunken in Kennys Zimmer getorkelt, hatte ihr Koks mit Staub verwechselt und kurzerhand mit einer Handbewegung vom Tisch gefegt. In einer heiklen Rettungsaktion hatte Mandy versucht, mit dem Staubsauger einzufangen, was sich in den Ritzen des Sofas verloren hatte. Kenny hatte anschließend den Inhalt des Staubsaugerbeutels gesnifft.

Beim gemeinsamen nachmittäglichen Frühstück fiel mir auf, dass etwas nicht stimmte. Kennys Verhalten deutete mal wieder auf ein Unglück hin. Der ganze Wohnzimmertisch war voller roter Johannisbeeren und angedetschter Mangos.

»Hab ich gerettet«, erklärte er im seidigen Bademantel auf dem Weg aus dem Bad. »Vom Markt. Ich mach Fruchtmus!«

Ob nach der Sache mit den Cryptocurrencies, dem Dealen, der hartnäckigen Brotbackerei und seiner Karriere als sein eigenes Alter Ego nun die Leidenschaft fürs Containern in ihm entflammt war?

»Von welchem Markt denn?«, fragte ich.

»Maybachufer!«, rief Kenny.

Mandy grunzte. »Türkenmarkt. Wird man ja wohl noch sagen dürfen.«

In der Küche hörte man Gläser klirren. Jerome durchwühlte den Kühlschrank. Dann griff er nach einem Mokkakocher, der beinahe schon als fossile Gesteinsformation durchging, und flüsterte mir zu: »Ey, wie heißt die noch mal?«

»Wer?«

»Die Dealerin. Von Kenny.«

»Ach so. Mandy! Das ist Freias beste Freundin. Korrigiere. Ex-Beste-Freundin.« Ich flüsterte bänglich. »Sie ist eine TERF.«

Jerome hob die Augenbrauen. »Wie Surf and Turf?«

»Ne, wie Trans-Exclusionary Radical Feminist.« Mit einem besorgniserregenden Quietschen schraubte Jerome das rostige Kännchen auseinander, schaufelte eine Portion Billigkaffee in den Filter und zündete den widerwilligen Gasherd mit einem der vielen herumliegenden Feuerzeuge an. »Bitchfight oder wie?« Unter bärigem Lachen knallte er erst die Espressokanne auf die Flamme und nutzte anschließend direkt die Gelegenheit, sich seine Kippe damit anzuzünden.

Ich zuckte mit den Schultern. War wohl wirklich nicht so gut gelaufen mit dem gemeinsamen Projekt, feministische Parolen an Häuserwände zu schmieren und dann auf YouTube zu veröffentlichen. »Girls just wanna have fun-damental rights.« Anfangs waren Freia und Mandy sich in allem so einig gewesen. Aber je mehr sich beide weiterentwickelt hatten, desto mehr waren sie auseinandergedriftet.

»I don't want your tiny hands anywhere near my underpants«, fand Freia zu sexistisch gegenüber Männern mit kleinen Händen, Mandy wiederum hatte was gegen »Sushi Rolls statt Gender Rolls«, es sei zu anti-vegan. Freia wollte es trotzdem unbedingt an eine Schule sprühen, sie wurden erwischt, Mandy als Ältere zu Sozialstunden verknackt, Freia berühmt.

Hach, dachte ich. Egal wie ungezwungen, jung und frei andere sich vorkamen. Freia war freier.

Mittlerweile hatte Jerome eine Flasche mit rotem Gemüsesaft aus der Seitentür herausgefriemelt und hielt sie mir unter die Nase. »Kann ich das trinken?« Neugierig schnüffelte er daran. »Riecht nach roter Beete.«

»Musst du Kenny fragen.«

Aus seinem Zimmer dröhnte Techno. Wahrscheinlich malten Mandy und er mal wieder zusammen ein Bild, tätowierten sich gegenseitig Smileys auf den Arsch oder legten sich gegenseitig Tarotkarten.

Zusammen mit »Journalismus für Dummies« zog ich mich in meine vier Wände zurück, um dort vergeblich zu versuchen, mich auf meinen total überzeugenden Auftritt als TV-Praktikantin zu konzentrieren.

In meinem Kopf schwirrten Fragezeichen. Susie wollte einen Beitrag über das Leben auf einer Segeljacht auf dem Wannsee. Und alles, was ich hatte, war der Abgabetermin.

Es klopfte.

»Ja?«

Igel steckte seinen Kopf durch die Tür. »Yo, Frieda. I moch a Curry. Wüst du a wos?«

Leichter Schwindel machte sich in mir breit. Warum nahm ich an, dass Igel mit Absicht mein Lieblingsgericht kochte? »Egal wie viel Curry du isst, Freddy ist Mercury!«

Verdammt. Wer auch immer das erbärmliche Drehbuch für mein Romcom-Leben gescriptet hatte, sollte sich schämen.

»Wos?«

»Freddy MerCURRY?«

Igel gab ein lieb gemeintes Schnauben von sich. »Ahsooo ... Du manst, weil sei Familie aus Indien kumt?«

»Neee ...« Ich schluckte. »Vergiss es einfach.« Stille. »Also, ich meine. Wenn noch etwas übrig ist ... hätte ich gern ein bisschen ... Curry.« Bitte mit einer großen Portion Scharfsinn, dachte ich.

»Sicha!« Igel machte Anstalten zu gehen.

Wahrscheinlich sollte ich einfach ganz cool und locker und selbstbestimmt meine Chancen bei ihm abchecken.

»Mal wieder Bock auf Babylon?«

Wow! Woher kam denn plötzlich diese Waghalsigkeit? Lag wahrscheinlich an der Tasse starken Dolce Gusto von Jerome und der halben Kippe, die ich passiv in der Küche mitgeraucht habe.

Igel schnaubte belustigt. »Numal so an Schwarz-Weiß-Schinken von 1911 mit irgendam deina Verehrer ziag i ma ned rein!«

»Nee, ich hab nur zwei Karten.« Ich räusperte mich. »Gutschein. Verfällt sonst.«

»Wann denn?«

»Morgen!«

»Morgen konn ich wahrscheinlich ned, weil …«

»Ach so, nee, ich meinte auch in den über…« Abwartend blickte ich in sein Gesicht. »… nächsten … Tagen? Wir könnten davor auch irgendwo was essen … Curry vielleicht?«

»Mit Freddy? Okay, dann besprech ma des donn numal …«

Wir besprachen es nicht mehr. Aber auf meine SMS – Igel hatte ein Knochenhandy, was ich ziemlich cool fand – und der darin enthaltenen Uhrzeit des Vorstellungsbeginns zu irgendeinem Kurzfilmabend am Freitag schickte er ein Daumenhoch-Icon.

Zwei Tage später traf ich Freia in Hamburg.

Eine Medienagentur hatte uns einen Vertrag angeboten. Ein gemeinsamer Instagramkanal. Sie wollten uns beide. Ein Schwesternding sozusagen. Wie Freia meinte, war der CEO ein Bekannter – irgendwo auf 'ner Party kennengelernt. Eike Randmann wirkte auf seinem LinkedIn-Profilfoto sehr jung und dynamisch. Bestimmt war er ein Boss, der nach Feierabend mit seinen Mitarbeitern noch in die Kneipe ging, gemeinsame Firmenausflüge zum Lasertec organisierte und Menstruationsurlaub erteilte.

Die gläserne Fassade des neuartigen Gebäudes am Hafen war getönt. Von innen konnte man bestimmt super rausgucken, aber von außen nicht rein.

Lässig drückte meine Schwester ihre Zigarette an einer Laterne aus und verstaute den Stummel in einem tragbaren Aschenbecher. »Das wird der Hammer, Frieda. Wir müssen das nur gut verkaufen.«

»Meinst du?«

»Klar! Die wollen uns! Sonst hätten die uns nicht extra eingeflogen.«

Ich legte meinen Kopf in den Nacken. Die vorbeiziehenden Wolken spiegelten sich in den Fenstern. Mir wurde schwindelig. Gestern noch hatte Freia in ihrer Story gepostet, dass alle Fluglinien boykottiert gehören, und heute nahm sie gleich zwei Flieger an einem Tag. War das nicht scheinheilig? Freia meinte nein.

»Mann, Frieda. Solange täglich Avocados aus Südamerika eingeflogen werden, lass ich mir doch nicht meine Karrierechancen verbauen!« Ihr Raunen klang überzeugend. »Wir sind doch hier, um das System zu verändern!«

Stimmt, dachte ich. Solange alle Professor Horsts den Flieger nach München nahmen, um ihren superreichen Buddys über einer Schweinshaxe auf die Schulter zu klopfen, sollten nicht ausgerechnet wir kleinen aufstrebenden Aktivistinnen zurückstecken.

Freia setzte einen ironischen Blick auf. »Stell dir mal vor, wir wären alle ständig damit beschäftigt, uns gegenseitig fertigzumachen, weil jemand einmal 'nen Billigflug genommen oder den Jutebeutel zum Einkaufen vergessen hat. Anstatt die eigentlichen Probleme in der Struktur zu bekämpfen.«

Ja, dachte ich. Das wäre ganz schön dumm von uns. »Du hast recht. Wir sollten zusammenhalten.«

»Tun wir, Schwester. Tun wir.«

Mit zittrigen Fingern hielt ich Freia ganz sanft am Unterarm fest. »Versprich mir nur eins.«

»Hm?«

»Wir werden keine Werbe-Püppchen.«

Freia lachte und strich meine Hand von sich. »Ach was, Frieda. Keine Angst. Wenn hier jemand jemanden manipuliert, dann wir DIE. Und nicht die UNS.«

Am Empfang wurden wir schon erwartet.

Extra angefertigte VIP-Ausweise zum Umhängen mit unseren Namen lagen schon bereit. Sie erfüllten ihren Zweck. Ich fühlte mich bereits jetzt *very important*.

Eine hippe junge Frau, mit der ich sofort mein Aussehen getauscht hätte, meldete uns bei der Chefetage an. »Einmal für Freia und einmal für Frieda Flieker. Wer ist welche?«

»Das ist Frieda. Ich bin Freia. Komischerweise ist sie viel größer, obwohl ich vierzehn Minuten älter bin.« Freia zwinkerte.

Ja, dachte ich. Viel größer. Und gröber. Und trotzdem das Kücken.

Die Frau am Empfang lachte. »Ich hab auch eine ältere Schwester. Aber wir verstehen uns nicht so gut wie ihr zwei. Coole Sache, was ihr macht!«

Als wir aus dem Wartebereich mit schwarzen Ledersofas zum Meeting gerufen wurden, roch es nach Fritz Mate, Fame und Fairtradekaffee. Neben der Espressomaschine entdeckte ich einen Kicker.

»Da sind ja die Schwestern on Fliek!« Eike Randmann begrüßte Freia und mich mit einer Umarmung. Der hippe CEO trug runde Brille zu Vollbart. Unter seiner knappen Mütze ragten lange, aschblonde Haare hervor, die aussahen, als würde er sie sich selbst mit einer Nagelschere schneiden.

Wir setzten uns mit einigen aus seiner Start-up-Hipster-Gefolgschaft an einen großen Glastisch mit veganen Muffins, die niemand anrührte.

»Also, wie stellt ihr euch das vor? Geht das eher in die Richtung Olsen-Twins oder Kardashians? Paris und Nicky Hilton oder Jonas Brothers?«

»Wie bitte?« Ich kaschierte meine innere Empörung mit einem verwirrten Kichern.

»Aus unternehmensstrategischer Sicht müsste man schon wissen, wo euer USP liegt«, klinkte sich eine Mitarbeiterin mit schräg-kurzem Pony unerwartet ein. Ich hatte ihren Namen bei der Begrüßung leider vergessen. Aber sie wirkte kalt und unherzlich. Ida hätte zu ihr gepasst. Oder Sina.

Mit einem Ziehen im Unterschenkel beäugte ich den Stab, der unter der Haut zwischen ihren Augenbrauen hervortrat.

»Also, wer steht vorne, wer hinten?« Eike griff nach einer Flasche Fritz Kola. Dabei zwinkerte er, als wollte er sagen: Ich habe Macht.

»Keine Hierarchien«, meinte Freia. »Ja.« Ich schluckte hörbar. »Wir machen das zusammen. Gleichberechtigt.«

Hoffentlich merkte niemand, wie nervös ich war. Meine Stimme zitterte leicht, als ich meine Verkaufs-Attitude bestmöglich zu faken versuchte. »Wir wollen ein lockeres Format, das jungen Menschen politische Themen näherbringt. Ihr wisst schon. Die Meinung unserer Generation vertreten. Und uns nicht einschüchtern lassen.«

Ängstlich schlug ich die Beine übereinander. Wie saß ich denn sonst da?

Die kritisch-kühle Kollegin hob eine Augenbraue. Verunsichert entfloh ich dem direkten Augenkontakt.

»Instagram ist die … perfekte Plattform.«

Auch Eike guckte kritisch. Falls er die letzten Storys verfolgt hatte, wusste er genau, wie ich die Haare auf meinem Venushügel trug, wann ich das erste Mal in meinem Leben Sex gehabt hatte und dass mein letztes Tinderdate ein Typ namens Jesus war. Stumm nippte er an seiner kleinen Glasflasche, dann blickte er beiläufig auf eines seiner drei Smartphones, die vor ihm auf dem Tisch abwechselnd aufleuchteten.

Ach, fuck it, dachte ich. Sex sells. Was hatten wir schon zu verlieren? »Jetzt mal im Ernst. Interessiert es am Ende nicht alle, ob es vaginale Orgasmen überhaupt gibt und ob es wirklich so gut ist, krampfhaft darauf hinzuarbeiten, indem man jemanden stundenlang wie ein Presslufthammer bearbeitet?«

Spoiler: Gab es nicht, und nein, keine so gute Idee. Da war ich mir mittlerweile sehr sicher.

Ein kollektives Glucksen lockerte die kühle Stimmung etwas auf.

Eike grinste bärtig und zwinkerte wieder. »Finde ich gut, die Idee. Feminismus in sexy.«

Seine Kollegin schenkte ihm einen genervten Blick. Sie hasste ihn. Das sah man deutlich. Kurz überlegte ich, das auch zu tun. Aber Eike schien uns zu mögen. Und das war doch das, was wir wollten.

Mit dramatisch humoristischer Geste riss er sich den blauen Pulli vom Leib, auf dem zwölf Sterne einen Kreis bildeten. »Bei dem Pitch wurde mir ja ganz heiß!«

Bildete ich mir das ein, oder wanderte sein brillenrunder Blick mehrfach an Freias Beinen runter? Während ich verwirrt Eikes nun zutage gekommenes Shirt mit dem Schriftzug »We Should All Be Feminists« anstarrte, plauderte er von seiner Frau, die gerade das zweite Kind bekommen hatte, und davon, dass er ja auch gerne in Elternzeit gegangen wäre, aber er war nun mal der Boss.

»Der Laden läuft halt nicht ohne mich. Und wie ihr wisst ... Zeit ist Geld.«

Auf dem Beamer sah man nun einige Diagramme, Eike erzählte etwas von »Leads« und deren Generierung, Hashtags, Image-Pflege und Shopping-Tools. Seine kritische Mitarbeiterin mit dem Stab zwischen den Augen warf ein, dass das aber doch irgendwie ein bisschen »zweitausendzehn« sei und dass sie den Fokus auf jeden Fall auf »behavioural marketing« setzen würde, unter Betrachtziehung politischer Trends natürlich. »Fridays for Future, Black Lives Matter. All Lifes Matter. Queer Lives Matter. Und so weiter und so fort. Ihr wisst schon. Was halt gerade in ist.« Sie wirkte gelangweilt.

»Super!«, rief ich. »Wir wollen auf jeden Fall die Follower*innen mit speziellem Targeting catchen.«

Zum Abschied machten wir zusammen ein Selfie. Erst mit der Polaroidkamera von uns, dann mit dem Smartphone vom Polaroidfoto. Für die Insta-Pages.

Und dann hatten wir den Auftrag. Bald lief »Sisters on Fliek« jede Woche in einer neuen Folge, finanziert von einer superhippen Medienagentur. Zwar wollte niemand, dass wir erklärten, wie man selbst Seife herstellte, denn das Projekt wurde von einer Firma für Naturkosmetik gesponsert, und dann gäbe es ja keinen Kaufanreiz. Aber wer weiß, wie viele Möglichkeiten sich dadurch ergeben würden! Alle Türen standen uns offen!

Bald würden wir kistenweise überteuerte Erd- und Enten-kackeseifen zugeschickt bekommen und diese begeistert in die Kamera halten. Dafür durften wir auch ganz offen über alle Themen sprechen, die uns beschäftigten. Und alles wurde bezahlt – Laptops, professionelle Beleuchtung und Schnitt- und Nachbearbeitungsprogramme, die unsere Augenringe kaschierten und Hautunreinheiten wegfilterten.

Freia war ganz aus dem Häuschen. »Ich hab doch gesagt, die wollen uns! So wie wir sind!«

18.

Wie sich herausstellte, war die rote Flüssigkeit weder Johannisbeer- noch Rote-Bete-Saft gewesen.

Seitdem Jerome achtzig Milliliter Menstruationsblut getrunken hatte, beobachteten wir gespannt, ob ihm nun ein neues Körperteil wachsen würde. Er selbst fürchtete sich am meisten vor Männerbrüstchen.

»Ey, wie soll ich das denn erklären, wenn ich plötzlich voll weiblich werde? Dann verlier ich meine ganze Berechtigung, fürs Rauchen bezahlt zu werden!«

Wir saßen im Wohnzimmer und hatten offensichtlich alle mit dem Druck vorherrschender Schönheitsideale zu kämpfen. Alle, außer Mandy.

Sie stand im Türrahmen und grunzte. »Was hast du gegen Weiblichsein? Frauen sind Göttinnen! Und Menstruationsblut ist die Essenz des Lebens!«

»Ey! Die feuern mich sofort, wenn mein Bizeps schmaler wird!«

»Wer ist denn auch so blöd und kann Rote Bete nicht von Muschiblut unterscheiden?« Kenny kicherte fies in sein Tabaktäschchen und zündete sich eine selbst gedrehte Kippe an. »Ich meine, das eine ist eindeutig Magenta bis Himbeere, das andere Rubin bis Orient.«

»Wer lagert denn seine Körperflüssigkeiten im Kühlschrank?«

Jerome verzog angewidert das Gesicht. »Ich mach das doch auch nicht mit meinem Sperma …«

»Wusstest du, dass Frauen auch abspritzen können?« Mandy lächelte zufrieden. »Ich bin megafroh, dass ich mich von dem Tabu befreit hab!«

»Wird schon nicht so schlimm sein«, flötete Jerome diplomatisch. »Ich geh jetzt einfach doppelt so viel pumpen.« Gut gelaunt griff er zu seinem Handy. »Oh! Schon fast fünf. Nur noch ein Kippchen, dann mach ich mich auf.«

Während er unter dem Couchtisch einige Tabakbrösel aus verschiedenen, leeren Pueblo-Verpackungen zusammenklaubte, blieben meine Augen auf dem Bild des Sperrbildschirms hängen. »Wer ist das denn?«

Jerome leckte das Blättchen ab. »John Cena! Ein Wrestler. Der ist goals!«

Meine hochgezogene Augenbraue veranlasste einen verdutzten Blick seinerseits.

Ich zuckte mit den Schultern. »Ist nicht so mein Fall.«

»Alter? Was hast denn du für Ansprüche?! Du bist doch selbst keine Pamela Reif.«

»Danke, Jerome.« Ich schmatzte bedeutungsschwanger. »Na ja … Ich steh eher so auf die …« Wie sollte ich das jetzt sagen? Kurzen und Kräftigen? Hatte ich einen Krötenmännchenkomplex? »… die was in der Birne haben«, entschied ich mich stattdessen zu sagen und tippte gewichtig an die Schläfe. »Die mit Persönlichkeit. Äußerlichkeiten sind zweitrangig.«

»Verstehe«, raunte Jerome. »Du willst halt keinen Selbstdarsteller.«

»Genau. Diese ganzen protzigen Typen mit ihren vielen Selfies brauchen doch nur die Bestätigung von außen.«

Jerome stimmte mir zu. »Trotzdem. Ich find's einfach schön, wenn Menschen gut trainiert sind. Das heißt, dass sie sich im Griff haben. Diszipliniert sind, sich nicht gehen lassen. Das sagt viel über einen Menschen aus!«

In dem Moment stupste Kenny mich überdreht an. Er hatte nicht zugehört. Zu beschäftigt mit dem Scrollen durch seinen Instagramfeed. »Waaaaas? Du bist jetzt also auch on Fliek?!«

»Wie bitte?« Mandy lachte. Mit ihrem Septum-Piercing erinnerte sie an einen paarungsbereiten Büffel. »Zeig mal!«

Kenny ließ sein Smartphone unter allen neugierigen Augen umherwandern.

Freia hatte ein Bild von uns gepostet. Als Ankündigung für unsere neue Show. Wir zwei zusammen am Strand von La Rochelle. Lachend, mit Bier und Gurken in der Hand. In Unterwäsche. Direkt nebeneinander. Sofort hatte ich einen Gedanken. Sie war schlanker als ich. Oder sah das auf dem Bild nur so aus? Ich wusste, dass meine Schwester mich immer dazu ermutigen würde, stolz auf meine Figur zu sein. »Du bist eine richtige Frau! Mit Hüften und allem Drum und Dran!« Wie oft hatte ich den Satz schon gehört? Ganz zu schweigen von meinem »gebärfreudigen Becken«, um das Freia mich zwar laut eigenen Angaben beneidete, was sie aber bei sich selbst systematisch weghungerte. Seltsam.

»So, Leude.« Jerome sprang auf. »Von nichts kommt nichts. Ich geh jetzt in die Muckibude.«

Kenny tänzelte aus dem Wohnzimmer und schloss seine knarzigen Flügeltüren mit der Ankündigung, jetzt einen Mittagsschlaf zu machen.

Als Mandy und ich allein waren, war die Stimmung schlagartig angespannt. Sollte ich eine Konversation starten? Aber über was? Wohl nicht über Freia. Und auch nicht über geschlechtergetrennte Toiletten. Nachdem Mandy mehrmals am Feuerzeug herumgeschnippt hatte, tunkte sie die Spitze ihres Joints schließlich in ein warmes Orange. »Trittst wohl in die Fußstapfen deiner Schwester?«

»Nein …«, verteidigte ich mich. »Wir machen das ZUSAMMEN. Voll gleichberechtigt.«

»Aber sie hat es zuerst gemacht?«

»Mhh.«

»… und du bist eingestiegen?«

»Ja …?«

»Mit diesen neoliberalen Hipstern?« Sie schnaubte amüsiert. Ja, dachte ich. Das pseudofeministische Shirt hatte Eike von H&M gekauft. Den interessierte es nicht, wer das unter welchen Umständen genäht hatte.

Mandy verschränkte die Arme. »Das ist ein einziges Schweinchen-in-der-Mitte-Spiel zwischen Männern, die einen auf feminist und diversity und sustainable machen. Pass auf, bald bekommst du einen Diätplan, damit du in die Nike-Klamotten passt, die du verkaufen sollst.«

Was würde Freia jetzt tun? Wahrscheinlich ihr etwas Kluges entgegenpfeffern. Oder einfach sagen, dass Mandy nur neidisch war. Das sagte sie generell immer, wenn Menschen sie kritisierten. So oder so.

Ich war nicht dazu fähig, mich zu wehren. Es fehlte der Mut, ja. Aber auch die Eloquenz und das Wissen, auf das ich Argumente hätte aufbauen sollen, die mein Handeln erklärten. Außerdem hatte ich keine Lust auf dicke Luft, kein Bedürfnis nach einer Konfrontation mit Mandy, in der sie mir vor Augen führte, dass das doch alles nur eine Illusion von Freiheit und hedonistischer Selbstverwirklichung neoliberaler Hipster war, die das jahrtausendalte Patriarchat fortführten. Lieber stand ich auf und ging.

»Lass dich nicht verarschen, Frieda«, hallte es mir den Gang nach. »Freia vögelt alle, die ihr was bringen, und die anderen lässt sie fallen.«

19.

Freitag, morgens um acht. Ich saß auf der Rückbank des Kleintransporters meines Kamerateams. Hinter mir wurde mit Schmackes der Kofferraum zugeknallt. Eine tätowierte Technikerin packte neben meinem Sitz allerhand Lampen, Kabel und Reflektoren in eine große stählerne Truhe. Bevor ich den richtigen weißen Teamwagen mit dem blauen Satellitenschüsselsymbol gefunden hatte, war ich dreimal um das riesige Backsteingebäude gelaufen. Auf keinen Fall durfte ich mir anmerken lassen, dass ich das hier zum ersten Mal machte.

Mein Herz schlug vor Vorfreude und Nervosität wie zuletzt vor meiner Abiturprüfung. Betont lässig lehnte ich mich an die stählerne Truhe neben der Rückbank. Hätte mich jemand gebeten, mal eine Lampe aufzubauen, wäre ich total aufgeschmissen gewesen.

Also, dachte ich. Wie spreche ich diese alten Technikerhasen jetzt an? Am besten so locker wie möglich.

In mir brüllte eine Stimme: »Frieda! Ja nichts anmerken lassen. It's all about your attitude! Bauch rein, Brust raus. Du BIST Reporterin. Fake it until you make it!«

Ich räusperte mich. »Ja, ihr Lieben. Wisst ihr schon, worum es geht?« Unauffällig strich ich mir meine Stressfrisur zurecht und packte einen sorgfältig mit Klarsichtfolien sortierten Ordner aus.

Von der Vorderfront des Kleintransporters, der von zwei jungen Männern besetzt war – ich identifizierte sie als Kamera- und Tonmann –, kam als Antwort ein gleichgültiges Seufzen. Einer der beiden startete den Motor.

Keine Antwort. Zitternd schnallte ich mich an, als wir die Schranke des Senderparkplatzes passierten.

»Also, es geht um einen Jachtbesitzer auf dem Wannsee. Ich habe euch hier den Ablauf ausgedruckt ...« Bemüht beugte ich meinen Oberkörper nach vorne, um meinen neuen Kollegen den streberhaft mustergültig eingehüllten Drehplan unter die Nase zu halten. Der Kameramann deutete einen Schulterblick an. Bei der Fahrprüfung wäre er durchgefallen.

»Ah, nee, dit brauch ick nich!«

Das perfekt formatierte Blatt segelte aus meiner Hand, als der offensichtlich wenig frischfleischfreundliche Kameramann seine Annahme verweigerte. Machte man das nicht? Dispos vor einem Dreh austeilen?

Das war eines der wenigen Dinge, bei denen ich mir sicher war, sie in meinem Crashkurs in Fernsehjournalismus gestern Abend gelernt zu haben.

»Dit machen wir spontan«, fügte er versöhnlich hinzu, als ich meine Arbeit vom Boden des Fußraums klaubte.

»Alles klar!« Betont gelassen lehnte ich mich zurück auf die rettende Rückbank und studierte demonstrativ gleichmütig irgendeinen Zettel aus meinem Ordner. Mein Herz klopfte weiter wie wild. Ich würde das Ding voll gegen die Wand fahren.

Statt eines Jachthafens am Wannsee kamen wir an einem rostigen Stacheldrahtzaun an, hinter dem ein Köter kläffte. Waren wir hier richtig? Ein Mann mit spärlichem Haardeckel und Bierflasche hielt seine Plautze in die Mittagssonne. »Wat wollensedenn?«

Einsatzbereit sprang ich aus dem TV-Wagen.

»Ah, guten Tag! Frieda Flieker mein Name.« Selbstbewusst demonstrierte ich dem Wachmann meinen festen Händedruck.

»Ja, und ick bin der Willi.« Er schnaufte selbstgefällig und glotzte auf meinen immer noch wippenden Busen.

»GUTEN TAG, Willi!« Während ich möglichst berufserfahren wirken wollte, versuchte ich seine Aufmerksamkeit wieder auf mein Gesicht zu lenken. »Ich komme vom Fernsehen, wir drehen heute einen Beitrag über einen Jachtbesitzer hier aus dem Hafen.«

»Ja und jetz?« Plautzenotto kratzte sich am Sack. Der Köter hechelte mich angriffslustig an.

»Und jetzt wollte ich Sie fragen, ob wir reindürfen.«

»Die Chefin ist nicht da.«

»Oh! Dann kann man sie vielleicht anrufen?«

»Nee.«

»Das heißt, Sie sind jetzt hier der Chef?« Verschmitzt zwinkerte ich ihm zu.

»Nee, ick sach doch, die Chefin is nicht da!« Willi hatte wohl nicht meinen Sinn für Humor.

Aus dem Beifahrerfenster kam ein genervtes Seufzen, ich hörte jemanden etwas von »Drehgenehmigung« unter dem Surren des laufenden Motors nuscheln.

Verdammt, dachte ich. Die Drehgenehmigung für den Hafen. Daran hatte ich nicht gedacht. Irgendwie musste ich Willi und den Köter auf meine Seite bringen. Beziehungsweise den Teamwagen auf die ihre.

»Hören Sie, Willi, Sie haben hier doch einen Schlüssel. Wären Sie vielleicht so freundlich und würden uns reinlassen? Wenn es Probleme mit den Fernsehrechten gibt, dann kann ich der Chefin gerne meine Handynummer hinterlassen, und das Material aus dem Hafen wird nicht gesendet.«

Ich hatte keine Ahnung, was ich da tat.

Wärter Willi leckte sich den Schweiß von der Oberlippe und grinste zahnlos. »Deene Nummer kannse mir auch so gleech dalassen!« Dann öffnete er endlich das Tor.

Die Segeljacht war tatsächlich ganz schön schick. Und offensichtlich von einer Edel-Champagner-Marke gesponsert. Alle Gläser und Kopfkissen waren mit schnörkeliger Goldschrift verziert. Die weißgoldenen Rettungsringe, die wie Dekoration an der Reling lehnten, hätten im Ernstfall vermutlich niemanden vorm Ertrinken retten können. Die ganze Segeljacht wirkte wie ein überdimensionales Luxus-Messegeschenk. Samt seinem Besitzer. Der ehemalige Profi-Eishockeyspieler trug Pilotensonnenbrille zu Poloshirt und Flipflops. Beim Dreh wuchs mein dringliches Bedürfnis, ihn für die nächste »Bachelor«-Staffel anzumelden. Ein bisschen hörte sich der Hamburger Junggeselle so an, als hätte er einen Frosch verschluckt.

»Ich hab hier alles, was ich brauche. Aber die Nähe zum Wasser zieht die Spinnen an, nech.«

Unangekündigterweise waren auch seine Freunde an Bord. Die zwei stockbesoffenen Mallorca-Altherren hielten Hemden offensichtlich für überflüssig. Sie waren weißhaarig, krebsrot und trugen Bootsschuhe. Eigentlich erinnerten sie mich an den Wächter Willi, nur mit Gin Tonic statt Bier. Alle drei Anwesenden hatten wohl gedacht, dass der Dreh wie eine feuchtfröhliche Party ablaufen und höchstens eine halbe Stunde in Anspruch nehmen würde. Da hatten sie wohl nicht mit meinem perfekt formatierten Zeitplan gerechnet!

»Journalismus für Dummies« sei Dank. Ganz genau hatte ich kalkuliert, welche Einstellung bei welchem Sonnenstand gedreht werden musste, damit sich im Nachhinein keine chronologischen Fehler ergaben.

Die größte Herausforderung bestand jedoch darin, die beiden braun gebrannten Partytiger so auf dem winzigen Boot zu verstecken, dass sie nicht plötzlich durchs Bild torkelten. Sie wollten nämlich weder still sitzen noch die Klappe halten. Während der genervte Kameramann und der schweigsame Tonmann – er hatte immer noch kein Wort gesagt – den Jachtbesitzer am Steuer filmten, musste ich die beiden Herren auf der Dachterrasse im Zaum halten, die im Whirlpool planschten. Freundlich, aber bestimmt, stand ich als Aufseherin daneben.

Der ältere Weißhaarige musterte mich breitgrinsend. Seine Zähne waren eine Spur zu weiß, um echt zu sein. »Willste nich auch reinkommen? Is wärmer als draußen!«

»Ja, das glaube ich Ihnen, aber ich bin beruflich hier. Also wird das mit dem Schwimmen leider nichts!« Träumt weiter, ihr Ködel, wollte ich sagen.

»Ach wat, hier is aber Kleidungsverbot!!«

Grölendes Gelächter. Der eine Onkel gab dem anderen für den gelungenen Wortbeitrag ein anerkennendes High Five. Das Wasser spritzte. Die beiden johlten vor Freude und stießen platschend mit ihrem gurkenscheibenversehenen Getränk an.

Besonnen erklärte ich ihnen wie zwei Sechsjährigen, dass wir nun leise sein mussten, weil drinnen gedreht wurde. Später, versprach ich ihnen, durften sie bestimmt auch mal ins Bild, wenn sie artig waren. Unterdessen überlegte ich fieberhaft, wie ich die beiden in den Drehablauf reinbekommen sollte. Erst mal mussten wir Außen- und Innenaufnahmen des edlen Wasserwohnobjekts mit dazu passendem Besitzer einfangen. Danach erst könnten wir kommenden Besuch inszenieren. Wenn die beiden bis dahin nicht betrunken von Bord gefallen oder im Pool ersoffen waren.

Beim Anblick der beiden zunehmend angedüdelten Opas raufte ich mir die Haare. Wie sollte ich diese versnobbte Protzpropaganda als wertvollen Kulturbeitrag verpacken? Wenigstens bewies mein wortkarges Kamerateam höchste Konzentration.

Der Protagonist zeigte ihnen gerade das Schlafzimmer. »Also, hier ist mein Kleiderschrank, nech. Da hab ich meine Sachen, nech. Also, das ist eigentlich nichts Besonderes, nech?«

Die Tour entpuppte sich tatsächlich als recht unspektakulär. Mein Praktikantinnen-Debüt sollte doch gut werden! Ich wollte allen zeigen, wie motiviert ich war. Und da reichte es nicht, dass der Beitrag okay war. Er sollte überdurchschnittlich sein, alle vom Hocker reißen. Ja, dachte ich. Wir brauchten eine Story, Stunts und einen richtig feinen O-Ton für den Abschluss.

Als die Sonne allmählich die oberen Baumkronen der Pfaueninsel berührte, waren die zwei angetrunkenen Kumpels noch zurechnungsfähig. Zusammen mit dem Kameramann setzte ich sie in ein kleines Schlauchboot und schickte sie mit einem weißen Champagner-Rettungsring hinaus auf den Wannsee.

»Paddelt einfach rüber«, wies ich sie über die Wellen hinweg an.

Mein konzentrierter Kollege saß eingekeilt zwischen den beiden auf dem wankenden Bötchen. »Kamera läuft!«

»Und bitte!«, brüllte ich zurück. Die beiden Onkels paddelten tollpatschig los. Wenn der Kameramann jetzt ins Wasser fiel, war ich am Arsch. Gerade so schaffte er es, die Balance zu halten. Die dreiköpfige Mannschaft des gelben Gummiboots wurde schließlich vom Bootsbesitzer auf die rettende Champagner-Jacht gezogen. Der stumme Tonmann eilte flink mit seiner puscheligen Angel hinter dem Dreamteam her, um ihr Gespräch einzufangen. In dem Video, das ich mir danach auf einem kleinen Monitor vorspielen ließ, wirkten sie wie gepflegte, ältere Herren, die einen Grillabend mit Wein auf einer edlen Jacht ausklingen ließen. Irgendwie organisch. Ich war ganz erstaunt, was die Perspektive so ausmacht.

Nachdem der Gastgeber ein gegrilltes Lammkotelett in drei verschiedenen Einstellungen mit Blick auf den Sonnenuntergang auf einem Teller drapiert hatte, gab er etwas von sich, dass nach der Erfüllung des Lebenstraums klang. »Gute Freunde, gutes Essen und ein zu Hause, das man selbst lenken kann. Was will man mehr, nech?« Als Antwort auf meinen hoffnungsvollen Blick nickte der Kameramann mir zu.

Erleichtert klatschte ich in die Hände. »Leute, das war's! Wir haben alles im Kasten!« Das kannte ich so aus Filmen. Ich hätte gerne laut »It's a wrap« gerufen. Aber ganz so weit wollte ich mich bei meinem ersten Dreh nicht aus dem Fenster lehnen.

»Super, Katja! Dann können wir ja jetzt endlich feiern!«

»Heiner, die nette Reporterin heißt Frieda.«

»Ach, ich nenn sie einfach Blondie. Das ist am einfachsten.« Ich beruhigte mich mit der Vorstellung, dass ich mir das im Privatleben nicht hätte gefallen lassen und lächelte milde.

Die drei Junggesellen boten uns nun auch etwas von dem Wein an, und wir setzten uns zu ihnen an den Tisch. »Ich hab so viel eingekauft, nech! Wer will was vom Grill?«

Während mein ausgehungertes Team die Einladung dankend annahm, sah ich mich leider dazu gezwungen, mich zu outen. »Ich bin Veganerin.«

Das sorgte abermals für bombastische Belustigung bei den alten Herren. »Was willst du denn mal deinem Mann kochen?«, blökte einer laut, während der andere verschmitzt witzelte: »Ick esse lieba Fleisch, weil mir der Tofu leidtut.«

Während mir mein Team in den Rücken fiel, indem es ins Lachen einstimmte, berührte mich der Jachtbesitzer verständnisvoll am Arm. »Ich versteh dich ja, nech. Mir tun die Tiere auch leid. Aber ich muss ab und zu ein Steak essen, sonst denken meine Freunde, ich bin schwul.«

Tapfer schluckte ich unauffällig ein wenig Galle runter, die sich den Weg nach oben gebahnt hatte. Zum Glück machten wir bald die Fliege.

Zurück im Teamwagen, traute ich meinen Ohren kaum. Der professionelle Kameramann und sogar der schweigsame Tonmann – er nickte stumm – waren sich einig, dass das der beste Dreh seit Langem gewesen war.

»Hast du wirklich super koordiniert, Frieda. Unter uns gesagt: Nicht alle Kulturreporter sind so kompetent!«

Überglücklich verließ ich mit dem Fahrrad und den Speicherkarten im Rucksack den Sender. Die Opis und ihre sexistischen Sprüche waren mir sowas von scheißegal. Das, was jetzt zählte, war das Bild, das sie mir gegeben hatten, meine Karriere, die damit glorreich ihren Triumphzug starten würde – und last but not least, eine Riesenportion Selbstbewusstsein. Finally! Ich konnte etwas. Ich hatte meine Bestimmung gefunden. Ich WAR Reporterin!

20.

Das Erfolgserlebnis wirkte wie ein tagelanger MDMA-Rausch. Noch am Freitag hopste ich hibbelig wie ein Osterhase durch den Kiez. In einem Laden mit politischen Bannern, Shirts mit revolutionären Sprüchen und einem ungepflegt wirkenden Verkäufer, der mir einen Flyer gegen den Berliner Mietenwahnsinn in die Hand drückte, deckte ich mich mit Büchern ein. Zum Glück gab es einen feministischen Büchertisch – hierhin verlor sich garantiert niemand, die oder der mit dem Thema nichts anfangen konnte. Bedeutungsschwanger durchatmend schritt ich darauf zu, als beträte ich eine goldene Schatzkammer mit heiligen Schriften. Von jetzt an würde alles anders werden. Ich würde nicht mehr nur mit Worten um mich werfen, sondern wirklich Taten sprechen lassen. Meine Bildungslücke, die auch mein Studium nicht zu füllen vermocht hatte, war das perfekte Grab für alles, was ich nicht sein wollte: unsicher, passiv und stets im Schatten meiner Zwillingsschwester stehend.

Ich kaufte ein paar Bücher, die mir Freia empfohlen hatte. Woher sollte ich auch sonst wissen, wie man wurde wie sie. Innerlich warf ich die erste Schaufel mit Erde auf mein altes Ich. Goodbye, unreflektierte Frieda, ruhe in Frieden unter klugen Gedanken zeitgenössischer, erfolgreicher Autorinnen.

Zur Unterstreichung meiner inneren Reinkarnation musste

ein passender Look her. Hornbrille, Nasenring, Sidecut? Wenn ich schon nicht wie Helene Fischer aussah, dann brauchte ich zumindest Style.

Im muffig riechenden Laden, der Oma-Klamotten für horrende Preise verkaufte, legte ein DJ alte Platten auf.

Culita rief an. Über Viber. »Ich habe einen Mann gevögelt!«

»Hat es diesmal mehr Spaß gemacht?«

»Mit einem Strap-on!«

»Oh! Wow! Und wie fühlt sich das an?«

»Na ja. Man spürt ja nicht so viel mit dem Silikon.«

Neugierig flüsterte ich ins Handy, während ein paar Pailletten meines 80er-Jahre-Kleides zu Boden rieselten. »War das nicht komisch?«

»Nee, wieso denn? Hat Spaß gemacht.«

»Und seine … Männlichkeit ist nicht für immer daran zerbrochen?«

»Was?« Culita lachte. »Wieso das denn?«

Hach, Culita. Sie war so schön unvoreingenommen von den ganzen Verzerrungen durch die Werbe- und Pornoindustrie.

»Übrigens … Ich hab mir überlegt, dass ich nicht mehr Culita genannt werden will. Sondern Lolo.«

»Wieso Lolo? Und nicht … Lola?«

»Ich wollte einen Namen, der nur mir gehört, neutral ist. Ganz ohne Erwartungen von außen.«

»Voll die Selbstfindung, die du da durchmachst! Ich will auch!«

»Mann, Frieda, tust du doch! Ich bin echt stolz auf dich. Du hast schon total viel geleistet. Du bist neugierig, hast Mut und Selbstbewusstsein. Und alles kommt, wie es kommen soll, zur richtigen Zeit. Mach dir keinen Stress!«

Ich? Mutig?

Alleine vor den Fahrkartenkontrolleur*innen der BVG hatte ich so heftig Schiss, dass mir jedes Mal die Beine schlottrig wurden und mir die Luft wegblieb – sogar, wenn ich ein Ticket hatte. Warum hatte ich so einen Heidenrespekt vor Autoritäten? Oder Menschen, denen man durch eine grelle Weste, eine blaue Uniform oder eine Ticketmaschine diese zugesprochen hatte? Patriarchale Indoktrinierung kam mir in den Sinn. »Sozialisierung«, meine Lolo.

Wir quatschten noch eine Weile. Anerkennend hörte ich Lolo zu, die wohl einen völlig neuen Zugang zu sich selbst gefunden hatte. Sie hatte die Pille abgesetzt.

»Seitdem ich die Hormone nicht mehr nehme, kommt mir die Welt wieder viel klarer, bunter und intensiver vor!«

»Liegt vielleicht auch daran, dass du dich bei Insta wieder abgemeldet hast.«

»Ja … Das ist alles nicht meine Welt. Ich mags lieber auf die analoge, natürliche Art.«

Puh, dachte ich. Man hätte mich foltern können. Ich hätte nicht gewusst, an welchem Tag in meinem Zyklus ich mich aktuell befand. Wie lange war meine letzte Periode her? Zwei Wochen? Ergab das alles Sinn? Dem Energielevel zufolge bewegte ich mich auf den Eisprung zu.

Erstaunt über meine Attraktivität, beäugte ich mich im Spiegel. Mein Kleid reflektierte das Licht der kleinen Umkleidekabine. Wow. Vor mir stand eine blonde Dita Von Teese.

Doch dann kamen mir Zweifel. War der eng anliegende Stoff nicht viel zu figurbetont? Ich erinnerte mich an das traumatisierende Gespräch mit Oma nach meinem Britney-Auftritt in ihrem Wohnzimmer. Ich erinnerte mich an all die Stimmen, die immer wieder danach fragten, wie kurz der Rock gewesen war.

»Ich fang auch erst jetzt an zu begreifen, was Selbstbestimmung ist«, meinte Lolo am Telefon. »Und wenn ich mit Leuten schlafe, nehme ich sowieso Kondome und Lecktücher.«

Von Letzterem hatte ich schon mal gehört. In coolen Berliner Klubs gab's die Dinger im Darkroom. Nicht, dass ich mich jemals in den Darkroom gewagt hätte. Die Gefahr, dass dort zwischen nackten, schwitzenden Fremdkörpern etwas passierte, was ich nicht wirklich wollte, war mir einfach zu groß. Ob ich mir eines Tages wie ein wollüstiger Tiger das zu holen wusste, was ich wollte, ohne mir dabei vorzukommen wie im Laientheater? Kopfschüttelnd befreite ich mich aus der Verkleidung, der ich gefühlt einfach nicht gewachsen war, und nahm das Handy wieder ans Ohr.

»Weißt du was? Ich glaub, du kannst echt froh sein, dass du die ersten achtzehn Jahre auf einem Boot verbracht hast. Du bist so … unverdorben. Das sollten alle von dir lernen.«

Lolo kicherte. »Ich glaub, manchmal müssen wir weniger lernen als VERlernen.«

Wir legten auf. Ich hielt noch einen Moment inne. Aus dem Spiegel in der Umkleidekabine blickte mir eine zerbrubbelte, halb nackte Gestalt entgegen. Keine Ahnung, wer das war, die mich da so anglotzte. Aber wie sollte ich es auch jemals herausfinden, wenn ich ihr nicht entgegenkam? Lolo hatte recht. Mein Körper. Meine Entscheidung, was ich schön fand und wie ich mir gefiel.

Plötzlich erkannte ich einen revolutionären Geist darin, nicht einfach hinzunehmen, was als »normal« oder »gut« galt. Oder als »unschicklich«, »unvorteilhaft« und »nuttig«.

In einem Anfall von Euphorie packte ich den Glitzereinteiler an der Kasse auf den Tresen. Die Verkäuferin lächelte, als wollte sie mir zu meinem Mut gratulieren. Irgendwo musste ich ja mal anfangen, mich ein bisschen mehr an das ranzutasten, was in mir steckte – fernab der Form, die mir zunehmend eng wurde. Heute war ein guter Tag, um endlich mehr Bewusstsein für mich selbst zuzulassen.

Als ich den Laden verließ, vibrierte mein Handy. Instagram. »Hallihallo, Frieda! Wir sind von Avocadooo und denken, dass unser Produkt sehr gut zu euch und eurer Message passen würde. Wir stehen für einen gesunden und strahlenden Lebensstil, für mehr Erfolg und Spaß am Leben! Habt ihr Lust, unsere leckeren Diät-Avocadoshakes auszuprobieren?« Schnell drückte ich die Nachricht weg.

21.

Viel zu spät – Igel würde sich bestimmt schon fragen, wo ich blieb – schloss ich mein Rad im finsteren Innenhof ab. Bereits im angesprayten Treppenhaus vernahm ich Musik aus unserer WG. Außerdem lautes Lachen und überdrehtes Kreischen.

Als ich meinen Schlüssel in der Tür umdrehte, stand Jerome mit einer Flasche Sterni im Flur. »Na, wen haben wir denn da? Komm rein, es gibt was zu feiern.«

»Was denn?«

»Kenny hat Geburtstag. HAHA!«

»Wird er wieder 29?« Seit ich ihn kannte, feierte er jedes Jahr seinen 29. Geburtstag.

Das Geburtstagskind tänzelte mit einem Glas Sekt in der Hand über die Türschwelle. »Negativ!«

»Wie, negativ?«

»Der Test!«

»Welcher Test?«

»Chlamydien! Außerdem haben wir ein paar neue Freunde: Das sind die Nachbarn von oben. Mandy hat sie im Treppenhaus kennengelernt.«

Ein paar halbstarke Flaumbärtchen mit Goldketten kauerten auf dem Sofa. Einer von ihnen nickte mir mit einer beiläufigen Kinnbewegung zu. Auf dem Tisch stand eine Flasche Wodka. Als

Entschuldigung dafür, dass sie gestern aus dem Fenster gekotzt und dabei Jeromes Auflaufform auf der Küchenfensterbank getroffen hatten, wie Kenny mir erklärte. Geräuschvoll schlürfte er seinen Drink aus einem ehemaligen Pestoglas. »Hast du Mandys Nachricht bekommen? Sie hat sich entschuldigt!«

Ja, dachte ich. Aber ein »Sorry Frieda, war nicht so gemeint. Jede hat ihre eigene Meinung« machte ihren Kommentar nicht einfach ungeschehen. Jerome ließ sich gut gelaunt neben Kenny aufs Sofa plumpsen, leerte sein Sterni und stellte die Flasche anschließend unter den Couchtisch, wo sich bereits eine Pfandgoldgrube gebildet hatte.

»Ach, hab dich nicht so, Friedachen! Die Mandymaus ist einfach nur 'ne sehr direkte Person! Entschuldigungen annehmen tut total gut!«

Jerome für seinen Teil schien der WG-Truppe von oben jedenfalls restlos verziehen zu haben. »Danke für die Flasche, Jungs! Guckt einfach das nächste Mal, dass ihr 'nen Eimer habt! Und dann trinken wir oben zusammen mal ein Bier!« Brüderlich klopfte er ihnen zur Verabschiedung auf die Schultern.

»Sind wir wieder okay?« Mandy hielt mir eine Flasche Augustiner unter die Nase. »Ich kann kein Sterni mehr sehen.« Sie lächelte versöhnlich. »Wir Frauen müssen doch zusammenhalten.«

»Okay.« Mit einem Seufzen stieß ich mit ihr an. War wahrscheinlich besser für den WG-Frieden. Und ich mochte sie doch auch irgendwo. Kaum jemand kannte Freia besser als sie. Und auch wenn meine Schwester aus unterschiedlichen Gründen nichts mehr mit ihr zu tun haben wollte, irgendwie mochte ich die Vorstellung, ihre kaputte Freundschaft zumindest durch einen ganz dünnen Faden aufrechtzuerhalten.

»Ist das ein Nasenring?«

»Ist nicht echt«, gab ich ehrlich zu und nahm die Attrappe aus dem Nasenflügel. Belustigt verzog Mandy das Gesicht. »Du siehst immer mehr aus wie deine Schwester.«

Verdammt. Ich fühlte mich ertappt. Ich war fake. Und wollte gefallen.

»Hä? Und du nicht?«, war ich drauf und dran, mich zu verteidigen. Die beiden hatten sich den Nasenring vor zwei Jahren zusammen auf der Fusion stechen lassen.

Kenny sprang eilig durch seine Flügeltür und kam mit einem Spiegel wieder. »Zur Feier des Tages!« Mit zitternden Fingern streute er weißes Pulver aus einem kleinen Plastiktütchen auf den Tisch und zerteilte Krümel mit der abgelaufenen Fitnessstudiomitgliedskarte.

Mandy, die ihre wirren weiß gefärbten Haare mit einem Bandana bezwungen hatte, fiel bei dem Versuch, mit einem zusammengerollten Geldschein die Line zu sniffen, fast vom Sofa. »Oh Mennooo, meine Nase ist schon ganz verstoohopft von dem ganzen Zeug! Hat jemand Nasenspray?!«

Ich hasste sie. »Ne.«

»Da ist 'ne Nasendusche im Bad. Ganz oben im Regal, neben meiner elektrischen Zahnbürste.« Kenny drehte sich tanzend um die eigene Achse und klatschte in die Hände. »Kommt ihr mit ins Berghain?«

»Moment …« Jerome kratzte sich am Kinn. »Die elektrische Zahnbürste gehört mir, Digga.«

»Nee! Ist meine!«

Mandy popelte sich unterdessen unbehelligt im Riechorgan rum.

»Ey, jedes Mal, wenn ich im Berghain bin, hängt dieser Kerl im Klo ab und fleht einen an, dass man ihm in den Mund pinkelt.«

Kenny hielt sich abwechselnd die Nasenlöcher zu und zog. »Frieda? Was ist mit dir?« »Ich bin trotzdem für All-Gender-Toiletten.«

»Ne, ich meine Feierngehen.«

»Berghain?« Meine Lust, die nächsten sechsunddreißig Stunden in dem dunklen Bunker zwischen Drogen, Sperma und Netzstrümpfen auf dem Sofa zu sitzen und mich fehl am Platz zu fühlen, war nicht besonders groß.

Komischerweise hatte ich mich noch nie als organischer Teil der Menge sehnig-verschwitzter, ästhetischer, aber gleichzeitig unheimlicher Körper auf MDMA gefühlt. Außerdem wollte ich mir den winzigen Keim von neu erblühter Selbstliebe, der gerade schon wieder zu vertrocknen drohte, nicht von der Laune eines Türstehers zunichtemachen lassen. Einmal in der Schlange vorm Berghain wie ein uneingeladenes Kind bei einer coolen Geburtstagsfete abgewiesen worden zu sein hatte erst mal gereicht.

»Ich würd ja supergerne«, log ich. »Aber Igel und ich haben Tickets fürs Babylon!«

»Igel?« Grinsend wischte sich Kenny das weiße Pulver aus dem Gesicht. »Glaub ich nicht. Der ist eben abgehauen!«

»Abgehauen? Wohin?«

»Ganz aufgeregt, der Kleene. Seit tausend Jahren hat er zum ersten Mal ein Date!«

Ich spürte einen Stich in der Brust. Mir drehte sich der Magen um.

»Igel hat ein Date? Mit wem denn? Kennt ihr sie? Ist sie … hübsch? Also nett?«

Verdammt. Wieso konnte ich nicht etwas unabhängiger, cooler und abgeklärter sein? Nervös fummelte ich mir den falschen Ring zurück an die Nase.

»Oder ist es ein Kerl? Ist Igel schwul? Hahaha, das wäre ja lustig. Oder nicht?«

Oh Gott, was redete ich denn da für einen Scheiß. Mandy und Kenny schenkten mir fragende Blicke.

»Das ist die Chica mit der Hornbrille! Die Französin von deinem Tandempartner!« Jerome zog breit lachend an einer Kippe und wackelte vielsagend mit den Augenbrauen. »Igel und sie machen jetzt auch Tandem. Du kleine Kupplerin! HAHAHA!«

Kenny drehte die Musik lauter. Mandy legte eine angebissenen Falafel auf das kaputte Radio. Jerome kniff sie in die Rippen. Sie kreischte. Meine Nase tat weh. Als ertönte plötzlich überall lautes Sirenenschrillen, sehnte ich mich nach einem Ort, an dem ich nur mal kurz meine eigenen Gedanken hören konnte. Das, was ich gerade fühlte, war viel schlimmer als die Ablehnung vor jeder Klubschlange. Es war die Ablehnung von jemandem, der viel cooler war als alle, die es so hart versuchten.

Igel hatte ein Date. Traurig nippte ich an einer Flasche Wein, blätterte in einem Roman von Simone de Beauvoir, in dem es um die Résistance im Zweiten Weltkrieg ging, kam mir kurz sehr intellektuell vor, aber irgendwann fiel mir auf, dass ich nicht mal wusste, wie man die französischen Namen der Protagonist*innen aussprach. Frustriert ließ ich das Buch sinken und durchforstete Igels Freundschaftsliste auf Facebook nach einer haarigen Französin mit Hornbrille. Als ich nichts fand, machte ich mich an Jesus' Facebookbekanntschaften.

Ich musste seufzen. Wie hatte Oma immer gesagt, wenn man drohte einem Jungen nachzulaufen: »Mach dich rar, Kind! Dann bleibst du spannend.« Aber egal, wie sehr ich mich bemühte, vor Igel wegzulaufen, über den Dingen zu stehen und all die Mantren unabhängiger, selbstbestimmter Frauen gegen Liebeskummer und emotionale Unterwerfung aufzuzählen – sie rieselten mir wie Sand durch die Finger.

Verdammt, dachte ich. Scheiß auf alle, die sagen: Du hast das nicht nötig, du brauchst keinen Kerl, du bist es dir selbst wert. Bullshit. Liebe tut weh. Sonst hätten ja nicht gefühlt eine Milliarde Menschen Bücher, Theaterstücke, Gedichte und Songtexte darüber geschrieben.

Mir war nach Weinen zumute. Aber irgendwie war mir auch danach zu hören, dass es Hoffnung gab.

Entschlossen griff ich nach meinem Handy und schrieb Freia. »SOS. Ich hab mal wieder krötensexmäßige Anwandlungen.«

»Aber das ist doch was Gutes! Du bist groß, du bist stark!«

»ZU groß. Und ZU stark. Nicht petit genug. Ein wuchtiges Monster. Männer haben Angst vor mir.«

Kurz drauf waren wir im Videochat. Freia überquerte gerade eine viel befahrene Straße. »Du bist Anfang zwanzig, Frieda. Das geht vorbei. Irgendwann lachst du darüber. Sei stark, du brauchst keinen Kerl!«

Durch das Stimmengewirr im Hintergrund konnte ich sie kaum verstehen. »Du bist genauso alt wie ich.«

Freia ging nicht darauf ein. Sie hatte anderes im Kopf und war gerade auf dem Weg zu einem Billigflieger. »Superspontane Sache. Ich fliege nach Bali.«

Meine Schwester hatte sich offenbar mal wieder einer wild entschlossenen Gruppe unerschrockener Weltverbesserer*innen angeschlossen, die dort den Strand von Müll befreien wollten. »Das läuft in Kooperation mit einer Firma, die Rucksäcke aus Plastikmüll herstellt.«

Wie sich herausstellte, hatte ihr Eike den Deal eingetütet. Und wie ich auch erst jetzt erfuhr, war bei unserem ganzen Geschäft eine ordentliche Portion Vitamin B geflossen. Jetzt war klar, was Mandy mit ihrem systeminhärenten Schweinchen-in-der-Mitte-Spiel gemeint hatte.

»Moment …«, stotterte ich etwas verdattert. »Eike ist ein Freund von Chris? DEINEM Chris?«

»Ach, wir waren ja nie wirklich zusammen. Das war ganz ohne Label.«

»Ach so … ja klar. Was auch sonst.«

Ich hatte Chris nie getroffen. Aber Freia hatte mir mal ein Bild von ihm gezeigt. Zwischen den weißen Bettlaken hatte der dunkelhaarige Schönling mit seinen dichten Haaren und dem gepflegten Dreitagebart gewirkt, als wäre es sein Job, das Daunenkopfkissen unter ihm gut aussehen zu lassen.

»Modelt er noch?«

»Ja … Oh Mann, er ist so ein …«

»Schinken?«

»Mann, Frieda, voll uncool. Stell dir mal vor, Männer würden dich so objektivieren!«

»Unvorstellbar!« Ich räusperte mich.

Freia hatte zum Glück keine Lust auf eine Diskussion. »Ich weiß, Fliegen ist nicht gut für die Umwelt. Aber wir machen ja auch wieder was dafür, also gleicht sich das aus.«

»Aber sicher doch.«

»Wir schlafen da auch im Dschungel, damit wir voll und ganz im Einklang mit der Natur sind.«

»Voll logisch.«

»Mann, jetzt mach mir das doch nicht so schlecht.«

Ich lachte liebevoll und schenkte Freia einen schwesterlichen

Blick, der keine Fragen offenließ. Wenn sie sich einmal etwas in den Kopf gesetzt hatte, konnte man sie ohnehin nicht davon abbringen. »Niemand ist perfekt. Hauptsache, dir geht's gut, Schwesterherz.«

»Ja, klar! Und dir auch! Jetzt putz dir die Zähne, kämm dich und raus mit dir. Hab ein Date mit dir selbst und bemitleide alle, die den Abend mit dir verpassen.«

»Du hast recht. Ich brauche niemanden. Und erst recht keinen Kerl!«

Eine Stunde später stand ich vorm Babylon und wartete auf Jens. Nein, ich war nicht stolz drauf. Aber ich wollte nicht allein sein.

In einer schwarzen Lederjacke, die seinen Oberkörper unnatürlich formte und ihn wahrscheinlich ganz besonders lässig wirken lassen sollte, stelzte er auf mich zu. »Naaah?« Er klemmte sich seinen Mopedhelm unter den Arm.

»Naah …?«

Die Umarmung war wie immer kurz und komisch. Aus dem Augenwinkel beobachtete ich, wie bereits Gruppen schöner, kultivierter Hipsterwesen Arm in Arm dem Eingang entgegenschritten. Mit klirrenden Ringen tranken sie ihre Mate leer. Aber eigentlich war es doch so egal, was sie taten.

Sie waren so schön. Und so … Berlin.

Und ich? Ich war mal wieder zu doll geschminkt. Mein Glitzeroutfit war mir peinlich. »Schön, dich zu sehen, Jens!«, gab ich ehrlich zu. Lieber einen Windhund an der Backe als ein einsamer Elefant im Porzellanladen. »Cool, dass es geklappt hat so spontan.«

»Ja, ich hatte auch nicht viel vor.«

»Schön!«

»Was gucken wir denn?«

»Gute Frage!«

An der Kasse holte ich die Tickets ab. Vor mir in der Schlange stand ein blond gelockter Typ. Unter lässigem Grinsen friemelte er seine Kinotickets in die beneidenswert coole Bauchtasche. Ganz kurz hatten wir Blickkontakt. Wow! Vielleicht sah ich doch nicht aus wie eine riesige, glitzernde Weißwurst? Verdammt, wieso war ich nur mit Jens hier?

Die Kassiererin trug abrasierte Haare zu einer Beanie-Mütze, die die Ohren nicht bedeckte, und hatte die Ärmel ihres schwarzen Shirts hochgerollt. Zu den Tickets gab es ein Gratiskondom.

Ich wunderte mich nicht lange.

Wenige Momente später saßen wir alle auf den roten Samtsitzen in dem ausverkauften DDR-Kino und guckten sechs Pornos hintereinander. Ohne Pause. Es war erstaunlich normal. Berlinnormal eben. Aber was war schon dieses »normal«? Keine der Personen, deren behaarte Genitalien auf ein Hundertfaches vergrößert von fünfhundert Leuten betrachtet wurden, entsprach den gängigen Schönheitsidealen. Die sexuellen Handlungen und Praktiken erweiterten ungeahnt meinen Horizont. Wer hier eine Vulva besaß, war nicht automatisch der »passive Part«. Menschliche Fleischruten, -falten, -rollen und -löcher vermischten sich auf der Leinwand ganz organisch mit ähnlichen Formen aus Silikon und Latex. Jetzt wusste ich auch, was Lolo mit Adapter gemeint hatte, als wir über Strap-ons gesprochen hatten.

Zu jedem Filmchen, der in schwitzig feuchtem, meist rudelartigem Sex endete, gab es eine kurze Story.

In einem Film war es eine hochschwangere, gelangweilte Mutter im Prenzlauer Berg, die hemmungslosen Sex mit ihrer süßen, nach Milch fragenden Nachbarin hat. In einem anderen vernaschte eine Frau, bei der mir das Wort »kurvig« in den Sinn kam, einen Fremden im Waschsalon, woanders schlief jemand mit mehreren Männern in Schottenröcken. Und in fast allen Filmen spritzten Menschen mit Vulven gegen Ende in rauen Mengen ab – fast wie sonst die Kerle in den Pornos. Nur mehr. Viel mehr. Erinnerungen an die Fluten aus Metropolis kamen hoch. Ich vermisste die musikalische Untermalung der adretten Organistin.

Woher kam nur diese ganze Flüssigkeit? War es Pipi, oder nicht?

Nachdem alle Filme gezeigt, die Temperatur im Raum spürbar angestiegen und einige aus dem Publikum beachtlich weit in ihre Sitze gerutscht waren, trat die strahlende Regisseurin in einem roten, geblümten Kleid auf die Bühne. »Thanks to everyone for coming tonight!«

Alle klatschten lachend.

Jemand überreichte ihr und ihrer Darstellerin jeweils einen Blumenstrauß. Zum allgemeinen Erstaunen war diese immer noch schwanger. Hochschwanger. Jemand half ihr die Stufen zur Bühne rauf. Auf Englisch begrüßte sie zuerst ihre Eltern und dann die Kindergärtner ihres älteren Kindes im Publikum.

»Now you know how I make my living!«

Die Stimmung war ausgelassen. Außer neben mir.

Jens' Anspannung hätte locker für die Stromversorgung des gesamten Kinos gereicht.

Am Ausgang drehte ich mir eine filigrane Zigarette. Zu meiner Überraschung wollte Jens keine.

Verlegen rieb er sich den Nacken, an dem ich einen roten Fleck erkannte. »Sorry, Frieda, ich hab ganz vergessen, dass ich noch was für die Uni machen muss … Danke für den … interessanten Abend.« Hastig umarmte er mich und verschwand in Richtung Moped.

Schade eigentlich, dachte ich. Nach dem ganzen Gesquirte auf der Leinwand war mir danach, es auszuprobieren.

Der Abend war doch noch jung. Oder? Unschlüssig blickte ich mich nach der Gruppe von schönen Hipstern um. Wären wir jetzt vorm Studiklub in Amerika gewesen, hätte ich mich einfach dazugestellt und ganz cool nach Feuer gefragt. Aber warum kam ich mir dabei in Berlin komisch und fehl am Platz vor? »Hat jemand von euch Feuer?«

»Sorry, wir rauchen nicht.«

»Oh. Okay. Danke trotzdem!« Peinlich.

Mein Handy vibrierte.

Jerome. »Ey, Friedamaus! Bist du noch im Babylon? Ich bin auf dem Weg zu ’ner Hausparty an der Eberswalder. Hast du Bock?«

22.

»Fußpils?« Jerome hielt mir ein Wegbier hin.

Wir saßen in der U2 in Richtung Pankow auf einer langen Sitzreihe. Schräg vor uns, nur zwei Armlängen entfernt, stand der Typ aus dem Babylon in seiner Gruppe schöner Friends mit Nasenringen, ledernen Jacken mit bunten Mustern und weißen Sneakern. Er nippte an einer Club Mate. Hin und wieder schenkten wir uns flüchtige Blicke. Ich fühlte mich schön. Vielleicht klappte es ja auch ohne Kippe. Was half sonst noch so als Conversation-Starter? Coole Bauchtasche? Schöne Haare? Weißt du, ob das Pipi war? Wahrscheinlich sollte ich einfach warten, bis er was tat.

Möglichst lässig ließ ich meinen Blick durch die Bahn schweifen und nippte an meinem Bier.

Einige Nasenring- und Dutttragende kombinierten Lehrertaschen mit Kniestrümpfen oder hielten kleine rosa Rucksäcke auf dem Schoß. Fjällräven. Keine Ahnung, wie man das aussprach.

Die U-Bahn fuhr um die Kurve. Ein Straßenmusiker fiel mit seiner Gitarre auf mich. Mehrere Menschen halfen ihm auf. Jeromes Bier landete auf meinem Schoß. Ich kramte nach einem Taschentuch.

Als ich mich wieder aufrichtete, saß der Schönling plötzlich neben mir. Überrascht lächelte ich ihn an. Er schmunzelte.

Mein linkes Auge zuckte nervös. Äh. Was tat er da? Seine Hand berührte mich ganz sachte am oberen Teil meines Oberschenkels. Mein Kleid rutschte nach oben. Moment. War das etwa seine Art zu »flirten«? Oder hatte ich ihm »zu viele Signale« gesendet? War das jetzt sex-negativ, wenn ich mich beschwerte? Nein, dachte ich. Egal, ob wir Blickkontakt gehabt hatten, ich ihn hübsch fand, und scheiß auch auf die sechs Pornos. Das war nicht okay.

»Hey, was soll die Scheiße!« Ich schubste ihn von mir. Wow! Was war nur in mich gefahren? Augenblicklich waren alle Blicke auf mich gerichtet. Jetzt gab es kein Zurück mehr. »Wer hat dir erlaubt, mich anzugrapschen?«

Oder sollte ich ihn besser siezen, damit alle Beteiligten wussten, dass wir uns nicht kannten?

»Ey, ist ja gut.« Der Typ hielt seine Hände verteidigend vor der Brust und stand auf. »Hab dich doch nicht so …« Er schenkte mir einen Blick, als wollte er mir sagen: Kannst dich ruhig geschmeichelt fühlen. Ich grapsch nicht jede an. Fassungslos starrte ich ihn an.

Was bildete er sich ein? Nur weil er coole Tattoos auf dem Unterarm hatte. Und eine bescheuerte Beanie, die die Hälfte Berlins trug und sich dabei total einzigartig vorkam. Mittlerweile hatten alle anderen Fahrgäste um uns herum die Aufmerksamkeit von ihren Smartphones auf uns gerichtet.

Jerome solidarisierte sich aufgeregt. »Ey, ich hau dem eine rein!«

»Lass mal.« Überzeugt von meiner eigenen Willensstärke, stieß ich die gut gemeinte, wenn auch toxische Maskulinität neben mir zurück in den Sitz. »Ich regele das alleine.«

Mein Puls schlug höher. Jetzt nicht kreischen. Nicht »hysterisch« wirken. Besonnen sein, dachte ich. Sich der eigenen Rechtslage bewusst. Grapschen war gesetzlich verboten. Wenn auch, ähnlich wie Unter-den-Rock-Fotografieren, erst seit Kurzem.

Vor Spannung krallte ich mir die Fingernägel in die Handflächen. »Hab dich doch nicht so? Was soll das denn heißen? Meinen Sie, mein Körper sei 'ne Einladung?«

Jetzt mischten sich auch Fremde ein.

»Ey, sie hat recht. Voll uncool.«

»Ja, Mann«, rief nun auch eine junge Frau aus seinem Freundeskreis. »Was hast du denn für beschissene Manieren?«

Plötzlich hatte sich der Spieß umgedreht. Die ganze Bahn starrte den Grapscher böse an. Und auf einmal war er nicht mehr der gut aussehende Hipster mit der coolen Bauchtasche. Sondern ein ganz schön großer Arsch.

Beschämt blickte er zu Boden. Bei der nächsten Haltestelle stieg er samt seiner bescheuerten Beanie-Mütze aus. Und tschüss.

Siegestrunken stieß ich mit Jerome an. Ich fühlte mich drei Meter gewachsen. Dass ich überhaupt noch durch die Tür der Bahn passte! Unglaublich.

Gerade als wir mit einem Schwall von Menschen aus dem U-Bahnhof Eberswalder Straße heraus die Treppe runtergespült wurden, vibrierte es in meinem BH. Igel? In mir keimte wieder Hoffnung auf. Doch es war Jesus.

»Hola guapa. Turn around!«

Als ich mich umdrehte, stand er auf der Kreuzung, friemelte seine Kopfhörer aus den Ohren und grinste erfreut. Ich winkte, wir begrüßten uns in unbehaglicher Überforderung. Ich wollte ihn umarmen, er wollte mir drei Küsschen auf die Wange geben. Es war awkward. »Chhheesus!«

»Hey you! What's your plan? I still owe you a … beer?« In

diesem Moment schien Jesus klar zu werden, dass der muskelbepackte Typ mit Manbun meine Begleitung war. Aber bevor ich etwas sagen und so tun konnte, als hätte ich längst ein anderes, meinen Ansprüchen entsprechendes Schinkendate an meiner Seite, entlarvte Jerome unsere platonische Beziehung.

»Ey amigo! I've seen you on a Tinder picture!«

Die Hausparty, auf die Jerome uns kurzerhand beide mitschleppte, war in einer riesigen WG. Bereits im Treppenhaus spürten meine Füße den wummernden Bass, begleitet vom munteren Klirren der herumstehenden Bierflaschen in Plastiktüten. Die Bude war so brechend voll, dass uns beim Eintreten eine Dampfwolke entgegenquoll.

Kenny öffnete die Tür. »Überraschung! Die Schlange vorm Berghain war zu lang. Aber zwischen vierzehn und sechzehn Uhr soll's besser werden. Solange heißt es jetzt DURCHHALTEN!«

Als wir ein paar spanische Wortfetzen in der Küche vernahmen, war Jesus sofort in ein Gespräch verwickelt.

Wenig später saß ich mit Kenny, Mandy, Jerome und ein paar mir unbekannten Gesichtern in einem abgeschlossenen Zimmer, in dem die Jacken und Taschen der Partygäste herumlagen.

Kenny baute ein paar Lines auf einer alten Familienspielesammlung, die er aus einem Regal gezogen hatte. Ich fühlte mich mal wieder wie die uncoole kleine Schwester, während ich mich an seine warm gewordene Sektflasche klammerte.

Ein ungeschminktes Mädchen mit kurzem Pony, Karottenjeans und einem gekringelten bauchfreien Top, das den Blick auf mehrere winzige Nabelpiercings freigab, rollte einen Geldschein zusammen. Stolz kündigte sie an: »Premiere! Mit dem neuen Nasenpiercing! Hab ich noch nie gemacht!«

Jerome und ich waren die Einzigen, die bei Alkohol und Zigaretten blieben.

»Mein Piercing ist noch zu frisch«, log ich, um nicht uncool zu wirken.

»Dachte, das ist nicht echt?« Mandy grunzte fies. Grazil überkreuzte sie auf dem Bett, auf dem sie saß, die Beine zum Yogisitz. »Wie läufts mit dem Kanal? Habt ihr noch ein paar Follower gekauft?«

Mein Gott, konnte sie nicht einmal die Klappe halten?

»Wir machen Netzaktivismus«, verteidigte ich mich, als sei ich irgendjemandem hier Rechenschaft schuldig. »Für INKLUSIVEN Feminismus. Und wir kaufen keine Follower.«

»Ey, war doch nur ein Witz, hab dich nicht so!« Mit dem Joint zwischen den Fingern taxierte sie mich, als könnte sie in meinem Blick meine tiefsten Ängste lesen. Ich fühlte mich schäbig, kommerziell, für meinen Hochmut und meine Ambitionen bestraft. Und dazu auch noch humorlos. »Feminismus ist nun mal ungemütlich. Immerhin sprechen wir die Dinge aus, die niemand hören will. Auch wenn wir damit sicher Hater anziehen werden …« Freia hatte mich vor einer Horde von Incells gewarnt: Psychopathen, die sich von Frauen abgehängt fühlen und nichts anderes zu tun haben, außer ihren geballten Hass gegen sie im Netz zu sähen.

»Aber du hast dich ja auch schließlich selbst dafür entschieden.« Mandy verzog das Gesicht zu einem Ausdruck von Mitleid. »Du bist jetzt ein Produkt. Leute dürfen dich liken, kommentieren, bewerten und melden. Gratulation zum Fame, Frieda. Ich würde nicht mit dir tauschen wollen.«

Kurz darauf tanzten wir in einem mit Schwarzlicht durchfluteten Zimmer mit DJ im Rauch der Nebelmaschine. Step, step,

step, step. Kenny, Mandy und Jerome sahen mit ihren spirituell anmutenden Leuchttupfern im Gesicht aus wie ein Schwarm radioaktiver Schmetterlinge. Alle schienen die Zeit ihres Lebens zu haben. Nur ich nicht. Vielleicht war ich einfach noch nicht besoffen genug? Wieder draußen im Gang entdeckte ich eine alte Badewanne, in der eine nackte Barbie in Konfetti schwamm. War das jetzt Kunst? Gesellschaftskritik? Oder doch nur willkürlicher Müll? Vielleicht beides? Dadaismus?

In der Küche hockten ein paar intellektuell und queer wirkende Menschen über Tannenzäpfle. »Sushi Rolls statt Gender Roles«, stand auf einem Jutebeutel. Gerne wäre ich mit ihnen ins Gespräch gekommen, aber ich hatte Angst, wegen meines Make-ups und meiner goldblondierten Haare als unauthentisch abgekanzelt zu werden.

Jesus stolperte mir über eine leere Wodkaflasche entgegen. »Wow! You always take me to such interesting places!« Er grinste mich an. »I just met a girl, who wanted to give me a blowjob in the bathroom! How cool is that?!«

»Congrats. So why are you still here?«

»I don't know. Maybe I'm too old for this kids-stuff. My wild days are over.«

»Mhh. I think mine have never begun.«

Ich verzog mich in eine verrauchte Ecke unter einen tief hängenden Wandteppich. Die üppigen Lederpolster des eingesunkenen Sofas gaben ein puffendes Ächzen von sich, als Jesus sich neben mir darauf plumpsen ließ. Süßlich riechende Nebelschwaden waberten durchs Zimmer. Es lief entspannter Reggae.

Während ich versuchte, nicht zu viel süßlichen Dunst einzuatmen, deutete mir Jesus auf den Busen. »I like that dress. Is that H&M?«

Unweigerlich hielt ich die Luft an. »Excuse me!? This is unique! It's second-hand!«

»Oh, I see. You're a real hipster girl.«

Komischerweise beleidigte mich sein Kommentar nicht. Ich verstand ihn sogar als Flirt. Wahrscheinlich hatte mir Hollywood ins Hirn geschissen.

Irgendwie rangelten Jesus und ich auf einmal ein bisschen herum. Doch schnell ereilte mich die Befürchtung, dass ich Obelix-like meine Kraft unterschätzen und Jesus aus Versehen etwas brechen könnte, also verschränkte ich sicherheitshalber die Arme. Abfällig blickte ich an ihm herunter, auf dessen Shirt ein vor Muskelkraft fast platzender Comic-Hulk zu sehen war.

»And you? Primark?« Was ein Diss.

»It's my favorite super hero. I got it from my Mom.« Verdammt. Das machte ihn leider sympathisch.

»Wollt ihr was Süßes?« Kenny stand mit einem Esslöffel rotem Wackelpudding vor uns.

Bevor ich eine eindeutige Antwort von mir gegeben hatte, schob er mir den Löffel in den Mund. Der Wackelpudding schmeckte nach Nagellackentferner.

Während ich noch die letzten Reste Wabbelwurst herunterwürgte, trank Jesus einen Schluck von seiner Flasche Sterni. »Thanks! I'm good.«

Wie aus dem Nichts fiel mein Blick auf seinen kantigen Kiefer und den Ansatz seines dichter werdenden Vollbarts.

Lag es am Bier? Nein. Der Mann hatte was. Trotz Geheimratsecken und schiefen Zähnen. Etwas in mir wollte es wissen.

»So, Jesus«, säuselte ich verführerisch. »We are friends, but actually you haven't given me any update on your love life.«

»Mhh?«

»Do you still use Tinder?«

»Mhh, actually not, no.« Unbeeindruckt nippte er an seinem Bier und rülpste anschließend ohne die geringste Spur von Verlegenheit. »I mean, I'm not interested in Tinder anymore.«

»How come?«

»Right now, I don't have the desire to get to know another girl. That's why.«

»ANOTHER girl? What do you mean?«

Während ich alle Geschütze auffuhr, um zu hören, dass ich toll war, beobachtete ich aus dem Augenwinkel meine WG. Mittlerweile saß Mandy zusammen mit Jerome in einem Kreis aus Hippies auf dem Teppich zwei Meter weiter. Wahllos leckten sie sich gegenseitig ab.

Jesus ließ sich weder davon noch von meiner sexuellen Anspannung, die ich ihm wie ein kaputter Sender vergeblich zufunkte, aus der Ruhe bringen. Er zuckte mit den Schultern.

Scheiße. Je weniger er mich beachtete, desto mehr gierte ich nach seiner Aufmerksamkeit. Ich hatte plötzlich wahnsinnige Lust auf Körperkontakt und Zuneigung. Komm schon, dachte ich. Sprich mit mir, Jesus! Sag mir, wie einzigartig ich bin! Schau mir in die Augen, Kleines. Doch Jesus blieb unbeeindruckt, weshalb ich mich kurz darauf dabei ertappte, mir leicht anzüglich auf die Lippen zu beißen. Das tat ich sonst nie. Aber in diesem Moment, auf diesem immer weicher werdenden Ledersofa, unter dem sinnlich weinroten Wandteppich und zwischen den süßen Schwaden kam ich mir in meinem hell glitzernden Secondhandteil auf einmal unwiderstehlich vor. Wie Brigitte Bardot. In mir hauchte eine Stimme: »Je t'aime.«

Endlich blieb das Schwarze seiner Pupillen an mir hängen wie eine Fliege auf einem klebrig-süßen Fensteraufkleber. Die Stimmung war schlagartig zum Zerreißen gespannt. Ich hatte ihn. Alle Hipster, Jeromes und Mandys um uns herum waren auf einmal verschwunden.

Jesus' braunäugiger Blick war so intensiv, als würde ich mit unsichtbaren Drähten durchbohrt. Seine langen Finger griffen gezielt an meinen Hinterkopf. Er drückte mein Gesicht an seins. Gleichzeitig spitzte er die Lippen. Das war wohl »all in«. Er versuchte mich zu küssen. AAAAAH. Notbremse! War doch nur ein Witz!!!

Lachend stieß ich ihn von mir. »Oh my god! What are you doing?«

Jesus' eben noch heiß entflammter Blick war schlagartig zu einem versteinerten Ausdruck der Entrüstung erloschen.

Ihm entfuhr ein abwertendes Schnauben. »That's fucking ridiculous.«

»Oh, come on«, versuchte ich ihn zu beschwichtigen wie nach einem schiefgegangenen Aprilscherz.

»What the fuck? You actually know that I like you. Why the fuck do you play with me? Do you find that funny?«

Jesus' Blick war voller Verachtung. Mist. Plötzlich tat es mir schrecklich leid. Kleinlaut sank ich tiefer in das Sofa.

Jesus griff nach seiner Jacke.

»Hey! Don't go!« Betrübt fasste ich nach seinen Fingern, an denen er diese grauenhaften Ringe trug, und zog ihn zurück auf das sinkende Sofa. »I'm sorry, that was not cool.«

Ich hielt seine Hand fest. Sie war angenehm warm. Wir verharrten kurz. Es war seltsam, aber irgendwie schön. Ein bisschen, als würde die Zeit plötzlich viel langsamer vergehen.

Nachdem noch ein »Sorry« ihn nicht aus der Totenstarre auferstehen ließ, wusste ich nicht weiter. Vielleicht würde ein winzig kleiner Kuss auf seine Wange als Ausdruck meines wahrhaftigen Bedauerns die Sache wiedergutmachen?

Wir knutschten. Es war gut. Erstaunlich gut. Plötzlich war ich wie in einem anderen Universum. Noch nie in meinem Leben hatte ich so weiche Lippen gespürt. Überall in meinem Gesicht, meinem Kopf, meiner Seele. Meine ganze Welt bestand nur aus paarweise vorkommenden wulstigen Tastorganen.

Irgendwann ging die Musik aus. Die Polizei stand vor der Türe. »So jetz is hier aber Schicht im Schacht! Wer sind die Verantwortlichen? Das jibt 'n Bußgeld!« In einem Strom von missmutigen Menschen verließen Jesus und ich die Party. Zusammen.

Auf der Straße war es still. In mir tanzte jedoch alles, immer noch in regenbogenfarbene Lichter getaucht, zu glitzerndem Techno. Ich war jung, ich war frei. Und völlig benebelt.

Die Leute in der U2 Richtung Ruhleben glotzten den verschmierten und offensichtlich verstrahlten Geist an, der zwei Anläufe brauchte, um die Hand in den Haltegriff einzufädeln. Balancesuchend lehnte ich mich an Jesus, der leger sein drittes Sterni austrank. Dass die Muster der U-Bahnsitze wimmelten wie kleine, tänzelnde Glühwürmchen, wunderte mich. Ich hatte doch nur zwei Bier getrunken.

Jesus wohnte im ehemaligen Osten in einer siffigen Jungs-WG, in der der Klodeckel oben gelassen wurde. Außerdem hatte er Katzen, und das roch man deutlich. Aber ich war zu müde und betrunken, um mich zu ekeln, und krabbelte wie ferngesteuert auf allen vieren in seine giftgrüne Bettwäsche mit lila Schnörkeldesign.

Unauffällig musterte ich unsere ungleichen Körper, während er Schwierigkeiten hatte, meinen BH zu öffnen. Alles an ihm war dünn. Nur der kleine, behaarte Bauch war ein wenig nach außen gewölbt. Während er meinen Hals küsste, ließ ich meinen Blick durch den Raum schweifen.

Jesus' Wohnung wirkte so geräumig. Warum machte er nichts aus den schönen großen Zimmern? Über uns entdeckte ich einen Deckenventilator. Das monotone Kreisen der – nannte man die Dinger Propeller? – war wie ein bunter Strudel, der mich hineinsog. Der warme Wind umhüllte mich wie meterlange Kaugummischlangen. Bei jeder Umdrehung machte der Ventilator dieses komische Geräusch. Es hörte sich an, als würde jemand Schnitzel klopfen.

Ich prustete los.

»Sorry, I don't know why I am laughing.«

Jesus blickte abgelenkt zwischen meinen Beinen hervor.

»Well, it was probably the MDMA ...«

»Hä?«

»You know ... the jelly you ate.«

Der rote Wackelpudding?

»Oh yeah ... of course«, tat ich bestens informiert. What the Fuck, war ich die Einzige, die so was nie checkte? Komischerweise fühlte ich keine Angst oder Wut. Nein, da war nur ein Gefühl. So viel Liebe!

Jesus steckte in mir. Halleluja. Was ein seltsamer Abend. Okay, jetzt aber Konzentration! Etwas in mir riet mir dazu, jetzt wieder ganz laut zu stöhnen, damit es schnell vorbei war.

Doch Jesus ersparte mir das Künsteln. Nach geschlagenen zwei Minuten war der Krötensex zu Ende.

»Oh no! I'm sorry, but you made me really horny.«

Eine enttäuschte Reaktion vorzuspielen gelang mir nur leidlich.

Grübelnd beobachtete ich, wie Jesus das benutzte Kondom

grobmotorisch zusammenknotete und in mehreren missglückten Anläufen in einen überfüllten Papierkorb stopfte. Mit Schwindel im Kopf rappelte ich mich auf, um über Katzenstreu ins Bad zu schleichen.

»Everything alright?« Jesus wirkte irritiert. Gingen nicht alle Frauen nach dem Sex als Erstes ins Bad? Romantisches Kuscheln war ohne schleimiges Brennen zwischen den Beinen um einiges erträglicher. »Yeah, I just need to pee.«

»Okay!«

Als ich mit kalten Katzenstreufüßen auf dem Klo saß, erinnerte ich mich daran, wie Kenny von verschiedenen Drogen geschwärmt hatte. Koks für mehr Selbstbewusstsein, Speed für Energie, Gras zum Runterkommen, G fürs Glücksgefühl – und MDMA zum Kuscheln.

Mit einem nun doch sehr logisch wirkenden Bedürfnis nach Nähe knipste ich das grelle Licht in Jesus' Schlafzimmer wieder aus. Wir legten uns in Löffelchenstellung.

Jesus gab mir einen Kuss in den Nacken. »Did you like it?«

»Erm … It was alright.«

»I know, it was not too good.« Er wirkte abgeklärt. Bekam er das öfter zu hören? »But it was the first time, you know?«

»So, it will become better?« Dachte er wirklich, dass ich mir das noch mal antun würde? Vermutlich würde ich das. Verdammt.

Liebevoll-pragmatisch strich er mir über den Arm. »I think the fourth time is the first time to be really good.«

»Sure.«

23.

»Frieda, des heat si echt guad on.« Igel hantierte gerade in der Küche mit Pfannen. Voller Begeisterung hatte ich ihm von meinem Erfolgserlebnis berichtet. Also dem beruflichen. Wir waren zu einhundert Prozent befreundet. Zumindest redete ich mir das ein. In Wahrheit war meine emotionale Verwirrung wahrscheinlich so unübersehbar wie eine Anakonda, die ein Gnu verschlungen hatte. Aber was blieb mir anderes übrig, als die Dinge zu akzeptieren, die ich nicht ändern konnte? Deutlich überdreht saß ich am Küchentisch und trank heiße Zitrone. »Und die Leute in Hamburg wollen uns auch! Super abgefahren!«

»Du bist jo echt voi im Business!«

»Und bei dir? Alles gut?« Hornbrillenmäßig, verkniff ich mir hinzuzufügen.

Irgendwie tat es seit der Nacht mit Jesus nicht mehr so weh. Vermutlich lag es daran, dass ich jetzt einfach andere Dinge zu tun hatte im Leben, als ihm hinterherzuweinen. Oder eben doch an Jesus. Oder an beidem. Oder versuchte ich mir auch das nur einzureden, um »stark« zu sein?

Als ich mir für eine Sekunde erlaubte, ein Mensch mit Gefühlen zu sein, schossen mir die Gedanken durchs Hirn wie kleine Giftpfeile. Hatte Igel einen schönen Abend mit der Französin gehabt? Hatte sie ihm lüstern ins Ohr geflüstert? *Je t'aime.*

Oh Gott. Immer diese Sexualisierung von allem. Vermutlich hatten sie ganz normal ein Bier getrunken. *Die so schön geprickelt hat in mein Bauchnabel …?!*

Meine Gedanken fuhren Achterbahn.

Igel kratzte Eigelb von einer alten Pfanne.

»Jo. Ois Roger in Kambodscha.«

»Nichts … *Besonderes* also?« Wie eine Hornbrille auf deinem Nachtkästchen, verkniff ich mir zu fragen.

»Äh, na? Wieso?«

»Ach! Nur so!«,

Igel schnaubte verwirrt und kramte die Zutaten für Pfannkuchenteig aus dem Kühlschrank hervor.

Unweigerlich hingerissen begutachtete ich seine unter der Hose zum Vorschein kommenden Boxershorts.

»Wie nennen Österreicher eigentlich Pfannkuchen? Topfenhupferl? Oder Eierbladdln? Ihr habt doch einen komischen Namen für alles!«

»Balatschinken.«

Igel schnupperte zaghaft an der Salatschüssel, verzog das Gesicht und bereitete ein Bad aus Spüli vor. Dann setzte er sich zu mir an den Tisch, lehnte sich zurück und schenkte mir einen durchdringenden Blick.

»Wie geht's eigentlich weiter noch deim Praktikum?«

»Du meinst in der Zukunft?«

Igel nickte. Es vergingen ein paar Sekunden. Vor meinem inneren Auge fuhren wir beide in einer Hochzeitskutsche in den Sonnenuntergang, nannten unsere beiden ältesten Kinder Fritzi und Franzi, egal welches Geschlecht sie hatten, und brachten ihnen zuerst Skifahren und dann Laufen bei. Ich räusperte mich. »Freia und ich haben viel vor. Aktuell planen wir ja die ganzen

Videos für Instagram. Aber nächstes Jahr wollen wir reisen. Trampen. Erst mal nach Armenien oder Ecuador oder so.«

Bildete ich mir das ein, oder ... hatte sich Igels Miene schlagartig versteinert? Er zog eine Augenbraue hoch. »Trampen? Und ... Wie long?«

»Keine Ahnung – so lang wie möglich. Unser Aktivismus und die Online-Präsenz, das lässt sich super mit Reisen verbinden. So frei und ungezwungen als digital nomads ... Die ganze Nummer mit Haus, Hof, Kindern und Köter. Das ist doch alles SO konservativ.«

Plötzlich wurde die knarzige Wohnungstür aufgeschlossen, und etwas bellte uns an. Zerdetschtes Obst okay. Aber hatte Kenny jetzt auch noch einen Hund gerettet?

Das braune, zottelige Ungetüm wieselte aufgeregt durch den Flur, schnupperte an den Schuhen und warf mit dem wedelnden Schwanz alle herumstehenden leeren Bierflaschen um. Kenny wuselte ihm in Richtung Wohnzimmer hinterher. »Turkey! Sitz!«

Jerome betrat verschwitzt und mit einer labbrigen Sporttasche in der Hand die Küche. »Jo, Leude.«

Besorgt lehnte ich mich zur Seite, um zu sehen, ob meine Docs noch unbeschadet auf dem Schuhregal standen. »Wo kommt der denn jetzt her?«

Jerome lachte. »Aus dem Tierheim. Kenny will ihn zum Spürhund trainieren. Für das Koks.« Das Pulver seines Proteinshakes landete zu großen Teilen auf der verklebten Küchenzeile.

»Koks?«

»Ja. Das er im Görli verloren hat!«

Jerome stillte seine hungrigen Muskeln mit einem ganzen Liter H-Milch. »Und du Frieda? Hattest nen guten Abend mit Chhhesus? HAHAHA!«

»Wir … machen nur Tandem.« Ich räusperte mich. »Ja klar. HAHAHA! Tandem! So ähnlich wie Igel und die hotte chica aus Frankreich!« Alter, Jerome, halt doch die Klappe, dachte ich. Nichtsahnend wippte er mit den Augenbrauen. Dann verschwand er unter der Dusche.

Aus dem Wohnzimmer ertönte ein Scheppern. »Turkey! Nein, aus!«

Vom Herd aus signalisierte mir Igel mit seinem unverkennbaren belustigten Schnauben, dass er genauso wenig überrascht war wie ich.

Wieder in trauter Zweisamkeit, versuchte ich noch einmal unauffällig herauszufinden, ob nun eine Hornbrille auf Igels Nachtkästchen lag oder nicht.

»Und, was hast du Samstag Abend so gemacht?«

»I woa mit ana Arbeitskollegin unterwegs.«

»Einer Arbeitskollegin?«

»Jo, vom Restaurant.«

Hä? Warum drückte er das so aus? Ich war doch der Grund, weshalb sich die beiden kannten.

»Hattest du ein Date?« Vielsagend hob ich die Augenbrauen und hielt dabei heimlich die Luft an.

»Wos?« Igel grinste verlegen. »Naaaa.«

»Ach was!« Ich stupste ihn an. »Klar hattest du ein Date!«

Mir war schlagartig nach Weinen zumute.

»Jo ma, vielleicht woars schon a Date.«

Sei stark, Frieda. Ihr seid Kumpels!

»Und?«

»Wos, und?«

»Siehst du sie wieder?«

»Was i ned!«

»Hä? Das wirst du doch wissen! Also, war es denn gut mit ihr?«

»Warum mogst du des leicht unbedingt wissen, Frieda?«

Weil ich dich liebe, schrie es in mir.

»Alter, wir sind eine Familie, ich muss doch wissen, wenn du bei jemandem landest! So ähnlich, wie ich dir auch alles immer brühwarm erzähle.« Oder Jerome, dachte ich. Scheiße.

Igel stellte die Pfanne auf die Gasflamme, trank einen Schluck aus seiner Tasse, in der eine heiße Zitrone mittlerweile kalt geworden war, und griff nach der Zuckerdose. »Is scho a liabs Mädel.«

»Habt ihr euch geküsst?« Ich reichte ihm einen Löffel. Symbolisch gab ich ihm einen Dolch. Ob er wusste, dass er gerade drauf und dran war, ihn mir in die Brust zu rammen?

Mit einem verlegenen Grinsen schaufelte Igel sich drei gehäufte Portionen in die Tasse. »Naaa.«

Hallelujah!

»Wieso nicht?«

Igel zuckte mit den Schultern. »Ma isst ned do, wo ma scheißt.«

»Was?« Mir entwischte ein manisches Lachen.

»Ma isst ned do, wo ma scheißt. I wü ka Freindin am Oabeitsplatz. Des mocht ma ned. Kane Oabeitskolleginnen und kane Mitbewohnerinnen. Des geht schiaf.«

Wollte er mir damit etwas sagen? Innerlich plante ich bereits meinen Auszug. Vielleicht könnten wir ja noch mal ganz von vorne anfangen. Oder war das seine Art, mich für immer zu korben? Mich überkam eine Hitzewallung.

Auf einmal wurde die Küche von einer unaushaltbaren Stille verschluckt. Die Situation überforderte mich derart, dass plötzlich ein Schwall Gelächter aus mir herausbrach. Unkontrolliert klopfte ich mir auf die Schenkel und dann Igel auf die Schulter, als hätte er gerade einen bombastischen Witz gerissen.

»Man isst nicht da, wo man scheißt. Ist ja genial!« Unauffällig blinzelte ich eine Träne der emotionalen Verwirrung weg.

Igel lächelte milde, nickte und griff dann nach ein paar Tellern im Regal. »I würd da gern was onbieten, aber da Dominik kumt glei.«

»Dominik?«

»Jo, du wast scho, mein Radler-Freind.«

In dem Moment klingelte Igels Handy, und er verfiel in einen Dialog über Speichen und Reifendruck.

Vielleicht sollte ich mich doch einfach noch mal mit Jens ablenken. In meinem Zimmer rief ich Freia an. Sie riet mir davon ab. »Und zwar ganz klar. Das ist ein Lappen!«

»Aber ich will doch nur, dass mich jemand in den Arm nimmt und mir das Gefühl gibt, dass ich hübsch bin und nicht nach Zwiebeln rieche. Ich friere nachts so sehr!«

»Besorg dir 'ne Wärmflasche.«

Freia hatte gut reden. »Selber!«, rief ich lachend. »Wie läuft's mit Chris?«

»Arschloch. Der hat mich gestern stehen lassen, und jetzt vögelt er eine andere.«

»Meintest du nicht, du bist froh, wenn er dich in Ruhe lässt?«

»Fresse!«, raunte sie. »Seit ich diesen verfluchten Vaginalring trage, hab ich sowieso keine Lust mehr auf Sex. Meine Frauenärztin meinte, dass die Hormone nur lokal wirken. Was ein Bullshit.«

Wahrscheinlich war sie deswegen so gereizt. »Tun sie nicht?«

»Nein. Synthetische Hormone wirken immer aufs Gehirn. Egal, wie du sie deinem Körper verabreichst.«

Freia machte jetzt auch mir Angst. Laut ihr konnte es sein, dass die Libido auch noch Jahre, nachdem man die Pille abgesetzt hatte, nicht richtig zurückgebildet war. Beziehungsweise gar nicht richtig ausgebildet, je nachdem wann man angefangen hatte, sich die künstlichen Hormonimitationen in den Organismus zu ballern.

Wie ich zum Beispiel mit dreizehn. Oh shit. Ein Viertel meines Lebens hatte ich das Zeug geschluckt. Hatte ich deswegen so verdammt unregelmäßige Zyklen? Und nie so richtig Spaß beim Sex? Fast fühlte es sich so an, als würde alles, was ich verkörperte, gar nicht mir gehören. Ich sollte dringend mal zu einer der feministischen Frauenärztinnen, die auf der Liste standen, die Freia mir geschickt hatte. Vielleicht wurde mir da gesagt, wie ich endlich Herrin meiner selbst wurde. Herrin, dachte ich. Komisches Wort. Nicht mal die Bezeichnung für eine Frau, die etwas unter Kontrolle hat, stand unabhängig für sich.

Grübelnd betrachtete ich mich im Spiegel meines Kleiderschrankes. Es war, als würde ich mich wie durch eine Brille betrachten. Selbst meine alltäglichen Entscheidungen – was ich tat, was ich aß und was ich trug – schienen auf der Erwartung anderer zu basieren. Ich war verwirrt. Wer war ich und für wen?

Meine Haare färbte ich mir schon seit ich zwölf war in einem blonden Goldton, vermutlich um Oma zu gefallen, die stets alle Frauen, die blond waren, weiße Kleider und hohe Schuhe trugen – allen voran Helene Fischer –, angehimmelt hatte. Bei näherer Überlegung fand ich ihren regelrechten Blondfetisch total problematisch. Aber dass sie mich blond »hübscher« fand, ließ mich selbst blond auch hübscher finden.

Meine Schminke – der Eyeliner-Strich auf den Augenlidern, die drei Schichten Mascara, das moussige Make-up, das alle Poren verstopfte, und das Rouge, das meiner Befürchtung nach zu aufdringlich schimmerte – war den Frauenfiguren aus Filmen nachempfunden. Nur dass meine Maske niemals perfekt war, erst recht nicht eine Sekunde nach dem Aufwachen. Was wollte uns Hollywood damit sagen? Steh um vier auf, renn ins Bad und klatsch dir das Camouflage auf die Augenringe, bevor dich jemand zu Gesicht bekommt? Weil ein natürlicher Look beim Aufwachen der Allgemeinheit nicht zuzumuten ist?

Kritisch beäugte ich mein dunkles Seidenhemd, meine Levis-Jeans, die ballonartige Bomberjacke und die Mütze, die nicht über die Ohren reichte. Ich verkackte Nachläuferin.

Das Outfit würde ich nur so lange tragen, bis jemand kam und einen neuen, absurden, niemals für möglich gehaltenen Trend setzte. Wie Bauchtaschen, Adiletten und Radlerhosen.

Stil, Attraktivität und Schönheit waren eben nicht einfach da, sondern wurden von der Gesellschaft erst geschaffen. Genauso wie das Wertesystem und alle Normen, die es aufrechterhielten und die uns ab dem ersten Augenaufschlag in der Geburtsklinik eingepflanzt wurden. *Es ist ein Mädchen! Bestimmt wird sie mal total hübsch und eine gute Mutter! Ihr könnt stolz sein! Es sei denn, sie ist übergewichtig, unfruchtbar oder sonst nicht ins Bild passend, dann … Tja. Dann Diätcamp, Schönheits-OP und, wenn alles nichts hilft, enterben!*

Das Bild, in das ich krampfhaft zu passen versuchte, war ein konstruiertes. Und dabei ging es bei Weitem nicht nur um »das Äußere«.

Irgendwie hatten wir gelernt, wie wir zu leben hatten und mit wem. Was okay war und was nicht. Wofür man gelobt, geliebt und mit Anerkennung überschüttet wurde und wofür verstoßen, geächtet und belächelt.

Die allermeisten Male, die ich mit einem Mann intim geworden war, hatte ich Dinge getan, von denen ich dachte, dass ich sie tun musste, um krass oder cool oder begehrenswert zu sein.

Jedenfalls war das, was man als meine sexuelle Erfahrung bezeichnen konnte, in den seltensten Fällen so ausgegangen, dass ich selbst etwas davon gehabt hätte. Außer zu wissen, was ich nicht wollte. Und eine peinliche Geschichte vielleicht, mit der ich Freia und die Community belustigen konnte.

Die ärgerte sich immer noch über die künstlichen Hormone. »Und die Hälfte der Frauen in Deutschland tut sich das an!«

»Und du? Warum bist du eine davon? Was ist mit der Kupferspirale?«

»Ach so!«, raunte Freia zynisch. »Ich soll mir also ein supergruseliges Ding aus Draht in die Gebärmutter klemmen lassen, das aus meinen ganzen inneren Geschlechtsorganen ein zweites Tschernobyl macht?« Beängstigt betrachtete ich meine inzwischen wieder halb verdorrte Zimmerpflanze. »Wieso denn Tschernobyl?«

»Kupfer löst eine beständige sterile Infektion der Gebärmutter aus. Dadurch stirbt alles darin ab, was gern gewachsen wäre. Wusstet du das nicht?«

Nein, hatte ich noch nie gehört. Gab es denn wirklich keine guten Alternativen? Ich musste an Degenhard denken, der sich immer über das Gummi beschwert hatte. Es sei nicht so »gefühlsecht«. War es denn wirklich an uns, entweder die ganze Verantwortung auf uns zu nehmen oder als »nicht fickbar« zu gelten? Bedröppelt ließ ich mich aufs Bett fallen. »Was ist die Alternative?« »Lesbisch werden wie Mandy«, raunte Freia.

»Oder … Vielleicht krieg ich auch einfach ein Kind.«

»Haha! Der war gut.« Oh Gott. Meinte sie das ernst?

»Bestimmt gibt es auch Männer, die voll Bock haben auf Vaterschaft, und dann bleibt die ganze Scheiße nicht an mir alleine hängen«, Freia klang fast schon verbittert.

»Oder ich hol mir ein Basalthermometer, messe jeden Tag vorm Aufstehen meine Körpertemperatur und fang an, meinen Zervixschleim zu analysieren. So voll im Einklang mit mir selbst und meinem Zyklus! Wie Lolo!«

»Aber dann darfst du nicht mehr saufen. Hab gehört, das bringt alles durcheinander.«

Oh Gott, dachte ich. Hoffentlich würde Freia nicht von irgendeinem selbstverliebten Pseudohippie schwanger. Oder schlimmer noch, von Chris. Der mit seiner toxischen Männlichkeit und seinem Modelvertrag unter dem Deckmantel von Nächstenliebe auch noch als besonders feministisch galt.

Ich erinnerte mich, damals, als Mandy sich geoutet hatte, da hatte Chris hinter ihrem Rücken gemeint, sie wäre »einfach nur noch nie richtig gut durchgebumst worden«. Mit dem wollte sich Freia doch nicht ernsthaft reproduzieren? »Seid ihr jetzt zusammen?«

»Neeee … ohne Label vögelt es sich besser.«

»Mit Verhütung vögelt es sich am besten!«

»Chris findet Kondome nicht gefühlsecht. Aber dafür meinte er, dass wenn die Pille für den Mann zugelassen wird, er mich ablöst!«

»Kann sich nur noch um Jahrzehnte handeln!« Die Chancen, dass Männer freiwillig eine verminderte Libido in Kauf nehmen würden, liefen nüchtern betrachtet gegen null. Verständlich. Niemand wollte die eigene Libido verlieren. Und niemand sollte das.

War es okay, mit Anfang zwanzig Mutter zu werden? War es in Ordnung, überhaupt nie ein Kind zu wollen? Würde jemand wie Freia abtreiben, und was würde das für sie bedeuten? Ich wusste nicht mal, wie viel Löcher ich da unten hatte. Woher sollte ich all diese Fragen beantworten können?

Freia versicherte mir, dass diese natürliche Methode zur Verhütung bei richtiger Anwendung genauso sicher sei wie die Pille. »Wir haben einfach nur das Gegenteil gelernt. Und weißt du warum?«

»Kapitalismus?«

»Ja. Und Patriarchat.«

Ich schluckte besorgt. »Aber weißt du denn, wie das wirklich geht?«

»Aber Frieda! Wir sind doch erwachsene Menschen! Findest du es nicht total krass, dass Menschen mit Vulva abgesprochen wird, dass sie in der Lage dazu sind, ihren eigenen Körper zu kennen und zu lesen? Als wären wir total unmündige, hormongesteuerte Wesen und unbedingt angewiesen auf Hilfe von außen.«

War das jetzt der Next-level-Feminismus, von dem alle sprachen? Vierte Welle? Oder schon die fünfte? Hatte Freia recht? Oder war sie eine total durchgeknallte Verschwörungstheoretikerin?

»Zieh dir das mal rein, wenn Menschen mit Uterus das Wissen über ihren eigenen Körper zurückerlangen … dann bestimmen wir wieder über Leben und Tod! Im Kapitalismus geht's total um Geburtenkontrolle! Die ganze Nummer mit dem männlichen Schöpfer ist doch nichts weiter als patriarchale Propaganda.« Im Mittelalter wäre sie jedenfalls höchstwahrscheinlich für diese Aussage direkt auf dem Scheiterhaufen gelandet. Und außerdem war ich mir sicher, genau diesen Satz von Mandy gehört zu haben.

Als Freia aufgelegt hatte, war eine neue Nachricht auf Whatsapp reingekommen.

»Hey señorita! Are you up for a beer? I promise you will love the location!«

24.

Am Potsdamer Platz lehnte Jesus mit einer Kippe im Mundwinkel an einem U-Bahn-Kiosk. »Hola rubia! Que tal?«

Betont freundschaftlich umarmte ich mein ehemaliges Tinderdate zur Begrüßung mit demonstrativer Kürze. »So, Calvo. Where is that awesome location?«

»Calvo?!«

»Rubia?!«

»You ARE blonde!«

»Yeah, and you don't have hair!«

Wenn er mich immer auf mein Äußeres reduzierte, konnte ich das ja wohl auch. Sah er zum Glück ein.

Jesus' Start-up war in einem gläsernen Büro im fünfzehnten Stock über den Dächern Berlins. Was genau hier an Flipcharts besprochen wurde, hatte ich noch nicht so ganz verstanden – viele Pfeile und kompliziert aussehende Modellskizzen erweckten den Anschein von ernst zu nehmenden Unternehmensstrategien. Jedenfalls waren alle supersympathisch, und es gab Häppchen. Einige der Mitarbeiter, unter denen, wie sich herausstellte, der Frauenanteil gleich null war, hatten ebenfalls ein paar Gäste eingeladen.

In der Küche am Kicker lernte ich bei einem Bierchen Jesus' Kollegen kennen. Erinnerungen an Amerika kamen hoch. Das

Team bestand aus einer Horde von Nerds. Grob geschätzt Lääsarteschnigga oder Ähnliches.

Jesus stellte mich erst nach und nach jedem vor und ließ mich kurz darauf alleine stehen. Offenbar war er der Gastgeber.

Gerade war ich dabei, meine Verlorenheit am Kicker zu kaschieren, da hielt mir ein grizzlybäriger Typ mit grünem Sakko unverhofft einen Pik-Buben unter die Nase. »Zieh eine Karte!« Mich überkam ein zufriedenes Schmunzeln, als ich bemerkte, dass ich den Kartentrick von Miro kannte. Wie es ihm wohl mit seiner Beinschiene in München ging?

Während der Dude, der mit seinem langen Bart an Hagrid aus Harry Potter erinnerte, ganz geschäftig seine Karten mischte, beobachtete ich Jesus aus der Ferne. Ganz locker plauderte er mit ein paar Kollegen, grinste selbstbewusst. Alle hingen an seinen Lippen. Woher nahm er sein Selbstvertrauen? Sein Charisma machte ihn gefühlt dreimal attraktiver.

»Und?« Hagrid lächelte lieb.

Ich wusste, dass er mich verarscht hatte. »Es ist die Herzdame.«

»Woher wusstest du …?«

»Sagen wir, ich kenne jemanden aus der Szene …« Vielsagend zwinkerte ich ihm zu. Hagrid kniff die Augen zusammen und lachte bauchig. »Ach, jetzt versteh ich.«

Ich verstand nicht.

Er wackelte mit den Augenbrauen. »Woher kennt ihr euch?« Er deutete auf Jesus.

»Wir machen Tandem.« NUR Tandem, wollte ich sagen. Ohne Körperkontakt. War Jesus mir peinlich? Vor seinen eigenen Kollegen?

»Auf Fahrrädern? Wow, das hab ich auch noch nie gehört.«

»Sprachtandem!«

Hagrid grunzte in seinen Bart. »Alles klar.«

Die Vorstellung, mit Jesus Tandemfahrrad zu fahren, amüsierte mich. Wie ein altes Seniorenpaar an sonnigen Septembertagen durch laubbedeckte Alleen. Noch weniger sexuell anregend war höchstens … alleine Fahrrad fahren. Ich musste an Igel denken. »Aber in Brandenburg kann man wirklich gute Radtouren machen!«

»Ach, wirklich? Fährst du viel rum?«

»Nee … Mein Mitbewohner. Der kennt sich da richtig gut aus! Ist ein richtiger Naturbursche und repariert sein Rad selbst und pflückt im Wald Pilze – und außerdem hat er kein Smartphone, megacool, oder?«

Wenig später hatte Hagrid ein begeisterungsfähigeres Publikum für seine Zaubertricks am Nebentisch gefunden. Ich pustete die Luft aus den Backen. Immerhin war ich endlich nicht mehr die einzige nicht männliche Person im Raum. Zwei neu erschienene Gäste in meinem Alter hatten den Frauenanteil gehoben. Jesus reichte ihnen ein Bier.

Einerseits fühlte ich mich bei dem Gedanken, einen erfolgreichen, vierzehn Jahre älteren Typen zu vögeln, der in einem coolen Berliner Start-up arbeitete, außerordentlich reif. Andererseits – ließ das nicht gleichzeitig auf fehlende Reife seinerseits schließen? Bekam er vielleicht nur einfach keine Frau in seinem Alter ab?

»What were you guys talking about?« Nun reichte er auch mir ein Glas.

»Oh, nothing. I just told him about where you are … you know, very deep down in the friendzone!« Ich lächelte neckisch. Sein intensiver Blick traf meinen. Scheiße. Da war was in der Luft.

»Oh, wow! Thanks for helping me to try and impress my colleagues!« Er grinste frech.

Wieso nur kam das so gut bei mir an?

Gelassen hielt er sein frisch gezapftes Bier vor dem Bauch und erzählte mir, dass er sich das alles selbst erarbeitet hatte. »My family is pretty simple. Working-class people. But as you can see … you can do anything. If you just really want it. Cheers.«

»Cheers.«

Ob ich Jesus in eine Diskussion darüber verwickeln sollte, warum in den Führungsetagen dieser Welt unter den wenigen, ehemaligen Tellerwaschenden fast ausschließlich weiße Männer saßen? Neben mir hörte ich jemanden über einen Pimmelwitz lachen.

In Jesus' Bart klebten Bierschaumreste. »But, seriously. Did he ask if you are my girlfriend?«

»Kind of.«

»And? What did you say?«

Ich wusste nicht, was ich antworten sollte. Also sagte ich das, von dem ich annahm, dass es möglichst keine Türen zuknallen ließ. »You know. I don't like defining stuff.«

»Yeah. Let's just not put a label on it.«

»Sounds good.«

25.

»Irgendwelche Flüssigkeiten?«

Ich schüttelte den Kopf.

»Wo müssen Sie hin?«

»Nach Bordeaux.«

Ich stand in der übervollen Sicherheitskontrolle des Schönefelder Flughafens und strahlte den Beamten an. »Der Sender, bei dem ich ein Praktikum mache, schickt mich ins Ausland, um dort einen Beitrag über einen niederländischen Maler zu machen! Kaum zu glauben, oder?«

Mürrisches Nicken. »Mich interessieren nur Ihre Flüssigkeiten.«

»Jaja!«, flötete ich unangebracht. »Das sagen viele!«

Der fehlende Humor des Beamten konnte meine Laune nicht trüben. Auf dem Weg zum Gate fühlte ich mich unglaublich wichtig mit meinen Akten und dem Rollkoffer, der voller noch leerer Speicherkarten war – bereit, mit aufregendem Bildmaterial gefüllt zu werden. Jens hatte mir noch erklärt, wie ich sie richtig formatierte, und mir dabei noch eine Packung Reinigungsknete für den Computer geschenkt. Über den Vorfall mit dem Pornoabend im Kino hatten wir nicht mehr gesprochen. Überwältigt atmete ich in den Bauch, als der Flieger abhob. Bordeaux. Beruflich. Im Flieger schien es bereits nach Wein und Sonne zu duften.

Ich konnte es kaum fassen. Meine Karriere war mal eben von null auf hundert katapultiert. Jetzt konnte ich ja quasi schon fast wieder in Rente gehen. Ich packte meine Drehpläne und meine feministische Literatur aus. Freia hatte mir für den Anfang ein Buch von Laurie Penny empfohlen. »Du machst doch was mit Wirtschaft in deinem Studium. Wird dich interessieren.« Auf dem hinteren Buchumschlag stand in Großbuchstaben: »Fleischmarkt ist ein Stück feministischer Dialektik über den Körper der Frau als sexuellen Stützpunkt des kapitalistischen Kannibalismus.« Der Mann neben mir sah beunruhigt zu mir rüber. Ich verspürte das Bedürfnis, ihm zu sagen, dass alles gut wird. Die Chance, von einer Feministin im Flugzeug kastriert zu werden, ist kleiner, als mit dem eigenen Porsche gegen einen Baum zu fahren. Neugierig blätterte ich in den ersten Seiten und kam mir dabei sehr kritisch und anti vor – auf die gute Art und Weise.

Aber leider hatte ich Mühe, die klugen Sätze zu verinnerlichen. Zu viele Fremdwörter, zu viel Vorwissen vonnöten. Auf Seite einundzwanzig, auf der sich die Begriffe »Puritanismus«, »Libertinage« und »Hedonia« in einem einzigen Satz über sieben Zeilen verteilten, brauchte ich eine Pause. War es paradox, so ein kapitalismuskritisches Buch in einem Billigflieger auszupacken?

Als die Boeing 737 die Reiseflughöhe erreicht hatte, erloschen die Anschnallzeichen.

Etwas ratlos guckte ich aus dem Fenster auf Berlin, das nun aussah wie eine Spielzeugstadt. Beim Blick auf die Plattenbauten kamen Erinnerungen hoch. Sollte ich die Nacht mit Jesus bereuen? Ich überlegte. Am Ende war es die Gesellschaft, die den Wert einer Frau daran messen wollte, ob oder wie oft sie schon mal zwischen grün-lila Schnörkeln gelandet war. Sie war es auch, die uns sagen wollte, wie, wo und mit wem wir Sex haben sollten, dass Frauen nicht abspritzen konnten und Jesus' Männlichkeit überschaubar war.

Seit ich klein war, saßen diese Maßstäbe wie ein Tumor in meiner Hirnrinde fest und redeten mir ein, dass ich zu dick war. Und Jesus zu krötig. Nur weil er nicht jeden Monat fünfzig Euro in einem Fitnessstudio dafür hinblätterte, die eigene Verunsicherung mit muskelprotzigem Narzissmus zu kompensieren. Also nichts gegen Menschen, die gern pumpen gingen. Aber eben auch nicht andersherum gegen die, die anderes zu tun hatten. Das Kuscheln war schön gewesen. Zum Abschied hatten wir uns umarmt. Ganz unaufgeregt.

Am Flughafen in Bordeaux wartete ich auf meinen Abholer. Mein Kameramann war ein dicker Franzose namens Mischél. Das waren alle Infos, die mir Susie mitgegeben hatte.

Aber außer im Regen nach Taxis Ausschau haltenden Touristen war hier niemand.

Mein Handy klingelte.

»Eló? Ju ahrr Äirpohhr?«

»Mischél? Yes, I am at the airport!«, erklärte ich überdeutlich. »I'm standing in front of hall B. It is entry number 9. Right where the taxis are!«

»Ju länd? Cohme outside, s'il vous plaît! Le bus!«

»Yes. I've landed! I am STANDING OUTSIDE! Hall B! There are TAXIS here.«

»Oui! Outside! I wait. Le bus!«

Verdattert verstaute ich mein Handy im Rucksack.

Die Drehpläne hatte ich diesmal sogar in zweifacher Ausführung dabei – auf Deutsch und auf Englisch. Erste Zweifel kamen auf, ob das vielleicht verschenkte Mühe gewesen war.

Etwas verloren irrte ich umher. In den großen Fensterscheiben der Ankunftshalle spiegelte sich eine blonde Frau mit Rollkoffer, engem Top und kurzem Rock. Einem zu kurzen Rock? Ich kam mir drall vor. Nervös friemelte ich an den Oberschenkeln herum.

Zwischen zwei Reisebussen stand ein stiernackiger Kerl mit den Händen in den Hosentaschen. Le bus? Ich sah ihn zaghaft an und war mir nicht sicher, ob sein Erwidern des Blickkontaktes als zuverlässiges Zeichen dafür galt, dass er wirklich der Mann war, nachdem ich suchte.

»Are you Mischél?«

Der bärtige Franzose schien nicht verstanden zu haben und blickte mich ratlos unter buschigen Augenbrauen hervor an.

Zögerlich wiederholte ich meine Frage. »Mischél?«

»Oui!«

»Camerá?«

»Oui, oui, camerá.«

Das musste als Beweis für seine Vertrauenswürdigkeit reichen. Irgendwie hatte ich keine andere Wahl, als ihm in seinen vollgestopften Opel zu folgen.

Zum Glück saß noch eine Frau auf dem Beifahrersitz. Sie trug eine Sonnenbrille und sagte nichts. Geisel? Oder Tonfrau? Ihre Schweigsamkeit konnte auf beides hindeuten. Okay, versuchte ich mich selbst zu beruhigen. Nur keine Panik. Das hier ist harmlos. Freia würde sich ganz locker auf der Rückbank zurücklehnen und ein Nickerchen machen. Und wäre ich ein Kerl, wäre das hier eh kein Problem.

Der Wagen schaukelte schwerfällig, als die Fahrertüre zuknallte. »Where go?«

Mit verkrampfter Miene reichte ich Mischél einen Zettel mit

einer Adresse. »This is where my hotel is. It is in Saint-Yrieix-la-Perche.« Die Aussprache dieses Ortes hatte ich geübt.

Ich konnte nur hoffen, dass sich in dieser Einöde, durch die der vollgemüllte Opel nun drei Stunden lang tuckerte, tatsächlich das Atelier des ominösen Malers befand.

Le Small Talk konnte man sich auf der Fahrt weitestgehend sparen. Auch das Austeilen der Drehpläne hielt ich nun für eher sinnfrei. Genauso wie das von Susie vorgeschlagene Teambriefing. Warum war ich nicht weltbereister und konnte fünf Sprachen?

Nach knapp drei Stunden Fahrt hielt die graue Müllschüssel mit einem knarzigen Ruck an der Handbremse vor einem großen Plastikschild auf einem verlassenen Feld.

»Et voilà. Ahhreeeife.«

»Oh, we've arrived?«

Mischél zeigte auf ein kleines Häuschen. »Oui. Ótel. Ahrreive.«

Hilfsbereit kramte er mein kleines Handgepäckköfferchen zwischen Plastiktüten hervor und hob den Zeigefinger. »Tomoró. Here at nine.«

Ich nickte artig. Das Zuschlagen der Autotür ließ mich aufatmen. Mischél und die Geisel tuckerten davon.

Das Ótel war sehr leer, sehr klein und sehr dunkel. Als ich mich mehrfach eines laut und deutlichen »Hallos« in mehreren Sprachen entledigt hatte, erschien ein zierlicher Mann mit einer riesigen Brille aus dem Kämmerchen hinter dem Holztresen.

Der Rezeptionist, der noch weniger Englisch konnte als Mischél, erschien mir harmlos.

Mein Magen knurrte hörbar. Zum Glück konnte ich meinem Hunger sprachlich Ausdruck verleihen. Pantomimisch biss ich in ein Butterbrot. »Baguette? Camembert?«

Der Hotelbesitzer zeigte auf die Uhr und hielt sieben Finger hoch. »Tomoró.«

Frühstück morgen wieder ab sieben. Bis dahin nichts. Es war sechzehn Uhr.

In meinem bescheidenen Holzkämmerchen am Ende des Ganges stellte ich erleichtert fest, dass es zumindest Kontakt zur Außenwelt gab: WLAN. Ein Glück. Gleich sollte Sisters on Fliek live gehen.

Zwei Stunden später trabte ich an einer Landstraße auf dem Seitenstreifen entlang. Hupende Autos überholten mich dann und wann.

Ansonsten war ich mit einer mich anglotzenden Herde französischer Kühe allein. Grübelnd versuchte ich die Geschehnisse zu verarbeiten, die mir in dem kleinen dunklen Hotelzimmer widerfahren waren. Was für eine Scheißshow.

Während Freia sich bei unserer Diskussion über Elektroautos vor allem für die Vorteile ausgesprochen und ich, möglichst klug und belesen klingend, die Nachteile ins Feld geführt hatte, war es in den Publikumsbeiträgen abgegangen:

»Können die jetzt einfach die Klappe halten?«

»Geil, ich stelle denen auch gerne meinen SUV zur Verfügung, damit die den zusammen putzen können.«

»Die Dicke soll mal nicht so viel labern!«

Der Bildschirm war vor meinen Augen verschwommen. In einer Kurzschlussreaktion hatte ich die Sperrtaste gedrückt und wortlos den Stream verlassen. Mit meinen Schuhen in der Hand war ich rausgerannt und hier auf dem Seitenstreifen der Landstraße gelandet.

Ich brauchte frische Luft. Mein Albtraum war wahr geworden. Ich *war* die »dicke Schwester«. Unsympathisch, aufdringlich, zu viel in jeder Pore. Und zudem zu undiszipliniert, dies zu ändern. Ob ich doch besser mit Jerome »ins Fitti« gehen sollte? Um mein inneres und äußeres Trampel zu zähmen?

Ich wurde angehupt und beschloss, auf der Kuhweide zu laufen.

Nach und nach erkannte ich in der grauen Ferne ein Dorf. In Erwartung eines netten Cafés oder zumindest eines kleinen Ladens lief ich durch verlassene mittelalterliche Gässchen. Keine Menschenseele. Alle Läden zu. Als ich komplett die Orientierung verloren hatte, vibrierte mein Handy. Eine französische Nummer.

»Hello, Frieda? Have you arrived well?«

Der holländische Künstler! Er klang total sympathisch mit seinem süßen Akzent.

Ich keuchte ins Handy. »Hello! Nice to hear from you! Yes! I am in Saint Yrii ... äh ...!« Scheiße, wie spricht man den Ort noch mal aus?

»Oh, you mean Saint-Yrieix!« Sympathisch sonores Lachen traf mein Ohr. »I know it's quite dead here. But nice and quict. Have you had dinner yet?«

26.

Der Rezeptionist trug einen Strickpulli, für den alle Secondhand-Hipster in Neukölln gemordet hätten. Zum Glück verstand er das Wort »Taxi«. Wie immer hatte ich mich maßlos überschminkt und saß kurz darauf an einem Tisch im kleinen gemütlichen Restaurant. Jeden Moment würde mein Protagonist kommen. Ob er wohl das gleiche ausdrucksstark aufgeknöpfte Hemd anhatte wie in seinem berühmten Video, das viral gegangen war?

Es vergingen Minuten.

Vor mir stand eine Rotweinflasche. Der Kellner machte keine Anstalten, mir ein Glas einzuschenken. Gerade wollte ich meiner Gier, meinem Bedürfnis, meine grenzenlose Unsicherheit in ein paar Schlucken Rotwein zu ertränken, freien Lauf lassen. Da betrat das schöne Wesen den Raum. Groß, braun gebrannt, die langen, dunklen Haare zu einem Dutt zusammengebunden – mit wesentlich mehr Volumen als meiner. Etwas hager, aber sehr männlich. Sein Gesicht war weich und zugleich kantig. Hatte ich einen Typ? Wenn ja, stand er vor mir.

»You are Frieda! It's so nice to meet you! Did you find the way here?«

Das Video, in dem Stijn van Leeuwen als kleiner, schmächtiger Junge mit aufgeknöpftem Hemd im Zeitraffer emsig an beeindruckenden Waldlandschaften herumpinselte, war offenbar schon einige Jahre alt.

Überwältigt sprang ich zur Begrüßung auf. »Oh, hello ... Äh ... How do you actually pronounce your name?«

Schon das erste Fettnäpfchen.

Das Bild von einem Mann lachte mit großen weißen Zähnen. »Stäin. Almost like ... Stein. Ich spresche ein bissschen Deutsch.« Er lächelte warm und setzte sich mir gegenüber.

Flink wieselte ein schlaksiger Kellner mit Oberlippenbart an unseren Tisch. Ich verstand die Wörter »Merlot« und »Sauvignon blanc«.

Natürlich hatte ich keinen blassen Schimmer von Wein. Im Späti bei Ali kaufte ich einfach immer den billigsten. Auf mein überfragtes Schulterzucken hin bestellte Stijn ganz relaxt eine Flasche, die fancy aussah. »Cheers.«

»Cheers!«

Für meinen in der Hektik improvisierten Klischeewitz darüber, dass Deutsche bekanntermaßen ja nur Bier trinken, wollte ich mich kurz innerlich ohrfeigen. Der Mann sprach mindestens vier Sprachen und produzierte Kunst, und alles was ich konnte, war Saufen und Plumpsein. Aber Stijn lachte.

»Sorry that I couldn't come to pick you up at your hotel. But I don't have a license. It kind of wouldn't be a good idea to let me drive ... You know, I am kind of a ... dreamer.«

»Oh no, don't worry. It's okay!« Mit meiner wischenden Geste fegte ich beinahe die Kerze zwischen uns um und grinste blöd. »You are an artist, so you have an excuse!«

Hastig kippte ich einen großen Schluck Rotwein runter. Stijn schwenkte nachdenklich seinen Merlot am dünnen Stiel des Glases, wobei sich ein roter Film dickflüssig an den durchsichtigen Körper schmiegte. »You are right. Everyone thinks, that I'm just too genius to do things that I'm actually just too lazy for.«

Puh. Das Eis war gebrochen. Wir verstanden uns astrein. Über meine kartoffeligen Bemerkungen schmunzelte Stijn, witzelte einen drauf und stellte mir mindestens genauso viele interessierte Fragen, wie ich ihm. Obwohl das Interviewen ja eigentlich mein Job war.

Sein aus Solidarität zu mir gewählter vegetarischer Teller, den er bei einem sichtlich verständnislosen Kellner nach dessen Froschschenkel-Empfehlung bestellt hatte, wurde kalt, weil wir so ins Gespräch vertieft waren. Angeregt plauderte Stijn von einem seiner Gemälde, das ich aus meinen Recherchen kannte. Ein Felsbrocken. Ölgemälde. Hyperrealistisch.

»Actually it all appeared to me, when I tried to paint this girl. But her beauty could never be captured on ephemeral material ...«

Keine Ahnung, was das zu bedeuten hatte. Aber ich war voll bei ihm. »A girl you liked?«

Stijn nickte schmunzelnd. »She is a French philosopher. She wrote a lot about nature. Very inspiring.«

Angesteckt von der außergewöhnlichen Art des Flirtens in der intellektuellen Künstlerszene und von Stijns Inspiration lauschte ich der Hintergrundgeschichte, die so anders war als alles, was ich von Tinder kannte. So inspirierend.

»I tried to paint her so many times. But I never succeeded. The rock symbolizes the patience I gained ...«

Die Kerze flackerte inzwischen auf halber Höhe. Der Kellner schenkte uns den Rest der Flasche nach. Der teure Wein stieg mir langsam in den Kopf. Schon lange waren meine Fragen jenseits jeder journalistischen Professionalität. »And? What happened between the two of you?«

»Well …« Stijn strich sich eine Haarsträhne hinter die Ohren. »After painting for three years, I really wanted to see her. But I lived in Holland. And she lived in France.«

»So …« Gedankenverloren biss ich in ein Stück warmes Baguette. War das überhaupt im Preis inbegriffen? Warum war ich nur so deutsch und so gefangen in meiner kleinkarierten, unkünstlerischen Spießerrealität? »Did you book a flight?«

»Oh no. I walked.«

»Of course.«

Während Stijn lachte, brachte uns der Kellner doch noch Froschschenkel. Gruß aus der Küche. Na gut, dachte ich. Dann eben mal probieren, kam ja sonst weg. Stijn erzählte angeregt. Ich hing an seinen Lippen.

»1000 km. Much time to think about life …« Er schluckte schwer. »But I was too late. There was a SOLD sign in front of her house.«

Die Geschichte war so herzzerreißend.

»Maybe you should have hitchhiked! Would have been faster.«

»You mean auto-stop?«

»Yes!« Belustigt nagte ich an einem Schenkel. Erst da erkannte ich einen überraschten Blick in Stijns Gesicht. Fand er das jetzt beeindruckend? »I do it all the time! You know. All the time.« Ich alte Hochstaplerin. Lässig schlug ich die Beine übereinander. »You know, I rather have a passport full of stamps than a house full of stuff.«

»Wow. So you're more into not-materialist things?« Mein Gegenüber schmunzelte. Mit wachsender Wehmut stellte ich fest, dass unsere Gläser leer und die marinierte Ofenaubergine zusammen mit dem netten Gruß aus der Küche abgeräumt war.

»So, how does the story continue?«

Seine dunklen Augen schimmerten melancholisch im Kerzenschein. »Unfortunately, that's the end of the story. Here I am. Still in France.«

»And she?«

»She is gone.«

Stijns Gemälde hatte die ganze Reise in einer riesigen Holzkiste mit der Aufschrift »Warning Fragile« unbeschadet überlebt – doch sein Herz war sichtlich gebrochen.

»Warning, fragile«, murmelte ich bedeutungsschwanger. Was hatte ich denn jetzt noch als Conversation-Keeper zu bieten? Besser nicht die Geschichte von Jesus, seinen Katzen und dem Wackelpudding. Ganz zu schweigen von der WG-Kotzerei oder dem ganzen Aufenthalt in der unsächsy Sachsen-Provinz. Hatte ich noch irgendwelche abgefahrenen Trampstorys von Freia auf Lager? Wie war das noch mal gewesen mit dem Kindergarten in Tansania? Komisch, dachte ich. Ich hatte meine Schwester immer dafür bewundert. Aber jetzt, wo ich angefangen hatte, einige Dinge zu reflektieren, fiel mir auf, dass vieles nicht so cool war, wie es wirkte. Ob ich mit Stijn eine Debatte über White Saviorism führen konnte? Bestimmt. Er war so … klug!

In mir kroch die Befürchtung hoch, dass dieser nette Abend schon zu Ende war. Ich fühlte mich wie ein Kind, das noch nicht ins Bett wollte.

»Do you smoke?«

»Oh my God! I thought you would never ask!«

Verschwörerisch verzogen wir uns auf einen Treppenabsatz vor dem Restaurant. Stijn orderte mit lässiger Geste noch zwei neue Gläser Wein. Diesmal weißen.

Zunehmend beschwipst beichtete ich ihm, dass ich eine Schwäche für Niederländisch hatte. »You guys sound so cute!«

»Oh no!« Stijn schmunzelte mich sympathisch an. »We can be really angry!«

Mierenneuker hieß so etwas wie Ameisenficker. Eine gängige Beschimpfung. Gackernd wiederholte ich das Wort. »I couldn't be pissed if somebody seriously insulted me like that.«

Sein ironisches Grinsen wich einem verschmitzten Blick, als der charismatische Langhans in eine Blumenvase aschte.

»And Frieda, how about you? Where did you grow up?«

Übermütig plauderte ich von Freia und dass wir als Kinder im Pool nach Kröten gefischt hatten. »And all the male toads lost their lives because they were too weak for such heavy female toads.« Leidend verdrehte ich die Augen. Stijn fand's offensichtlich amüsant.

»Like a natural matriarchy? I have never heard of such a thing!«

»Yeah, it doesn't really affect you, I guess.« Ich beäugte seine breiten Schultern. Dann wurde es still. Wir sahen uns in die Augen.

»Would it be okay, if we kept this night between the two of us?« Unweigerlich zwinkerte ich Stijn zu.

Er nickte. »Is it not okay to meet up before the interview?«

»I guess not like that … I'm a bit drunk«, gab ich zu.

Stijn hielt seinen Blick auf mir. »No worries.« Oh Gott, war der schön.

Cool blies ich den Rauch zwischen meinen Zähnen hervor, um das Gespräch nicht allzu unbehaglich werden zu lassen. »So, should we get the bill?«

Wenig später lag ich unter der alten, muffeligen Wolldecke.

Bevor ich mich einem wohlig weichen, weintrunkenen Schlaf hingab und mich selbst noch mal für mein abgeklärtes Handeln lobte, erinnerte mich die Vibration meines Handys an die früheren Ereignisse des Tages. Vielleicht sollte ich Freia doch noch mal anrufen. Oder nicht. Es war eine SMS. Von Stijn. Er hatte ein Knochenhandy. Megahot.

»Hey, Frieda. Are you okay? I wanted to thank you and let you know, that I had a great time tonight. It's beautiful to meet such a passionate, strong girl. And the thing with the passport full of stamps is truly inspiring. Slaap lekker. Schöne Träume.«

Als der vollgepackte alte Opel samt Mischél und seinen zwei Geiseln vorfuhr, saß Stijn schon auf einer Holzbank in der Sonne vorm Haus. Fünfmal hatte ich mich umgezogen und mich bei dem Versuch, möglichst locker und professionell rüberzukommen, total zerrupft. Mist, ich war in meinen Protagonisten verknallt. Und verkatert.

Zur Begrüßung gaben wir uns die Hand. Stijn zwinkerte mir kaum merklich zu. »You are Frieda? Nice to meet you.«

»Nice to meet you, too! Sorry, but how do you pronounce your name?«

Zwischen uns herrschte ein verbündetes Schmunzeln. Mischél und die Tongeisel zeigten sich unbeeindruckt. War denen doch egal, was wir gestern Abend getrieben hatten. Trotzdem. Es war aufregend.

Stijn führte mein Team und mein möglichst professionelles Reporter-Ich auf dem Gelände umher. Sein Atelier lag im unteren Geschoss einer zweihundert Jahre alten Fabrikruine. Der Blick durch die zerbrochenen Fenster ging über Wiesen, Wälder und Felder, so weit das Auge reichte. Die Farben leuchteten im

Sonnenlicht. Es war magisch. Von den alten Steinwänden strahlten uns farbenfrohe Leinwände entgegen.

Beim Interview fiel es mir schwer, Stijns brauntiefem Blick standzuhalten. Aus Angst, den Faden zu verlieren, sprangen meine Pupillen im Drei-Sekunden-Takt zwischen ihm und meinen Notizen hin und her. Zum Glück saß ich nicht vor, sondern hinter der Kamera.

Mischél bemerkte das heftige Knistern zwischen uns nicht im Geringsten. Seine gut erzogene Kollegin hielt die Klappe und machte den Ton. Mit der Sonnenbrille auf der Nase und dem grauen, plüschigen Mikro an der Angel, das aussah wie eine aufgespießte Katze, rührte sie sich keinen Millimeter zwischen Heuhaufen und Farbklecksen.

Als sich der Kameramann daranmachte, unter mühsamem Schnauben das Stativ zusammenzuklappen, eröffnete sich mir ein unschöner Blick auf sein Bauarbeiterdekolleté. »Mischél, can we double-check, that we have enough wide shots?«

Mein Kameramann wirkte wie unterbezahlt und nach Schichtende dazu verdonnert, noch mal Zement nachzugießen. »Oui oui, of couurrrhse!« Ich liebte meinen Job.

27.

Endlich war Freia zurück in Athen. Ihr Video namens »Meine Wohnung«, in der sie einfach jeden popeligen Winkel ihres WG-Zimmers abgefilmt und völlig unironisch erklärt hatte, war bereits von eintausendachthundert Menschen angeklickt worden. »Und hier ist mein Bett, und da ist die Küche, und das ist mein Mitbewohner Dimitrios, der ist leider nur 'ne Bärchenwurst, aber wer weiß, vielleicht wird's noch.« Dimitrios winkte ahnungslos in die Kamera. »Hey, guys!« Gott, der Arme.

Als sie sich im Ganzkörperspiegel selbst filmte, sah man nichts außer einen Pulli und Beine. Auffallend dünne Beine. Beiläufig schlürfte sie an einem grünen Shake. »Das ist übrigens superlecker, Avocado! Damit fühle ich mich total ausgeglichen und satt.«

Ich rief sie sofort an. Freia klang so, als hätte sie sich zum Mittagessen einen Adorno reingezogen. »Wir tun das Richtige im Falschen.«

»Was?«

»Wenn wir uns nicht von Marken und Institutionen unterstützen lassen, die wir halbwegs vertretbar finden, können wir es ganz lassen. Die passen auf, wenn wir Trolle haben. Außerdem haben wir so mehr Reichweite. Und nur mit Reichweite können wir Menschen erreichen.« Ach so, dachte ich. Sie wollte ja das System von innen aufbrechen. Klar.

»Eike meint, Avocadooo ist total öko und passt gut zu unserer Zielgruppe. Und nach der Nummer mit den Elektroautos, wo du einfach abgehauen bist, sollten wir froh sein, dass er uns noch eine Chance gibt.«

Mhh, dachte ich. Das war wohl wahr. Wir hatten einen regelrechten Shitstorm abbekommen, weil wir den sexistischen Boomer-Hatern das Feld überlassen hatten. Ich schämte mich für meine feige Reaktion im Livestream.

Freia wusste einfach, wie der Hase lief. Quasi buchstäblich.

Um unsere Zielgruppe besser anzusprechen, war sie im letzten Video vor einer Horde Polizisten weggerannt, nachdem sie »Dem Patriarchat eine Spirale in die Eier klemmen« an eine Hausmauer gesprüht hatte. Davor hatte sie eine Pelz tragende Frau in der Fußgängerzone mit Kunstblut beworfen. Die Leute liebten sie. Zu Recht. Freia war so klug, so intellektuell, so frei, so stark und mutig, so unabhängig!

»Ich bin übrigens jetzt in Schweinfurt.«

»Wieso in Schweinfurt?«

»Weil Chris hier wohnt.« Na, das passte ja.

»Der Chris, von dem du letztens meintest, dass er dir verbietet, abends alleine rauszugehen?«

»Ja … Aber er hat sich dafür entschuldigt. Ich denke, dass ich erst mal 'ne Weile hierbleibe. Bei seiner Familie in Eisenheim ist Platz für uns.«

Im vollgestopften Bus Richtung Hermannplatz lief es mir in meinem warmen Wintermantel kalt den Rücken runter. Eisenheim bei Schweinfurt. Gott bewahre. »Und was ist mit Athen?« Und deiner Freiheit, verkniff ich mir in den Hörer und der Person auf dem Sitz vor mir ins Ohr zu rufen.

»Chris ist wirklich schwer in Ordnung. Weißt du, er schreibt auch total viel und arbeitet auch gerade an einem Roman ... Vielleicht hilft er mir, ein gutes, unkonventionelles Ende zu finden. Und wer weiß ... vielleicht auch dabei, etwas Großes zu schaffen!«

Ja, dachte ich. Du kannst Großes! Aber dafür brauchst du doch keinen toxischen Arschlochtypen, der dir das bestätigt! In dem Moment rief Eike an. Zum Glück war er nicht böse. »Solange das nicht mehr vorkommt, alles easy. Vielleicht konzentrieren wir uns erst mal wieder auf weniger heiße Themen.« Er fragte, ob ich nicht auch ein Video mit Avocados machen wolle. Ich sagte zu.

Ein paar Tage später saß ich in einem der Schnitträume des Senders. Die Cutterin knackte mit den Fingern. Unsere Dateien waren fertig gerendert. Punktlandung.

Nach einem kurzen Blick auf die große digitale Uhr, in der jede Sekunde wie ein kleines rotes Glühwürmchen in einem Kreis aufleuchtete, hatten wir es geschafft. Beide Beiträge, die ich für die Sendung gedreht hatte, waren fertig. Susie erschien zur Abnahme. Wie ich mittlerweile wusste, hatte sie ihre Karriere bereits in den 80er-Jahren gestartet. Als allererste weibliche Polit-Moderatorin des Senders. Die blonde Mähne und der madonnamäßige Like-a-Virgin-Look von damals war einem pragmatischen Bob gewichen. Aber ihre Erfahrung war von unschätzbarem Wert. Sie kannte Gott und die Welt, ganz zu schweigen von der Intendanz und allen wichtigen Nasen der deutschen Film- und Fernsehmanufaktur. Miro hätte sie als »Gilf«, die Gesellschaft als »Powerfrau« bezeichnet. Karriere, Kinder, Aussehen. Strahlend schob ich ihr einen dritten Drehsessel zurecht. »Ich bin gespannt, was du zum Ergebnis sagst!«

Kurz darauf erschienen die wunderschönen Bilder von der Segeljacht auf dem Wannsee. Auf den alten Bildschirmen des Schnittraumes begann eine audiovisuelle Führung durch die weiß glänzenden Räumlichkeiten samt einem attraktiven Bachelor und seinen stilvollen Freunden bei einem Glas Wein im Sonnenuntergang. Während der Rohschnitt lief, sprach ich meinen angefertigten Sprechertext zur von mir ausgesuchten trendigen Slow-House-Mucke. »Einige Kilometer außerhalb der deutschen Hauptstadt liegt der Wannsee. Mitten auf dem Wasser ein außergewöhnliches Zuhause – eine schwimmende Oase …«

Susie wippte mit ihren Pumps im Takt. Es schien ihr zu gefallen! Das Gleiche wiederholten wir beim Beitrag über Stijn. Bei den ausgewählten O-Tönen auf Englisch mit holländischem Akzent sprach ich gleich das deutschsprachige Voiceover mit extra tiefer Männerstimme mit. »Meine Familie hat sich immer gewünscht, dass ich Arzt werde. Aber ich brach mein Medizinstudium ab. Ich wollte nur eins. Und zwar malen.« Das Video endete mit dem Gemälde von der beeindruckenden Felsformation. Gespannt biss ich mir auf die Unterlippe. »Und?«

»Amazing!« Die erfahrene Redakteurin klatschte angetan in die zierlichen Handflächen, sodass ihre Ringe aneinanderklackten. »Ick wusste, dass du genau weißt, wie das geht, Darling.«

War das Sarkasmus?

»Das kann direkt in die aktuelle Sendung!«

Am nächsten Tag stand ich gespannt vor dem Monitor im Flur des Senders. Punkt elf Uhr. Das Magazin lief an. Mitsamt meinem ersten Beitrag. Ein kleiner Schritt für die Fernsehgeschichte. Ein großer für mein Selbstbewusstsein. Ich war stolz wie mit Schultüte.

Lobheischend schickte ich Freia den Link. »Jetzt läuft's live! Guck schnell rein!«

Sie war gerade online, schrieb aber nicht. Aufgeregt grabbelte ich an meiner abgewetzten Handyhülle herum. Mein Mund war fast so trocken wie die Talkshow, die parallel auf dem anderen Sender lief. Das Übliche. Vier alte weiße Männer stritten darum, wie man die Wirtschaft ankurbeln konnte. Würde irgendwann mal jemand dort sitzen, der eine andere Perspektive einbrachte? Ich vielleicht? Oder Freia? War Platz für uns beide?

Hastig kippte ich einen Schluck meiner Mate die Kehle hinunter.

Die Oldtimer-Show war zu Ende. Susie moderierte in kurzem Cocktailkleidchen, braun glänzenden Beinen und hohen Schuhen mit absurd dünnem Absatz den nächsten Beitrag an. Da, da war Stijn! Jetzt aber!

Voller Vorfreude erwartete ich die kleine Texttafel, die auf alle Beteiligten des phänomenalen Beitrags hinwies und sie mit ein wenig Anerkennung belohnte. Freia war bei mir, das spürte ich.

»Jetzt! Jetzt musst du gucken, schnell!«, tippte ich noch einmal nervös.

Als der Abspann erschien, spannte ich alles in mir an.

Jeden Moment würde es dastehen. Schwarz auf pink. Mischél, der Name seiner Geisel und mein Name. Eben alle, die am Beitrag mitgewirkt hatten. Oder nicht? Ungläubig blinzelte ich. Machte die Augen zu und wieder auf. Zu und wieder auf.

Hä? Da stand nicht Frieda Flieker. Da stand Freia Flieker.

Die Bombe platzte. Meine Chefin hatte mich von Anfang an, seit meinem Bewerbungsschreiben, verwechselt. Und zwar mit einer jungen Medienschaffenden, die Erfahrung, eine

Meinung und ein Nasenpiercing hatte. Die sich all diesen Drehs vollkommen cool und gelassen mit einer Zigarette im Mundwinkel gestellt hätte, ganz ohne Panik und Existenzängste und die Bedienungsanleitung »Journalismus für Dummies«.

Susie war entsetzt. »Aber … Frederik von der Politredaktion sagte zu mir, dass er dick kennt! Du hast dock studiert! Journalismus, Philosophie und Kultur …?« Verdattert legte sie die Stirn in Falten. Das Make-up wirkte auf einmal wie eine schroffe Lehmschicht, die sich im Laufe vieler Jahrhunderte der Dürre von der darunterliegenden Gesteinsschicht pellte.

Ich seufzte. »Nee. Leider habe ich Business Bla Irgendwas studiert. In Amerika. Und zwar dem im Mittelsachsen.«

Einige ratlose Momente vergingen, in denen sich nichts weiter als der Sekundenzeiger der digitalen Uhr bewegte. Alle waren in der Mittagspause. Auf Susies Monitor war ein Standbild von einem Interview mit dem Jachtbesitzer. Sogar er schien einen Ausdruck absoluter Ratlosigkeit aufgesetzt zu haben. Schließlich kratzte sich meine Vorgesetzte gestresst an der Stirn. Eine ihrer künstlichen Wimpern hatte den Halt verloren. »Können wir später sprecken?«

Eilig packte sie ihre Akten zusammen, grabbelte verwirrt nach ihrer Brille, die sie auf dem Kopf trug, und verschwand mit gerötetem Hals aus dem Raum.

Alleine verließ ich das große Foyer des Senders. Das war's wohl gewesen mit meinem aufregenden Leben als junge Reporterin. Ein Leben voller Anerkennung und Fame stand mir wohl nicht zu. Ich war die Schwester, die zwar immer zu viel war, aber trotzdem niemals reichte. Bedröppelt setzte ich mich mit einem Pappbecher aus der Cafeteria auf eine Fensterbank in der Sonne, als eine Wolke genau diesen Platz plötzlich überschattete und die Wärme vertrieb. Egal, was ich machte, und egal, wo ich war. Freias Schatten verfolgte mich. Und er war groß genug, dass ich darin für immer verschwand.

Einige Minuten vergingen, in denen ich mich ganz seltsam leer und einsam fühlte. Bis mein Handy vibrierte. »Super, Frieda! Megabeitrag!«

Freia. Ich seufzte. Sie hatte nicht zugeguckt. Wahrscheinlich mit eigenem Kram beschäftigt.

Ich versuchte es noch mal bei ihr. Sie ging nicht dran. Natürlich ging sie nicht dran. Ich schrieb ihr.

»Ruf zurück. Ist dringend.«

Endlich! Vibration. Eilig drückte ich auf das grüne Tastensymbol. Der Videochat wackelte.

»Frieda, sorry bin im Stress. Was gibt's?«

»Hast du zugeguckt?«

»Klar! Zumindest zur Hälfte.« Freia bewegte sich gerade durch tosenden Verkehr. Im Hintergrund spiegelten gläserne Häuserfassaden einen grauen Himmel. Moment, das konnte doch nicht sein. »Wo steckst du?«

»Ich bin in Hamburg.«

»Bei Eike?!«

»Ja, wir mussten noch mal was besprechen, nichts Wichtiges, keine Sorge.«

In mir überschlugen sich immer mehr Fragen, verknäuelten sich zu einem Schneeball und rissen schließlich all mein mühsam zusammengehäuftes Selbstbewusstsein den Hang mit runter. Wieso war sie ohne mich dort gewesen? Gab es etwas zu verheimlichen? Oder nahm sie mich nicht ernst?

»Nur ein neuer Sponsor, nichts Großes. Du meintest doch,

du hast total viel zu tun mit deinen Drehs. Ich wollte dich nicht stören bei deinen Kulturreportagen!«

Ich fühlte mich verarscht. »Du hast es dir nicht mal angeguckt!«

»Weißt du … Ich glaube, das ist nicht so ganz mein Programm. Oldtimershow. Sorry. Aber … Ne.« Im Hintergrund wurde ein Rauschen lauter, dann ertönte erbostes Hupen. Die Hamburger Müllabfuhr entsorgte gerade nicht nur den Inhalt aller gelben Tonnen der ganzen Hafengegend, sondern gefühlt auch all mein Vertrauen zu Freia.

HALLO? Ich war mal eben einfach so für einen Beitrag nach Frankreich geflogen und hatte den schinkigsten holländischen Maler der Welt interviewt! Konnte sie das denn nicht mal kurz wertschätzen? Nur weil ich nicht ständig superkritische, anspruchsvolle Inhalte von mir gab, hieß das noch lange nicht, dass meine Arbeit … peinlich war. Oder doch?

Plötzlich fühlte ich mich wie damals auf dem Spielplatz, als ich mühevoll einen Kuchen aus Sand gebacken und Freia ihn kurzerhand zertrampelt hatte.

»Ich muss los Frieda, Chris wird sonst sauer.«

»Chris? Das Riesenarschloch?«

»Hey! Sag so was nicht. Er hat sich entschuldigt. Wir sind jetzt exclusive.«

Ungläubig schüttelte ich den Kopf und legte auf.

Freia war mir noch nie so fremd gewesen. Ihr Instagram war voll mit Pärchenbildern. Chris und sie beim Acro-Yoga. Chris und sie beim Bananenbrotbacken. Chris und sie beim Co-Worken und Chris und sie beim Kuscheln. Die Bettwäsche war offenbar gesponsert. #lieblingsmensch #couplegoals #anzeige.

Wenige Momente später saß ich wieder auf dem Drehstuhl der Social-Media-Redakteurin, die immer noch in der Mittagspause war.

Susie tippte die Zeigefinger ganz leicht aneinander, als würden sich dadurch ihre beiden Gehirnhälften besser verbinden. »Wir haben jetzt nock mal gesprocken in die Redaktion …« Mit einem liebevollen Lächeln schob sie sich die Brille auf der Nase zurecht. Erstaunt stellte ich fest, dass die falsche Wimper immer noch schräg an ihrem Augenlid baumelte. »Du bist clever, zuverlässig und talentiert.«

Mir entfuhr ein erleichtertes Grunzen. Und jetzt?

Susie blickte sich rasch nach allen Seiten um und beugte sich verschwörerisch zu mir. »Kannst du übermorgen nach Amsterdam fliegen?«

28.

»Warum passiert so was immer mir?!« Kenny saß verheult in der Küche. Auf dem Tisch vor ihm eine halb leere Flasche Sekt, Zigaretten und sein Smartphone. Wie mir Jerome erzählte, hatte er seinen Job verloren. »Betrunken auf dem Fahrrad angehalten worden von der Polizei«, flüsterte er betroffen. »Die Bullen wollten 'ne Urinprobe und sind mit ihm in den nächsten Späti ... Dann hat er wohl Panik bekommen ...«

Wie ich ungläubig dreinschauend erfuhr, hatte Kenny Wasser aus der Spätitoilette geschöpft und den Becher der Polizei überreicht. Nun war er positiv auf alle möglichen Substanzen der jemals in Berlin herumgegangenen Illegalitäten getestet worden.

»Das ist doch wie ein schlechter Film! Die ganzen Autogrammkarten kann ich ja jetzt wohl schreddern ...«

Mitleidig klopfte ich ihm auf den Rücken. »Oh Mann ... das wird bestimmt alles wieder ...«

Jerome flötete eine Spur zu gut gelaunt: »Ey, ich hab gehört, dass Knast gar nicht so schlimm ist. Da kann man pumpen und so.«

»WAS?!« Wütend fegte Kenny meine Hand von seiner Schulter. »Du hast doch keine Ahnung, Jerome!«

»Ey! Ein Homie von mir meinte, im Bau ist megachillig, und die kriegen Burger und Bier und so.«

Kenny zischte vor Wut. »Wie blöd kann man eigentlich sein?«

»Ey! Sagt der Richtige! HAHA!« Fröhlich tänzelte Jerome aus der Küche.

Kenny zog weinerlich an seinem Joint und betrachtete sein eigenes, auf glänzendem Fotopapier abgedrucktes und perfekt retuschiertes Gesicht. »Und ich war SO KURZ davor, einen neuen Vertrag zu bekommen …«

Er tat mir leid. Aber ich hatte keine Zeit, mich um ihn zu kümmern. Abgesehen davon, dass wir ohnehin nie die Engsten gewesen waren und ich auch wirklich nicht wusste, was ich hätte sagen sollen, um die Situation besser zu machen. Ich war mit Freia verabredet. Krisengespräch via Skype.

Ich wollte es wissen. Warum hatte Freia ihren eigenen CV an den Sender geschickt und nicht meinen? War es ein Akt der Liebe gewesen oder doch eine einzige Beleidigung? Und benutzte sie mich in Wahrheit nur als netten, treudoofen Sidekick für ihren Kanal? So wie Stefan Raab Elton oder SpongeBob Patrick oder Don Quijote Sancho Panza? Oder litt ich doch einfach nur unter Verfolgungswahn?

»Du hast mich doch gefragt, ob ich dir ein Praktikum verschaffen kann!«, meinte Freia kühl. »Sei doch froh, dass alles so gut gelaufen ist. Ohne mich würdest du jetzt wahrscheinlich Bleistifte spitzen.«

Damit du sie mir in den Rücken rammen kannst, wollte ich zurückpfeffern. »Und dann triffst du dich alleine mit Eike?«

»Er richtet dir liebe Grüße aus und fragt, ob du von jetzt an öfter die Storys machen kannst. Er hat total viele positive Rückmeldungen zu dir bekommen.«

Freias Frage stimmte mich versöhnlich. Vielleicht bildete ich mir doch alles nur ein. »Echt jetzt?«

»Ja! Hast du vielleicht Lust, direkt morgen das Ruder zu übernehmen? Ich bin etwas im Stress.«

»Wegen Chris?« Der Kerl schien einfach Stress zu bedeuten.

»Nein. Wegen des Romans.« Freia verstummte.

Plötzlich hatte ich ein schlechtes Gewissen. Schluss mit der Zickerei. Das war doch alles Scheiße, wenn wir uns jetzt von irgendwelchen Typen und Jobs gegeneinander aufhetzen ließen. Wir mussten doch zusammenhalten! »Wieso stresst dich das Schreiben denn so …? Ist es nicht das, was du willst?«

»Doch. Aber …« Freia seufzte. »Wie soll ich denn nur das Patriarchat anprangern und dabei trotzdem noch lustig sein? Es gibt viel zu viele Themen, die da reinmüssen, um diese Gesellschaft ganzheitlich betrachten zu können. Sexismus, Rassismus und jede Form von Diskriminierung, die die patriarchale, kapitalistische Hierarchie aufrechterhalten … und dann die ganzen Minderheiten, die man nicht vergessen darf, und die gendergerechte Sprache. Am Ende ist meine eigene Perspektive doch total weiß und cis und hetero. Na gut heteroflexibel, aber selbst da bin ich mir nicht mehr sicher.«

Ich wusste, was sie meinte. »Klar, du willst es allen recht machen. Aber das Wichtigste ist, dass du dich nicht selbst verlierst, Schwesterherz.«

»Hach ja.« Sie pustete in den Hörer. »Du hast recht. Weißt du, gerade ist es einfach nur total schön, jemanden zu haben, der sich ernsthaft für mich interessiert. Der sich wirklich fragt, wie es mir geht, und sich anhört, wie beschissen mein Tag war.« Sie meinte Chris.

Mein Flug nach Amsterdam hatte drei Stunden Verspätung. Nachdem mein Gate endlich offen war, kämpfte ich mich mit meinem Rollkoffer durch die Menschenmassen in den Flughafengängen. »Die Welt wird besser – mit ein wenig Rücksicht, Hilfe und offenen Augen«, versprach Coca-Cola auf einem Plakat. Währenddessen wog ein Mitarbeiter des Bodenpersonals weiter hinten das Handgepäck ab, um die Passagiere mit mehr als acht Kilogramm zur Kasse zu bitten. Vor dem Eingang der Maschine sammelte sich eine Menschentraube. Geistesabwesend scrollte ich mich durch die unzähligen Nachrichten nach meiner ersten eigenen Story. »Finde ich voll gut, dass du so selbstbewusst bist. Total mutig.«

Ich wollte es als Kompliment verstehen, konnte aber nicht. Mutig? Warum? Weil ich nicht den gängigen Schöneheitsidealen entsprach? Ein mulmiges Gefühl stieg in mir hoch.

Boarding completed. Bevor ich in den Flugmodus ging, checkte ich noch mal die Drehpläne.

In meinem neuen Beitrag sollte es um einen kleinen Parfumhersteller gehen. Mal wieder nichts Weltbewegendes. Aber ich machte den Job gerne. Immerhin bewertete niemand öffentlich mein Äußeres.

Und mein neuer Kameramann war ein überraschend attraktiver Typ namens Piet. Mit einem schnellen Wagen holte er mich direkt vom Amsterdamer Flughafen ab.

Wir fuhren in ein Kaff namens Gouda. Während mir das Wasser im Mund zusammenlief, stellte ich mir eine verträumte Ortschaft aus Käsebällchen vor, in dem freundliche Menschen in hölzernen Clogs duftende Essenzen am Rand einer Gracht zusammenbrauten. Den ganzen Tag über hatte ich nichts gegessen. Es war wie ein böser Zauber. Sobald ich Lob bekam, fühlte ich mich wie Beyoncé. Schön, stark, erfolgreich, klug, flawless. Und dann kam eine komische Bemerkung, und ich war der Glöckner von Notre-Dame. Quasimodo himself, quasi dazu verdammt, in seinem dunklen Turm zu verweilen, damit niemand seine Hässlichkeit ertragen musste.

»Welcome to Gouda!« Der Parfumhersteller mit schmalzigen Locken und leicht zerknittertem Hemd begrüßte mich mit legeren Wangenküsschen, als wären wir schon lange befreundet. Piet streckte er die Hand entgegen. Das schicke Loft wäre wohl einen eigenen Beitrag wert gewesen. Während wir um eine ungemütlich wirkende weiße Ledercouch herumstanden, blähte sich der Protagonist mit vielen, wohl sehr anspruchsvollen und viel gerühmten Projekten auf. Das neue »Frequence« sei eigentlich nur eine Winzigkeit, viel spannender sei seine Zusammenarbeit mit den großen Marken gewesen. Außerdem müsse er mir dringend sein Landhaus auf Sizilien zeigen.

»It's always open for beautiful women, you know?« Stolz hielt er mir Bilder von terracottafarbenen Anrichten mit Messingknäufen unter die Nase. Dass es mir innerlich hochkam, schien man zum Glück nicht zu merken. »Amazing!« »The furniture is all Italian. But the equipment is from America!«

Ich hatte keine Ahnung von Küchenarchitektur geschweige denn von amerikanischen Einbaugeräten. Wohl aber von unangebrachten Sexismen, die von den meisten nicht als solche verstanden wurden und wegen deren ich hier und jetzt wohl kaum ein Fass aufmachen sollte. Also setzte ich einfach ein Lächeln auf. »Amazing!«

Um keine Zeit zu verlieren, bat ich Piet unauffällig, einfach schon mal jeden Winkel möglichst lifestylemäßig abzufilmen.

Mein Handy vibrierte. Freia.

»Frieda!«

»Ja?«

»Ich muss mit dir sprechen.«

»Ist es dringend?« Besorgt beobachtete ich, wie der Parfumhersteller hinter einer Schranktüre verschwand. Bevor der niederländische Jean-Baptiste Grenouille wieder eilig wegwieselte, um mir Alben mit alten Fotos von ihm mit der europäischen High Society zu zeigen, mussten wir mindestens den Herstellungsprozess seines Lavendeldufts filmen.

»Äh, ich ruf dich gleich zurück!«, stammelte ich.

»Sorry, Frieda, aber das geht nicht. Ich muss dir das jetzt sagen, weil ich gleich in den Flieger steige.«

»Wieso denn einen Flieger?«

»Wenn es 'ne andere Möglichkeit gäbe, würde ich auch ein Schiff nehmen, aber das dauert wohl alles zu lange. Mexiko ist weit weg.«

»Mexiko? Wie kommst du jetzt da drauf?«

»Spontane Sache. Chris hat dort ein Angebot bekommen.«

»Und wann kommst du dann … wieder?«

»Ich beantrage erst mal ein Visum für ein Jahr. «

»Aber …«

»Sorry, Frieda. Chris braucht mich.«

Was wollte der denn in Mexiko? Etwa ein neues Leben anfangen? Fernab der Konsum- und Leistungsgesellschaft? Irgendwo im Urwald? Wo es keinen Handyempfang gab? Schlagartig war mir danach, mich eine Klippe aus Selbstmitleid hinabzustürzen und in einen See aus Tränen zu fallen. Stattdessen schluckte ich tapfer. »Was ist mit unserem Kanal?«

»Weißt du …« Freia pustete schwerfällig in mein Ohr. »Dieser ganze Kram ermüdet mich langsam immer mehr.«

»Aber meintest du nicht, wir machen den Adorno? Also das Richtige im Falschen?«

»In letzter Zeit fühlt es sich für mich eher an wie Homer. Beziehungsweise Sisyphos.« Atmen. »Verstehst du?«

Ja, dachte ich. Oder Faust. Mal wieder die Seele verkauft. Und nun auch noch den Körper. Aber wir wollten doch zusammenhalten! Dieser Chris tat ihr nicht gut, daran musste es liegen.

»Die Welt ist ein so beknackter Ort. Es ist fast, als würde ich gegen Windmühlen kämpfen. Frieda, ich bin müde. Ich kann nicht mehr.«

»Frieda?« Piet stand mit fragendem Blick vor mir und deutete auf einen futuristisch anmutenden Massagesessel. »Do you think we should include this?«

»Amazing!«, rief ich schnell und blinzelte die Tränen weg, die in mir aufgestiegen waren. Ich spürte ein Stechen in meiner linken Brust. Ich war fassungslos. Wütend. Enttäuscht.

»Ist das dein Ernst?«, entfuhr es mir unfreiwillig harsch. »Du lässt alles stehen und liegen, deine Pläne, dein Leben ...« Ich stockte. Kurz wollte ich »deine Schwester« hinzufügen, aber das kam mir eine Spur zu dramatisch vor. »Für einen Kerl?!«

Stille in der Leitung. »Ich fass es nicht«, schnaubte Freia schließlich. Ihr zorniges Zischen schmerzte in meinem Trommelfell. »Gib's zu. Du bist eifersüchtig.«

»Ich eifersüchtig? Auf wen?«

Plötzlich kam mir ein nie da gewesener Gedanke. Ich war eifersüchtig. Auf Chris dafür, dass er mir Freia wegnahm. Und auf Freia dafür, dass sie Zeit für ein Telefonat und den emotionalen Raum im Kopf für dieses Gespräch hatte. Dass sie sich frei gemacht hatte vom anstrengenden Lifestyle des Influencerseins. Darauf, dass sie nun offline sein würde.

Mein Leben lief derweil wie im Zeitraffer. Konnte mal bitte jemand auf Stopp drücken? Eilig blinzelte ich auf die Uhr. Scheiße, in einer Stunde war Drehschluss. »Das ist völlig lächerlich. Der Kerl ist offensichtlich ein Idiot! Der hält doch gar nicht zu dir in Krisensituationen! So wie damals auf Bali, wo er dich einfach aus der Baumhaus-Community geworfen hat!«

»Das sagst ausgerechnet du?«

»Wieso? Ich laufe keinem Arschloch nach!«

»Nein, du datest nur seit Jahren absolute Volltrottel, um deinen mangelnden Selbstwert zu kompensieren.«

»Seit wann haben wir etwas gegen Dating?«

»Sei doch ehrlich, Frieda. Du triffst keinen dieser Kerle, weil es dir Spaß macht. Du triffst sie nur für die Bestätigung. Um das Gefühl zu haben, begehrt zu werden. Aber eigentlich interessiert dich doch keiner von denen. Und wenn wir mal ganz ehrlich sind: Keiner von denen interessiert sich wirklich für dich.«

Autsch. Das hatte gesessen. Bevor diese Wortgranate mein Innerstes erreicht hatte, setzte ich zum Gegenangriff an. »Willkommen im einundzwanzigsten Jahrhundert. Und ich dachte, du wärst ein Vorbild. Aber in Wahrheit vögelst du einfach nur die Leute, die dir was bringen, und lässt alle anderen fallen.«

»Ach, Frieda.« Freia grunzte abfällig. »Werd mal dein eigener Mensch.«

Ein brennender Schmerz durchfuhr mich. Vor lauter Tränen konnte ich kaum noch etwas sehen. Jetzt ja nicht ausflippen. Nicht hier. Nicht jetzt. Stark sein. Keine Schwäche zeigen.

»Ich hoffe, du landest auf der Straße und merkst, was für ein Arsch Chris ist.«

»Und ich hoffe, du findest irgendwann mal 'ne gute Therapeutin.«

Ich legte auf.

Während ich nicht wusste, wohin mit meinen Gedanken, verlief der Rest des Drehs quasi ohne mich. Der Parfummensch hielt mehrere kleine Fläschchen in die Luft. »This is the most expensive perfume in the world!«

»Great!«, rief ich durch den seelenlosen Raum und fühlte mich dabei selbst leer, grau und kalt. Genau wie diese Industrial-Lifestyle-Wohnung.

29.

Breitkreuzig verstaute Piet das Stativ im Kofferraum. »That was … interesting.« Ja, dachte ich. Es würde wohl der langweiligste Beitrag aller Zeiten werden. »Well. It's just lifestyle. Doesn't need to be worldchanging.«

Piet hielt mir freundlich die Türe des Beifahrersitzes auf. »Everything alright?«

»Yeah, sure!« Ich stieg ein.

»Good!« Piet ließ die Türe zufallen. Offenbar sah man mir die Enttäuschung und die Wut nicht an. War wohl dem Puder, dem Lippenstift und der Mascara zu verdanken, die ich immer dabeihatte, um meine Form zurechtzupinseln.

Piet lächelte mir vom Fahrersitz entgegen. »There is a good place to eat pizza in Rotterdam. Are you interested?«

»Yeah, why not.«

Eine kurze Autofahrt später waren wir in der größten Stadt Südhollands. Piet zeigte mir den Markt, die Altstadtgassen und irgendein Denkmal. Während das Material auf meine Festplatte überspielte, tranken wir Bier im Hafen. Piet aß Pizza. Ich knabberte an dem Beilagen-Gurkensalat.

Die Sonne strahlte auf unseren Tisch, hell und aufdringlich, als wollte sie sagen: Jetzt habt doch mal Spaß! Mit einem großen Schluck Amstel nahm ich mir vor, den Streit mit Freia zu verdrängen und mein Kulturreporterinnendasein zu genießen. Auch wenn ich immer noch das Gefühl hatte, es hier nicht alleine hingeschafft zu haben. Ich verdankte alles, was ich tat, Freia. Wann ich endlich »mein eigener Mensch« sein würde?

Bei dem Versuch, auf cooles Kumpelgirl zu machen, legte ich mal wieder den Charme von Helge Scheider als Wurstfachverkäuferin an den Tag. »So, how did you get these insane arms?«

Überfordert mit mir selbst, griff ich hastig nach meinem Tabaktäschchen. »Want one?«

»Actually, I quit smoking when I started with CrossFit …« Der attraktive Holländer wirkte zurückhaltend, fast ein bisschen schüchtern. Er lächelte verlegen. »So this is the reason … you know … ehm … for my arms.«

»Yeah, I heard you are lifting heavy things. Like cows. And cars.«

Mit jeder Minute, die wir im Hafen verbrachten, wurde die Stimmung etwas entspannter. Wir plauderten und lachten – er etwas weniger als ich. War ich zu aufdringlich? Nein, er mochte mich. Das sah man ihm an. Durch sein interessiertes Schmunzeln wuchs mein Selbstbewusstsein immer mehr. Irgendwann kam ich mir vor wie Carrie Bradshaw oder Bridget Jones. Attraktiv, erfolgreich und begehrenswert. Aber tief im Inneren war ich zerbrechlich wie ein rohes Ei, das aus der Form zu fallen drohte, sobald man die Schale anpikste.

Nachdem Piet alles aufgegessen hatte, bezahlte er auch alles. Wären in meinem Portemonnaie nicht nur noch sieben Euro gewesen, hätte ich mich vielleicht auf den Rechnungstanz eingelassen. Aber irgendwie war es doch einfach auch eine nette Geste unter Kolleg*innen. »Thank you! I guess the next beer is on me then!« Warum nahm ich an, dass wir jetzt Bier trinken gingen? Aber ich war nicht die Einzige.

»Do you have to go back to Amsterdam now? If you want, I can drive you there!«

Es war schon dunkel, als wir in Richtung Hauptstadt losfuhren. Die imposanten Boxen im Kofferraum pumpten underground-mäßigen Hip-Hop durch den Wagen. Wie ich erfuhr, war mein Kameramann frischgebackener Chef einer Musikvideoproduktionsfirma. Die Kulturfernsehnummer war nur fürs Brotverdienen. Noch ein paar Monate und er hätte das nicht mehr nötig.

»My clients are quite famous rappers«, erklärte er spürbar stolz, während mein Blick unter coolem Kopfwippen an riesigen Windrädern auf den schwarznebeligen Feldern entlangschweifte.

Leicht belustigt lauschte ich den Beats aus den Boxen des tiefergelegten Autos. Alle bösen Boys aus der niederländischen Gangsterszene hörten sich so lieb und harmlos an.

»Wait, did he just say ›mierenneuker‹?« Wie es wohl Stijn ging? Wahrscheinlich war er schon längst dabei, seine ganze Liebe »achtzehntes Jahrhundert«-mäßig in ein Gemälde von einer Zwiebel zu stecken und zu Fuß nach Grönland zu stapfen.

»Yeah! It's really hardcore, you know.« Piet zwinkerte ironisch. Mit zweihundert testosterongesteuerten Stundenkilometern überholte er einen Gouda-Lkw. »So. Where is your hotel?«

Umständlich kramte ich nach der Adresse und streckte sie ihm hin, woraufhin er die Straße nur noch mit halbem Auge im Blick und eine Hand am Lenkrad behielt. »Oh cool. In the middle of the old town. You're lucky. But unfortunately, I can't take you there. At least not with the car.«

Wenig später stand ich in einer modernen Wohnsiedlung außerhalb von Amsterdam. Was tat ich hier nur? Piet öffnete eine Garage und schob ein riesiges Hollandrad aus der Dunkelheit. Meinen Koffer schnallte er handfertig mit einigen Seilen auf dem Gepäckträger fest. »Are you ready?«

Ich schluckte. Die Art von Mädchen, die leichtfüßig, cool und mit Anlauf auf den Lenker springt, war ich doch noch nie gewesen.

Piet sah mir mein innerliches Ringen an. »Come on!«

»I think I would prefer walking.«

»Okay. But it's far!«

Es vergingen einige Minuten, in denen Piet ganz langsam, kurz vorm Umkippen neben mir herfuhr, während ich zu Fuß ging. Verdammt, warum war ich nur so eine langweilige Trantüte? Freia hätte es sofort getan. Fuck it. Was soll's. Und wenn wir umkippen. Yolo.

Während ich mir bereits amerikamäßige Beinbruchszenarien ausmalte, hievte ich meinen wenig lenkervertrauten Arsch auf das Metall.

Zu meinem Erstaunen gerieten die Räder schon bald in schwungvolle Routine.

Der warme Nachtwind wehte mir angenehmen Männerduft in die Nase. War das mal wieder einer dieser Momente, der mich eines Tages auf dem Sterbebett an meine wilde Jugend erinnern würde?

Übermütig klingelte der Steuermann alle Passanten aus dem Weg.

Bei jeder Kurve drohte unsere improvisierte Kofferkonstruktion aus dem Gleichgewicht zu geraten, doch Piet manövrierte uns geschickt durch Kopfsteinpflastergassen bis vor mein Hotel.

Das Fahrrad lehnte er an die Hauswand und wartete unten in einer Bar, während ich eincheckte.

Eine verwinkelte Treppe führte mich in das oberste Dachkämmerchen im fünften Stock. In einem kleinen, staubigen Spiegel über einem vergilbten Waschbecken machte ich mich etwas zurecht. Enges, silbernes Top mit dünnen Trägern, enge Jeans, roter Lippenstift. Ich fühlte mich hübsch – vielleicht ein bisschen zu hübsch?

Als ich wiederkam, hatte Piet zwei Bier bestellt und war, seinem überraschten Blick nach zu urteilen, sichtlich über meinen Anblick erfreut. War das jetzt noch beruflich?

Zum Glück liehen wir mir am Hauptbahnhof ein zweites Fahrrad aus, sodass ich Piet durch die gut gefüllten samstagabendlichen Straßen, vorbei an urigen Bars und Restaurants folgte.

Bei holländischen Käsebällchen lockerte sich die Stimmung immer mehr. Wir rauchten – sowohl ich als auch er –, tranken und unterhielten uns über Gott und die Welt. Mittlerweile wusste ich, dass Piet eine schwierige Kindheit gehabt hatte, als Jugendlicher auf die schiefe Bahn geraten und schon mal verlobt gewesen war – Freia wäre ihm nackt ins Gesicht gesprungen.

Ich erzählte ihm im Gegenzug von meiner WG in Berlin, dass ich neben der ganzen Lifestyle-Geschichte sonst auch gerne mal in Hühnermastbetriebe einbrach und eines Tages um die Welt trampen würde. Der übliche Paarungstanz.

Nach dem fünften Bier konfrontierte er mich mit der Frage, die ihm schon länger ins Gesicht geschrieben stand. »So, do you have a boyfriend?« Ich musste an Jesus denken.

»No«, lächelte ich nach einer kurzen Pause. »No. I don't have a boyfriend. I want to be free.«

»Free for what?«

»You know, to do crazy stuff in life. Like riding bikes through Amsterdam at night with a guy that tells you about his little crimes …« Ich spielte voll meine Rolle. Dabei wusste ich ja nicht mal, was ich eigentlich von ihm wollte.

Da küsste er mich unvermittelt. Über Bier und Käsebällchen. Zielsicher und selbstbewusst.

Dreißig Minuten später. Ich sah mir selbst dabei zu, wie wir zusammen in mein Hotel fuhren, die steile Treppe hochtaumelten und wild knutschend auf das Bett sanken. Irgendwie kam ich mir vor wie ein schutzloses Reh, das zur Beute wurde. Schrecklich passiv. ZU passiv. Ich wollte doch nicht mehr passiv sein, wenn es um meinen eigenen Körper ging. Für einen Moment versuchte ich, die Zügel an mich zu reißen. Femme-fatale-Style. Aber ich tat es nicht für mich. Ich war eine Hülle. Nichts weiter als eine Puppe, die Dinge tat und sagte, von denen sie dachte, dass sie richtig seien. Es war, als wäre ich aus meinem Körper herausgetreten, um das Geschehen zu beobachten. Aber ich kannte den Plot schon. Das Übliche.

Sie fährt sich wild durch die Haare.

Er packt sie am Hinterkopf.

Sie reißt ihm das Shirt vom Leib.

Er wirft sie aufs Bett und fällt knutschend über sie her.

Sie greift nach seinem Hintern.

Er packt sie an der Brust.

Sie leckt seinen Hals.

Er keucht erregt.

Sie keucht erregt.

Hatte mal jemand Popcorn?

»Do you have condoms?«

»Oh shit! Don't move. I'm back in just a second.«

Während er sich noch hastig das Shirt überzog, stolperte Piet bereits durch die Tür.

Im Raum wurde es dunkel und still. Zum ersten Mal seit vielen Stunden war ich alleine.

In meinem beschwipsten Übermut hatte ich noch keine Zeit gehabt, meine Gefühle zu sortieren. War es eine gute Idee, mit meinem Kameramann zu schlafen? Oder würde ich mich später dafür schämen und es bereuen?

Nein. Das war es nicht. Aber trotzdem. Irgendetwas stimmte nicht. War ich nicht gut vorbereitet? Stichwort Unterwäsche und rasierte Beine? Nee. Auch nicht das Problem. Hing ich zu sehr an Igel?

Plötzlich kam mir wieder der Gedanke an Jesus. Aber wir waren ja nur Freunde. Ich war frei. Zumindest in dieser Beziehung. Was auch immer das alles zu bedeuten hatte.

Also, was war es? Vielleicht die Frage, die ich mir bisher noch nicht wirklich beantwortet hatte. Wollte ich das, was hier passierte, wirklich? Also ganz unabhängig davon, ob ich einen »boyfriend« hatte? Ich war doch eine eigenbestimmte Person!

Die Gedanken surrten wie ein Bienenschwarm durch meinen Kopf. Wieso machte ich Piet und mir schon den ganzen Tag etwas vor? Weil ich nicht langweilig und frigide sein wollte. War »möglichst geil« das neue »keusch«? Wieso schien es nur die beiden Möglichkeiten zu geben? Und war beides am Ende nicht eigentlich nur dazu da, um heterosexuelle Cis-Männer glücklich zu machen?

Wieso brauchte ich ständig jemanden, der mir das Gefühl gab, dass ich begehrenswert war? Aber es machte doch so Spaß, »erobert« zu werden!

Der »male gaze« schwebte über dem kleinen, dunklen Raum. Durch das kleine Dachfenster drang das Licht einer Straßenlaterne ins Zimmer.

»Was tust du da?«, sagte ich laut zu meinem zerrupften Gegenüber im kleinen Spiegel überm Waschbecken. »Willst du das wirklich? Oder machst du das nur, um dir selbst zu beweisen, wie frei und unabhängig und erwachsen und emanzipiert du bist?«

Als ich so richtig in mich hineinhorchte, bemerkte ich, wie die ohnehin schon geringe Lust auf Sex aus meinem müden Körper wich.

Meine Augenlider wurden schwer. Ich war so müde. Wie eine Schauspielerin nach Drehschluss. Wann durfte ich wieder ich selbst sein? Und war ich das überhaupt schon jemals gewesen?

Ich war es leid, so zu tun, als sei ich eine starke, selbstbestimmte Frau, die genau wusste, was sie wollte. Woher sollte ich denn auch? Ich war doch gerade mal Anfang zwanzig und hatte von Tuten und Blasen keine Ahnung.

Shit, dachte ich. Ich hatte ihn hierhergebracht. Er hatte mich rumgekriegt. Ich hatte A gesagt. Musste ich jetzt auch B sagen? Nervös sah ich zur Tür. Gleich würde der Kerl erwartungsvoll mit Kondomen auf der Matte stehen.

Ich atmete schwer aus, horchte in mich hinein. Hallo? Ist da jemand? Stille.

So wie es aussah, hatte ich zwar nicht meinen Rasierer vergessen. Aber meine Libido. Warum war ich kein sich vor Wollust die Klamotten vom Leib reißendes Tier?

Wie die Frauen im Film, die auf alle Umgangsformen schissen und ihre sexuellen Begierden befreiten wie wild gewordene

Paviane? Wieso war ich nicht wie Samantha? Oder zumindest Carry? Obwohl: Selbst die prüde Charlotte hatte ihren Begierden freien Lauf gelassen und einem fremden Kerl im Klub ihren linken Nippel gezeigt.

Warum spürte ich in mir die Erwartung, mich jetzt total angetörnt aufs Bett zu werfen und so zu tun, als sei ich ein Pornostar? Laut zu stöhnen und dem Kerl das Gefühl zu geben, gerade den besten Sex meines Lebens zu haben – wie damals bei Degenhard und Jesus und all den anderen Kerlen, mit denen ich geschlafen hatte? War das das gesellschaftlich akzeptierte Zügel-in-die-Hand-Nehmen? Das von einer starken, emanzipierten, sexuell befreiten Frau kam?

Puh, dachte ich. Oben sein ist manchmal ganz schön viel Arbeit. Das Brennen in den Oberschenkelmuskeln und der nicht so ganz sitzende Schwung in der Hüfte. Ob ich diese Anstrengung mit dem richtigen commitment in meinem müden, betrunkenen Kopf noch halbwegs passabel hinter mich bringen konnte? Die Alternative war, mich einfach wie ein Seestern aufs Bett zu legen und ihn machen zu lassen. Würde vielleicht schneller gehen. Und war vielleicht auch einfacher, als sich jetzt noch aus der Affäre zu ziehen. Wie schrecklich.

Auf einmal stellte ich die Existenz meiner wahren, eigenen Sexualität infrage. Ich wollte keinen Penis. In keiner meiner Körperöffnungen. Und nein, ich hatte auch nicht das Bedürfnis, mit einer Frau zu schlafen. Zumindest nicht akut. Ich wollte ganz einfach gar keinen Sex. Zumindest nicht, wie ich ihn kannte. Nicht hier, nicht jetzt, nicht mit Piet.

»Okay«, fixierte ich mich wieder selbst im Spiegel. »Ganz cool bleiben. Du bist niemandem etwas schuldig. Weder Piet noch Jesus noch irgendwem. Auch nicht den Girls von Sex and the City und allen, die dafür kämpfen, dass Promiskuität einen nicht zur Schlampe macht. Du gehörst nur dir selbst. Und die Entscheidung, ob du jetzt mit dem Kerl pennst, wird nur abhängig davon gemacht, ob du Lust darauf hast.«

Jetzt mal ganz ehrlich, dachte ich. Ganz tief in mir regte sich kein Windchen für den Kameramann. Generell bewegte sich nichts. Für niemanden. Mir war nicht im Geringsten nach Körper-aufeinander-Reiben in kleinen Dachkämmerchen. Ich war müde und wollte pennen. Und das tat ich dann auch.

Mehr als eine halbe Stunde später – ich hatte mich bereits abgeschminkt und befand mich im Halbschlaf – drehte sich der Zimmerschlüssel in der Tür. Piet betrat völlig außer Atem die stockdunkle Dachkammer. »Hey, are you there?«

Na los. Ich hatte A in den Spiegel gesagt, jetzt war ich mir selbst das B schuldig. Halb verschlafen richtete ich mich im Bett auf. »I've changed my mind.«

Fast rutschte mir das Wort »Sorry« raus. Aber warum sollte ich mich entschuldigen? Dafür, dass ich nicht mit ihm schlief, nachdem alles so gut gelaufen war?

Dass ich plötzlich das Drehbuch dieser jahrtausendealten Gebrauchsanweisung von der Eroberung der holden Maid und der goldenen Scheide, in die man sein Schwert steckte, einfach so geändert hatte?

Piet wirkte überrascht. »Are you on your period?«

»Erm … no.«

»Oh, okay. That's fine.« Wir schwiegen. Mist. Er schien verletzt.

»Everything was working so well this night … wasn't it?«

Hoffentlich schämte er sich für seine simple Männerlogik.

»It was nice, yeah. But now I am tired and I want to sleep.«

Es schien, als hätte ich die Offensichtlichkeit der Situation mit einem Satz entlarvt.

Piets Hand griff nach meiner. »Thank you for the great night. I guess … It was nice to know you.«

Es war schön, dich gekannt zu haben. Das klang vernichtend. Vielleicht hätte er doch ein Freund werden können. Schade. Aber es schien der Preis für meine Selbstbestimmung zu sein. Piet küsste mich zärtlich auf die Wange und verschwand aus dem Zimmer.

30.

»Du bist echt ein Penner!« Kenny polterte empört ins Bad.

»Und du 'ne Zicke!« Jerome trottete in sein Zimmer.

Die Stimmung in der WG war gerade wirklich nicht auf dem Höchststand. Irgendwie war Kenny sauer auf Jerome, weil der was mit Mandy angefangen hatte, obwohl Mandy ja zuerst Kennys Freundin oder Dealerin oder Wasauchimmer gewesen war – jedenfalls hatte es schon letzte Woche einen Streit gegeben, bei dem Jerome vor Wut die Tür zerhauen hatte und Mandy samt ihren Hexagrammen, der Transfeindlichkeit und ihrem Muschisaft aus unserem Kühlschrank und aus unser aller Leben verschwunden war. Kenny musste sich einen neuen Dealer suchen. Oder warum war er so sauer?

Wie eine ganze Gnuherde zur Paarungszeit trampelte er an meinem Zimmer vorbei. »Frieda? Ist Turkey bei dir?«

»Nein!«, rief ich angespannt. »Ich meditiere gerade!« Oder zumindest versuchte ich es. Mit aller Kraft. Angestrengt kniff ich die Augen zu. Alle nervten mich. Mit allem.

Kenny mit seinem Trampeln, Jerome mit seinem Lachen, die Nachbarn von oben, die Nachbarn von unten, Kennys neuer Weinverkostungsklub in unserem Wohnzimmer, Jeromes neue »Chica« in der Küche – alles war zu viel. Wieso musste sie mich ausgerechnet jetzt fragen, ob ich Shampoo für sie hatte.

Stand doch genug und sichtbar im Bad rum! »Nimm doch einfach«, rief ich durch die Tür. »Grüne Flasche mit Salamander drauf!« Der neue Sponsor hatte Dutzende Testproben geschickt.

»In den kleinen Plastikverpackungen?«

»Ja-ha.« Ökoplastik, wollte ich sagen. Scheiß Greenwashing.

Erzürnt und angestrengt ging ich zurück in meine Entspannungspose. Meine Zähne knirschten so laut, dass ich das Pochen meiner Schläfen bald nicht mehr hörte. Tat ich immer noch das Richtige? Würde sich schon alles irgendwie »ergeben«? Kein Raum für Antworten.

Dem Poltern nebenan zufolge übte Jerome in seinem Zimmer mal wieder Handstand. Mein Yoga-und-Meditationsvideo wurde von einer Werbeanzeige unterbrochen. »Was wäre, wenn du strahlend reine Haut bekommen könntest – über Nacht! Ich war zum ersten Mal ohne Make-up draußen …«

Anzeige überspringen. Vibration auf meinem Handy. Mail von Susie.

Mein Puls ging hoch. Shit. Heute musste ich zwei Exposés fertig machen.

Seit dem Dreh in Amsterdam wurde ich von der Redaktion mit Arbeit nur so überschüttet. Und weil in meinem CV immer noch stand, dass ich mich bestens mit Social Media auskannte, sollte ich jetzt auch noch die Seite des Kochmagazins »Bon Appetit« managen.

In demonstrativer Eile huschte ich an Kenny vorbei, der gerade unter dem Sofa nach Turkey suchte. Wie ein wahnsinniger Wissenschaftler wühlte er in den Staubflocken. »Wie ernst meint Mandy das mit dem Tiereretten?«

»Keine Ahnung!« Wutentbrannt knallte ich die Badezimmertür hinter mir zu. Während das Wasser auf mich einprasselte, bildete sich um meine Füße herum ein kleiner See, der immer höher stieg. Das Wasser floss nicht mehr ab. Mein innerer Frust wuchs parallel zum Wasserpegel.

Ich war sauer. Auf mich selbst. Auf Freia. Auf alle.

Während ich mich wutgeladen überschminkte und dabei einem Stück neapoletanischer Pizza, die ich selbst niemals angerührt hätte, mit dem Ludwig-Filter das gewünschte Tuning verschaffte, rief Eike an.

»Weißt du, ich fand dich sowieso alleine viel authentischer.« Er klang verbittert. »Freia passt eigentlich gar nicht zu unserer Marke.«

Unliebevoll klatschte ich eine Schicht Camouflage auf meine Poren.

»Ja, ich finde sie auch ziemlich … unauthentisch.«

»Ja und dazu noch die Straftaten …«

»Ich glaube, sie wollte nur Aufmerksamkeit.« Meine eigenen Worte schmerzten mir in der Brust.

Der Abfluss machte ein rülpsendes Geräusch.

»Niemand mag blutrünstige Feministinnen …«

Mhh, dachte ich, ging auch nicht darum, sie zu mögen. Feminismus war doch ein Kampf! Das machte nun mal keinen Spaß. Oder?

»Es muss verdaulich bleiben. Kein Extrem ist je gut«, schob Eike nach. »Weder rechts noch links.«

Ich gab ein Marge-Simpson-Grummeln von mir. Lieber wieder auf gemeinsame Interessen konzentrieren. »Freia ist jedenfalls sehr abgelenkt von anderen Sachen. Sie will immer alles auf einmal, dabei muss sie wirklich lernen, ihre Prioritäten richtig zu setzen.«

»Ja. Meiner Meinung nach ist sie einfach sehr unreif.«

»Und … egoistisch.«

»Genau.« Durch den Hörer spürte ich ein joviales Zwinkern. »Du bist sowieso die interessantere Schwester.«

Meine Haare tropften ins Waschbecken. Das war meine Chance, etwas Großes zu machen. Ganz für mich.

31.

Zwei Monate später war der Sommer fast vorbei. Der Wind fegte durch das offene Fenster in mein Zimmer. Mittlerweile kannte ich den »Fatburning-Beachbody-Flow« auswendig, ohne meinen Body ein einziges Mal an den Beach gelegt zu haben.

Die freundliche Stimme der jungen Yoga-Influencerin gab mir ein Gefühl von Kontinuität und ein paar Minuten der Gewissheit, etwas für Körper UND Geist zu tun. Und das war dringend nötig.

In den letzten Wochen hatte ich einen eher ungesunden Rhythmus entwickelt. Täglich den Körper mit hartem Sport bis an die Grenzen bringen und danach maßlos überfressen, nur um danach ein so schlechtes Gewissen zu haben, dass das Training noch härter wurde. Es war ein Teufelskreis. Eine Sucht. Die HIIT-Cardio-Workouts mit einer stark geschminkten, braun gebrannten, unheimlich sehnigen Influencerin, die bei der ganzen Tortur keinen einzigen Schweißtropfen ausdünstete und jedes Video mit einem dicken Kussmund für die Kamera beendete, hatte ich mir nun für eine Weile verboten, damit ich die Situation wieder in den Griff bekam.

»Alles darf so sein, wie es gerade ist. Alles darf so sein, wie es gerade ist.« Die Stimme der Yogainfluencerin ging durch meine Ohren wie ein sanftes Plätschern.

Wenn ich in der Kriegerposition den Blick erhaben über meine

Hand aus dem Fenster schweifen ließ, war ich eine Amazone, die am unberührten Strand von Lesbos Ausschau nach natürlichen Feinden hielt. Dass das Yoga-Outfit dieser beneidenswert schönen Sandy mit doppelt so vielen Followern wie ich von irgendeinem riesigen US-Unternehmen gesponsert war, das ich eigentlich für das Ausbeuten von Mensch und Natur kritisieren wollte, prasselte an mir ab. In jeder gottverfluchten Ritze der Welt gab es etwas, was kritikwürdig war. Außerdem war mein Hirn mit anderen Fragen beschäftigt. Wie schaffte es diese Frau, so schön und schlank und froh und verdammt ausgeglichen zu sein, wenn sie nach jeder Einheit für mehrere Minuten einfach nur reglos wie eine tote Maus auf der Matte lag? Was aß sie den ganzen Tag? Vermutlich nicht mehr als ein paar vegane Kurkuma-Kekse.

Wenn ich in meinem Zimmer auf der Yogamatte fläzte, ratterten in meinem Hirn die To-do-Listen so laut, dass ich mir die Ohren zuhalten wollte. Jedes kleinste Geräusch aus dem Gang heizte mein Aggressionslevel an.

Vibration auf meinem Handy. Vermutlich eine Nachricht von Eike. Gleich musste ich die Anzeige für den Zykluscomputer posten, auf der ich total glücklich und »mit mir selbst im Einklang«-mäßig wirkte. Auch wenn mein Zyklus sich längst von mir verabschiedet hatte. Lag vermutlich am Stress. Aber das würde sich schon wieder legen. Ich musste nur mehr lesen, mehr posten, mehr Sport machen und weniger wiegen, dachte ich, während ich vergeblich versuchte, mich auf meinen Atem zu konzentrieren. Außerdem brauchte ich mehr Freund*innen, aber bitte nur welche mit Nasenring und Meinung. Und ein Schinken wäre auch nicht schlecht. Jemand, der sich vor der Kamera gut machte. Und Igel zeigte, was er verpasst hatte.

Seit Wochen schon war der kaum noch zu Hause.

Lag vielleicht auch an diesem total awkwarden Gespräch, in dem ich ihm meine Liebe gestanden und er mir kurz darauf offenbart hatte, dass er jetzt bald wieder zurück nach Österreich ziehen würde, um seine Cousine zu heiraten. Das Ganze war buchstäblich zwischen Tür und Angel abgelaufen.

Ich so: »Ich muss dir was sagen. Einfach nur, um es gesagt zu haben.«

Und er: »Okay?«

Ich: »Ich war dumm und jung und dachte, ich hätte mich in dich verknallt. Zum Glück ist das vorbei.«

Er: »Oh …«

Ich: »Dachte, ich mach das schnell. Wie Pflasterabziehen.«

Er: »… und wieso sogst du ma des erst jetzt?«

Ich: »Hat vorher irgendwie nicht gepasst. Na ja, jetzt ist es vorbei.« Das war's.

Zugegeben. Was ich eigentlich hätte sagen wollen, hätte natürlich anders geklungen. Aber ich wollte stark wirken. Nie einem Mann nachlaufen, nicht unterwürfig sein. Mach dich rar, Kind!

Mittlerweile schien sich Igel in Dominiks WG weitaus wohler zu fühlen als bei uns. Jedes Mal, wenn wir uns sahen, wurde er mehr zum Cyclotauren. Halb Mann, halb Fahrrad. Erst der Helm, dann die Hosen, dann spezielle Fahrradschuhe, mit denen er wie ein untalentierter Stepptänzer auf den Dielenboden einhämmerte, um nach und nach seine Kisten aus der WG zu holen. Klack, klack, klack. Selbst um anzukündigen, bald ganz auszuziehen, hatte er die lichtreflektierenden Klettstreifen an seinen Beinen nicht abgenommen.

Und ehrlich. Das mit der Cousine redete ich mir nur ein, um mich selbst zu schützen. Namasté. Mein Yoga war am Ende, ähnlich wie meine Nerven.

Auf dem Weg zur Kreuzung knallte ich mir einen zuckerfreien Energydrink rein. Ich musste wach sein! Topmotiviert! Und gut gelaunt! Der Bus an der überfüllten Straße vor mir fuhr ab, obwohl einige Mütter mit Kinderwagen noch rufend hinterherliefen. Jemand fragte mich nach fünfzig Cent.

»Sorry, kein Kleingeld.« Guten Morgen Berlin, du kannst so hässlich sein.

Unfreiwillig atmete ich U-Bahn-Dünste ein. Seitdem ich meinen eigenen Kanal hatte, war alles SO TOLL. Ich war EXTREM gefragt. Es war richtiger Ruhm, mit allem, was dazugehörte. Cremes, Haar- und Gesichtsmasken, Bodysculp, Wimpernserum, Ellbogenhautweich-Sanddorn-Body-Butter, Porenreiniger mit WLAN-Verbindung, Sandwichtoaster, Selfie-Sticks.

Immer, wenn ich Videos produzierte, hatte ich eine Liste von Marken, die ich den User*innen empfehlen sollte. Alles bio. Alles vegan. Alles beschissen teuer, einer reichen Hipster-Elite vorbehalten. Was ich dafür bekam, waren weder lange Wimpern noch weiche Ellbogen. Zumindest fiel mir das nicht auf. Sondern jede Menge Schrott. Die Nachrichten waren wohl Teil dessen, was man als »Fame« bezeichnet. Neben flüchtigem Lob war es vor allem die schwer im Magen liegende Kritik, gegen die ich nun vergeblich nach den richtigen Mitteln suchte.

Überall erdrückten mich die Erwartungen. Jeder Follower entsprach nicht nur einer Person, die etwas von mir hören wollte, sondern auch einer Person, der ich zu gefallen hatte. Aber ich war doch selbst schuld. Mit meiner öffentlichen Präsenz lud ich doch andere gerade dazu ein, mich zu bewerten! Mich zu be- und verurteilen, mich toll oder lächerlich oder schön oder hässlich oder zu dünn oder zu dick zu finden, mich mit faulen Tomaten zu bewerfen und mich mit ihrem sinnlosen Senf zu beschmieren.

Früher, als Freia noch mit im Boot gewesen war, hatten wir uns die Hater wenigstens geteilt. Jetzt war ich alleine. »Jetzt rufst du noch Refugees Welcome, aber warte nur, bis du anstatt 'nem Bikini 'nen Burkini verkaufen musst!«

Die ganze Kritik von rechten Trollen ließ sich zwar schwer ignorieren und erst recht nicht einfach runterschlucken und verdauen – nein, sie war ungefähr so leicht verdaulich wie ein Brocken Blei –, aber woran ich wirklich zu knabbern hatte, war die Kritik von Menschen, die in dieselbe Bubble furzten wie ich.

»Wieder so eine weiße, privilegierte Tussi, die sich vorkommt wie Mutter Teresa!«

»Und was passiert in drei Wochen? Wenn die Umwelt dann kein ›Trend‹ mehr ist, der sich gut verkauft?«

»Dahinter steht eine neoliberale Pimmel-Gang. Sie ist nur eine Marionette.«

»Ich hätte mehr von ihr erwartet.«

Oh Gott. Niemand durfte wissen, dass ich heimlich fastete, mich mit Bootcamp-Workouts knechtete und aus diesen Gründen längst nicht mehr menstruierte, dachte ich, während ich den Zykluscomputer anpries.

Konnte ich einfach die Reißleine ziehen? Aussteigen und so tun, als wäre alles nie passiert? Oder ließ das mein digitaler Fußabdruck nicht mehr zu? Hatte ich nicht nur meinen Körper und meine Seele, sondern auch meine Zukunft verkauft?

Gestresst, überhitzt und hungrig hievte ich meinen kleinen Rollkoffer in die U7. Mit mir in den Waggon stieg eine überdürre Gestalt ein. Ihre langen weißen Haare zogen sich wie dünne Fäden aus ihrem knochigen Schädel, die Haut an den Schienbeinen war aufgescharbt, ihre verkrusteten Wunden stachen mir ins Auge. »Liebe Fahrgäste, entschuldigen Sie die Störung. Keine

Sorge, ich kontrolliere keine Fahrkarten. Ich lebe auf der Straße, ganz alleine.« Ich drückte ihr zwei Euro in die Hand. Meine Probleme standen in keiner Relation.

Mein Handy vibrierte. Jerome fragte, ob ich Lust hätte, zusammen mit Kenny, ihm und einer gewissen Ann-Kathrin einen Sushi-Kurs zu machen. »Wer ist Ann-Kathrin?«

»Hab ich auf OkCupid kennengelernt.«

»Sorry, keine Zeit.« Und keine Kohlenhydrate, dachte ich.

Mit flinken Fingern bestellte ich mir via App schon mal einen Salat to go und einen doppelten Espresso in einem veganen Laden am Hermannplatz. Mein Leben war PERFEKT GETIMT. Na gut. Sechs Minuten war ich zu spät.

Ich traf Jens, um sein Festplattenangebot schließlich doch anzunehmen. Wie er mir versichert hatte, brauchte er sie wirklich nicht mehr. Dafür hatte ich zusätzlichen Speicherplatz dringend nötig. Ständig ploppten Warnungen auf meinem Laptop auf. Das Startvolumen war voll.

»Mach unbedingt schnellstmöglich ein Back-up!«

Die dunklen Schatten unter seinen Augen erinnerten mich daran, dass ich wohl nicht die Einzige war, die gerade ein Praktikum machte.

»Naaah?«

»Nah?«

»Wie geht's dir?«

»Chronisch überarbeitet, einsam, voller Selbstzweifel. Und du so?«

»Ängstlich, panisch und mental krank.«

»Ach ja, dann bis nächste Woche!«

Nicht nur der Speicherplatz auf meinem Computer. Auch mein Hirn war voll. Der innere Akku leer. Meine Gedanken drifteten ab. Scheiße, wieso waren denn da Feigen auf dem Salat? Das warf meinen ganzen Ernährungsplan durcheinander. Ich war wütend. So wütend. Wut war die einzige Emotion, die ich in letzter Zeit kannte.

Scheiß Leistungsgesellschaft. Gehörte ich jetzt zu den Menschen, die in der U-Bahn aßen? Die »happy vegan salad bowl« war vierfach verpackt. Viel zu viel Plastik. Viel zu wenig Zeit. Ich würgte alles innerhalb von wenigen Minuten runter. Dabei blickte ich auf eine Werbeanzeige. »Leiden Sie unter Stress und Panikattacken? Neigen Sie zu Suchtverhalten? Haben Sie Probleme beim Einschlafen? Wir suchen Proband/innen für eine Studie über Depressionen.« Ich war wohl nicht die Einzige.

Auf der anderen Seite des Waggons hörte man eine Frau laut schreien und weinen. An einem Bein trug sie einen Verband, in der Hand eine Bierflasche. Niemand beachtete sie. Als würde mir der Atem abgeschnürt, verspürte ich plötzlich Panik. Wenn ich jetzt auf der Stelle tot umfallen würde, wäre dann jemand da, um mich aufzuheben? Meine einundzwanzigtausendsiebenhundertvierzehn Follower bestimmt nicht. Wer interessierte sich wirklich für mich? Und wer war genau wie ich einfach nur eine Hülle, die sich nach außen hin gut präsentierte, um das zu erfüllen, was verlangt wurde?

Ich fror. Mein Körper war auch nicht unter dreizehn Schichten Kleidung dazu in der Lage, mich warm zu halten.

Nachdem ich nach einem Dreh im graunebeligen London wieder im graunebeligen Berlin gelandet war, sehnte ich mich nach nichts mehr als einem warmen Nest, wo Frieden herrschte und man die Vögel singen hörte. Doch bereits im angesprayten Treppenhaus ertönte das tiefe Grölen einiger postpubertärer Stimmen.

Seit Jerome in seinem Zimmer hinter der Tapete einen alten Kaminabzug entdeckt hatte, der die obere WG mit unserer verband, herrschte reger Verkehr zwischen ihrer und unserer Wohnung. Mittlerweile führte eine Leiter von oben nach unten. Immer mehr unbekannte Gesichter fläzten mit Kenny und Jerome auf dem Sofa, durchwühlten den Kühlschrank und verwüsteten das Bad.

Eigentlich fand ich die Kids nicht so schlimm. Sie mochten mich, folgten mir auf Insta und gratulierten mir zu meinem »Fame«. Aber gerade das strengte mich in letzter Zeit extrem an. Selbst Jerome nannte mich seit ein paar Wochen nur noch »Frieda On Fliek«. Es war, als würden alle nur noch meine starre, glänzende Hülle sehen und nicht mehr den Menschen dahinter. Es war, als könnte ich einfach nie abschalten. Selbst offline war ich online.

Als ich auf der Ebene zwischen drittem und viertem Stock sah, dass zwei Beamte der Berliner Polizei bereits vor der Tür standen, machte ich auf der Stelle kehrt.

Eine Ringbahnfahrt später war ich endlich in Sicherheit. Auf dem Balkon einer alten, siffigen Plattenbauwohnung.

Jesus knackte eine Handvoll Erdnüsse. »Don't worry. You are only twenty years old. Your problems will get real soon enough.« Die Schalen böselten auf den kalten Boden.

Abgeklärt trank Jesus einen Schluck von seinem alkoholfreien Bier. So hart es klang, aber er war der einzige Mensch in Berlin, mit dem ich im Moment ähnliche Arbeitstage und Wellenlängen teilte. Ich genoss seine Anwesenheit, auch wenn er mich ständig belehrte und mir damit das Gefühl gab, sechs Jahre alt zu sein. Auf erleichternde Art und Weise rückte er alles in Perspektive – dass das Praktikum und mein Influencer-Dasein nicht die

Welt bedeuteten, dass ich im Grunde klein und meine Probleme nichtig waren und dass mein mögliches Versagen nicht den Totalabsturz einleiten, sondern niemanden interessieren würde. Irgendwann würde ich wissen, wo ich hingehörte. Und bis dahin gab er mir Wärme und Stabilität und einen Ort, an dem ich mich nicht beweisen musste. Nachdenklich verlagerte ich den kühlen Lappen, den er mir gereicht hatte, auf meine linke Schläfe. Der Druck aus meinen Ohren war seit dem letzten Flug nicht mehr verschwunden. »Thanks for being there for me.«

»No worries.« Er grinste schelmisch. »Actually …« Jesus stieg durch die Terrassentüre in sein spärlich eingerichtetes Wohnzimmer und kam kurz darauf mit einem Umschlag in der Hand wieder. »I got this voucher for new glasses …«

Ich warf ihm einen fragenden Blick zu. »I don't need glasses, thank you.«

»No, *I* need glasses«, stellte Jesus klar. »I'm helping you. And you can do something for me in return …« Altklug zwinkerte er mir zu. »Women have better taste in fashion, you know.« Ach, Jesus.

Wie damals bei Degenhard packte ich das große schwarze Tuch aus und stülpte es über mein inneres Wertesystem. Nicht, dass ich verliebt war. Niemals hätte ich mit jemandem zusammen sein können, der nicht auf seine in Plastik eingeschweißte Billigpute verzichten wollte.

Aber. Immerhin. Sein Safe Space war von unbezahlbarem Wert. Einfach chillen. Nichts sagen. Nichts tun. Jesus fand mich gut, wie ich war. Eine junge Frau von Anfang zwanzig, verloren, verwirrt, schutzbedürftig. War das wunderschön oder unheimlich traurig?

Ich zuckte mit den Schultern. »I'm not so sure about my taste in glasses. But I can try my best.«

32.

Es war Sonntag. Während ganz Berlin ewig pennte, in vollgestopften Cafés brunchte und sich im Mauerpark an überteuerten Ständen durch Menschenmassen schob, machte ich Homeoffice. Pardon, wir machten Homeoffice. Oder so etwas in der Art. Jesus telefonierte lautstark mit einem Geschäftspartner in Brasilien. Ich brüllte lautstark in mein Inneres.

Was musste ich heute alles erledigen? In mir hatte sich mittlerweile eine Diktatur gebildet – so wurden Entscheidungen schneller getroffen, und das war nötig, denn alles lief ab wie in fünffach erhöhter Geschwindigkeit. Zeit war Geld und meine neue Kooperation mit einem Sporthosenhersteller verdammt wichtig für meine Selbstverwirklichung. Mir war nicht danach, in die WG zu fahren. Ich hatte keine Lust auf Jerome oder Kenny, geschweige denn alle Menschen, die in letzter Zeit sonst dort rumhingen. Auch wenn Jerome mich mehrfach darauf angesprochen hatte, wie gut ich nun aussah – richtig »goals« –, und mich gefragt hatte, ob ich nicht mal mitkommen wollte auf die Warschauer Straße und ob wir nicht mal ein Couple-Shooting machen könnten, dann hätte er bestimmt auch gute Chancen auf einen Einstieg in der Branche. Anders als Kennys stummes Lippenkräuseln mir gegenüber war das wohl ein Kompliment.

Ach Kenny, dachte ich. Der war doch nur neidisch. Darauf, dass ich jetzt berühmt war und Autogrammkarten hatte und bei ihm alles den Bach runterging.

Ruhm, dachte ich. Was ein untreffender Begriff für etwas, was so wenig Spaß macht.

Vielleicht sollte ich ausziehen. Ohne Igel war es sowieso nicht mehr wie früher.

In mir erstellte jemand einen Schlachtplan. Es sah kompliziert aus. Ich konnte der Stimme nicht folgen.

Gefühlt waren überall Baustellen – Drehs und Interviews, das beständige Senden und Empfangen auf Insta, meine Mails, Ideen für neuen Content. Die Frage, wie mein Leben nach dem Praktikum weitergehen sollte – und nach meinem Influencerinnendasein überhaupt konnte –, war damit auch noch nicht geklärt. Ich hatte doch so viele Möglichkeiten! Auf meinem Laptop waren achtzehn Tabs geöffnet. Ich machte alles gleichzeitig, aber nichts so richtig. Außer ein Back-up. Immerhin.

Während meine Festplatte ratterte, erlaubte ich mir eine kurze Pause. Ein achtzehnjähriges belgisches Supermodel erklärte ihren fünfhunderttausend Followern mit Begeisterung, was sie den Tag über aß. Spoiler: quasi nichts. Morgens müsse man eine halbe Zitrone in ein Glas warmes Wasser auspressen. Das sei gut für die Verdauung. Abends solle man dann darauf achten, möglichst wenig zu sich zu nehmen.

Während ich mir notierte, dass rote Paprika am meisten Kohlenhydrate und grüne am wenigsten hatte, hielt Jesus mir den Hörer hin, um sein tägliches Mittagessen für ihn zu bestellen. Am Telefon des italienischen Restaurants auf der Danziger Straße verstand man nämlich kein Englisch.

»You know what I really love about Pizza Salami?«, fragte

er mit einem zufriedenen Lächeln, während er mir den Hörer reichte.

»Mhh?«

»That I just know, that I will like it. I don't even bother to have a look at the menu with so many different pizzas that I could never choose one. Pizza Salami. Just Pizza Salami! Life can be so easy!«

Mhh, dachte ich. Stimmt. Das Leben konnte so einfach sein, wenn man essen konnte, was man wollte.

Während Jesus über den Gang hinweg etwas von Leben und von Zitronen mansplainte, hing ich meinen Gedanken nach. Das spargelige, übermäßig strahlende Model mit dem beneidenswerten Teint auf YouTube aß vierzig Gramm Haferflocken mit zwei Esslöffeln fettfreiem Joghurt. Wieso bekam ich von so wenig Essen schlechte Laune? Und wieso wurde meine Haut von Magerquark fettig? Und von Stress erst recht?

Scheiße, warum konnte ich mich nicht einfach davon emanzipieren, was andere von mir dachten, und anstatt des ganzen Körperzwangs endlich mal anfangen, mich selbst zu lieben, wie ich verdammt noch mal war?!

Egal, was ich tat, nie war es genug. Und gleichzeitig fühlte ich mich immer noch zu viel. Mein Körper, meine Form, meine Kleidung – alles wurde immer enger, wie eine Gefängniszelle, aus der ich mich nicht mehr zu befreien wusste. Wahrscheinlich würde alles besser, wenn das Praktikum beendet war. Würde ich dann meine Bachelorarbeit schreiben? In Regelstudienzeit? Hatte ich Chancen auf einen Master, an einer renommierten Uni? Im Ausland? Was war mit Stipendien? Wann waren die Fristen?

Erasmus? Oder Erasmus Plus? Oder noch ein Praktikum? Bei

einer NGO? Ich musste dringend ein gutes Motivationsschreiben zustande bringen.

Ein Motivationstrainer in einer aufgeploppten Werbeanzeige laberte mich inzwischen unnötig über Selbstfindung voll. »Wir sind alle viel zu sehr damit beschäftigt, uns immer nach dem grüneren Gras auf der anderen Seite des Flusses zu sehnen, anstatt die Dinge einfach zu genießen.« Für fünfzig Euro im Monat konnte man sich mehr Glück und Zufriedenheit bei ihm kaufen. Anzeige überspringen. Pause. Neuer Tab. Google. Ecosia. Praktikum im Ausland. 8 040 000 Suchergebnisse. Ich scrollte mich durch die vielen Seiten.

Da kam mir ein Gedanke.

Wenn man niemals das finden kann, was man wirklich will, weil es einfach zu viele Möglichkeiten gibt … war Jesus dann meine Pizza Salami?

Und wenn schon. Der Winter in Berlin konnte ein hartes Pflaster sein, erst recht, wenn alle um einen herum sich wie chemische Elemente zu höheren Verbindungen zusammengetan hatten. Kenny in seiner polyamoren Beziehungskette, die ich nicht durchblickte, Jerome und seine neue Freundin Ann-Kathrin, Freia und Chris. Seit unserem Streit hatte ich nichts mehr von ihr gehört. Und das wollte ich auch gar nicht. Durch die Arbeit war ich abgelenkt, fast wie betäubt. Ich krallte mich an das, was ich am besten konnte. Eine Hülle sein.

Während ich in den Insta-Storys etwas von Body-Positivity und intuitiver Ernährung von mir gab, zitterte mein Körper, weil ich seit sechzehn Stunden nichts zu mir genommen hatte. Gleich würde ich mir ganz viel warmes Wasser mit Zitrone reinzwängen. Inzwischen saß Jesus wieder an seinem Laptop und lachte zynisch. Zum Glück aber nicht über mich.

»I just found out, that one of my friends does porn!«

»What? Who?«

»The girl you met at the cinema! The French one!«

»Yeah … didn't you know?«

»I can't believe she wants me to pay for it. I mean we are FRIENDS! It should be for free for me!« Er gluckste amüsiert über seine eigene frechfrische Dreistigkeit.

33.

Die Wochen bildeten eine einzige trübe Brühe. Allmählich verwandelte sich die Wut in unendliche Müdigkeit. Ich war taub in jeder Zelle. Nicht auf dieser Welt.

Manchmal sah ich in den Spiegel und wusste nicht, wer da vor mir stand. Mein eigenes Gesicht war mir fremd. Mein Körper gehörte nicht zu mir. Ich war passiv, so schrecklich passiv, aber nicht im Geringsten dazu fähig, etwas zu ändern. Keine Kraft, keine Orientierung, keine … Ich vergaß meine Gedanken, in dem Moment, in dem ich sie gefasst hatte.

In mir war Sehnsucht, und ich wusste nicht, wonach; Heimweh, und ich wusste nicht, wohin; Angst, und ich wusste nicht, wovor. Die Tage zogen vorüber, ohne dass ich sie miterlebte. Immer öfter wirkte alles wie ein einziger Albtraum. Wirklich. Als wäre jeder Moment dazu bestimmt, augenblicklich in ein Schreckensszenario zu entgleisen. Ich gruselte mich vor der Stadt und wollte gleichzeitig nicht alleine sein. Ich mochte mich nicht mehr.

»Spür in dich rein!«, meinte Lolo am Telefon. »Überschreite deine Grenzen nicht!«

Grenzen? Schon lange wusste ich nicht mehr, wo die waren.

Meine natürliche Energie war längst aufgebraucht. Jetzt war Kaffee meine Droge. Erst zwei bis drei Mokkamaschinen täglich machten mich zu dem Arbeitstier, das alles schaffen konnte. Ich knallte mir die schwarze Suppe rein wie Benzin. So liefen mein Körper und mein Hirn immer auf Hochtouren, von morgens bis abends. Ohne Pause. Grenzen waren schließlich dort, wo man sie steckte. Und nicht, wo die Natur sie angesetzt hatte.

Schon seltsam, dachte ich. Dass wir uns alle ständig mit Koffein aufputschten, um unsere körperlichen Müdigkeitssignale auszutricksen. Wir lebten in einer Welt, in der es völlig normal war, unsere Grenzen täglich zu überschreiten.

Natürlich versuchte ich zu meditieren, aber die Wirkung von Medy, Kassandra und Adrienne auf YouTube war nicht life-changing. Gerne wäre ich so erfrischt und ausgeglichen und übermütig und glücklich gewesen wie die jungen, starken Frauen auf dem Bildschirm. Alles, was ich in mir hatte, waren Ungeduld, Leistungsdruck, Stress, Entgleisung und die chronische Angst vor Vergänglichkeit. Aber warum denn? Da war doch niemand, der mir eine Pistole auf die Brust setzte. Ich hatte doch alles, was ich brauchte!

Doch trotzdem. Ich fühlte mich krank in jeder Pore. Wahrscheinlich war meine Motivation für Yoga und Meditation auch einfach die falsche. Ich tat es in der Hoffnung, danach endlich wieder produktiv sein zu können.

Erst abends lichtete sich langsam mein innerer Nebel. Wenn keine Mails mehr reinkamen, niemand mich anrief und selbst auf Instagram kaum etwas geschah, konnte ich wieder klare Gedanken fassen.

Manchmal blieb ich bis vier Uhr morgens auf, um die unerwartete, nächtliche Konzentrationsfähigkeit optimal zu nutzen und zu arbeiten. Im Bett dachte ich oft darüber nach, was ich den Tag über alles so gegessen hatte, und nahm mir vor, am nächsten weniger zu mir zu nehmen. Mein Wecker ging meistens früh. Ich kam kaum noch aus dem Bett. Aber ich musste funktionieren. Es war doch alles nur eine Phase, alles halb so wild!

Und außerdem beängstigte mich der Gedanke daran, dass ich vielleicht ein größeres Problem in mir trug, das mich nachhaltig kaputt machte, noch mehr. Und Angst konnte ich nicht gebrauchen. Schnell verdrängte ich alle Stimmen, die mich warnten. Ich? Depressiv? Konnte doch gar nicht sein.

Kind, rüttelte ich mich selbst zurecht. Stell dich nicht so an! Du willst dich doch nur wichtigmachen!

Parallel zu meiner inneren Abwärtsspirale ging es bei Kenny wieder aufwärts. Als ich ihn eines Morgens in der Küche traf, wirkte er wie ausgewechselt. Verdattert beäugte ich seine neue Frisur. Alles abrasiert. Neuanfang, wie er meinte. So ein Ganzkörperdetox wäre sicher auch nicht schlecht für mich. Vielleicht sollte ich auch mal nach Nepal oder Bali oder Thailand und mein »eat, pray and love«-mäßiges Chakra-Ich finden.

Oder zumindest lernen, mich endlich selbst zu lieben. Selbst meine Haare fanden das Zusammenleben mit mir offenbar nicht mehr aushaltbar. Büschelweise verabschiedeten sie sich. Ja. Ich musste dringend etwas ändern. Aber wo sollte ich anfangen?

»Klar Schiff machen ist so befreiend!« Nachdem Kenny unsere Küchenschränke ausgeräumt und geputzt und dabei ganze Madenhochburgen ausgelöscht hatte, brachte er mehrere Müllsäcke voller offener Haferflockenverpackungen, Heilerde, Lein- und Chiasamen und anderem Kram runter, der dieser Insekteninvasion zum Opfer gefallen war. Dann hüpfte er voller Elan auf die Küchenbank, um mir von seinem letzten Ayahuasca-Trip und der daraus resultierenden Eingebung zu berichten. »Ich dachte immer, ich muss vor der Kamera stehen, damit ich jemand bin. Dabei bin ich auch so jemand! Superbefreiend, das Gefühl.« Danach sei ein riesiger Drache gekommen und hätte ihn bei lebendigem Leib verspeist.

Für düstere Gedanken brauchte ich keine halblegalen Kräutermischungen. Die Menschheit war doch nichts weiter als ein Pilz, der die Erde befallen hatte und sich am Ende selbst zerstörte. Hoffentlich.

Entgleist machte ich mich auf ins Sankt Oberholz, um Laptopkram zu erledigen. Der Laden war wie immer voll. Ich bestellte mir einen großen Americano.

In der Ecke schräg vor der Toilettentür schlafwandelte ich zum letzten freien Sitzplatz. Ich konnte mich nicht konzentrieren. Ein Typ mit 80er-Jahre-Brille und hipper Vokuhila-Frise zwei Stühle weiter säuselte seinem Gegenüber zu. Einer filigranen, ungeschminkten Dunkelhaarigen mit schweren Ohr- und Augenringen. »Das Leben sendet dir Zeichen. Wenn du sie ignorierst, werden sie brutaler.« Er hielt ihre Hand. Sie war so schön. Und so depressiv. Ob sie auch gerade in einer Lebenskrise steckte? Taten hier doch alle.

Oh shit. Schon zwölf. Gleich wollte Eike wissen, ob wir dem Jeanshersteller zusagen konnten. Aber die Hosen, die ich zugeschickt bekommen hatte, passten mir nicht. Ob er mir noch eine Woche geben konnte?

Eilig recherchierte ich etwas über ketogene Diät, dachte darüber nach, neben meiner öffentlichen Präsenz als plant-based-Ultra nachts heimlich Käse und Mett zu essen, um weiterhin auf Kohlenhydrate verzichten zu können, und landete schließlich auf einer dubiosen Internetseite, wo man sich vermeintlich wunderwirkende Appetitzügler aus China bestellen konnte. In Gedanken war ich schon beim bayerischen Wildhirsch für den nächsten Magazinbeitrag.

Mein Magen knurrte. Schmerzhaft zog er sich zusammen. Sorry, Freundchen, wollte ich sagen. Aber an das große schwarze Loch müssen wir uns wohl oder übel gewöhnen.

Mittlerweile war ich ziemlich routiniert darin, die Zeichen meines Körpers dauerhaft zu ignorieren. Hunger, Durst, Angst, Unsicherheit. Der Ausschlag auf meinem Rücken, die schlechte Haut im Gesicht, Durchfall und extrem unregelmäßige Zyklen. Es war, als würde mein Organismus mit aller Kraft versuchen, mir etwas mitzuteilen. »Iss etwas. Schlaf genug. Mach dir nicht so einen Riesenstress! Scheiß drauf, was andere sagen, und hör auf mit der Scheißselbstgeißelung. Ich bin nicht einverstanden mit diesem Lebensstil!«

Aber ich stellte ihn dauerhaft auf »mute«. Wer wollte schon hören, dass ich, nachdem ich erst über Monate alle zwei Wochen geblutet hatte, meine Tage nun gar nicht mehr bekam? Viel besser war doch Leichtigkeit und Unbeschwertheit in viel zu engen Hosen! Ich wollte mich ganz einfach nicht von meinen inneren Stimmen zurückhalten lassen. Überzeugt kippte ich mir den Kaffee in die Kehle.

Oh Gott, dachte ich. Vielleicht hatte Freia recht. Ich sollte eine Therapie machen. Auf Instagram hatte ich das Stigma um Mental Health schon oft genug angeprangert. Jetzt war es höchste Zeit, den Lifestyle, den ich tagtäglich predigte, selbst zu leben.

In der Leitung der kassenärztlichen Vereinigung landete ich in der Warteschleife. »I'm walking on sunshine. Wohoooo!« Die hatten Nerven. Ich legte auf.

Hallo? Innerlich rief ich nach meinem kleinen Küchenpsychologen. Wo war der Kerl, wenn man ihn brauchte?

Mein Magen knurrte wieder. Diesmal so laut, dass ich mich der Sache stellen musste. Mein Hirn lief durch die Mangelernährung wie auf Sparflamme. Gleich ging das Lämplein aus.

Voller Selbstverachtung bestellte ich mir ein veganes Sandwich. Währenddessen nahm ich mir vor, später unbedingt eine große Runde laufen zu gehen. Und vielleicht schaffte ich es ja diesmal zu meditieren. Auf keinen Fall durfte ich mich in einem Anfall von Heißhunger wieder total überfressen, sodass ich mich fühlte wie mein eigener Grabstein und mich die nächsten drei Tage mit Selbstverachtung bestrafen musste.

Das ist alles nur eine Phase, versuchte ich mich zu beruhigen. Alles steht unter dem Zeichen der Vergänglichkeit. Wenn ich in die enge Hose passte, dann würde ich endlich mal runterkommen. Wenn ich das Video über Tierquälerei und den veganen Pelzmantel fertig hatte, dann hätte ich endlich mal Zeit für mich. Wenn ich die dreißigtausend Follower geknackt hatte, würde ich feiern. Mit wem, keine Ahnung. Sobald das Praktikum beendet war, würde ich endlich mal wieder meine Freundschaften pflegen. Mir war nach einer Zigarette, aber das war im Zeitplan nicht drin. Außerdem hemmt Rauchen den Abbau von Fettzellen.

»Alles um uns herum ist nur ein Konstrukt. Das Eigentliche wird dadurch gern vergessen. Nämlich das Leben.« Mein Gott. Wie bedeutungsschwanger. Konnten die nicht mal ein bisschen leiser reden?

»Du triffst jeden Morgen eine Entscheidung. Nämlich, ob du glücklich sein willst oder nicht.«

Plötzlich fröstelte es mich. Waren es die tausend offenen

Browserfenster, die mir zunehmend das Gefühl gaben, dass ich im Durchzug stand? Und war es am Ende wirklich so leicht, einfach nur eine Entscheidung zu fällen, nämlich die, glücklich zu sein?

Schlagartig war mir danach, mich zu dem säuselnden Pärchen zu setzen. Nach dem Motto »Hey, ich kenne euch nicht, aber mir geht's genauso. Ich bin völlig überfordert mit meinem First-World-Leben und meinen First-World-Problems. Ich fühle mich in meinem eigenen Köper fremd, total entgleist, als würde ich träumen, und mein Leben zerrinnt wie Sand zwischen meinen Fingern. Ich kann nachts nicht schlafen, habe Albträume und Ausschlag, vermutlich psychosomatisch bedingt. Ich hab keine Zeit, zur Ärztin zu gehen, außerdem gibt es die ersten freien Termine erst wieder Ende November. Kann mir mal jemand 'nen heißen Insidertipp geben, wie man hier an einen Therapieplatz kommt?« Die wurden nämlich noch krasser gedealt als Koks, WG-Zimmer innerhalb des Rings und Termine beim Hautarzt zusammen. »I'm walking on sunshine. Whooohoooo! Now it's time to feel good!« Ja, dachte ich. Eigentlich war doch alles perfekt.

Und gleichzeitig fraß mich etwas von innen auf. Es war grenzenloser Hunger.

Endlich war mein veganes Sandwich da. Das dunkle Fladenbrot mit Lein- und Chiasamen schmeckte selbst gemacht, von jemandem, der oder die damit die eigene Bestimmung gefunden hatte. Es schmeckte nach Liebe, Ruhe, Geduld und glücklichen Sojabohnen. Die Überschlagsrechnung, wie viel CO2 eine sesameingeölte Avocado verursachte, war zu viel für meine kopfinterne Festplatte.

Wie ferngesteuert, wischte ich mich durch meine Photo-Roll.

Die ganzen Bilder der letzten Zeit wirkten surreal. Fast als sei all das, was ich den Sommer über erlebt hatte, gar nicht wirklich passiert. Die vielen Drehs, die unzähligen Stunden am Flughafen, die Bekanntschaften, Piet und Stijn. Jesus mit verschiedenen Brillen beim Optiker. Ein Spiegelselfie im Sport-BH, das ich gemacht hatte, um mir selbst zu beweisen, welchen Fortschritt ich machte. Ich schämte mich dafür, dem Schlankheitswahn verfallen zu sein, den ich selbst als ein großes gesellschaftliches Problem erkannte, aber nicht abstreifen konnte. Das Schlimmste daran war, dass ich genau wusste, wie sehr ich mir damit schadete. Fast fühlte es sich so an, als würden mit jedem verlorenen Kilo ganze Erdbevölkerungszahlen an Gehirnzellen absterben. Mein Erinnerungsvermögen war vertrocknet wie eine alte Rosine.

Mein Leben wirkte wie ein Film, den ich nur halbherzig schaute und bei dem ich die Hälfte der Handlung verpasste. Hätte es keine digitalisierten und in der Cloud gespeicherten Beweise gegeben, hätte ich die tausend Eindrücke der letzten Monate einfach vergessen. Oder verdrängt? Mit einem bedrückenden Gefühl scrollten meine Finger zu der Zeit vor dem Praktikum. Der Tag am Strand in La Rochelle. Die Bilder von uns mit Bier und Gurken unter dem Regenbogen. Ich zoomte an mein Gesicht heran. Meine Augen auf dem Foto leuchteten voller Spaß und Lebensfreude. Und vor lauter Stolz und Bewunderung für Freia. Damals hatte ich so sein wollen wie sie. Und nach ihrer Anerkennung gelechzt. Jetzt wurde mir klar, dass diese beiden Dinge nicht zusammengingen. Wenn ich Freia alles nachmachte, würde sie mich nie als eigenständigen Menschen anerkennen. Warum auch sonst unterhielt ich eigentlich noch diesen Instagram-Kanal? Für mich selbst wohl kaum.

Mein Magen knurrte immer noch. Ich hätte doch die vegan poched eggs bowl nehmen sollen. Oder gleich in einen anderen Laden gehen. Oder eine Ausbildung zur Köchin machen. Oder zur Demeter-Bäuerin. Plötzlich wollte ich wieder ein Kind sein, jeden Tag in den Kindergarten gehen und nichts anderes zu tun haben, als mit Faszination Krötenkörper anstarren. Ich sehnte mich nach einem sicheren Ort, der mir die Entscheidung abnahm, von dem ich wusste, dass es der richtige war, weil es keine Alternativen gab.

34.

»Aló? Wehhr ihste dah?«, Jesus' Stimme ertönte aus der Gegensprechanlage.

»It's me! What's up?« Ich wollte cool wirken. Wie die Art von Mädchen, die wie im Film unangekündigt vor der Tür steht und lässig Fragen stellt. The girl next door. Oder so ähnlich. In Wahrheit fühlte ich mich wie in einem Horrorfilm. Ich gruselte mich vor Berlin, vor Autos, der S-Bahn und vor Menschen – allen voran vor mir selbst. Und vor Tauben. Scheiße, starrten die creepy durch die Gegend. Als könnten sie den Schatten in mir sehen.

Ich war wie ein Skelett. Man könnte jetzt alles mit mir machen, dachte ich. Mich umpusten, entführen oder umbringen. Alles schien egal. Ich war so schwach, ich hatte nicht mal mehr richtig Angst.

»Oh, hello! I didn't know you were coming … I just ordered some pizza … but it's with salami!«

»That's great!«

Das Türschloss summte. Schnell schluckte ich einen Kloß runter, der seit Stunden auf meine Luftröhre drückte. Den ganzen Tag schon fraßen sich die Fragen nach dem Sinn des Lebens, vor allem aber nach dem Sinn *meines* Lebens wie mutierte Würmer durch mein Hirn. Sie zermarterten mir den Kopf.

Jesus empfing mich in Schlappen, abgewetzter Hose und der üblichen Katzenklo-Duftwolke an seiner Wohnungstür. »Guapa! How are you?«

»Do you expect me to answer this question honestly?«

Jesus zuckte mit den Schultern. Immer noch wie durch eine schwummrige Wolke hindurch blickte ich dem bärtigen Gesicht in die vertrauten braunen Augen. Wie lange hatten wir uns nicht gesehen? Gefühlt ein halbes Jahr. Wahrscheinlich eher drei Wochen. Alles war eine einzige Suppe.

»How was Brazil?«

Er war immer noch braun gebrannt. Ganz im Gegensatz zu mir, die bleich wie ein Geist sein musste. Ob man mir meine völlige Entgleisung ansehen konnte? Offenbar nicht.

»Fucking great! I went surfing every day!« Lachend drehte sich Jesus zu mir um. »Oh! Please take some shoes. The floor is not the cleanest ...« Seine langen, dünnen Finger kramten ein weiteres Paar graue Pantoffeln unter einem kleinen Holzschrank hervor. Wollte er absichtlich auch noch den letzten Hauch von Sexyness erdolchen? »No, thanks.«

Ich zog die Schuhe aus. Zum Glück war Jesus' Mitbewohner, ein schludriger Italiener, von dem ich nichts weiter wusste, außer dass er schludrig und italienisch war und immer seine halb aufgegessenen Pasta-Portionen in der Spüle stehen ließ, mal wieder nicht da. Obwohl ich in den letzten Monaten doch so oft hier gewesen war, hatten wir uns noch nie getroffen. Nachdenklich gesellte ich meine schwarzen Doc Martens zu Jesus' 2000er-Jahre-Klobschuhen mit enorm großer Zunge. Vielleicht passte es ja doch auf eine gewisse Art und Weise.

»Do you want some wine? It's the good one.« Jesus holte zwei unterschiedliche Wassergläser von dem Abtropfgestell eines kleinen Geschirrtrockners, auf dem sich unzählige Tassen übereinanderstapelten.

Halt suchend lehnte ich mich an den kleinen Kühlschrank, auf dem allerlei Magneten von diversen Reisen zeugten. Mir war schwindelig.

»No, I guess, it's better, if I don't drink.«

Jesus' verdutzter Blick wurde von dem dumpfen Ploppen eines Korkens untermalt.

»Oh, you're doing something like a Detox?«

»Well yeah. Since yesterday.« Gestern, nachdem ich den ganzen Tag das Gefühl gehabt hatte, den härtesten Kater meines Lebens zu haben, ohne davor auch nur einen Schluck Alkohol zu mir genommen zu haben. Ganz zu schweigen von dem Tinnitus, von dem ich gedacht hatte, er würde nie wieder weggehen. Andere bekamen so was von ausgelassenen Partynächten. Ich von meinem Versuch, mich selbst zu verwirklichen.

Die Lage war ernst. Jesus schien das aber immer noch nicht zu sehen.

»Oh, okay!«

In Jogginghosen latschte er ins zweckmäßig eingerichtete Wohnzimmer.

»I met this girl in Santa Catarina. And she just invited me to stay with her for six weeks. For free!«

»Oh really? Did you fuck her?«

»No. Not her. But her friend.« Stolz zwinkerte er mir zu. Wollte er jetzt ein High Five?

Ich rang mir ein Lächeln ab und kringelte mich wie eine schutzlose Nacktschnecke auf die einladende Eckcouch. Während Jesus unbetrübt vor sich hin plauderte, starrte ich apathisch durch ihn hindurch.

Den Geschichten aus dem Hostel, von den Partys und den Sonnenuntergängen mit koksenden Surfern am Strand konnte ich nur beiläufig lauschen. Meine innere Haltlosigkeit vernebelte den Raum. Ich war einfach nicht auf dieser Welt, sosehr ich mich auch bemühte.

Auf einmal stockte Jesus. »Everything alright?«

»Sure.« Ich zuckte mit den Schultern.

Mein Gastgeber warf mir eine gestrickte Decke auf den Schoß. »Okay. Tell me. Is it about a guy?«

»Oh no …«

Ohne lange darüber nachzudenken und bevor Jesus weiter von sich und seinem perfekten Urlaub und seinem Plan, ein Partyhostel zu eröffnen, erzählen konnte, ergriff ich die Chance, meinen inneren Damm zu brechen. »If you really want to hear the truth. I might cr…« Noch bevor ich ihn warnen konnte, rannen mir die Tränen die Wangen hinab. Jesus nahm mich in den Arm. Ich heulte ihm meine Mascara auf den unglaublichen Hulk. Und ließ alles fallen. Er hielt mich fest. Ganz fest. Und ließ nicht los. Ich fühlte mich, als hätte man mir plötzlich eine Schutzweste umgelegt. Als wären meine Nasenlöcher wieder ein gutes Stück oberhalb der Wasseroberfläche. »Sorry for this …«

Schniefend befreite ich mich aus der Umarmung. »I just don't know who else would be there for me …«

»So it IS about a guy!«

»No. But …« Apathisch starrte ich in die Ecke des Raumes. War es doch am Ende eine Frage der Liebe? Die fehlte? Wenn ja, dann bestimmt nicht von einem Kerl.

»No. It's not that.«

»So what is it?«

»I don't know. Everything is actually fine. But …« Plötzlich überkam mich ein zweiter Schwall an Tränen. Ich schniefte lautstark.

»Madre mia!« Jesus sprang auf, um mir aus dem kleinen verwinkelten Badezimmer eine Rolle Klopapier zu holen. »It can't be nothing. Look at you. You are crying.«

»Oh! Really?« Plötzlich musste ich lachen. Die Situation war so bescheuert. Ich hatte doch nichts!

Jesus deckte mich wieder zu. »Maybe it's just your early twenties. I remember back then. That was no fun at all.«

»Really? I thought you did Erasmus and had sex with a hundred women!«

»Oh no … back then no one even looked at me.«

Plötzlich verspürte ich so etwas wie Mitleid mit Jesus. Niemand hatte ihn beachtet? Teilten wir die Einsamkeit?

Meine Hülle brach auf. Aus mir quollen alle Gedanken ungefiltert hervor. Ohne Hemmungen berichtete ich von meiner düsteren Welt, der Einsamkeit, dem In-den-Tag-Leben, der Sinnlosigkeit.

Jesus hörte mir aufmerksam zu. Und irgendwann presste er die Lippen zusammen, zuckte mit den Schultern und sah mich mit seinen mandelförmigen Augen eindringlich an. »Well. Welcome to the club. That's why I microdose LSD. My brain is just going too fast!«

Es klingelte an der Tür. Pizza Salami. Jesus war stolz. »I ordered all by myself in German!« Ich musste schmunzeln. Während Jesus auf wirklich sehr gebrochenem Deutsch dem Pizzaboten ein »schönes Abend« wünschte, machte sich ein schwer zu beschreibendes Gefühl in mir breit. Was auch immer das war, es fühlte sich gut an. Wie nach Hause kommen. Vertraut. Während Jesus mampfte, überkam mich ein Kichern. Das war doch alles wie im Film.

»Do you remember when I accidentally ate this MDMA at the party?«

»Yeah … I do remember that party.« Vielsagend zog Jesus die Augenbrauen hoch und biss in ein Stück Salamibelag. »And I would have been deeply hurt, if you didn't.«

»Good old times …« Mittlerweile hatte sich der Unterdruck meiner milchigen Käseglocke, durch die ich die Welt erlebt hatte, ein wenig gelöst. Immer noch verschmiert vom emotionalen Breakdown schnäuzte ich den Verlust meiner unbeschwerten Jugend in ein Taschentuch. Noch vor ein paar Monaten war ich einfach immer betrunken und drall gewesen. Jetzt war ich nicht nur zehn Kilo leichter, sondern hatte auch all meine Lebensfreude verloren. Ganz zu schweigen von einem unbeschwerten Sommer, der mit meinem naturgegebenen Strandkörper ohne Zwänge weitaus genießbarer gewesen wäre als mit Gewichten an den Füßen, die ich auch noch auf Amazon bestellt hatte. Ich war die schlechteste Öko-Influencerin der Welt. Immerhin hatte ich aufgehört zu rauchen. Beherzt griff ich nach einem Stück Pizza. Scheiß drauf.

»You know what?« Jesus' Ring an seinem linken Daumen klackte gegen die Weinflasche, als er sich nachschenkte. »I still can't imagine anything more romantic than this night we carried the sofa.«

»Oh yeah, and you tried to kiss me afterwards.«

»What? YOU tried to kiss ME!«

»What are you talking about?«

»Come on, you were really into me!«

»What? I friendzoned you! You were into me!«

Jesus schmunzelte. »I found you quite cute, yeah. But you

were … sometimes a bit immature. I feel like you grew up a lot recently.«

»Yeah …« Nachdenklich zerkaute ich den weichen Teig. Bei dem Gedanken, gleich Jesus' Wohnung verlassen zu müssen, bekam ich es wieder mit der Angst zu tun. Ich wollte nicht alleine sein. »Sorry, that I am such a mess. I should leave.« Ich rappelte mich vom Sofa auf. Jesus nahm meine Hand.

»Are you sure? We could watch a movie.«

Im Bad bereute ich es kurz, nicht doch die unsexy Hausschuhe zu tragen, als ich in Katzenstreu stieg. Hm, dachte ich. Bei »einen Film gucken« bestand auf jeden Fall ein nicht zu ignorierendes Krötensex-Risiko. Über das Ins-Spiel-Kommen von Salami im Allgemeinen hatte ich mir jedoch noch gar keine Gedanken gemacht. Zugegeben. Krötensextechnisch war es nicht bei der einen Nacht geblieben. Jesus und ich waren in den letzten Monaten noch zwei weitere Male unter giftgrünen Schnörkeln gelandet. Immer hatte er es sehr eilig gehabt, seine Krötenmännchensamen loszuwerden. Aber dafür war bei ihm Vor- und Nachspiel äußerst ausgiebig. Und ehrlich, es war gar nicht mal schlecht. In mir war zunehmend die Vermutung gewachsen, dass Jesus mit seiner Viertes-Mal-bestes-Mal-Theorie womöglich recht gehabt hatte. Je besser ich ihn kannte, desto mehr konnte ich mich entspannen. Und je gestresster ich war, desto eher traute ich mich zu sagen, was ich wirklich wollte.

Mit angenehmer Gleichgültigkeit betrachtete ich das Resultat einiger Wochen ohne Zeit für überflüssige Körperpflege unterhalb der Selfie-Grenze. Mein Rasierer lag natürlich zu Hause. Oder noch im Rollkoffer? Wer auch immer gesellschaftlich etabliert hatte, dass eine Frau mit stoppeligen Schienbeinen als ungepflegt galt, schmorte hoffentlich in der Hölle. Wie viel Zeit das alles kostete. Ganz zu schweigen vom Geld. Und den Hautirritationen!

Wozu der ganze Stress, dachte ich. Und außerdem: Es ist Jesus. Jesus, der sich mit Klobschuhen, Comic-T-Shirts und Katzenhaaren auf der Klomatte auch keinen Kopf um unsexy Details machte.

Er verstellte sich nun mal nicht vor mir. Warum sollte ich mich vor ihm verstellen?

Mit gesundem Selbstvertrauen schminkte ich mich ab, warf mich in die Jogginghose, die er mir hingelegt hatte – sie passte zum Glück halbwegs –, und latschte relaxed mit warm und wohlig eingepackten Pantoffelfüßen und nassen Haaren zurück ins Wohnzimmer.

Schon komisch, dachte ich, während ich mit filzigen Füßen über das Laminat tapste. Seit meinem dreizehnten Lebensjahr hatte ich mich nicht mehr ungeschminkt aus dem Haus getraut – und im Extremfall nicht mal aus dem Bad. Sogar wenn ich bei einem ranzigen, ungeduschten Typen aus einem siffigen Klub übernachtet hatte, war mir der verschmierte Panda-Look immer lieber gewesen, als ihm die graublasse, womöglich pickelige Realität anzutun. Meine Augen waren doch kleiner als Belugalinsen. Und das entsprach einfach nicht dem Märchen vom schönen Augenaufschlag und dem gläsernen Schuh, in den man gefälligst perfekt zu passen hatte.

Jesus lag mit seiner Katze auf dem Schoß und seinem Laptop auf dem Bauch in Seesternposition auf dem Sofa und erschrak. »Oh, wow.«

»I am not wearing any make-up. And yes. I do feel naked.«

Er packte seinen Laptop weg und klopfte auf das Kissen neben ihm. Der Körperkontakt kribbelte wie eine Wärmflasche in kalten Dezembernächten. Angenehm, sogar mit Katzenschwanz im Gesicht. »Don't worry. You know, I do like you naked.«

»Yeah.« Ich grunzte kopfschüttelnd. »I know.«

»No, seriously. You are much more attractive without this weird color in your face!«

»Excuse me?« Empört richtete ich mich auf. Noch schlimmer, als sich ohne Schminke nicht schön genug zu fühlen, war, dass mir jemand wie Jesus das Gegenteil sagen musste.

Er kraulte sich am Kinn. »Most girls really don't do themselves a favor with it.«

Ich hatte keine Lust, mich zu streiten. »You're probably right.« Geschäftig startete Jesus den Beamer.

Während wir einen Film von Woody Allen guckten, in dem mal wieder ein verträumter Hauptdarsteller im Cord-Jackett durch eine verträumte Stadt lief und alle Frauen nur sexy, willenlos und naiv waren, drängte sich mir plötzlich noch eine ganz andere Frage auf. »We are still doing Tandem, right?«

»Yeah sure, no label!«

Na dann, dachte ich. Jetzt war sowieso alles egal. Ich küsste ihn. Und es fühlte sich gut an.

Jesus' Lippen wanderten an mir herunter. Sein Bart kitzelte. Es war unendlich angenehm. Wie ein dicker Hamster, der am Bauch gekrault wird, lag ich auf dem Sofa, der Entspannung hilflos ausgesetzt. Plötzlich fiel mir wieder ein, dass es vielleicht nett war, mein mutiges Obendrüber vor den Gefahren eines wilden Dschungels untendrunter zu warnen.

»Hey, I am you know …«

»Oh, you mean you've got … problems with your vagina?« Excuse me? Problems mit meiner Vagina? War das eine Anspielung auf den Ursprung des Lebens?

»The problem that makes you exist? No … I wish I had …« Ach was soll's, dachte ich. »Nothing.«

Jesus machte einfach weiter. Mein innerer Vorhang verdeckte alle Sorgen. Ich ließ mich fallen. Es klappte. Ganz ohne Alkohol. Und ohne Drogen. Wow. Plötzlich war ich wieder im wulstig-warmen Lippen-Universum. Scheiße. Jesus wusste genau, was er tat. Woher? Hatte er etwa einen feministischen Porno geguckt? Haha. Guter Witz.

Irgendwann geriet ich wie in Trance.

Meinen ganzen Körper überzog eine Gänsehaut, als ich seinen warmen Atem auf meinen Rippen spürte. Jeden Punkt küsste er mit unendlicher Zärtlichkeit und hingebungsvoller Geduld. Sicher minuten-, gefühlt sogar stundenlang.

Wie ein Stück muskelloses Fleisch lag ich auf dem Polster. Mein Hirn machte einfach aus.

Als ich mit dem Kopf schon halb weggedriftet war, rüttelte ich mich selbst wach.

Dass ich vor Entspannung nicht einpennte! Wie ein übermüdeter Lastwagenfahrer in einem Provinzpuff!

Irgendwann war ich ja wohl dran, mich bei ihm für die Streicheleinheiten zu revanchieren.

Langsam glitt ich mit den Fingern unter sein Shirt und streichelte der Gerechtigkeit halber seinen kleinen, haarigen Bauch.

Doch Jesus drückte mich zärtlich wieder in die wehrlose Hamster-Position. »No, no, no, girl. Next time you can do it. But now it's my turn.«

Skeptisch verzog ich das Gesicht im grünen Kissen.

War es okay, passiv zu sein? Ja, war es. Anders als bei Piet hatte ich mich dazu entschieden, mich fallen zu lassen.

Jesus' Finger wanderten immer weiter runter, an meinem Bauch vorbei zu meinen Hüften, an meinen Oberschenkelinnenseiten entlang. Seine Hände berührten mich überall. War Jesus plötzlich zu einer hinduistischen Gottheit geworden?

Ganz sachte strich er über meinen Venushügel. Meine Hormone schienen wie Flummis hin und her zu hüpfen. Mir wurde immer heißer.

Durfte ich mich einfach hingeben? Denn irgendwie wusste Jesus ganz genau, was zu tun war. Oder doch nicht?

Mit zwei Fingern griff er mir in die Vagina.

Hä? »Bitte wenden!«, sprach mein inneres Navigationssystem. Ach, Jesus.

Was tat er denn da?

Von ihm hätte ich die Nummer mit der ganzen Hand in der Mumu nicht erwartet.

Das Thema war ja auch niemals gegessen. Frustrierend.

Gerade als ich Jesus darauf aufmerksam machen wollte, wo die Party wirklich stattfand, fing er an, sachte aber bestimmt seine Finger zu bewegen. An der oberen Seite meiner Vaginalwand. Schnell, rhythmisch – überraschend angenehm. Sehr angenehm. Mit zunehmender Bewegung spannte sich sein Arm immer mehr an. Die Kraft wanderte in seine Finger. In seinem Gesicht stand Überzeugung. Oh Gott, was passierte denn jetzt? Warum fühlte es sich an, als würde ich mich gleich einpinkeln? Aber wenn schon, dachte ich. Es war Jesus.

Ich war vollkommen entspannt. Und ich wollte auf keinen Fall, dass er aufhörte. Mit was auch immer er da tat. Jede Zelle meines Körpers spannte sich an – bis ich das Gefühl hatte, zu platzen –, um dann alles katapultartig loszulassen.

Plötzlich spritzte ich. Ein orgasmisches Gefühl durchströmte meinen Körper. Alle Anspannung wich aus meinen Muskeln. Ich sank kilometertief ins Kissen. Für eine Sekunde löste sich meine Form auf. Ich wusste beim besten Willen nicht, wie viele Momente vergingen, bis ich die Augen wieder öffnen konnte.

Was war das denn …? Hatte ich … etwa … Das konnte ich doch gar nicht sein!

»Wait«, stammelte ich benommen. »Did I just … squirt?!«

»Yep! Up until here!« Jesus wischte sich zufrieden lächelnd etwas Wasser aus dem Gesicht und trocknete mit seinem Hulkshirt seine Schulter ab.

Auf den Moment der Überraschung folgte die Freude.

Ich drückte ihm einen dicken Kuss auf die Stirn. »Thanks! I mean … wow.« Das musste ich sofort auf Instagram posten.

Jesus' Begeisterung war mindestens genauso groß wie meine. »So my friend was right! Women CAN jerk off!«

Wir gaben uns ein High Five.

35.

Mein Handy vibrierte. Unbekannte Nummer. »Hallo?«

»Frieda?«

Ach, du Scheiße. Das war Freia. Weinte sie etwa?

»Wo bist du? Und mit welchem Handy rufst du an?«

»Bei einer Bekannten in Schweinfurt.« Sie flüsterte. »Ich kann auch nicht so laut reden, weil uns hier alle kennen …«

»Was ist mit Mexiko?«

»Chris wollte zurück.«

Leise schluchzte Freia in den Hörer. »Wir haben gestritten. Durch die Sache mit Eike war er sowieso total angespannt.« Also war da doch was gelaufen zwischen den beiden. Was machte Freia denn nur für einen Scheiß? »Und als er gesehen hat, dass ich mit Miro schreibe, ist er ausgeflippt.«

»Moment … Mit Miro? Meinem Terminator-Bronx-Gangster-München-Miro?«

»Ja … Er wollte mich in Schweinfurt besuchen kommen. Mit seinem Freund. Pascal. Aber hoffentlich tut er das nicht. Ich hab echt Angst, dass Chris ihm was antun könnte!«

»Und was ist mit deinem Handy?«

»Hat Chris mir weggenommen, nachdem er das mit Miro rausgefunden hat.«

»Wie bitte? Er hat WAS?«

»Seitdem er mich betrogen hat, haben wir so ’ne Abmachung, dass wir alle Passwörter des anderen kennen ... eine Geste unseres gegenseitigen Vertrauens sozusagen.«

»... also das Vertrauen, dass ihr euch jederzeit gegenseitig kontrollieren könnt?«

Freia weinte einen Schwall von Frust in den Hörer. »Oh Mann, es tut mir SOOO leid. Ich will einfach nur, dass alles wieder gut ist. Meinetwegen lösche ich Miro auch aus meinen Kontakten! Aber ich muss wissen, ob es ihm gut geht.«

Notgedrungen versprach ich meiner Schwester, Miro zu schreiben, dass er schnellstmöglich zurück nach München fahren solle. Hoffentlich hatte er nicht schon längst unerwarteten Besuch eines toxisch-maskulinen Pseudofeministen mit Baseballschläger bekommen. Mein Gott aber auch, raunte eine Stimme in mir. Immer diese Besitzansprüche an Frauen und ihre Sexualität. Seit Jahrtausenden schlagen sich Männer gegenseitig die Köpfe für etwas ein, was nicht ihres ist. Schlagartig fühlte ich mich dafür verantwortlich, diesem Chris mal eins mit dem Grundgesetz überzuziehen. Aber eins nach dem anderen. Erst mal meine Unterwäsche suchen. Seufzend ließ ich das Handy sinken.

Im Bad putzte derweil ein nackter Jesus das Waschbecken. »Everything alright?«

»I don’t know ... I need to call Miro.«

»Miro?«

»Yeah, the one you met at the movies.«

»I know! Your friend with the crutches. Forrest Gump!« Jesus grinste frech.

Ich verdrehte die Augen.

Während ich eilig nach der im Chat nach hinten gerutschten Konversation mit Miro suchte, fiel Jesus der Putzlappen auf den Fliesenboden. »Don't worry. He will be fine.« Er bückte sich umständlich und seufzte beim Hochkommen. »Although he is being a fucking idiot … I told him to be independent. Not to run after.«

Verdutzt starrte ich Jesus an, wie Gott ihn schuf.

»You told him what?«

»You know, men are hunters. But the clever ones don't just run after what they want to chase. They …«, bedeutungsvoll tippte Jesus sich auf das spärlich behaarte Haupt und wackelte mit den Augenbrauen, »… catch with strategy!« Sein Piercing blitzte. Er kam sich unglaublich smart vor.

»So you gave him some professional advice on how to …«, ich konnte es kaum fassen geschweige denn aussprechen, »… hunt girls?«

Ausgerechnet Jesus? Mit den klobigen Schuhen, den abgewetzten Hosen, dem Katzenstreu im Bad, der giftgrünen Bettwäsche und der immer wieder gleichen Salaminummer? Jesus, der doch eigentlich ein guter Kerl war?

»Yep.«

»Wait … What?« Irgendwie lief da was schief in meinen Hirnsynapsen. Ich konnte mir nicht verkneifen, gemein zu kichern.

Er räusperte sich. »Okay. Sit down. I need to tell you something.«

Eine merkwürdig angespannte Stimmung verbreitete sich unter den Katzenklodünsten im Raum, als ich mich vorsichtig auf die Bettkante hockte. Was kam denn jetzt?

Der immer noch Nackte tigerte in seinen Schlappen ein paar Meter vom Fenster entfernt auf und ab. »Do you remember the thing with the cube and the horse?«

»Yeah.« Ich lächelte verwirrt. »Lazy, short and likes to eat!«
»Well, that's a trick.«
»What do you mean?«
»It's part of a game.«
»What game?«
»The art of seduction.«
»The art of seduction??«
»Yeah.«

Ich traute meinen Ohren nicht. Wie Jesus mir erklärte, handelte es sich bei dem, was er »The Game« nannte, um eine manipulative Methode zum Aufreißen von Frauen. Und Jesus sollte Profi darin sein? Mich überkam ein ungläubiges Prusten. Wenn es stimmte, was er sagte, war er ein »Pick-up-Artist«.

»Remember my start-up? It's a really big, world-wide community. In our workshops we have almost thousand five hundred people listening …«

Die Abgeordneten in meinem Hirn trommelten vor Aufregung auf die Tische. »Ich wette 'nen Hunni, dass das nicht stimmt«, meinte einer. – »Ich erhöhe auf zwei«, rief eine andere.

Es war wirklich schwer zu glauben.

»We tell guys how to handle girls. To not just walk up to them and grab the chicks somewhere. But actually make them like you so much, that they are desperate for your hand on their leg.«

Wann kam das »April, April«?

»The message we transport is that it doesn't matter what you look like.« Lobpreisend hob Jesus die Arme gen Deckenventilator. »If you do it right, you can have any girl. And as many of them as you want.«

Es war, als würden sich die Puzzleteile wie in Zeitlupe zusammensetzen.

»Wait. Does that mean … you used Tinder as a game?«

»It IS a fucking game!«

Warum hatte ich ausgerechnet jetzt keinen benutzten Tampon zur Hand? Gerne hätte ich einen wie einen Morgenstern durch die Wohnung geschleudert.

Währenddessen tobte es in meinem inneren Parlament immer lauter. Die kleinen Menschlein rissen sich in Schlägereien die weißen Perücken vom Kopf. »Du Trottel hast für ihn gestimmt!« – »Ey! Wir dachten alle, dass nur Schönlinge Spielchen spielen! Au! Das sind meine echten Haare!«

Was war nur mit Miro los, dass er ernsthaft dachte, mit so einer I-Can-Read-Your-Personality-Game-Scheiße meine Schwester beeindrucken zu können? Und warum war ich so blöd gewesen, selbst darauf reinzufallen?

Mein wortkarges, in Erklärungsnot geratenes Gegenüber sah mir mein brodelndes Inneres an. Schnell improvisierte er ein Lachen. »Don't worry, it's just to help people find love …«

Wutentbrannt enthauptete jemand den Fraktionsvorsitzenden der Jesus-Partei.

»This is fucking misogynist! And you are a fucking traitor!«

Völlig unbeeindruckt von meinem Wutausbruch, schmunzelte Jesus. »Says the one who was using me to entertain her Instagram followers? Come on. Calm down. It's just a game!«

Türknallend verließ ich die Wohnung. Draußen war es kalt und dunkel. Während mir eine betrunkene Gestalt auf der S-Bahn-Brücke entgegenwankte, hielt ich den Schlüssel zu einer provisorischen Waffe in den Fingern geballt und schluckte einen Kloß aus Angst herunter. Während ich mir mit adrenalingeladenen Eisfingern schon Züge nach Schweinfurt raussuchen wollte, vibrierte mein Handy. Es war Freia. Oder war es Chris? Es war jedenfalls ihr Handy. »Hallo?«

Ein Glück. Es war Freia. »Hey.« Ihre Stimme klang belegt. »Wollte nur kurz sagen. Alles ist gut. Chris ist hier, und wir haben uns vertragen.«

Im ersten Moment spürte ich Erleichterung. Freia schien es gut zu gehen. Doch tief in mir herrschte immer noch die Stimmung einer blutigen Revolution. Jetzt konnte sich alles verändern. Ober eben nicht. »Vertragen? Im Ernst jetzt? Ich war kurz davor, die Polizei zu rufen.«

»Ach was, Chris könnte keiner Fliege was tun …« Freia klang, als würde sie mir von ihrer ersten peinlichen Romanze in der elften Klasse berichten. Sie kicherte aufgekratzt. »Sorry. Ich weiß auch nicht, was in mich gefahren ist. Vergiss es einfach.«

Fassungslos blieb ich stehen. »Was in DICH gefahren ist?! Du hast doch überhaupt nichts falsch gemacht.«

»Na ja. Das mit Miro. Zum Glück hat Chris mir verziehen!«

»Chris hat *dir* verziehen?«

»Mann, Frieda, in einer Beziehung muss man aufeinander zugehen. Und ich will ihn nicht verlieren!«

»Was redest du da, Freia! Verlass diesen Arsch und werd wieder normal.«

»Es ist mein Leben, Frieda. Sag mir nicht, was ich tun soll.« Sie legte auf.

36.

Miro. Endlich hatte ich ihn am Hörer. »Engelchen … äh ich meine, Frieda. Sorry, alte Gewohnheiten. Wie geht's dir?«

Er hörte sich an, als sei sein Gesicht noch ganz. Ein Glück. Dann durfte ich meiner Wut freien Lauf lassen. »Was soll der Scheiß?«, brüllte ich. »Du bist in Kontakt mit Jesus?« Die Leute in der S-Bahn warfen mir böse Blicke zu.

»Was?« Verdutzt stotterte Miro in sein Handy. »Meinst du den Tinder-Dude?«

»Tandempartner.« Überzeugt schluckte ich einen Kloß herunter. »Ehemalig.«

»Oh no.« Miro grunzte belustigt. »Bitte sag nicht, dass du auf den reingefallen bist. Digga, der meinte irgendwie, dass er mir sagen kann, wie man die chicks ins Bett kriegt. Aber ehrlich, das interessiert mich null Komma Josef.«

Hä? Ungläubig starrte ich aus dem S-Bahn-Fenster auf die dunklen Häuserfassaden, die zu einer gelben Lichterflut verschmolzen. »Was meinst du denn damit?«

»Na ja … ehrlich gesagt, Frieda …« Miro schluckte hörbar. »Es fiel mir lange Zeit schwer, das zuzugeben. Aber ich steh nicht so auf …«

»Freia?« Oh Gott. Ich hatte ihm das total aufgedrängt. War doch nur ein Witz, wollte ich rufen. »Aber das …«

Miro kam mir zuvor. »… Muschis.«
»Moment … heißt das, du bist …«
»… Schwul? Ja ich denke, dass man das so nennt. Aber ehrlich gesagt hab ich keine Ahnung, wie ich mich selbst betiteln soll. Vielleicht bin ich auch bi. Oder pan. Oder asexuell. Nur irgendwie ist mir klar, dass ich andere Dinge möchte, als ich es mir bisher zugestanden hab. Ich meine … Lachs und Dill … ist einfach nicht so nach meinem Geschmack.«
Ich liebte Miro so sehr. Für alles, was er war. Er lag mir so am Herzen. Tief drin wusste ich, das war groß. Miro hatte sich gerade vor mir geoutet. Aber ich war derartig durch den Wind, dass ich diesem Moment nicht gerecht werden konnte.
»Weißt du, wie es Freia geht? Muss ich mir Sorgen machen?«
Miro klang ein bisschen verletzt. »Keine Ahnung. Dieser Chris scheint schwer in Ordnung zu sein. Der hat sogar 'nen Van, meinte Freia. Hört sich nach einer megaentspannten Beziehung an, wenn du mich fragst.«

Die Sonnenallee war erstaunlich leer. Wo waren denn die ganzen Menschen, die sonst in kleinen Grüppchen mit ihren Wegbieren von Bar zu Bar durch den Weserkiez zogen? Je weiter ich mich in Richtung meiner Wohnung bewegte, desto dunkler wurde es. Nicht mal die Lichter von KING Döner boten einen Orientierungspunkt. War ich überhaupt richtig hier? Die Gegend war mir noch nie so fremd vorgekommen. Als ich in eine kleine, kaum beleuchtete Seitenstraße bog, formte ich meinen Schlüssel in der Hand zu einer spitzen Waffe. Die Panik vor einem Überfall, vor einem lauten Knall, vor dem schlagartigen Bösen saß mir auf dem Rücken wie ein dunkler Schatten, den ich nicht abschütteln konnte. Huckepack, fest umklammert.

Hinter einigen Mülltonnen vernahm ich Geräusche. Etwas zerdepperte. Ein Fuchs? Davon gab es in Berlin einige. Alles ist gut, wollte ich mich beruhigen. Doch plötzlich stockte mir der Atem.

Hinter einigen Containern an der nächsten Straßenecke stand eine schwarz gekleidete Gestalt mit einem großen, schweren Mantel. Sie rauchte. Der glühende Kippenstummel leuchte auf. Die Zigarette fiel auf einen Kleiderhaufen. Oder war es ein Mensch? Er bewegte sich. Plötzlich trat die Gestalt im Mantel mit schweren Stiefeln auf den Haufen ein. Ich hörte ein schmerzvolles Jammern. Da sah ich das Gesicht des sich am Boden krümmenden Menschen, blutunterlaufen, blau und grün gefärbt. Ach du Scheiße. Es war Miro!

Mit angehaltenem Atem rannte ich los, fast stolperte ich über meine eigenen Füße. Meine Beine wurden immer schwerer, etwas zog mich runter. Gewichte? Meine schweren Schuhe? Ich wollte schneller laufen, doch ich konnte nicht. Da sah ich, der Asphalt unter mir war aufgerissen, heraustretende Wurzeln bildeten Hürden, die mich davon abhielten, Miro zu Hilfe zu eilen. Gleichzeitig schnürte mir meine Kleidung den Atem ab. Meine Kraft wurde immer schmaler, alles wurde immer enger, ich wollte rufen »Aufhören!«, aber mein Mund öffnete sich nicht. Die Gestalt im schwarzen Mantel drehte sich mit einem Ruck zu mir um. Sie hatte mein Gesicht.

Plötzlich wachte ich auf. Mein Herz raste.

Am nächsten Tag saß ich am Laptop in der Küche und rief wieder bei der kassenärztlichen Vereinigung an. Von jetzt an würde sich alles ändern. Meine Psyche war wichtiger als alles andere. Nur ich konnte mich selbst aus dem beständigen Albtraumzustand befreien. Ich musste Prioritäten setzen. Mein Fokus musste von dem Außen, dem Gefallen und dem Getriebensein wieder zurück zu mir selbst und den Menschen, die mir etwas bedeuteten.

In mir trat ein Zen-Meister auf die Bühne, ganz dazu bereit, die nächsten fünf Jahre mit mir in Enthaltsamkeit zu leben, nie wieder Alkohol oder Kaffee zu trinken, zu rauchen oder mit Jerome einen zu buffen und vielleicht sogar Schweigekloster zu machen, auf alle Fälle Detox, sowohl was Nahrung als auch Sport betraf. Und vor allem Social Media, was mich ganz besonders krank machte. Zu ihm gesellte sich ein glücklich pfeifender Bobby McFerrin.

»Don't worry be happy.« Jemand hatte den Song in der Warteschleife der therapeutischen Beratungsstelle geändert. Ich flog aus der Leitung.

Plötzlich klingelte mein Handy, eine freundliche Frauenstimme meldete sich. »Frieda?«

»Ja?« Eine nette Therapeutin? Voller Hoffnung spannte ich die Pobacken an.

»Frieda on Fliek?«

Oh. »Ja!«

»Hier ist Merle, ich bin Reporterin für ein TV-Magazin. Wir sind über Instagram auf dich aufmerksam geworden …«

Ungläubig starrte ich auf die eingebrannten Reste verkohlter Tiefkühlgerichte in unserer Mikrowelle. Wenn ich die Frau am Hörer richtig verstand, wurde ich gerade zu einer Live-Sendung eingeladen. Im Frühstücksfernsehen. »Du vertrittst eine ganze Generation von jungen Menschen, hast eine beachtliche Followerzahl und bist videogen. Hättest du Lust, für den Dreh nach Magdeburg zu kommen?«

Die Pläne, mein hektisches Leben hinter mir zu lassen, wirkten auf einmal total irrational. Ich verjagte den Zen-Meister in mir und griff schon mal nach der Mokkamaschine. Das war meine große Chance!

»Aber klar doch!«

Ich musste dringend Eike Bescheid geben. Im letzten Gespräch hatte er ja sogar gemeint, dass er jetzt mein »Management« mache. Es fühlte sich gut an, jemanden zu haben, der sich um mich kümmerte. Der mit darauf achtete, welche Jobs ich annahm, was ich von mir gab und wie meine Haare saßen. Auch nicht ganz ohne Eigennutz. Mittlerweile lebte er mit seiner Familie wohl selbst von den Einnahmen, die Frieda On Fliek durch Werbeanzeigen generierte.

»Wie geil!«, schrieb Eike. »Du bist eben eine richtige Powerfrau!«

Ich musste mich an ein Gespräch mit Lolo vor ein paar Wochen erinnern. In einem Anfall von Ich-kann-nichts-ich-bin-nichts-wozu-das-alles hatte ich sie angerufen. »Aber das ist doch alles schlecht und peinlich«, hatte ich gequengelt, nachdem meine Story auf Kritik gestoßen war. Lolo hatte immer noch kein Instagram. Vielleicht war mir ihre Meinung gerade deswegen so wichtig. »Egal, was du machst. Du hast Leute, die dich lieben und hinter dir stehen. Und wenn du in einer Mülltonne lebst. Es ist egal, Hauptsache, dir geht's gut damit.«

Sie hatte recht. Meine einzige Aufgabe im Leben war es, glücklich zu sein. Der Mokkakocher hüstelte und brodelte. Ich verbrannte mir die Zunge.

Natürlich würde ich nicht Nein sagen. Im Frühstücksfernsehen zu sein, live, unter den Augen aller Menschen, die morgens vor ihrem Kaffee in der Küche, in Frühstückssälen schmuckloser

Hotels oder im Altersheim die Glotze anmachten. Vielleicht würde sogar Oma zuschauen. Wahrscheinlich sollte ich vorher noch mal zum Friseur, meine Haare nachblondieren.

Wenig später knabberte ich an Gurkenschnitzen und ballerte mir mit krausen Haaren wie eine wahnsinnige Wissenschaftlerin Informationen über das tagesaktuelle politische Geschehen rein, während ich mir die Nägel lackierte. Eike riet mir dazu, mir jetzt noch mal eine Anti-Poren-Maske aufzutragen und ein Zähnebleaching zu machen. »Über Inhaltliches können wir kurz vorher noch sprechen, ich komme auch nach Magdeburg.« Seiner Whatsapp-Nachricht fügte er einige feierlaunige Sekt-, Bier- und Muskelarm-Emojis hinzu. »Und vergiss den Post nicht, sonntags haben wir die größte Reichweite. Peggy hat dir ja schon alles in die Cloud geladen.«

Die Kollegin mit dem Stab zwischen den Augenbrauen war jetzt Social-Media-Chefin. In einem EtherPad durfte ich eigene Ideen eintragen – sonst hatte ich ihre wöchentlichen Instagram-Pläne zu verfolgen. Gestern zum Thema Body-Positivity in Kooperation mit dem Sporthosenhersteller, heute ein Bild ohne Make-up für eine Hautcrememarke und morgen zum Thema Zuckerfastenkur – ob ich mir noch was einfallen lassen könnte, wozu Steviatabletten gut passen, vielleicht ja ein Bild vom Teetrinken oder Bananenbrotbacken oder einfach ein »vorteilhaftes« Ganzkörperfoto.

Eilig postete ich ein Selfie in Schwarz-Weiß von mir. Das brachte vielleicht mehr positives Feedback als das Bild von meiner spärlich behaarten Achsel, für das ich kritisiert wurde, weil nicht haarig genug, um wahrhaftig als body-positive durchzugehen. Ich mit meinen weichen Härchen sollte auch wirklich die Klappe halten.

»Du machst mir total Mut«, ließ mich eine vierzehnjährige Userin wissen. »Du bist ein richtiges Vorbild!« Ich freute mich kurz, aber dann wurde mir klar, dass das arme Mädchen sich ganz dringend ein anderes Vorbild suchen sollte.

Kurz versuchte ich mich auf einen Artikel über Nachhaltigkeitsforschung zu konzentrieren. Aber immer, wenn sich meine Augen über eine halbe Textseite geschlängelt hatten, wurden sie vom Aufleuchten meines Handybildschirms vom Blatt gefegt. Es war wie eine Sucht. Ein Fluch. Eine unbezahlte Knechtschaft.

Eike hatte gemeint, wir sollten mal einen Post über die »armen Länder« machen und darüber reden, wie schlimm alles dort war. »In Indien gehen Millionen von Mädchen nicht zur Schule wegen ihrer Periode! Und dann ist auch noch das ganze Wasser verdreckt!« Natürlich tat er das weniger, um wirklich etwas zu verändern, als mehr, um sich und seine Firma zusammen mit dem Bindenhersteller als besonders wohltätig zu inszenieren – das verkaufte sich nämlich gut.

Aber ich machte immer noch mit. Wer war ich, um über die Verhältnisse in Südasien zu sprechen? Ich in meinen Nike-Klamotten hatte doch keine Ahhung!

»Immerhin bist du eine Frau, das reicht«, schrieb Eike.

Ja, dachte ich. Seinen Aussagen zufolge ja sogar eine »Powerfrau«, denn das war es wohl, was gut zur Marke passte. Die Shirts mit entsprechender Aufschrift sollte ich demnächst auch über den Kanal bewerben. Gleichzeitig hatte er ein Problem damit, wenn ich eine kritische Meinung über Heteronormativität und patriarchale Geschlechterzuschreibungen äußerte.

»Frieda, du bist aber auch kompliziert. Sei doch froh, dass wir Frauen supporten wollen!«

Frauen? Wohl eher die Wirtschaft. Wie er jetzt wohl darauf reagieren würde, wenn ich mich weigern würde, mit einer Binde in der Hand das Ende der Schulabbrüche indischer Mädchen anzupreisen?

Er würde ausflippen. Vielleicht sogar mich feuern.

Auf einmal spürte ich so etwas wie Erleichterung. Dann wäre alles vorbei. Schluss, aus, Ende. Bitte hinterlassen Sie eine Nachricht nach dem Signalton.

Mein Handy vibrierte. Eine italienische Nummer. Ich drückte sie weg. Das war bestimmt Jesus. Seitdem ich ihn blockiert hatte, blieb ihm wohl nichts anderes übrig, als mich mit dem Smartphone seines Mitbewohners zu kontaktieren. Kurzerhand stellte ich erst die WLAN-Funktion und dann meine mobilen Daten ab, um mich wieder meinem Laptop zu widmen, die Dinge, wie sie waren, hinzunehmen und meine widersprüchlichen Gedanken einfach in Arbeit zu ersticken.

»PLING!« Mein Handy leuchtete in die mittlerweile dunkel gewordene Küche. Eine SMS. Die einzige Person, die mir hin und wieder auf diese Weise schrieb, war Oma, wenn sie sich aus Versehen auf ihr Smartphone gesetzt hatte. Der Absender war unbekannt. Italienische Nummer. Ich wollte kein Wort mehr von Jesus hören, mit dem er sich zu erklären versuchte oder womöglich noch den Spieß umdrehte. Aber gleichzeitig war da auch das Bedürfnis, ihm einfach zu verzeihen. Er war doch mein Fels in der Brandung gewesen, hatte mir Halt gegeben. Und Sicherheit. Eine Schulter zum Anlehnen und einen Ort, an dem ich meine glänzende Schale in der Ecke stehen lassen konnte. Und er hatte Netflix! Und Amazon Prime! Und einen Beamer!

Meine Neugierde, was er mir zu sagen hatte, mischte sich mit einer Sehnsucht, auf die ich nicht stolz war. Ich wischte über den Bildschirm. In Grün und Weiß strahlte mir der Textinhalt durch die Dunkelheit entgegen. »Hey Frieda. I'm in Berlin. Staying at a caravan spot called Lohmuehle. Can we see each other tomorrow? Slaap lekker. Stijn«

37.

»I really wanted to see you again.« Stijns Augen waren klar, tief und voller Hingabe. Wow. Er hatte sein Atelier samt halb fertiger Gemälde, Heuballen und inspirierender Musen in der französischen Provinz zurückgelassen, all sein Zeug zusammengepackt – und nun stand er vor mir. Hager, groß, sichtlich müde und mit zerrupfter Künstlerfrisur, die sein »Sturm-und-Drang«-mäßiges Innenleben visuell unterstrich. Auf dem alternativen Caravan-Parkplatz im verregneten Neukölln-Treptow, vor einer mit Graffiti besprühten, pflanzenüberwucherten Mauer. Es war unendlich romantisch. Berlin-romantisch. Aus dem Plumpsklo direkt neben uns kam gerade ein Typ mit Mütze und ließ die Tür offen stehen.

Der Moment schien surreal.

»You drove here to see me?«

»I hitchhiked. You inspired me.«

Na ja, dachte ich. Besser als Laufen. Stijn hatte ja keinen Führerschein. Auf seiner Schläfe erkannte ich das leichte Pochen seiner Hauptschlagader.

»After the interview I realized that I have strong feelings for you.« Er nahm meine Hand. Sie war kalt. Zaghaft räusperte er sich. »You know … Life is short. Why should we wait and watch it passing by?«

Ein kühler Wind strich über mein Gesicht. Einige Momente vergingen. Ich hielt die Stille kaum aus. Und jetzt?

»I got you something! Wait!«

Stijn lief hinter einen Van und kam kurz drauf mit einer großen Holzkiste wieder, die mit dem Aufdruck »Warning Fragile« Erinnerungen weckte. Mit bedeutungsschwangerer Geste überreichte er mir sein neuestes Gemälde. Es war eine hyperrealistische Erdkröte. Beeindruckt beäugte ich das grüngraue Warzentier mit den glubschigen Augen. »Is it female?«

»Yeah. As I said. You really inspired me.« Er schmunzelte verliebt.

Entschlossen zog er mich an sich. Sein fusseliger Lamapulli roch nach Brennholz. Die Körperwärme verursachte eine Gänsehaut in meinen Kniekehlen.

Es war wie im Film. Ich spielte mal wieder meine Rolle. Im Ernst. Warum ließ mich die Situation so kalt? Wir küssten uns, und ich fühlte nichts. Na gut. Fast nichts. Eine Stimme in mir legte mir nahe, mich zumindest ein bisschen gewertschätzt zu fühlen.

Stijn hatte sich in mich verliebt. In Frieda aka Krötenweibchen. Und nicht in Frieda On Fliek aka Marionettenhülle. Wobei nicht außer Zweifel stand, dass meine beiden Persönlichkeiten mittlerweile zunehmend miteinander verschmolzen waren. Gruselig. Frieda On Fliek drängte sich gefühlt immer mehr in mein Privatleben, fraß die eigentliche Frieda immer mehr auf und rülpste mein Hirn mit dem sich im Kreis drehenden Konflikt darüber zu, wann sie denn endlich den schmalen Grat zwischen »zu viel« und »nicht genug« erreicht hatte.

Ich musste an meinen »Marktwert« denken. Hatte der sich jetzt verändert? Musste wohl so sein!

Während ich in Gedanken meine innere »soliden Sieben« getrost mit Fähnchen und Konfettibomben verabschiedete, hielt mich meine stabile Zehn in seinen starken Holzfällerarmen. Aha, dachte ich. So fühlte es sich also an, »petit« zu sein.

Was war nur los mit mir? Stijn war extra für mich hier – aber ich war es nicht. Das sollte er auf keinen Fall merken. Auf der Suche nach meinen Emotionen, die ich offenbar in den letzten Wochen und Monaten erfolgreich zum Verkümmern gebracht hatte, setzte ich ein verliebtes Lächeln auf. Es war die einzige Reaktion, die ich auf die Schnelle hervorrufen konnte, ohne den hageren Herkules in seinem romantischen Akt des Für-die-Liebe-alles-über-den-Haufen-Werfens nicht vor den Kopf zu stoßen.

Mein Handy vibrierte in der gefühlsduseligen Stille. Stijn schenkte der Sache keine Beachtung. Seine Augen durchdrangen mich mit Klarheit. Ich räusperte mich.

»Sorry. I need to pick up.«

Es war Eike. Ein Autohersteller hatte angefragt. »Hast du Zeit für ein Shooting mit dem neuen Modell? Ist auch ein Elektro-SUV!«

Über Whatsapp schickte er ein Bild von der Karre. Noch vor wenigen Wochen hatte ich mich in meiner Story gegen die Neuproduktion von solchen grün gewaschenen Protzautos ausgesprochen. War Eike offenbar egal. Was hätte Freia getan? Oh, stimmt ja. Sie hätte nicht nur, sondern hatte das Handtuch geworfen.

Nachdem Eike noch über den erfreulichen Zuwachs in Sachen Reichweite und Followerzahl berichtet hatte, teilte er mir mit, dass wir bald die Kooperation mit der Unterwäschefirma in Betracht ziehen könnten. »Magerwahn war gestern, wir wollen starke Frauen sehen. Mit Muskelkraft!« Wieder schickte er

Mucki-Emojis. »Dein Oberkörper und die Brüste passen da super ins Bild, aber vielleicht können wir beim Po noch ein wenig nachhelfen.« Wenn ich ihn richtig verstand, wollte er allen Ernstes, dass ich mir die Arschbacken aufspritzen ließ. »Wie Khloe Kardashian! Sie hat Kim mittlerweile fast überall eingeholt!«

»Also, äh … Irgendwie hatte ich mir das ursprünglich nicht so vorgestellt.«

»Verstehe …« Eike schmatzte in den Hörer. »Aber am Anfang meintest du ja auch, dass du standhaft deine Meinung kundtun willst … ohne einzuknicken …«

Und dass es ein Schwesternprojekt würde – ohne Hierarchien und Konkurrenz, dachte ich. Ich musste schlucken.

»Außerdem ist die Message total im Trend!«, rief Eike. »We should all be feminists! Steht sogar auf der Unterwäsche!«

Ich wimmelte ihn ab.

Stijn stellte mir gerade seinen neuen Kumpel vor. Giovanni. Der sympathische Italiener mit den vielen Ohrringen hatte ihn irgendwo bei Paris aufgegabelt und fütterte gerade einige Hühner, die vor dem Nachbarswohnwagen nach Körnern pickten. »Hey, you must be Frieda! I heard a lot about you on the way here … Stijn was really frustrated, when he broke his phone and couldn't contact you.«

»Giovanni knows some people here. And since everybody is welcome to join, I can stay here for some time and help out with cooking, cleaning and building treehouses.«, erklärte Stijn, während er an dem Schloss einer Vantür rüttelte und den rostigen Wagen schließlich mit Schwung öffnete.

Sowohl Lolo als auch Freia wären vor Begeisterung umgefallen. Stijn war der Inbegriff eines Schinkens. So gerne hätte ich den anerkennenden Blick meiner Schwester gesehen. Wer war jetzt die coole, linke Öko-Frau mit dazu passendem alternativen Öko-Kerl, der einen Manbun hatte, kein Instagram und in einem alten Van pennte, mit der er hergetrampt war? Vielleicht hätte sie sich ja für mich gefreut?

Mit jedem Tag, an dem wir uns nicht beieinander meldeten, vergrößerte sich der Graben zwischen uns. Mittlerweile schien er tiefer zu sein als jeder Erdkrater, jeder Ozean, jeder große Teich der Welt. Ob wir jemals wieder zueinanderfinden würden? Fraglich. Vermutlich hatte sie inzwischen einen riesigen Elfenbeinturm aus Stolz und Vorurteilen aufgebaut und dazu ihre eigene Wahrheit gesponnen, in der ich nichts war außer einer neidischen Nachahmerin, einem billigen Abklatsch von ihr, einem armseligen Wurm, einer pissnelkigen Betrügerin. Einer famegeilen Bitch.

Möglichst elegant hüpfte ich über eine kleine Pfütze.

Hinter Stijns Dutt ging gerade die Sonne unter. Neben einem Salatbeet entdeckte ich eine Kunstwerkstatt. Es war ein richtiger Instagram-Moment. Nur in echt.

Im benachbarten Wohnwagen schrie ein Baby. Stijn kramte ein paar kratzige Decken unter den Vordersitzen des Vans hervor. Auf dem Boden lag eine dünne Matratze, ein paar Gartenstuhlpolster dienten als Bettwäsche, und einige vergilbte Polaroid-Fotos an den Wänden zeugten von den Vorbesitzern. »Do you want some Kurkuma tea? It's really good to relax.«

»Sure! I just don't have too much time …«

»Five minutes?« Sein Blick war sanft.

»Maybe two and a half.« Ich lächelte ihn ironisch an.

Schmunzelnd griff Stijn zu einem alten Wecker ohne Zeiger, der in einem Blumentopf sein Zweitleben als Dekoration gestartet hatte. »Perfect! So I will set the timer.«

Wir guckten uns in die Augen. Auf einmal schien die Zeit langsamer zu verstreichen. Stijn wirkte so ausgeglichen und entspannt. Obwohl er keinen Plan hatte, wie sein Leben nun weitergehen sollte.

Gemächlich wühlte er in einem Haufen von altem Campinggeschirr.

»Giovanni told me he found this van on Ebay. It's a bit old. But perfect for us.«

»You mean for … you? Or for … us?« Irritiert zeigte ich auf mich und dann auf Stijn, der gerade eine alte Thermoskanne von Rost befreite.

»I mean for Giovanni and me. But who knows. Maybe you could fit in here, too?« Auf seinem Gesicht bildete sich ein großes, breites Grinsen.

Kurz erfüllte mich so etwas wie Glück. Innerlich sah ich Stijn und mich in Giovannis Van durch die Welt fahren. Nach Albanien, nach Griechenland, durch die Türkei und den Iran, durch Pakistan bis ans Indische Meer. Giovanni würde uns jeden Tag Pasta kochen, bis wir ihn irgendwann im Wald aussetzen und alleine durchbrennen würden, um einen coolen Pärchen-Travelblog zu starten und allen zu zeigen, wie schön wir ungeschminkt waren, wenn wir an einsamen Stränden unter den Sternen übernachteten. Leider konnte ich den Moment nicht genießen. Zu gestresst.

Mein Handy klingelte. »Kassenärztliche Vereinigung. Sie suchen einen Therapieplatz?«

Endlich. Jemand hatte eine freie Sprechstunde für mich. Als wäre ich Agentin in einer geheimen Mission nannte man mir am Telefon einen Termin und eine Adresse.

Von Lolo, deren Mutter Psychologie studiert hatte, wusste ich, dass eine Gesprächstherapie dabei helfen konnte, das innere Chaos zu entwirren. Ich fühlte mich, als hätte ich endlich mein großes Back-to-Happy-Meal vor mir. Von jetzt an würde alles anders.

In Erwartung einer sanftmütigen Weisen mit grauem Kurzhaarschnitt und einer antiquaren Sammlung psychoanalytischer Texte sah ich mich später an der goldenen Klingel einer gehoben wirkenden Wilmersdorfer Altbaupraxis läuten. Roswitha Bär. Diplompsychologin. Mein Handy war ganz tief in meinem Rucksack vergraben, im Flugmodus. Hatten die Vögel immer schon so laut gezwitschert?

Das Schloss summte. Etwas aufgeregt stapfte ich in den ersten Stock. An der Türschwelle begrüßte mich eine rustikale Rothaarige mit schweren Goldohrringen. »Frau Flieker?« Die Psychologin lächelte zurückhaltend.

Ehrfürchtig folgte ich ihr in einen nahezu leeren Raum, in dem sich zwei Sessel gegenüberstanden. Dazwischen ein Tisch mit Hustenbonbons, einem Wecker und Taschentüchern, falls man weinen musste. An der Wand hingen ein paar traurig wirkende Gemälde, die dazu einzuladen schienen.

»Nicht da!«, rief Frau Bär etwas hektisch, als ich Anstalten machte, mich auf eine der ledernen Sitzgelegenheiten fallen zu lassen. »Oh. Entschuldigung!« Ich räusperte mich angespannt. »Das andere ist dann wohl der heiße Stuhl?«

Die Therapeutin hatte nicht meinen Humor.

»Regel Nummer eins.« Über ihre Brillenränder warf sie mir einen strengen Blick zu, als wir endlich richtig saßen. »Sie dürfen nichts zurückhalten. Alles muss raus, was Ihnen einfällt. Ich kann Sie nämlich schlecht röntschen.«

Bedrohlich hob die Frau, deren Akzent mich an den meiner Oma erinnerte, den Finger. »Verheimlichen Sie nichts. Isch merk dat sofort, wenn da wat im Argen ist. Isch hab da 'nen Riescha für.«

Ich nickte artig, während ich mein Gegenüber beäugte. War Roswitha Bär wirklich Diplompsychologin?

Mit ihrer rustikalen Art wirkte sie eher wie eine derbe Kneipenbesitzerin, die spätnachts verlorenen Seelen Ratschläge am Zapfhahn mitgab. Solange sie ihre Hausregeln befolgten.

»Regel Nummer zwei.« Sie warf mir einen wieder ernsten Blick zu. »Kontinuität. Wir brauchen mindestens vierundzwanzig Sitzungen für eine Kurzzeittherapie.« Wie viel war das in Wochen und Monaten, wollte ich fragen. Aber Roswitha Bär war mit ihrer Erläuterung der strengen Bedingungen schon bei Wichtigerem. »Wenn Sie einmal nicht kommen können, müssen Sie aus eigener Kasse bezahlen. Da hilft auch kein ärztliches Attest.«

Oh Gott, dachte ich. Dass da so viel commitment erforderlich sein würde, war mir nicht bewusst gewesen. Ich hatte ja nicht mal einen richtigen Handyvertrag geschweige denn Möbel, die ich nicht auf der Straße gefunden hatte. Alles, was ich besaß, war eine Zimmerpflanze. Besitz und Verträge verpflichteten doch nur unnötig! Ich musste doch jederzeit zum Aufbruch in ein anderes Leben in Südamerika oder L.A. oder wo auch immer meine Karriere mich hinführen würde, bereit sein!

Ruckartig zog die Psychologin ihre an einer Perlenkette befestigte Brille aus dem Gesicht und musterte mich wie eine Stabheuschrecke. »Nicht ihre Karriere ist hier wichtig. Sondern ihr Wohlbefinden, das sei gesagt.«

Recht hatte sie. Dieses ganze Konkurrenzdenken befeuerte

doch nur die Leistungsgesellschaft, die uns alle krank machte. Ich sehnte mich nach sinnstiftender Arbeit, die mich und andere erfüllte. Keine Kooperation mit Sporthosenherstellern. »Verstehe.«

»Gut. Regel Nummer drei. Sie dürfen keine lebenswischtigen Entscheidungen alleine treffen. Sondern immer mit mir in der Stunde besprechen.«

»Lebenswichtige Entscheidungen wie …«

»Berufliche wie private.«

»Okay?« Ich schluckte. So hatte ich mir eine Gesprächstherapie nicht vorgestellt.

»Gut.« Frau Bär schob sich die Brille zurecht. »Dann sagense mal. Was fehlt Ihnen?«

Nachdem ich ihr in aller Einzelheit meine inneren Struggles so gut es in den restlichen siebenundzwanzig Minuten möglich war vor die Füße geschwallt hatte, entgegnete sie mir lachend mit Schulterzucken: »Das ist doch alles halb so wild!«

»Halb so wild …?«

»Machense doch einfach Ihre Arbeit. Wie Ochs und Esel!«

Mittlerweile war ich mir sicher, dass Roswitha Bär im Hinterhaus einen Späti hatte. Oder doch eine Kneipe. Mit ihrem Akzent und den Lebensweisheiten à la »Tja, das Leben ist halt kein Ponyhof« konnte sie nur Wirtin sein. Mit einem perplexen Lachen verließ ich die erste Sitzung. Und fühlte mich überraschend erleichtert. Wie Ochs und Esel. Es konnte doch so einfach sein!

38.

Ich wurde zur Stammgästin in der Wilmersdorfer Kneipe zum Bären. Ob die Therapie mir wirklich dabei half, mein Leben in den Griff zu bekommen, war mir nach wie vor nicht ganz klar. Aber gut runterkommen konnte ich allein schon dadurch, dass mein Handy so einmal die Woche im Rucksack blieb.

Als ich nach einem Tag im Sender die Tür aufschloss, empfing mich Stijn mit einem feuchten Kuss. »How was your day?« Er schmunzelte freudig.

»Good! I still need to do some work though …«

»Oh …« Sanft wie eine Pfauenfeder strich er mich am Kinn.

Ich räusperte mich angespannt. »Can you please not touch my face?« Oh Gott, ich war der Inbegriff der schmallippigen, unliebevollen Freundin aus den Filmen, in denen der sympathische männliche Hauptcharakter bald ein süßes Hornbrillen-Girl-Next-Door-Mädchen suchen und sich heillos in sich verlieben würde.

»Sorry … I am …«

»A bit overworked. I know.«

»It will get better soon.« Schnell setzte ich ein liebevolles Lächeln auf.

Stijn schenkte mir einen tiefbraunen Blick, als wollte er mir Großes mitteilen. »Are you hungry?«

Oh! Hatte er etwa gekocht? »Actually I haven't eaten anything!« Gerade als ich überlegte, mich doch einfach seinen Berührungen hinzugeben für eine heiße Suppe und etwas Liebe, öffnete Stijn mit Schwung den leeren, verklebten Kühlschrank. »That means somebody needs to go to the supermarket.«

Oh. »Sure. I can go.«

»Cool! By the way, I am low on cash. Can you …?« Sanft strich er mir über die Hand. Es machte mich unendlich aggressiv.

»Sure.« Ungeduldig befreite ich meine Finger aus seinen und klatschte ihm kumpelhaft auf die Handfläche. Puh. Viel besser.

Stijn setzte sich im Schneidersitz auf den Boden, um weiter ein paar Grashalme zu einem Armband zu flechten. Hinter ihm lehnte das Erdkrötenweibchengemälde. »Thank you, hon. You are doing great.«

Unweigerlich errötete ich. Wie oft hatte ich mir einen gut aussehenden, verständnisvollen, alternativen Schinken gewünscht, der mir das Gefühl gab, süß wie Honig und klein wie ein Bienchen zu sein. Honey. Versöhnlich gab ich ihm einen Kuss auf die Wange. Er war einfach nur lieb. Ich wollte ihn nicht vor den Kopf stoßen. Und er tat nicht nur mir gut. Selbst meine Avocadopflanze schien sich von der langen Zeit der Vernachlässigung unter Stijns hingebungsvoll grünem Daumen wieder zu erholen.

Nachdem ich noch bis Mitternacht an einer neuen Instastory gesessen und Stijn neben mir schließlich eine vegane Suppe beim Inder bestellt hatte, kuschelten wir uns wie zwei Murmeltiere im Winterschlaf ins Bett. Obwohl er nach eigenen Angaben am besten auf einer millimeterdicken Bastmatte pennte, schien er sich in der Burg aus Decken und Kissen auf meiner angewärmten Matratze unheimlich wohlzufühlen. Mein Magen knurrte. Aber der immer noch in der Luft liegende Geruch von Curry erinnerte mich daran, dass es schön war, geliebt zu werden.

Mein Kopf war schwer. Morgen musste ich nach Magdeburg. Bänglich klammerte ich mich an Stijn, der mir versicherte, dass ich eine starke, kluge Frau war. Was hätte ich nur ohne ihn gemacht?

Am nächsten Tag begrüßten mich die Magdeburger Ostbauten klotzig und grau. Angespannt schob ich meinen Rollkoffer eine vierspurige Hauptstraße entlang. Eigentlich war ich doch schon total eingespielt im Beruflich-Reisen. Aber diesmal war etwas anders. Es ging um die große Sache. Morgen früh wäre ich live on air. Im Frühstücksfernsehen. Zusammen mit Eike, der sich als mein »Manager« auch einen Platz auf der Couch verschafft hatte. Zum Glück waren wir erst für kurz vor der Sendung verabredet. Und ich hatte den Abend im Hotel noch mal ganz für mich.

An einer lauten Durchgangsstraße lag der graue Kasten. In Unterkünften wie dieser fühlte ich mich mittlerweile schon regelrecht zu Hause. Jeder Zentimeter diente hier dem praktischen Jetsetter-Leben. Die in Plastiktüten eingeschweißten Badezimmerutensilien, die vielen Steckdosen für die vielen elektronischen Geräte, die die US-Hersteller in China produzieren ließen, das Shampoo, das auch gleichzeitig Duschgel war, in kleinen Plastikfläschchen. Die großen, vergitterten Fenster, die das Panorama der dampfenden, grauen Fabrikschornsteine offenbarten, aber nicht erlaubten, sich durch den Aufprall auf aufgerissenem Asphalt das Leben zu nehmen. Tja, schade. Nicht hier und nicht heute. War die unbeschwerte Jugend jetzt vorbei?

Ich war einsam. Trotz Stijn, trotz Eike und trotz dreißigtausendvierhundertachtzehn Menschen, die jeden Schritt von mir mitverfolgten. Ich war es leid, ihnen Uhren, Duschgel und Socken zu verkaufen. Wen interessierte es wirklich, was ich dachte und tat?

Müde zog ich die schweren, blauen Vorhänge zu, mummelte mich ins Bett und machte den Fernseher an. Auf RTL 2 lief gerade eine Sendung über den großen Traum. Eine junge Physikstudentin wollte Gogotänzerin werden, ein schmalzlockiger Pizzabäcker Mitglied in einer Boygroup. Hach, dachte ich. Am Ende waren wir alle kleine Fische, die groß rauskommen wollten.

Den gefärbten blonden Spikes des Pizzabäckers und dem Arschgeweih der Physikstudentin nach zu urteilen, musste die Sendung schon ein paar Jährchen alt sein. Was wohl aus den beiden geworden war? War Lucy vielleicht heute Professorin für Quantenphysik und ärgerte sich in Grund und Boden, dass sie dem Privatsender die Rechte an ihren jugendlichen Versuchen beim Nacktrekeln überschrieben hatte?

Würde es mir in ein paar Jahren genauso gehen?

Ich konnte nicht schlafen. Alles kam mir falsch vor. Ich sehnte mich nach einer kritischen Stimme. Wie der von Freia. Mir kam das Buch wieder in den Sinn, das sie mir empfohlen hatte. Von Laurie Penny. Seit Wochen schleppte ich es in meinem Rollkoffer mit mir herum, ohne je noch mal Zeit dafür gehabt zu haben. Eilig knipste ich das Licht wieder an und kramte *Fleischmarkt* zwischen engen Jeans und gesponserter Reizwäsche mit paradoxen Sprüchen hervor.

Einige Minuten lang war ich voll im Text. Es ging um den »Körper als Marke«. Ich fühlte mich angesprochen. Frauen lernen, möglichst wenig Raum einzunehmen, wortwörtlich. Keinen

Platz zu beanspruchen, weder physisch noch verbal, nicht ungemütlich zu werden und lieber zu gefallen. Hastig überflog ich die Zeilen, die ich noch vor wenigen Monaten nicht verstanden hatte. Es ging um Freiheit, die uns eingeredet wurde, die aber keine Freiheit war, nein, im Gegenteil, es war ein Konzept, das sich gut verkaufte und uns in Wahrheit ziemlich unfrei machte. Zunehmend klar und wach, las ich vom roboterhaften Leisten und Funktionieren, im Job und im Bett, vom Nicht-Hinterfragen und davon, dass am Ende doch alles Arbeit war. Sexuelle Performance, Perfektion, Schönheit, Selbstverdinglichung und Selbstverwirklichung.

Ich legte das Buch weg, um darüber nachzudenken, was ich den Tag über zu mir genommen hatte. Diät und Fitness waren eine niemals endende Aufgabe. Social Media war eine niemals endende Aufgabe. Allen immer gefallen zu wollen war eine niemals endende Aufgabe. So würde ich niemals glücklich werden. Ich hatte keine Lust mehr.

39.

»Oh, wow! You really killed him!« Stijns Augen funkelten vor Stolz, als ich aus Magdeburg zurück nach Berlin kam. Wir standen vor der angesprayten Tür vor meiner Wohnung. Die Sonne schien – zum ersten Mal seit Wochen. Erleichtert ließ ich mich in seine Arme fallen.

Ich hatte das Interview alleine durchgezogen. Und Eike gesagt, dass er sich seinen eigenen Arsch polstern lassen sollte. Es war gut gelaufen. Erstaunlich gut. Innerhalb von zehn Minuten hatte ich darüber gesprochen, dass wir kritisch bleiben mussten und der Feminismus noch nicht zu Ende gekämpft war, auch wenn es manchmal so verkauft wurde. Die Moderatorin war mir wohlgesonnen gewesen, aber Eike alles andere als begeistert.

Besonders, als ich ihm nach der Sendung noch gesteckt hatte, dass ich mir jetzt erst mal eine Pause von der Zusammenarbeit gönnen würde – auf unbestimmte Zeit.

»Überleg es dir gut, Frieda. Das ist eine große Sache!« Ja, das war es. Aber andere Dinge waren jetzt wichtiger. Meine Psyche, mein Praktikum … Und um meine neue Beziehung sollte ich mich auch mal mehr kümmern. Irgendwie war mir das alles doch recht schnell vorgekommen in letzter Zeit.

Stijn drückte mir seinen Rucksack in die Hand.

Sein ganzes lumpenartiges Gepäck musste bis in den vierten

Stock. Irgendwie zog er jetzt bei mir ein. Aber es war ja auch schwer, bei Dauerregen und Temperaturen um die zehn Grad ein Baumhaus zu bauen.

Wir waren ein eingespieltes Team. Dass ich nun viel fürs Kulturfernsehen arbeiten musste, störte Stijn gar nicht. Den ganzen Tag lang wartete er in meinem Zimmer auf mich, damit wir abends etwas unternehmen konnten.

Am Wochenende waren wir oft im Kino, und dienstags ging ich zu Roswitha Bär für die allwöchentliche Seelenwäsche. Die Psychologin aka Kneipenfrau war ein Fan von Stijn. Wie sie meinte, tat es mir gut, mit jemandem eine stabile Beziehung zu führen und mich zu commiten. Außerdem schien sie ein Herz zu haben für verlorene Künstlerseelen. »Der arme Junge hat ja kein Zuhause! Ist doch nett, wenn er bei Ihnen ist!« Und ich nicht bei ihm und Giovanni im Van auf alten Gartenmöbeln pennen musste, dachte ich.

In der alternativen Caravan-Szene hatte ich Beklemmungsgefühle. Während alle einwandfrei zu gendern wussten, sich über Mindfulness, Critical-Queer-Theory und coole Klubs unterhielten und ihr Leitungswasser in nachhaltigen Aluminiumflaschen mit sich rumschleppten, nagte bei jedem meiner Wortbeiträge die schreckliche Angst an mir, etwas Dummes zu sagen oder im schlimmsten Fall aus Versehen jemandem auf die Füße zu treten.

Alle klangen so klug und korrekt, waren ungeschminkt und schafften es innerhalb von einer Minute Redezeit, eine kritische Haltung zu äußern, ohne den Raum für Kompromisse einzuschränken. Alle sprachen von Max Weber und Friedrich Nietzsche und Extinction-Rebellion. Und natürlich hatte niemand Instagram. Das war viel zu sehr Kommerz, selbst wenn man es als Plattform nutzen wollte, um die richtigen Inhalte zu verbreiten.

Ich war die Einzige, die nicht wusste, wie man Holz hackt, Körbe flicht und Hosen flickt.

»Alles, was ich kann, ist zu viel sein! Ich bin zu nichts zu gebrauchen!«, teilte ich meine Gedanken mit der Therapeutin.

»Ach was. Sie können mehr, als Sie denken! Und außerdem. Nackt sehn wa alle scheiße aus! Und kochen tun wa alle auch nur mit Wasser.«

Ja, dachte ich, die einen mit Trinkwasser. Die anderen nicht.

Auch wenn Frau Bär vielleicht nicht die personifizierte, Foucault-zitierende und Ohr-frei-Mützen tragende Selbstreflexion war. Und bestimmt nicht die Therapeutin, die einfühlsam und zurückhaltend ihre Meinung für sich behielt. Ihre Weisheiten halfen mir die ganze Woche über, mich selbst nicht so ernst zu nehmen. In Zukunft einfach zu lachen, wenn mich fremde Leute auf Instagram fragten, woher ich die Information hatte, dass wir nach wie vor in einer patriarchalen Welt lebten. Wir hatten doch eine weibliche Bundeskanzlerin! Und außerdem war ihre Chefin auch eine Frau! Ich war müde zu erklären, dass wir von strukturellen Problemen sprachen. Also sprach ich lieber von meinen ganz persönlichen. Es tat mir gut, mir und den Dingen, die mich beschäftigten, mehr Raum zu geben.

Als ich wieder meine Tage bekam, stießen Stijn und ich mit Sekt an. Er vermutlich eher, weil ich nicht schwanger war. Ich überwiegend aus dem Grund, dass sich mein Körper nun endlich wieder zu mir zu bekennen schien. Ich war auf dem Weg der Besserung. Vielleicht würde ich eines Tages wieder froh mit mir selbst und weniger anfällig für Abhängigkeiten sein. Aber eins nach dem anderen.

Es war Sonntag. Stijn pennte noch. Zum Glück. Dann musste ich mich nicht aus seinen lieb gemeinten Streicheleien befreien.

Irgendwie konnte ich seine Berührungen nicht ertragen. Lag wohl am Stress. Nachdem ich mir so leise wie möglich eine luftige Hose und einen warmen Pulli übergezogen hatte, traf ich Jerome in der Küche.

Wie immer vor dreizehn Uhr trug er seinen braunen Lieblingsbademantel, der würziger roch als jede Umkleidekabine nach dem Basketballtraining der Jugendmannschaft. »Friedamaus! Wir haben ja gefühlt dreitausend Jahre nicht mehr gequatscht!« Ja, dachte ich. Seitdem er mit Ann-Kathrin und ich mit Stijn zusammen war, bekamen wir uns kaum noch zu sehen.

Schwesterlich teilte ich die kostbare Kaffeeration aus dem kleinen Mokkakocher zwischen Jerome und mir auf. »Wie läuft das Leben, mein Lieber?«

Während er nachdenklich an seiner Tasse schlürfte, die er als Werbegeschenk der Tabakfirma hatte mitgehen lassen, glühte seine Zigarette im Aschenbecher vor sich hin. Erstaunt begutachtete ich seine Hände. Sie wirkten weich und gepflegt. Seine Augenbrauen schienen gezupft, sein Bart gestutzt – aber sein Blick traurig.

»Das ist meine letzte Kippe!«

»Du hörst auf?«

»Hm-hm. Wusstest du, dass jede Zigarette das Leben um fünf Minuten verkürzt?«

»Schon mal gehört.«

»Und außerdem will Ann-Kathrin mich nicht küssen, wenn ich nach Rauch stinke.«

Nachdenklich bis verbittert kaute er mit den Schneidezähnen auf einem kleinen Korn herum. Erst jetzt fiel mir auf, wie sehr Jerome sich verändert hatte. Seit dem Beginn ihrer Beziehung hatte Ann-Kathrin alles an ihm nach ihren Vorstellungen umgekrempelt. Er trug nur noch Poloshirts und hatte aufgehört, in schiefen Tönen an seiner Gitarre rumzuzupfen. »Das nervt Ann-Kathrin. Und ich soll nicht mehr zocken. Sie meint, ich solle lieber mal öfter zum Friseur gehen.«

Der gestriegelte Look passte nicht zu Jerome.

»Weißt du, Friedamaus …« Mit zitternder Stimme pflückte er einen Faden von seinem braunen Plüschmantel. »Manchmal habe ich das Gefühl, dass sie mich gar nicht liebt, wie ich wirklich bin.«

Ja, dachte ich. Sie nutzt dich aus. Weil sie Halt sucht und das, was man als »stabile Verhältnisse« kennt. Sie will aus dir den »perfekten Boyfriend« machen, von dem sie träumt. Aber in Wahrheit interessiert sie sich nicht für das, was in dir steckt. Ich räusperte mich. »Was meinst du?« Unter dem immer lauter werdenden Schleudern der Waschmaschine schüttete mir mein halb nackter Mitbewohner sein Herz aus.

»ICH WEIß AUCH NICHT GENAU, WAS IHR PROBLEM IST! SIE STÖRT'S VOLL, WIE ICH REDE!«

»WIE DU REDEST???«

Die Waschmaschine fing an, sich von der Stelle zu bewegen. Das Geschirr im Regal klirrte von der Vibration. Beiläufig warf Jerome seine Zigarette auf die Fensterbank, um die mit hundertzwanzig Dezibel schleudernde Billigmaschine daran zu hindern, aus dem Raum zu wandern.

Mit gebündelter Muckikraft stemmte er sich gegen den vibrierenden Kasten. »SIE SAGT, ICH SOLL MICH ERWACHSENER AUSDRÜCKEN.«

»WIE?!«

»ICH SOLL NICHT MEHR SO OFT DIGGA SAGEN!« Sein ganzer Körper wurde unter dem braunen Stoff durchgeschüttelt. »ICH KANN DAS AUCH VOLL VERSTEHEN!«

Die Maschine wurde langsamer. Jerome drückte die Zigarette, die mittlerweile einen kleinen Brandfleck auf der Fensterbank verursacht hatte, im Waschbecken aus. »Ich hab ja auch schon aufgehört zu lachen.«

»Du hast aufgehört zu lachen?«

»Hm …« Betrübt ließ sich der Braunbär wieder auf den Klappstuhl fallen. Es stimmte. Jerome brummte gar nicht mehr so freudig laut und in einer Abfolge dreier identischer »HA«s nach fast jedem Satz, so wie er es immer getan hatte. Schlagartig vermisste ich seine positive Art. »Aber das bist doch du!«

Er zuckte tapfer mit den Schultern. »Ich versuche jetzt, weniger laut zu lachen. Damit sie zufrieden ist.«

»Jerome!«, platzte es aus mir heraus. Zeitgleich lief die Waschmaschine zum zweiten Schleudergang an. »DU GEHÖRST IHR DOCH NICHT! DU GEHÖRST DOCH NIEMANDEM AUßER DIR SELBST!«

Mein Mitbewohner hob grübelnd ein behaartes Bein und positionierte den linken Fuß neben der wild gewordenen Waschmaschine, um sie erneut vom Wandern abzuhalten. »ABER ICH WILL SIE DOCH NICHT NERVEN!«

Instinktiv schaute ich aus dem Fenster, um keine durch die Vibration und die gewagte Sitzhaltung unter dem Bademantel herausbaumelnden Weichteile erspähen zu müssen. »Jerome!«, rief ich. »MACH DOCH DAS, WAS DICH GLÜCKLICH MACHT!!«

»Was!?«

»DEINE POSITIVE ART IST DAS BESTE AN DIR!« Die Waschmaschine hatte ihren Schleudergang beendet, weshalb ich die letzten Worte grundlos gebrüllt hatte. Ich räusperte mich. »Ich meine, es gibt schon genug Fake und Fassade auf der Welt.«

Wehmütig blickte ich in Jeromes liebes Gesicht. »Bleib bitte so einzigartig und strahlend, wie du bist. Und verbieg dich nicht für eine, mit der es sich nicht richtig anfühlt.«

Unter dem gemächlichen Gerumpel der Trommel griff ich nach Jeromes weicher Tatze. Er lächelte gerührt. »Du auch, Friedamaus. Oh Mann, du bist echt eine weise Elfe!«

In einer gefährlich entblößenden Bewegung erhob er sich vom Klappstuhl, um mich mit seinem plüschigen Geruchsbiotop zu ummanteln. »HAHAHA. Digga! Ist das befreiend! HAHAHAHAA!«

Scheiße, dachte ich, während ich Jeromes Rücken tätschelte. Stijn hatte etwas Besseres verdient.

40.

»Ist das nicht total egoistisch?« Mittlerweile war ich in der achten Therapiesitzung angekommen. »Ich bin doch nur mit ihm zusammen, um nicht einsam zu sein.«

Frau Bär zuckte mitleidslos mit den Schultern. »Sind das nicht alle Pärchen?«

Hmm, dachte ich. Da war wohl was dran. Die wahre Liebe war wohl auch ein Konstrukt. Zumindest für die meisten.

Nachdenklich blickte ich durch den lieblos eingerichteten Raum, als in mir die Frage aufkam, wie es mit Eike und dem Kanal weitergehen sollte. »Was meinen Sie denn eigentlich mit Ochs und Esel?« Die bärsche Metapher von Nutztieren schien einen tiefgründigen philosophischen Wert zu haben. Vielleicht steckte in meiner Therapeutin doch eine kritische Ökonomin, die den Begriff von Arbeit revolutionieren wollte?

Die Therapeutin stieß einen kräftigen Seufzer hervor.

»Wenn Sie morgens in die Bahn gucken ... Denkense, die Menschen da sind alle superglücklich über ihren Job?«

Ich schüttelte den Kopf. Wohl kaum.

»Alle sind se jefangen in ihrem eigenen Käfisch, und das auch noch unter dem Mäntelschen der Freiheit. Sie sind da nischt die Einzige.«

Ja, dachte ich. Sie war Systemkritikerin. Eine echte Revolutionärin, eine die gegen den Strom schwamm und sich nicht scheute, während der Sitzung mindestens einmal für fünf Minuten in den Nebenraum zu verschwinden – vermutlich, um eine Stresszigarette zu rauchen.

Zwischen den Lippen ließ Frau Bär ein Pfefferminzbonbon hin- und herwandern.

»Frau Flieker, jetzt lassen Se doch den Zwang, sich ständig selbstverwirklischen zu wollen. Das macht Sie doch gar nicht glücklisch! Sie leben doch nischt für Ihren Lebenslauf!«

»Ja, aber …« Ich faselte etwas von digitaler Knechtschaft, unbezahlter Arbeit und dem Zwang, Bestätigung in Followerzahlen zu finden. »Ich kann doch jetzt nicht einfach aufhören mit alldem.«

»Wer sagt das?«

»Die Leistungsgesellschaft!«

»Jetzt schiebense Ihre eigenen Probleme doch nicht aufs System!« Frau Bär war regelrecht empört. »Sie rennen die ganze Zeit! Wie eine Gazelle auf der Flucht vor einem Löwen! Wovor rennen Sie denn wesch?«

Ich fühlte mich wie ein Kind, verbal von ihr an den Schultern gepackt und geschüttelt. »Ich weiß es nicht, vor mir selbst vielleicht?«

»Sie werden doch geliebt! Alle himmeln Sie an!«

»Ja, aber nur, wenn ich eine Hülle bin!«

»Immer dieses Fäisbuck …«, beschwerte sich die Therapeutin mit einem Kopfschütteln. »Dat hat mir schon einige Patienten auf den Sessel jebracht. Am Ende jeht es doch um die eschten Kontakte und nischt die digitalen!«

Vermutlich gehörte Roswitha Bär zu diesen Menschen, die auf Facebook Kommentare schrieben wie: »Hallo Rainer, danke für dieses schöne Bild. Ich freue mich, dass es dir gut geht. Was machen die Enkel? Bei mir bringt der Rücken wieder Probleme, aber das Leben ist kein Ponyhof. Wollen Renate und du mal wieder bei uns zu Kaffee und Kuchen vorbeikommen? Ruft gerne an unter …« Und dann ihre Festnetznummer und Adresse ohne irgendeinen Schutz der Privatsphäre vor eine Reihe sinnloser Regen-, Sonnen-, Kuchen- und Tassenemojis daruntersetzten.

Faszinierend.

Es war ein richtiger Generationenclash. Roswitha Bär verstand meine Struggles nicht. Sie hätte locker meine Mutter sein können, wenn nicht meine Großmutter. Ich beneidete sie etwas. Wie gerne hätte ich in der Zeit gelebt, in der man sich noch von Telefonzellen aus anrief, um zu fragen, ob man sich irgendwann in den nächsten drei Stunden unter der Statue am Karl-Marx-Platz treffen sollte, um Kassetten auszutauschen.

Leider war meine Realität eine andere.

Auf ihren Ratschlag hin kontaktierte ich Eike und sagte ehrlich, was ich scheiße fand.

Er versprach mir mehr Mitspracherecht, keine Autos, Uhren und Fitnessgadgets mehr. »Das wollen die Leute sowieso nicht sehen. Von jetzt an machen wir ganz viel mit Yoga und Achtsamkeit. Das ist viel gefragter.«

Natürlich konnte ich mich jetzt auch nicht ganz »gehen lassen«, wie es Eike nannte. Das wäre ja auch viel zu »undiszipliniert«. Aber zumindest musste ich mich nicht mehr in die »We Should All Be Feminists«-Klamotten hungern.

Ich machte meine Arbeit – wie Ochs und Esel – und versuchte dabei, nicht wieder meine eigene Knechterin zu werden. Zwar war ich nach wie vor immerzu gestresst, mit den Gedanken schon bei der nächsten Sache, die ich zu tun hatte – war es ein Drehplan, ein Interview, eine Insta-Story oder die Frage, ob sich der finnische Elch vor der Kamera besser mit Süßkartoffeln oder Pastinaken machen würde –, aber jetzt konnte ich mir endlich getrost sagen, dass es nicht nur mir so ging. Vor Frau Bärs Praxis gab ich mir mit vielen Menschen die Klinke förmlich in die Hand. So viele Leute hatten Zweifel und Probleme, fühlten sich einsam und hatten das Gefühl, nicht zu genügen. Vielleicht hatte die erfrischend meinungsstarke Psychologin recht. Vielleicht sollten wir uns mal alle nicht so ernst nehmen.

Eines Tages würde ich das finden, was mich glücklich machte. Nur mich. Und nicht andere. Was würde es sein?

Haus, Hof, Kinder? Das war immerhin das, von dem ich gelernt hatte, es anzustreben. Bevor ich wiederum beigebracht bekommen hatte, genau das kategorisch abzulehnen, weil es als »unemanzipiert« galt. Stijn hatte bestimmt auch nichts dagegen, wenn wir einen auf polyamor machten, bis wir uns aufeinander festlegten. Generell hatte er niemals etwas gegen meine Vorschläge. Zu allem sagte er »Sure«.

War er mein alternatives Ende?

Seine ruhige Art half mir, auf dem Boden zu bleiben.

Wenn er im Schneidersitz auf meinem Dielenboden saß und Steine für sein neues Kunstprojekt sortierte, spürte ich endlich die Muße, unser Bett frisch zu beziehen. Manchmal reichte das Gefühl von endlos Zeit und Entspannung sogar so weit, dass ich dazu kam, etwas für uns zu kochen. Wie gut es doch war, dass Stijn seine löchrigen Unterhosen nicht mehr über einer brennenden Mülltonne trocknen musste, sondern ich sie ganz einfach zusammen mit meinen Spitzenhöschen auf dem lädierten Wäscheständer platzieren konnte. Meine Aggressionen gegen ihn brodelten immer stärker. Aber die Beziehung hatte auch viele Vorteile.

Der Sex war auch gar nicht krötig. Eher lieblich. Für Stijn war es pure Natur. Dass sich zwei Körper so sehr mögen, dass eine intrinsische Motivation sie dazu veranlasst, ihre Zellen verschmelzen zu lassen – ihre Säfte zu vermischen und sich im Fall der Fälle sogar zu vermehren. Zumindest in der Theorie. Mit Kondom hoffentlich ohne Konsequenzen.

Wenn wir miteinander schliefen, schaffte ich es, wirklich alles auszublenden. Den ganzen Stress zu vergessen. Meinen Kopf auszumachen. Mich einfach mit ihm zu vereinen. Es war animalisch. Und wunderschön. Keine Ahnung, ob es an Stijn lag oder an unserem »natürlichen Match« oder vielleicht doch einfach an meiner persönlichen Entwicklung. Was auch immer mich dazu veranlasste: Es war eine völlig neue, wunderschöne Erfahrung, meinem Körper zu vertrauen und auf meine Instinkte zu hören – ganz ohne Stimmen, die mir einredeten, mich in eine bestimmte Form pressen zu müssen, mir möglichst pornoesque die Haare über die Schultern zu werfen, die Bauchspannung zu halten und meine Cellulite durch das richtige Lichtsetting zu kaschieren. Denn Cellulite hatte ich selbstverständlich immer noch. Alle Frauen haben Cellulite.

Langsam konnte ich die klar abgesteckten Grenzen des »Schablonensex«, wie Stijn es nannte, verlassen. Und voller Vertrauen die Kontrolle abgeben.

Stijn und ich lernten miteinander, voneinander und ineinander. Ich holte mir, was ich brauchte, und erkannte genau, wann ich eigentlich keine Lust hatte. Ohne Zwang. Manchmal kraulten wir uns auch einfach nur gegenseitig den Rücken. Natürlich war das völlig in Ordnung. Echter Sex war keine Performance, zu der man sich aufraffen musste. Sondern so verdammt menschlich – natürlich eben. Unglamourös, schwitzig, manchmal anstrengend und zäh, aber durchaus auch schön, um sich besser kennenzulernen.

Einzig allein das mit dem Ejakulieren und der weiblichen Prostata konnte ich meinem klugen Künstler mit dem eigentlich doch so bemerkenswert geduldigen Blick für das oft Missachtete nicht erklären.

Nachdem er zwar meine Vulva über Stunden studiert und gezeichnet hatte, gab er beim Versuch, mich zum Abspritzen zu bringen, immer wieder gefrustet auf. Ich fühlte mich wie eine alte Waschmaschine, bei der der Schleudergang kaputt war, während er von mir abließ.

»Did someone actually succeed doing this?«

»Yeah. Do you want me to give you his number?«

Wir lachten. Beim Sex! Etwas Besseres würde mir nie wieder über den Weg laufen.

Dass Stijn eigentlich längst wieder für ein Projekt in Frankreich gebraucht wurde, hielt ihn nicht davon ab, bei mir zu bleiben. Sosehr er mich manchmal nervte und sich an mich klettete. Ich war unheimlich dankbar, ihn in meinem Leben zu haben. Ich spürte, wie aufrichtig er mich mochte, wie wichtig ich ihm war, ganz egal, wie viele Follower ich hatte.

Oft legte er mir die eigene Hand auf die Brust, um mein Herz zu spüren, und nahm meine, um dasselbe bei ihm zu tun.

»You are the most important thing in my life. Ich habe noch nie ein andere Person getroffen, die ich mehr geliebt habe.« Wow. Nun hatte ich es gehört. Auf zwei Sprachen. Das mit uns war nicht gesund.

Als ich eines Dienstagmorgens nach einer recht unterhaltsamen Therapiesitzung wusste, dass nicht alles Gold ist, was glänzt, und mit vollen Einkaufstüten die Wohnungstür aufschloss, ließ Jerome gerade pfeifend Käse auf Bratnudeln zerlaufen. Mit seinem braunen Bademantel und der Fluppe im Mund erinnerte er an Charlie Sheen in wilden Zeiten. Mir war nach Duschen, aber im Badezimmer färbte sich Kenny gerade die Haarstoppel blau. Wahrscheinlich mal wieder eine neue Lebensphase.

»Jerome?«, rief er durch die geöffnete Badezimmertür in die Küche. »Weißt du, warum kein Wasser mehr kommt?«

»Ich glaub, das haben die uns abgestellt.«

»Aber was mach ich denn jetzt mit meinen Haaren?!«

Kurzerhand kam Jerome im Bademantel mit einem Eimer an, den er unter einem tropfenden Rohr in der Küche gefunden hatte. Während sich das Wasser blau färbte, quengelte Kenny in die Badewanne. »Alter, die wollen uns ja wirklich hier raushaben!«

»Wir fliegen raus?!«

»Friedamaus, hab ich doch erzählt,« Jerome riss den Spielplan des Berliner Ensembles von Oktober 2016 von der Fliesenwand. »Die Wohnung wird kernsaniert! HAHAHAHA«

Hatte ich in den letzten Wochen wirklich so wenig Hirnkapazitäten übrig gehabt, dass selbst so essenzielle Informationen wie diese durchs Sieb gerieselt waren? Zum Glück war ich wieder klarer im Kopf, zumindest phasenweise.

Etwas beunruhigt, was nachhaltige Schäden durch Stress und Diäten am Hippocampus betraf, aber erstaunlich gelassen angesichts der Aufgabe, mein Leben wieder in den Griff zu kriegen, half ich Jerome dabei, die vielen besitzerlosen Zahnbürsten aus dem Wandschrank wegzuwerfen. Vielleicht war nun sowieso Zeit für eine neue Lebensphase.

Weil das Wasser in der Badewanne leider auch nicht mehr abfloss, schraubte Jerome kurzum die rostig feuchten Rohre an der Wand auf. »Oh shit! Ist das … Kacke?«

Ganze Propfen aus Schleim, Haaren und anderem festgewachsenen Erdschleim lösten sich aus dunklen Löchern. Bei einem besonders großen Stück Masse brach Jerome in Gelächter aus.

»Ich glaube, jetzt haben wir keine Geheimnisse mehr voreinander. HAHAHA!« Überzeugt drückte er mir eine Zange in die Hand. »Kannst du das Rohr wieder anschrauben? Ich muss zur Arbeit!« Es war wohl Zeit, die Dinge selbst in die Hand zu nehmen. Schritt für Schritt.

Auf dem Weg durch die Küche fiel mir der riesige Kleiderhaufen vor der Waschmaschine ins Auge. Hätte Stijn sich nicht mal darum kümmern können?

Unter dem Krötengemälde in meinem Zimmer lag seine Hose auf der Erde wie eine abgeschälte Schlangenhaut. Warum fühlte ich mich ständig wie eine Mama, die ihrem Sohn seinen Scheiß hinterherräumte?

Als ich versuchte, im Bett nach einer Anleitung für die Reparatur von Rohren zu googeln, wollte Stijn an mir rumknabbern. Und als ich mich von ihm und seiner leider gerade unangebrachten Zärtlichkeit losgelöst hatte, um meinen Laptop auf dem angemalten Couchtisch zwischen Sushi-Verpackungen und Tabakresten aufzuklappen, stellte ich fest: Nuttenpreller hatte den Geist aufgegeben.

»Kenny? Weißt du, was mit dem Internet los ist?«

»Die von oben sind auch rausgeflogen. Hab ich dir doch

erzählt. Vielleicht hat Igel noch die Kundennummer für unseren alten Router.«

Wo Igel wohl steckte? Vielleicht schlürfte er mit inspirierenden Künstlerinnen in Südfrankreich Rotwein. Oder kraxelte in der Heimat mit seiner Cousine auf einen schneebedeckten Gipfel ohne Empfang. Jedenfalls war sein Handy nicht dazu da, ihn zu erreichen. »Rufnummer nicht vergeben.«

Kenny machte sich unterdessen mit einem Handtuchturban auf dem Kopf einen grünen Smoothie. »Oh shit, mein Flug geht ja schon in drei Tagen!«

»Dein Flug?«

»Nach Nepal!«

Kenny strahlte. »Ich hab wieder angefangen mit Bitcoins zu dealen! Und endlich gebe ich kein Geld mehr für Drogen aus. Ich bin komplett trocken. Ein echter Detox sozusagen. Kein Bullshit.«

»Und das hat geklappt ...?« Ungläubig hob ich eine Augenbraue. »Also ... das mit den Bitcoins?«

»Ja! Hab die Schweine von der Privatuni ausgezahlt, mich aus dem Knebelvertrag befreit, und nun mache ich mich auf in ein neues Leben.« Oh Gott. Das Geld für die Uni. Eines Tages würde ich mich auch freikaufen können von den Rattenfängern von Amerika. Beziehungsweise den Konzernen, die sich die missliche Lage der ostdeutschen Uni in Amerika zunutze machten. Vielleicht würde ich noch mal etwas anderes studieren. Etwas, was mich wirklich interessierte. Egal, ob es als »Larifari« galt. Vielleicht Medien. Oder Gender Studies. Oder Umwelttechnik. Oder Politikwissenschaften.

»Nepal? That's cool!« Stijn war im Türrahmen aufgetaucht und schnitzte an einer Halskette aus einem Avocadokern. »I was in

Nepal, too, to serve a spiritual leader. Es war eine sehr besonderes Zeit.« Stolz begutachtete ich meinen Freund – sein Deutsch wurde ja immer besser –, während ich die kleinen Holzspäne vom Boden aufklaubte. Er war so … aufmerksam. Und weltbereist. Und alternativ. Ganz klar. Meine Gefühle für ihn hatten nur den Bus verpasst. Sobald das Praktikum vorbei war, würden wir mit dem Van durch Europa fahren oder in einer Pärchenwohnung glücklich miteinander rumknutschen. Mein kreativer Künstler-Boyfriend griff meine Hand. »Ich habe eine Überraschung für dich!«

Wenig später kletterte ich Stijn eine Leiter hinterher. Einmal durch den alten Kamin hoch in die leer stehende WG der ehemaligen Problemkinder, die seit einem aus dem Fenster geworfenen Kühlschrank die Wohnung verloren hatten. Und von dort aus durchs Dachfenster.

Wir standen in leichter Schräglage zwischen Schornsteinen mit Blick über Berlin. In der Ferne sah man das alte Rathaus, vor dem ich vor einigen Monaten mit Jesus auf dem alten Sofa gesessen und geraucht hatte. Der Wind zerstörte meinen seriösen Reporterinnen-Schein nachhaltig. »Wow! It's beautiful!«

»Komm! Follow me!« Fünf Schritte weiter links öffnete Stijn eine schwere Luke. Das graue Ungetüm knarzte. Eine Staubwolke löste sich vom alten Holz, als wir den Deckel mit vereinten Kräften anhoben. Die alte Leiter, die ins Dunkle hinabführte, wirkte morsch. »Meinst du, die hält das aus?«

»Ich gehe vor, keine Sorge.« Stijn zog seine alternativen Schlappen aus und warf sie an der Leiter vorbei runter in den alten Dachstuhl.

Aufgeregt kletterte ich hinterher. Das fahle Licht durchdrang den staubigen Raum. Auf der Erde klebte Kacke, wohl am ehesten von Ratten, ansonsten sah man ein paar Taubengitter, Bretter, ein herrenloses Fenster, einen alten Schreibtisch und ein ausrangiertes Rohr, das wirkte, als hätte sich hier vor achtzig Jahren eine gigantische Alu-Raupe zu einem Schmetterling aus Eisen entpuppt.

Die Balken, die das schräge Dach stützten, mussten mindestens hundert Jahre alt sein.

»Deutsches Reichs-Strafgesetzbuch! Von 1852«, las Stijn mit seinem reizenden Akzent von einer Plakette an der Tür ab. »Böden und Keller dürfen nur mit geschlossenen Laternen betreten werden.«

Mutig schritt ich durch die Spinnweben. Verfärbte Ziegel zeugten von kalten Wintern und dem Einsatz von Feuer zum Heizen. »Hier geht es ins Treppenhaus runter.« Die schwere Eisentür konnte man allerdings nur von innen öffnen. Aufgeregt atmete ich kleine Staubpartikel in meine Lungen. »Heißt das, wir sind die Einzigen, die hier Zutritt haben über das Fenster?«

Stijn nickte und legte mir die Hand ans Kinn. »Ich mache es uns hier richtig schön. Und wir bezahlen keine Miete!«

41.

Neben meinem Arbeitsplatz schrie ein Kollege lautstark in den Hörer. »Elchsoße! Ja! Mit Pastinake!« Seit Stunden fragte er alle Restaurants in Berlin ab, ob jemand für die Rubrik »Bon Appetit« finnisch kochen konnte. Ich hatte den leidigen Social-Media-Job an ihn abgetreten. Ein Glück. Weniger ist mehr. Unterdessen widmete ich mich Meditationsmusik - mein neues Projekt in der Pipeline. Das Videomaterial beinhaltete vor allem viele Männer, die, auf dem Erdboden kriechend, Vogelstimmen einfingen. Mittlerweile wusste ich, was der Unterschied zwischen einer Amsel und einem Rotkehlchen war. Interdisziplinäre Horizonterweiterung.

Mein Handy vibrierte. Stijn fragte, ob wir zum Inder gehen wollten. Heute war mein einundzwanzigster Geburtstag. Offiziell volljährig, weltweit. In Amerika hätte ich wohl den Tag meines Lebens gehabt. Aber mir war nicht nach Feiern zumute. Achtunddreißig andere Nachrichten erinnerten mich daran, dass mein Leben gerade keinen Raum für Konfetti, Romantik und Currypaste ließ. Aber vielleicht war das auch nur eine Ausrede, um mich der Situation mit Stijn nicht stellen zu müssen.

Vor allem Eike und die Firma wurden mir schon wieder zu viel. »Können wir gleich zu Insta-Live? Der Putzmittelhersteller will das unbedingt heute machen, wegen der Reichweite.«

Putzmittelhersteller?! Wie laut mussten die Zeichen noch werden?

Nein. Ich musste das beenden. Mir selbst quasi den Gefallen tun und mich von dieser Last befreien. Happy birthday to me. Ich fühlte mich befreit. Kurz. Ganz kurz.

Das alte Schnurtelefon klingelte. Eine Redakteurin wollte einen Dreh von mir. »Kannst du nächste Woche zur Schinken-Ausstellung in Madrid?«

»Aber so was von!« Ich suchte nach Flügen und möglichen Protagonist*innen. Nebenbei notierte ich mir eilig, Roswitha Bär zu fragen, wie man Nein sagt. Bestimmt wusste sie um die komplexe Anwendung des Weniger-ist-mehr-Prinzips auf einen überladenen Performerinnenalltag. Wahrscheinlich würde sie einfach mein Smartphone im Klo versenken. Nach dem Motto: So. Und jetzt ist Ruhe.

Oma rief an. »Schätzelein! Als isch so alt war wie du, hab isch deine Mutter jekrischt! Wann schenkst du mir Enkelschen?«

Hoffentlich nicht so bald, dachte ich. Wie lange hatte ich schon wieder meine Tage nicht bekommen? Meine Zyklen wurden schon wieder seltsam lang.

Wie Oma stolz erzählte, hatte sie meinen Auftritt im Frühstücksfernsehen aufgezeichnet. »Per Videokassette! Hab isch janz allein jeschafft! Sach ma, du siehst super aus! Jenau so hübsch wie deine Schwester! Und so schlank!« Es verletzte mich, dass Oma mir nicht ansah, was hinter der glänzenden Schale steckte. Ich bedankte mich zurückhaltend.

Auf einmal bekam ihre tiefe Stimme einen ernsten Unterton. »Sach ma, wat is denn los bei eusch beiden Mädels? Dat ihr nisch zusammenhaltet, tut meina alten Omaseele weh! Is doch euer jemeinsamer Jeburtstach!« Meine Augen wurden glasig. »Lass uns morgen sprechen, Oma. Ich bin gerade bei der Arbeit.« Kurz drauf stand die Redakteurin mit dem London-Auftrag im Raum. »Hast du den Schnitt schon gebucht? Für den Klangkünstler?«

»Oh! Ja! Mach ich direkt!«

Als sie die schwere, blank geputzte Glastüre des Redaktionsbüros wieder hinter sich zuzog, spiegelte sich darin eine bekannte Gestalt. Das Kinn, die Sitzhaltung, die Haare, die Jacke. Freia …? Erschrocken zuckte ich zusammen.

Es war mein Spiegelbild. War ich jetzt völlig bekloppt geworden?

»Susie? Du wolltest mich sprechen?« Zaghaft klopfte ich an die Tür neben ihrem Namensschild.

»Einen Moment, Darling!« Meine Vorgesetzte telefonierte mit einem Ohr, währenddessen tippte sie eine Mail und gab mir mit einem Handzeichen zu verstehen zu warten. Auf einem der Monitore an der Wand lief gerade mein Beitrag über den Parfumbonzen im fancy Lagerhallenhaus. Parallel zeigte ein anderer Bildschirm die Nachrichten. Sachsen machte mal wieder Schlagzeilen mit rechten Bewegungen. Ganz in der Nähe von Amerika liefen »besorgte Bürger« mit Schildern durch die Straßen, auf denen ihre Angst vor dem Untergang des Abendlandes zum Ausdruck kam. Eine Gruppe junger Menschen vom Bündnis »Amerika gegen Rechtsruck« wurde interviewt. Moment … war das etwa Dömas?

Ungläubig glotzte ich auf die ungleichen Bildschirme. Was war nur aus meinen Idealen geworden?

»Darling, du siehst toll aus!« Anerkennend blickte Susie an mir runter. Dünn war nicht gleich gesund, wollte ich sagen. Außen hui, innen pfui. Susie schob sich in Windeseile die Lesebrille auf den Kopf. »Ick hab fünf Minuten Pause – der Praktikant holt uns gerade zwei Kaffee, ist Soja-Latte okay für dick?«

Eine Liftfahrt und den Gang durch die gläserne Schranke im Foyer später stand ich mit Susie draußen vorm Sender. Auf der Fensterbank hielten gerade zwei rustikale Techniker ihre Raucherpause ab. Also stellten wir uns ein paar Meter weiter auf den Parkplatz zwischen viele weiß-hellblaue Teamwagen mit Firmenlogo. Der neue Praktikant, ein junger Typ mit komisch cooler Kopfrasur und schicker Hornbrille, reichte mir den To-go-Kaffeebecher aus einem Mehrbecherträger und eilte darauf hin wieder in Richtung Cafeteria. Susie drückte ihm noch ein Dokument in die Armbeuge. »Ick braucke die Kopien noch vor acktzehn Uhr! Danke, Darling.«

Die Pappe war so heiß, dass ich mir die Fingerkuppen daran verbrannte. Doch abstellen ging nicht. Nervös fingerte ich am Becher rum. Susie war mir wohl eine Hornhautschicht voraus. War das die Erfahrung eines alten Esels? Ich war doch noch ein rohes Ei.

Plötzlich setzte sie einen besorgten Blick auf. »Ist alles okay bei dir?«

Konnte ich jetzt ehrlich sein? »Na klar.«

»Du wirkst ein bisscken … gestresst.« Oh Gott, dachte ich. Wenn du wüsstest, Susie. Alles war zu viel. Alles. Die Welt war scheiße und ich Teil des Problems!

»Um ehrlich zu sein …« Ich kniff die Pobacken zusammen. »Ich frage mich oft, wie du so entspannt bleibst bei allem, was du so managt zwischen Handy, Headset und zu Hause.« Im Ernst. Wie machte sie das? Susie war nicht nur Redaktionsleiterin, sondern auch noch Mutter von fünf Kindern. Fünf! Kindern! Wann hatte sie die Zeit gehabt, die überhaupt zu gebären?

Das bedurfte doch mindestens zwanzig ungestörter Minuten. Mal fünf. Fünf!

Ich schaffte es ja nicht mal, mich um meinen Freund zu kümmern. Und der konnte schon ganz alleine kauen.

Meine Vorgesetzte lachte. »Frieda Darling. Ick glaube, egal was wir macken, wir müssen dabei Spaß haben. Darum geht es am Ende. Wenn es keinen Spaß mackt, ist es nickt das Ricktige.«

Mich überkam ein befreiendes Schmunzeln. Eigentlich war doch alles gut. Mein Praktikum machte mir Spaß. Es war nur alles etwas … viel auf einmal.

Susie ruckelte ihre Brille von der Nasenspitze runter und klemmte sie sich wie einen Haarreif über die Stirn. »Ick habe dick im Frühstücksfernsehen gesehen.« In ihrem professionell geschminkten Gesicht stand mütterlicher Stolz. »Hast du nickt Lust, vielleickt auck für unser Magazin vor die Kamera zu kommen?«

Ich war wie gelähmt. Vor einem Jahr hätte ich mir nichts Größeres erträumen können. Berühmt sein! Vor der Kamera stehen! Im Fernsehen! Ich hatte das Ziel erreicht!

Einige Sekunden lang dachte ich wirklich darüber nach.

Für wen würde ich es tun? Für mich oder für meinen Lebenslauf?

Ich räusperte mich, schluckte und nahm einen tiefen Atemzug. »Danke … Aber darf ich vielleicht auch einfach noch ein Weilchen Praktikantin bleiben?«

Meine Chefin lachte glockenhell. »Das hat nock nie jemand zu mir gesagt. Aber klar dock! As long as you want, darlin'!«

42.

Ich vermisste Freia schrecklich. So gerne hätte ich mit ihr ein Bild von Eike verbrannt, wie damals in der Schule das Bild des Typen, der sie beschimpft hatte. Wir hatten den achtundzwanzigsten Oktober noch nie getrennt verbracht.

Noch nie war ich mir an meinem Geburtstag so einsam vorgekommen. Aber die Vorstellung, mit Stijn über Paneer Tikka Masala Zärtlichkeiten auszutauschen, weckte enorme Beklemmungsgefühle in mir.

Mein inneres Durcheinander zog mich in ein Café im Prenzlauer Berg. Im Minutentakt kamen alternative Mütter entweder mit besonders futuristisch wirkenden oder demonstrativ nachhaltig, weil wiederverwendeten Vintage-Buggys rein. Die Großstadtkinder schmissen die vegane Quiche durch den Laden. War das ich in zwei Jahren? Vielleicht. Und was war schlimm daran? Hauptsache, ich bekam einen Kitaplatz. Und wenn ich dafür Berlin verlassen müsste? Es wäre ein Segen. Mein Handy vibrierte. Unbekannte Nummer. Ich ging nicht dran.

Mir war danach, das Album anzusehen, in dem alle Fotos von Freia und mir seit 2004 gespeichert waren. Bilder aus dem Garten mit Oma, Disneyland 2007, unsere Abifeier, zu der Freia ganz cool im Frack gekommen war. Ich mit Joint am Strand von Barcelona, sie mit Gurke am Strand von La Rochelle. Unser

Geburtstag letztes Jahr, den wir zusammen in Athen verbracht hatten.

Sehnsüchtig klickte ich auf den Ordner. Er war leer. Keine einzige Datei. Scheiße.

Mir fiel ein, dass ich in dem Versuch, Speicher für Interviewrohmaterial, die ganzen Exposés und Drehpläne zu schaffen, jede Menge Bilder gelöscht hatte. War ich in meinem Arbeitsmodus in einen derartigen Tunnelblick geraten, dass ich tatsächlich in der Lage gewesen war, Freias und meine Kindheitsfotos unwiderruflich zu vernichten? Ich spürte mein Herz tiefer rutschen. Ein flaues Gefühl breitete sich in meinem Magen aus. Es war, als wäre ich unter Wasser.

Scheiß auf jedes Exposé, jeden Drehplan und auf jedes Abizeugnis, das verloren gehen konnte. Was zählte, waren die Erinnerungen, denn die waren unbezahlbar. In meinen Ohren pochte es. Hatte ich ein Back-up gemacht? Shit. Meine Festplatte war immer noch bei Jesus.

Es regnete in Strömen. Auf der Strecke nach Friedrichshain war Schienenersatzverkehr. Die Busse waren so voll, dass auch aggressives Quetschen von den Türen nichts half. Aber ich wollte um keinen Preis auch nur eine Sekunde länger als nötig mit der Ungewissheit verbringen, ob die Fotos vom Krötenpool noch existierten oder nicht. Mutig fasste ich einen Entschluss. Car-Sharing. Das letzte Mal hatte ich am Tag meiner Fahrprüfung im Auto gesessen. Nachdem ich die Fahrt mit Prüfer und Fahrlehrerin über- und zu meinem eigenen Unglauben auch bestanden hatte, war ich noch auf dem Parkplatz der Fahrschule gegen einen kniehohen Stein gefahren. Was tat ich hier nur?

Der Wagen leuchtete auf. Überzeugt entsperrte ich das gemeinschaftlich genutzte Auto mit einem Handycode. Ich konnte das, ja, ich konnte das. Zur Hölle mit allen, die mir eingeredet hatten, dass Frauen von Natur aus schlecht im Ausparken waren.

Umständlich manövrierte ich das Auto in drei Anläufen schließlich aus der Parklücke. Nun stand ich maximal beschissen auf einem Bürgersteig vor einer Ausfahrt. Gleichzeitig behinderte ich den Verkehr auf der Fahrbahn durch die Schräglage erheblich. Ein Haufen Elektroautos und Siebensitzer mit trilingual auf der Rückbank mit alternativem Holzspielzeug spielenden Kindern und dazu passenden naturbelassenen Müttern auf dem Fahrersitz hupten schon. Okay, ganz ruhig, dachte ich. Alles kein Stress. Ich kann das. Ich kann das. Ich kann das.

Ich würgte den Motor ab. Mir entfuhr ein belustigtes Schnauben. Unbeholfen ruderte ich am Lenkrad, verstellte meinen Sitz dreimal und fluchte. Das Navi war kaputt. Außerdem fand ich das Licht nicht. Der Scheibenwischer quietschte auf der trockenen Scheibe, wenn ich blinken wollte. Aber schließlich lief alles gut. Also es fuhr. Fast wie von selbst. Elektrowagen. In einem Anfall von Übermut manövrierte ich das Auto schließlich auf einen Bordstein in Friedrichshain.

Jesus öffnete überrascht die Tür. »Frieda?« Er sah anders aus. Seine Haare waren kürzer. Stand ihm gut.

»Do you still have my hard drive?«

»Sure. You wanna come in for a second?«

»Mhh …« Argwöhnisch blickte ich mich in der Wohnung um. Keine Möbel mehr. Unter dem Fenster standen Umzugskisten. Zaghaft trat ich ein.

Alles wirkte so leer. Einzig der Hulk auf Jesus' T-Shirt war wie gewohnt grün und platzte schier vor Muskelmasse.

Jesus kramte meine Festplatte aus einer erstaunlich großen

Kiste hervor, auf der »Not my stuff« stand. Hektisch schloss ich das Kabel an meinen Laptop. Halleluja! Die Fotos waren noch da! Mir entfuhr ein Schluchzen der Erleichterung.

Die Katze miaute. Hastig befreite ich mich aus der unfallartigen Umarmung, in die ich mich vor lauter unüberlegter Freude hatte fallen lassen.

Überrascht tätschelte mir Jesus den Rücken. »Happy to see you, too! I already thought about contacting you before I leave. But you seemed … very angry.«

Die Katze sprang auf eine Kiste. Daneben entdeckte ich einen kleinen Reisekäfig.

»Are you moving away?«

»Yes. Back to Spain. I realized that I don't belong to Berlin. You know. It has become too much with all those hipsters and start-ups and rents are going up and, you know, it's just too full. And really fake.«

Gehässig hob ich eine Augenbraue. »Yeah … I hate when things turn out to be fake.«

»Like Instagram-fake?«

»Yeah.« Müde lehnte ich mich an die kahle Wand. »I guess I need to apologize.«

Jesus hob die Augenbrauen. »Thanks.«

»But actually what I did is by FAR not as bad as what you did.«

»Okay. Listen.« Jesus setzte einen bedeutungsschwangeren Blick auf. »First of all. I think we should agree on something.«

»Mhh?«

»Our relationship was never fake.«

»Okay. What is second?«

»Second, I think parts of the game are real bullshit. Sometimes they even use deep psychology and hypnosis and stuff. But …«

Ich krallte mich an meinem Oberschenkel fest. »You used hypnosis?!«

»Not with you. The experiment was over after our third date.« Ja klar, dachte ich. Da hatte ich ihn ja auch gefriendzont.

»I really want to change my life. A life without ›the game‹.« Bedeutungsvoll malte er Anführungsstriche in die Luft. »But parts of it … this is something you will need to understand. Are just fucking true. The message of the entire thing is actually so important!«

Mein Blick perlte an ihm ab. Da saß er nun in seinen Pantoffeln neben mir auf dem kalten Laminat und hielt eine ergreifende Rede über deprimierte Loser, denen von der Gesellschaft eingeredet wird, dass sie niemals ein richtiges Mädchen abbekommen.

»They think, that they are not loveable and hate themselves … most guys I met were actually only looking for real love. And most of the times their problem was not, what women thought about them.« Abgeklärt tippte er sich auf das spärlich behaarte Haupt. »It was their perception of themselves.«

Ach, fuck it. Ich fand's trotzdem kacke. Manipulative Kacke. Und auch unabhängig davon. Jesus und ich passten einfach nicht zusammen. Er war wie ein Schuh, aus dem ich rausgewachsen war. Auch wenn ich ihn mal sehr gemocht hatte, jetzt drückte er nur noch. Und sich das einzugestehen war völlig in Ordnung.

»You know what? I don't think we should be friends, or Tandem or whatever. It was nice to know you. But now, I really want to focus on myself. Thanks for the hard drive.« Leise zog ich die Tür hinter mir ins Schloss. Ein Glück. Der Wagen stand noch vor der Tür.

43.

Auf dem Tischchen in meinem Zimmer lag ein in sich zusammengefallenes Stück Torte. Die Bananenscheiben darauf waren schon längst bräunlich. Mich überkam das schlechte Gewissen. Stijn presste die Lippen zusammen. »Is there someone you'd rather spend your birthday with?!«

»I was at work and then I had to go to pick something up at a friend's place.«

»What friend?« Gefrustet trat Stijn gegen das lederne Sofa, das unter der Holzleiter stand. »Jesus?« Sein spöttisches Zischen beim »s« klang, als würde die Wut ganz tief in seiner Brust sitzen.

Mist. Warum hatte ich ihm nur von Jesus erzählt? Von Anfang an schien er nicht verstanden zu haben, dass wir einfach nur befreundet waren. Und ein paarmal im Bett gelandet. Und einmal beim Optiker. Vielleicht hätte ich das mit dem Squirten nicht sagen sollen. Obwohl es doch mein Körper und meine Erfahrung war und nicht etwas, was Jesus »erreicht« hatte.

Aus meiner Stille ergab sich eine Antwort. Stijn war außer sich vor Wut. »I never want you to see him again.«

Wutentbrannt stapfte er mit der Torte in der Hand in die Küche.

Ich hörte einen matschigen Aufprall im Biomüll.

Unter metallenem Poltern verschwand er kurz darauf die

Leiter hoch im Kaminaufzug. Unweigerlich stiegen mir die Tränen in die Augen. Scheiße. Ich hatte doch Gefühle für ihn. Auf keinen Fall wollte ich ihn verlieren. Wie konnte ich nur riskieren, dass Stijn mich verließ? Er war doch wegen mir VEGAN geworden!

»Huiuiui«, pfiff es hinter mir. Kenny war gerade dabei, seine Fächer im Küchenschrank auszuräumen. »Hier. Schokolade hilft.« Er hielt mir eine vergammelte Praline hin.

»Nein, danke.«

Schnell schluckte ich einen Kloß im Hals runter. Jetzt ja nicht losheulen.

Kenny entsorgte gerade ein Marmeladenglas samt blauschimmeligem Inhalt. »Weißt du, was jetzt genau richtig ist?«

»Mhh?«

»Eine Styleveränderung!«

Ich sollte ihm nicht vertrauen, das wusste ich. Immerhin flog Kenny morgen nach Nepal und ließ tausend ungeöffnete Briefe hinter sich. Aber ich war so am Ende mit den Nerven, ich hätte mir auch eine Glatze schneiden lassen, um nicht alleine zu sein. Außerdem war mir nach Neuanfang. Ganz im Ernst.

Wie auf dem elektrischen Stuhl hockte ich kurz drauf auf dem Toilettensitz.

Meine kaputten, nach Omas Geschmack goldblond gefärbten Spitzen fielen nach und nach von mir ab. Ich hatte keine Angst. Es war befreiend. Ganz allmählich ließ sich eine Struktur erkennen. Innen wie außen.

Kenny verpasste mir wohl einen Kurzhaarschnitt. »Wie fühlst du dich?« Wahrscheinlich gefiel er sich in der Friseur-Slash-Seelsorgerrolle.

Mir war alles egal. Jetzt musste ich ja auch nicht mehr »schön«

und »blond« und »strahlend« sein. Weder für Eike noch für Freia, Oma oder Instagram. Sondern einfach so, wie ich war. Und damit war nicht die Hülle gemeint, die mir von außen immer übergestülpt worden war. Ich durfte endlich herausfinden, wer die Person dahinter war, was auch immer das bedeuten sollte. Der Gedanke daran, dass ich als einer von Milliarden Menschen auf der Welt doch so klein, machtlos und unbedeutend war, wirkte befreiend. Noch nie hatte ich eine derartige Erleichterung verspürt.

Eine Art Freude, gemischt mit viel Melancholie und Weltschmerz, breitete sich in mir aus. »Gott, ist das schön, nichts leisten zu müssen, ein Niemand zu sein!«

Kenny war etwas verwirrt. »Hauptsache, du bist glücklich!«

Der Abfluss machte ein rülpsendes Geräusch. In mir quakte ein zufriedenes Krötenweibchen.

»Oh, was ist denn hier los?« Jerome war im Gang aufgetaucht. Neugierig streckte er seinen Kopf durch die Badezimmertüre. »Hat mal wieder jemand 'ne Lebenskrise? HAHAHA!«

»Jap. Aber da ist Licht am Ende des Tunnels.« Überzeugt schenkte ich mir selbst ein Lächeln. Erst dann fiel mir auf, dass Jerome seltsam aussah.

Mein bäriger Mitbewohner trug einen großen, grauen Anzug. »Wofür hast du dich denn so schick gemacht?«

»Für die Krebshilfe.« Mit einer lockeren Handbewegung kramte er einen Kamm aus der Hosentasche und glättete einige widerspenstige Kraushaare an die schmierige Schurkenmatte. »Ich steh da auf Kongressen rum, mach Fragebögen und verteile Nikotinpflaster und so 'n Kram. Nichts Aufregendes.«

Kenny gluckste belustigt. »Du meinst, nachdem du an der Warschauer Straße junge Menschen zum Rauchen verleitet hast?« Jerome schien sich des Widerspruchs nicht bewusst zu sein.

»Ja, genau.«

Freudig riss Kenny das Handtuch von meinen Schultern. »Et voilà!«

Ich durfte vom Hocker aufstehen. Der Spiegel zeigte eine verheulte, junge Frau mit eckigem Haarschnitt, nicht ganz reiner Haut – aber mit einem Leuchten in den Augen.

»Alter, ich Naturtalent!« Kenny setzte einen überraschten Blick auf.

»Mega!« Jerome tätschelte mir den Rücken.

»Meint ihr?« Ich spürte, wie ernst sie es meinten. Jerome breitete die Arme aus.

Mit einem Ruck tauchte ich zuerst in eine Tabak-, dann in eine Sektwolke. Kenny hatte seine volltätowierten Arme um uns beide gelegt. Wir umarmten uns wie die Teletubbies. »Eigentlich schade, dass diese Ära vorbei ist. Auch wenn ihr beide mir in letzter Zeit echt hart auf die Eier gegangen seid, ihr werdet mir fehlen, wenn ich in Nepal bin. Ich liebe euch.«

»Ich euch auch!« Der WG-Bär brummte befreit.

Es klingelte. »Wisst ihr, wer das ist?«

Kenny und ich zuckten mit den Schultern. Jerome drückte auf das Schlüsselsymbol auf dem Summer und öffnete die Wohnungstür. Im Treppenhaus ging Licht an.

Jemand stapfte mit schweren Stiefeln bis in den vierten Stock. Neugierig lugte ich ins Treppenhaus, als zuerst eine Bommelmütze, dann ein großer Backpack und zuletzt eine grüne Outdoorjacke erkennbar wurden.

»Überraschung!!«

»LOLO?!«

Mit einem breiten Grinsen riss meine Freundin ihre katzengrauen Augen auf, als hätte ich im Lotto gewonnen, und streckte mir zuerst einen Sixpack Schultheiss und dann eine Biogurke entgegen. »Happy Birthday!«

Erschöpft, traurig und glücklich zugleich fiel ich meiner Freundin in die Arme. Ihre Mähne roch nach Henna.

Am nächsten Tag wachte ich vom lauten Quietschen der Metallleiter auf, das aus Jeromes Zimmer drang. Verdammt. Ich hatte einen immensen Schädel. Buchstäblich. Meine Haare fühlten sich an wie ein zerzauster Besen.

Stijn betrat mein Zimmer, setzte sich auf die Bettkante und griff zielbewusst nach meiner Hand. »I want to talk.« Mit aller Kraft versuchte ich ernst zu bleiben, während er wie ein Schornsteinfeger mit Ruß im Gesicht hinter seinem Rücken einen Strauß Unkraut hervorholte. Hatte er wohl zwischen den Ziegeln gefunden. »Frieda. You are the love of my life. And the attic is really cold at night. We can't live there. I want you to come to France with me.«

Oh, wow. Durfte ich vorher noch Zähne putzen?

Neben mir bewegte sich ein Deckenhaufen. In Stijns Blick stand Entsetzen. »What the …«

»It's my best friend! She came as a surprise!«

Lolo gähnte überrascht. »Oh! You must be Stijn! Nice to meet you!« Die beiden gaben sich die Hand. Was ein unpassender Moment. »Erm … I will leave you alone for a moment …« Lolo huschte schnell im Schlüpfer aus dem Zimmer.

Stijn nahm wieder meine Hand. Also noch mal. Was hatte er da gerade gesagt? Er wollte, dass wir zusammen nach Frankreich ziehen?

Meinem unendlich trockenen Gaumen blieb die Spucke weg. So etwas hatte noch nie jemand zu mir gesagt. Mit dem nächsten kalten Windzug aus dem Fenster schien alles um uns herum wie zu Eis zu erstarren.

Der Mann liebt dich wirklich, dachte ich.

Er hatte für mich alles zurückgelassen, nur um bei mir sein zu können, all sein künstlerisches Talent in ein hyperrealistisches Krötenweibchen gesteckt und eine Nacht zwischen Ratten und gehäuteten Alu-Raupen auf einem Dachstuhl gepennt.

Seit Wochen wartete er abends auf mich im vorgewärmten Bett, las mir Bücher vor und strich mir über die Haare.

Mittlerweile wusste er alles über mich. Und alle liebten ihn. Wir waren das perfekte Paar, nicht nur auf Instagram. Er war mein engster Freund geworden.

Wie wohl unsere Kinder aussehen würden? Bestimmt wären sie unheimlich klug und kreativ. Und mindestens dreisprachig.

Vor einem Jahr noch hatte ich unter einer Dachschräge gesessen, Bier getrunken und von Schinken und der großen Karriere geträumt.

Wo ich wohl in einem Jahr sein würde? Vielleicht in Frankreich? Würde uns Stijn seine alte Scheune renovieren? Er wollte unbedingt auf dem Land wohnen, wo er sich ganz dem Gärtnern und der Kunst widmen konnte. Würden wir mit frischen Kräutern aus dem Garten kochen? Uns nachts aneinander wärmen? Wenn ja, wäre ich nie wieder einsam. Die Vorstellung klang schön. Aber sie war nicht vollkommen. Ich musste ehrlich zu mir sein, den ganzen Stress der letzten Monate hinter mir lassen, die verzerrten Vorstellungen und Erwartungen an mich aus allen Richtungen zur Seite schieben. Stijn wartete immer noch sehnsüchtig auf meine Antwort. Aber etwas lenkte mich ab. Geräusche aus dem Wohnzimmer. Kennys Radio. Es rauschte, knisterte, stoppte. Und plötzlich funktionierte es wieder. Was war denn das für ein unerträglich grauenhafter Song? »I've been looking for freedom.« David Hasselhoff. Mein Gott. Dass dieses Lied allen Ernstes mal meins werden würde, hätte ich auch nicht geahnt. War das ein Zeichen? Ich horchte in mich hinein. Mein Herz schlug für Stijn. Aber noch lauter schlug es für mich selbst. Und für meine Freiheit.

44.

Punkt zwanzig Uhr. Der Fiat 500 kam vor dem efeubewachsenen Haus auf löchrigem Asphalt zum Stillstand. Nach all der Anspannung auf der Autobahn aufatmend, öffnete ich die Tür und spürte die stechend kalte Luft in meinen Nasenflügeln. Innerlich klopfte ich mir selbst auf die Schulter. Jetzt hatte ich auch noch mal vor mir selbst die Fahrprüfung bestanden.

Als ich meine Sachen aus dem Kofferraum holte, überkam mich ein melancholisches Frösteln. War es jetzt genau ein Jahr her, dass wir alle in Amerika angekommen waren wie angeschwemmte Großstadtfische?

Natürlich war ich nicht freiwillig hier. Wer war das schon? Es war immer noch das mittelsächsische Amerika. In Wahrheit hatte ich die schriftliche Prüfung in Global Policies versemmelt, und wie sich herausstellte, waren Kenny, Miro und ich alle drei bei Prof. Horst durchgefallen. Aber als ich die Mail, dass ich das Semester wiederholen müsste, in meinem Spam-Ordner entdeckt hatte, war da nicht das Gefühl gewesen, eine absolute Versagerin zu sein. Nein, komischerweise war da noch etwas anderes in mir hochgekommen. Erleichterung. Unendlich viel Erleichterung.

Von meinem Praktikantinnengehalt hatte ich Jens sein Auto abgekauft, denn das würde ich in den nächsten Monaten hier gut gebrauchen können. Ich vermisste die U-Bahn nicht. Ich vermisste gar nichts.

Die Nacht war ruhig. In der Ferne hörte man etwas rufen. Diesmal war ich mir ziemlich sicher. Es war eine Eule.

Als ich mich dem efeuüberwachsenen Hauseingang näherte, fühlte es sich fast so an, als hätte jemand die Zeit zurückgedreht. Wie aus dem Nichts war mir ein ganzes Semester geschenkt worden.

»Ja, warum gömm Sie denn nisch rein?«

»Miro! Gott, ist das schön dich zu sehen!«

Mein alter Freund grinste mir schief vom Fenster aus zu, genau da, wo damals der alte Spion hinter der Gardine aufgetaucht war. »Digga! Ich wusste nicht, dass du das mit Gundula Gause so ernst gemeint hast!« Er deutete auf meine Haare.

»Ey, das ist megahip! Und außerdem steht das für einen neuen Lebensabschnitt.«

»Okay! Ich werf dir den Schlüssel runter!« Die Überwachungskamera am Eingang war mit braunem Tape abgeklebt. Der Kranz an der Tür wirkte vertrocknet, als wäre er noch aus der letzten Saison. Auf den Stufen lagen Dekokürbisse.

Alles war wie immer. Doch etwas hatte sich verändert. Miro öffnete die Tür.

»Die Metallschiene wird morgen wieder rausgenommen. Bald hab ich alles geschafft.« Freudig hob er die Arme.

Wir umarmten uns überschwänglich. Das Fenster war offen. Es roch nach Pizza. Salami? Oder Primavera?

Erleichtert stellte ich meinen Koffer auf dem staubigen Teppich ab.

Beim Anblick des kleinen Schreibtischs unter der Dachschräge überkamen mich Erinnerungen an die Zeit, als wir hier am Businessplan, unserer Gegenwart und unserer Zukunft getüftelt hatten. Mein Herz hob sich in meiner Brust und schwoll spürbar an. Zum ersten Mal fühlte ich wieder etwas in mir, was nicht Frust, Angst oder Verzweiflung war. Es war unendlicher Appetit. Wer auch immer gerade diese Pizza im Ofen hatte – her damit! Mein Blick fiel aus dem Fenster und wanderte über die wenigen Lichter der Kleinstadt.

Von hier aus konnte man den Studiklub sehen. Und Dömas' Studi-WG, aus der ein linkes Banner über das ganze Haus gespannt war. Ich freute mich riesig, ihn wiederzusehen. Und ich freute mich auf Bier. Für einen Euro.

»Willst du Pizza?« Miro öffnete den alten Ofen.

»Gern!«

Herzhaft biss ich in ein Stück fetttriefende Freiheit. Die nächsten Monate wollte ich mich ganz auf mich selbst konzentrieren. Und natürlich auf die Univeranstaltungen. Prof. Horst war zum Glück nicht mehr auf seinem Posten, seitdem ich mich über seine sexistischen und rassistischen Aussagen beschwert hatte. Bei seiner Nachfolgerin, einer Wirtschaftspsychologin, würde ich eine Hausarbeit über digitale Selbstdarstellung und ihren gewinnbringenden Nutzen für die Werbeindustrie schreiben. Und vielleicht konnte ich ja auch ein paar Kurse in Programmieren und Lääsarteschnig besuchen. War bestimmt total interessant, meinen Horizont fernab dessen, was ich für möglich gehalten hätte, zu erweitern.

»Wer weiß«, rief ich mit vollem Mund. »Vielleicht hat hier ja doch die ein oder andere Marie Curie studiert!« Eine berühmte Ökonomin fiel mir leider immer noch nicht ein. Aber konnte ja noch werden.

Mit dem Krümelschmunzeln eines Verbündeten humpelte

Miro aus der Küche auf mich zu. »Wer weiß, wer hier die nächste Absolventin ist, an die man sich erinnern wird.« Er wackelte mit den Augenbrauen.

»Oh Gott. Keine Erwartungen, bitte. Ich mach jetzt Selbstverwirklichungs-Detox!«

Während ich am Dachfenster ein zweites Stück Pizza mampfte, ließ ich meinen Blick über den Sternenhimmel schweifen.

»Willst du 'ne Kippe?« Routiniert hielt Miro mir die Schachtel hin. »Auch wenn wir davon früher sterben?«

Mein Handy vibrierte. Wie aus einem antrainierten Reflex heraus holte ich es hervor, hielt es kurz in der Hand. Und dann, als sei es seine Bestimmung, versenkte ich es ganz tief in der alten, toten Erde des Blumentopfs. Dort, wo es hingehörte. Um mir nicht mehr mein Leben zu rauben und mir dabei auch noch die Illusion von Freiheit zu geben. Ich schloss das Fenster. Endlich wurde es wieder warm in meinem inneren Raum der vielen Möglichkeiten.

Epilog

Ich stapfte durch den matschigen Garten von Herrn Zankzahn. Wie Miro mir grunzend berichtet hatte, befand sich der alte General auf Weltreise. »Mit 'nem Kreuzfahrtschiff.« Wusste ich doch, dass er in der Hölle landen würde, dachte ich, während ich in der alten Scheune nach Handschuhen suchte. Später wollte ich mir unbedingt die Rohre im Bad vornehmen. Ich fühlte mich wie neugeboren.

Vor einem hölzernen Schuppen stand eine blaue Regentonne, in einer Ecke fand ich ein paar Werkzeuge. Unter einem umgefallenen Stapel Holzscheite befreite ich einen Rechen und machte mich an die Berge abgestorbener Blätterreste des vergangenen Sommers. Der würzige Geruch von altem, nassem Holz umwehte meine Nase. Die kalte Luft reinigte meine Lungen.

Innerlich ging ich auf Jagd nach meinen bösen Geistern. Diese ganzen fiesen Stimmen, die mir ständig meinen eigenen Marktwert vorgerechnet hatten und mir vorhielten, nicht zu genügen. Ich knöpfte sie mir vor. Und ließ sie los. Dankbar, dass ich sie nicht mehr brauchte.

Mit jedem Atemzug, mit jedem Ast, den ich aufklaubte und in eine große braune Tonne warf, wurde ich leichter. Innerlich. Nicht äußerlich. Und das war viel mehr wert, als sich an irgendeiner Zahl messen zu lassen, seien es Follower, Klickzahlen oder Kilos.

Ja, ich war viel. Viel Energie, viel Freude, viel Kraft, viel Meinung und viel Liebe für mich selbst und andere. In jeder Pore »a big person«. Und das war genau richtig so.

Als ich den Rechen zurück in die Scheune stellte, fiel mir ein kleiner Durchgang auf. Neugierig zwängte ich mich durchs Geäst, vorbei an ein paar Büschen, Gerümpel, einem alten Rasenmäher und kaputten Gartenstühlen, in den hinteren Teil des Gartens.

Vor mir lag ein Schwimmbecken. Fasziniert schweifte mein Blick über die modrigen Plastikwände. Im kniehohen Pfützenwasser dümpelten unzählige Kröten. Kleine wie große, dicke wie dünne. Sie alle bewegten sich noch, manche mehr, manche weniger. Sie wirkten aufgedunsen und unfair behandelt.

Plötzlich wurde mir klar, was zu tun war. Fest entschlossen kämpfte ich mich zurück zur Scheune, griff mir einen Kescher, zog mir Gummistiefel an und kletterte die Leiter des Pools hinab. Scheiße, dachte ich. Auch wenn ich damit meine Komfortzone verlassen musste. Augen zu und durch. Solidarität mit allen, die nicht wussten, wie sie aus ihrem Sumpf wieder rauskommen sollten. Freiheit für alle Kröten dieser Welt!

Auf der Wasseroberfläche blickte mir vor vorüberziehenden Wolken eine junge Frau mit kurzen, aschblonden Haaren entgegen. Sie war ungeschminkt und wirkte müde. Ich schmunzelte ihr liebevoll zu, hielt einen Moment inne und schloss die Augen.

Es war der schönste Moment seit Langem.

Ich wollte meine eigene Beschützerin sein, die sich um mich sorgte und mich von innen wärmte. Überzeugt atmete ich tief in die Brust ein und spannte meinen Bauch fest an. Mein Körper war mein bester Freund. Mit jeder Zelle, Sehne und Faser diente er mir, trug mich durch die Welt und hielt zu mir – auch wenn es niemand sonst tat. Er war gesund und stark und passte auf mich auf. Und dasselbe war auch ich ihm schuldig.

Plötzlich platschte etwas ins Wasser. Ein Smartphone versank unter der trüben Oberfläche. »Alter, ist das kitschig.«

Freia. Sie stand am Beckenrand und drehte sich eine Kippe. »Siehst geschissen aus wie Oma.«

»Und du nicht, oder was?« Lachend hob ich die schlammigen Hände. Ihre Haare waren genauso kurz und aschblond wie meine. Wir waren wohl doch aus demselben Holz. Ungläubig über die Situation, grinste ich meine Schwester an. Da stand sie. Ganz in echt. Auf der metaphorischen Matte. Und war alles, was am Ende wirklich zählte.

Freia seufzte. »Mir fällt beim besten Willen kein kreatives Ende für meinen Roman ein. Kannst du mir helfen? Ich bin wohl eine Versagerin.«

»Nein, Schwester … Du bist großartig. Und die Geschichte hat noch viel Zeit.«

»Meinst du?«

»Ganz sicher.«

Auf Freias Gesicht bildete sich ein gerührtes Lächeln, als ihr klar zu werden schien, dass sie hiermit das perfekte Ende gefunden hatte. Erschrocken strich sie sich ihre Zigarette hinters Ohr und krempelte die Ärmel hoch. »So, und jetzt Schluss mit dem Rosamunde-Pilcher-Kack. Hält ja kein Mensch aus.« Sie griff nach einem Eimer und stieg die Leiter hinab.

Danksagung

Krötensex war ein langer Prozess. So lang, dass er drei verschiedene Lektor*innen beim Heyne Verlag überlebt hat! Danke an Oskar und Joscha, die bei grundlegenden Ideen und Gedanken halfen. Aber vor allem DANKE an Sarah, die mit mir das Baby schließlich auf die Welt gebracht hat. Die Zoom-Sessions, in denen wir uns bei Bier zwischen München und Berlin über *toxic masculinity* ausgelassen haben, haben mir viel gegeben. Janine als Redakteurin war außerdem eine grandiose Dritte im Bunde. Danke für die vielen klugen Anregungen in der Kommentarspalte.

Allgemein Danke an alle, die sich seit vier Jahren meine Zweifel und Ängste in Abwechslung mit Euphorie anhören mussten, mich trösteten, wenn ich mir mal wieder sehr untalentiert vorkam, und sich für mich freuten, wenn es voranging. Lön und Laura, mein Herz schlägt für immer für euch. Ole und Martina: Yoni65, beste WG, besonders wenn mal wieder Lockdown ist. Ein großer Kuss geht auch an ehemalige Wohngemeinschaften und alle ihre Mitglieder. Pankstraße will never die! Danke für die schöne Zeit.

Natürlich auch Danke an meine Eltern – allen voran Papa und Mama –, dass ihr mich mein Ding machen lasst, mich ermutigt und hinter mir steht, auch wenn ihr vielleicht nicht immer versteht, was das alles soll mit diesem Feminismus. Und danke an meine Brüder, ihr seid wirklich Cis-Dudes von der guten Sorte.

Mein allergrößter Dank geht an meine Schwester Fritzi. Obwohl es sich in den letzten Jahren und besonders Monaten zunehmend weniger so angefühlt hat, als wäre sie die Jüngere von uns. Fritzi, du weißt nicht, wie froh ich bin, dass es dich gibt. Ich bewundere dich für deine Talente, deine Art, Geschichten, Texte und Figuren zu fühlen, so analytisch und doch so unheimlich klug und nah. Die Zeit, in der ich dir mit letzten Kräften einer überanstrengten jungen Autorin das Manuskript vorgelesen habe und du in deinem Morgenmantel auf dem Sofa lagst – ganz wie eine virtuose Theaterregisseurin mit einer Melange und einer Tschick – und dich mir mit hoch konzentriertem Blick gewidmet hast, hat mich aus meiner Überforderung gerettet. Du hast so viel zu diesem Roman beigetragen. Ohne dich hätte ich wahrscheinlich wirklich einen Max Brod gebraucht, weil ich mich nicht getraut hätte, das alles zu Lebzeiten in die Welt zu scheißen.

Meine Liebe und mein Stolz für dich sind grenzenlos. Lass uns immer zusammenhalten.